21世纪经济学系列教材

新制度经济学

New Institutional Economics

（第二版）

杨德才　主编

中国人民大学出版社
·北京·

21世纪经济学系列教材

作者简介

杨德才，男，1965年11月出生，安徽当涂人。历史学博士、经济学博士后。现为南京大学经济学系主任、教授、博士研究生导师，南京大学民营经济研究所所长，南京大学长江三角洲经济社会发展研究中心研究员。同时兼任全国政协委员，中国致公党江苏省委副主委，中国致公党中央经济委员会副主任、中国致公党中央委员。学术兼职主要有：全国马克思主义经济学说史学会常务理事、中国经济发展研究会常务理事、中国经济史学会理事、江苏省民营经济研究会副会长、江苏省《资本论》研究会副会长、江苏省企业发展战略研究会副会长等。

主要研究方向为：新制度经济学、中国经济史、发展经济学、马克思主义经济学与中国经济发展问题。

自1996年7月博士毕业在南京大学经济学系工作以来，主持和参与省部级以上重大（重点）课题20余项，出版学术专著8部、参与学术著作7部，在《管理世界》《经济学季刊》等杂志发表论文（含合著）100多篇。其中代表性的论著有：《新制度经济学》（南京大学出版社2007年版）、《工业化与农业发展问题研究》（经济科学出版社2002年版）、《中国经济史新论（1840—1949）》（经济科学出版社2004年版）、《中国经济史新论（1949—2009）》（经济科学出版社2009年版）、《制度变迁与制度绩效》（经济科学出版社2012年版）、《李国鼎经济思想研究》（南京大学出版社2017年版）等。

在教学方面，数次获得南京大学教学奖励，并获得南京大学本科生“我最喜爱的老师”荣誉称号。在科研方面，数次获得省部级奖励，其中专著《中国经济史新论（1949—2009）》在2009年入选中宣部、新闻出版总署“辉煌历程——庆祝新中国成立60周年重点书系”，并获得江苏省第十一届哲学社会科学优秀成果二等奖。

总　序

改革开放以来，经济社会的发展对中国经济学教育、教学产生了重要的影响，提出了新的要求。为了使经济学教育、教学根植于我国改革开放和现代化建设的肥沃土壤，服务于时代和实践的需求，中国人民大学出版社从本世纪初就开始组织国内知名经济学者编写适应新时期经济学教学的“21世纪经济学系列教材”。

十多年来，21世纪经济学系列教材已经逐步推出了许多适合中国特点的经济学教科书，影响了一批又一批的青年学子。这其中，我国经济学界杰出教育家、西方经济学学科主要奠基人之一高鸿业先生主编的《西方经济学》，已成为我国高校经济学专业的权威教材，读者早已超过千万！中国马克思主义政治经济学的奠基人宋涛先生的《政治经济学教程》，对马克思主义政治经济学在中国的传播、普及和发展发挥了重要作用。该系列已经出版的其他教材，如孙久文教授的《区域经济学教程》、彭刚教授的《发展经济学教程》、王则柯教授的《博弈论教程》、黄卫平教授的《国际经济学教程》，等等，都产生了广泛的影响，为中国的经济学教育作出了贡献。

近几年来，中国的经济学教育、教学面临新的形势，取得了长足的进步：一是我国经济学界教育思想、教育观念已经发生了重大转变，更加重视素质教育；二是教学内容有了重大改革，在学科专业调整建设、课程体系、教学内容改革方面取得了进展；三是教育、教学方法有了重大进步，更加重视理论联系实际，实验、实践、案例教学逐步加强，现代化教学手段被广泛应用。

有鉴于此，为了应对新的形势与变化，中国人民大学出版社在认真调查研究高等学校经济学专业本科培养方案和课程教学大纲的基础上，组织专家学者，经过反复研究论证、合理定位、精心写作、吐故纳新，进一步整合优化了“21世纪经济学系列教材”。这套教材将涵盖经济学专业所有的基础课、主干课、核心课，使学生通过《政治经济学》《微观经济学》《宏观经济学》等基础理论教材的学习，掌握经济学的基础理论，培养厚实的经济学理论功底；通过《产业经济学》《区域经济学》《国际经济学》等应用类主干课程教材的学习，掌握现实经济部门的运行和发展；通过《经济学说史》《经济思想史》《世界经济史》等经济史学类教材的学习，理解经济学的发展和演变规律；通过《计量经济学》《统计学》等经济学方法类教材的学习，掌握经济学的思考方法和具体的研究方法；通过《博弈论》《行为经济学》等专业教材的学习，了解经济学理论的前沿进展；通过《西方经济学典型题题解》《政治经济学学习与教学手册》等基础课程的配套教辅书的学习，牢固掌握所学经济学理论。

这套教材的编写特色主要体现在以下几个方面：

第一，作者阵容强大，教学经验丰富。作者大都是来自中国人民大学、北京大学、清华大学、南开大学、复旦大学、浙江大学、武汉大学等国内重点大学的学科带头人，有很高的科研水平和丰富的教学经验。

第二，在教材编写和内容安排上，强调基础知识、基本理论、基本技能。同时充分吸收国内外优秀教材的优点，定位明确，体系科学，概念准确，深入浅出。

第三，融合本学科现有的研究成果，反映本学科研究的最新进展，反映中国改革开放和现代化建设实践中的新成果，反映当今世界发生的深刻变革对经济学理论和实践产生的影响。

第四，教材重视加入现实经济生活中的案例、新闻素材等内容，使教材的可读性更强，更能够与当前中国经济现实结合起来，使学生能够学以致用。

中国人民大学出版社希望通过这套教材的出版，与广大教师、学生一起研究和探讨，进一步提高中国经济学教材的编写水平，提高经济学教学质量，为经济学的发展，为培养具有创新能力与实践能力、具有国际视野又了解中国国情的高层次经济学人才作出新的贡献。

前 言

新制度经济学作为一门新兴的经济学科，出现并存在的历史还不长。新制度经济学究竟应该有一个什么样的体系才是较为合理的？这一直是从事新制度经济学教学和研究工作的人所关心的。自1991年罗纳德·科斯、1993年道格拉斯·诺思获得诺贝尔经济学奖以来，以其二人理论为核心的所谓“新制度经济学”在中国这块土地上就始终呈现出方兴未艾、热力不减的态势……虽然在过去的二十多年里，国内外出版了许多以新制度经济学命名的学术专著或教材，但它们彼此间的内容解析、体系构成却存在着非常大的差异，因此，写作一本既浅显易懂又博采众长、既体系严谨又重点突出的新制度经济学教材，是每一个研究者、教学者的渴望。

本教材在写作过程中，一方面对那些已经较为成熟的新制度经济学理论进行了全面吸收，如产权理论、交易费用理论等；另一方面又对某些尚在发展中的新制度经济学理论进行了选择性接纳，如包容性制度理论、制度绩效理论等。在写作的过程中，我们充分吸收了方方面面的研究成果，在尽量做到全面性、前沿性的同时，又努力将我们自己对新制度经济学的研究及理解贯穿其中，从而使其具有一定的独特性和新颖性。

2007年，应南京大学出版社之邀，我编著出版了第一本《新制度经济学》。拙著出版之后，得到诸多学术同人的厚爱，被国内多所著名大学选为本科生或研究生必修课教材。几年来，每每参与各种形式的学术研讨会，总是能有机会得以与诸友人探讨新制度经济学的相关理论问题，并总是获益多多。诸友人（尤其是选用拙著作教材的）的意见和建议对我思考如何构建更加合理的新制度经济学体系启发颇多，本教材的写作及其体系构建正是充分吸纳诸友人的建议并在我的第一本《新制度经济学》基础上进一步修改完善而成的。

本教材共10章，可分为4个部分。第一部分为“导论”，即第1章，重点阐述了新制度经济学家对新古典经济学缺陷的批判及对制度重要性的无意发现，此外还就新制度经济学发展的现实背景、理论渊源、理论框架和研究方法做了较为详细的介绍。第二部分为“微观理论”，即第2章、第3章和第4章，涉及交易费用理论、产权理论和企业理论。交易费用理论是新制度经济学的基础理论，产权理论是新制度经济学的核心理论，企业理论是关于企业契约的理论。虽然交易费用理论与产权理论有时也被用来分析中观、宏观经济问题，但这两个理论与企业理论一样，最初都是由分析微观主体的经济行为而发展起来的。第三部分为“宏观理论”，即第5章、第6章和第7章，涉及国家宪政理论、意识形态理论和利益集团理论。在有些时候，虽然意识形态理论和利益集团理论也被用来分析中观经济问题，但从新制度经济学家们的更多探讨来看，这两个理论与国家宪政理论一样，更多地还是被用来分析社会经济中的宏观问题。第四部分为“一般理论”，即第8章、第9章和第10章，分别为路径依赖理论、制度变迁理论和制度绩效理论。这三个理论之所以被称为新制度经济学的“一般理论”，是因为它们适合被用来分析任何情况下的制度安排、制度变迁和制度绩效。也就是说，大到国家或政府，小到企业或家庭，其所进行的一切与制度有关的行为，都可以用这三个理论来进行分析或解读。本教材的内容构建与体例安排，十分适合本科生、硕士研究生和新制度经济学的爱好者学习使用。

参与本教材写作的都是经济学博士，许多博士是具有高级职称的高校教师，他们对新制度经济学有较深入的研究，并有多篇相关论文在《制度经济学研究》等杂志公开发表。本教材写作的具体分工如下：第1章，杨德才（南京大学商学院）；第2章，顾婷婷（金陵科技学院人文学院）；第3章，高彦彦（东南大学经管学院）；第4章，刘健（安徽财经大学商学院）；第5章，李卉（江苏科技大学经济学院）；第6章，张三峰（南京信息工程大学经管学院）；第7章，李芝倩（南京审计大学经济学院）；第8章，时磊（扬州大学商学院）；第9章，唐国华（南京审计大学经济学院）；第10章，杨林生（南京大学经济学院）。本教材从体系策划到统稿、修改、定稿，都是由我来完成的。由于每个写作者的写作风格很不一样，我的统稿工作艰苦而不顺畅。好在经过我们的共同努力，书稿终于完成了。虽然本书的写作我们十分努力，但错误之处肯定是难免的，因此，恳请各位专家不吝批评指正！

最后，衷心感谢中国人民大学出版社的热情约稿！衷心感谢王晗霞编辑的不断鞭策！感谢她为本书出版所付出的巨大辛劳！

杨德才

2019年5月20日

于南京大学安中楼

世纪

经济学系列教材

目 录

第1章

新制度经济学的起源

本章要点

1. 经济学家是如何发现制度重要性的？
2. 什么是制度？什么是新制度经济学？
3. 新制度经济学的产生、发展及其在中国的传播。
4. 新制度经济学的理论渊源。
5. 新制度经济学的理论架构、基本假设与研究方法。

自古典经济学产生以来，西方经济学说史上发生了三次重大的理论革命，分别是19世纪70年代的“边际革命”、20世纪30年代的“凯恩斯革命”和20世纪80年代的“新经济史学革命”，伴随着这三次革命的发生，又分别产生了三门分析各有侧重的重要经济学：微观经济学、宏观经济学和新制度经济学。虽然自20世纪初以来就有以凡勃伦、康芒斯、加尔布雷思为杰出代表的经济学家们对“制度”的重要性进行了大量的研究，但他们的研究成果却一直未能进入主流经济学的视域。作为新制度经济学最重要观点之一的“制度决定绩效”真正引起主流经济学的注目则是在20世纪80年代之后。20世纪90年代以来，随着罗纳德·科斯（1991）、道格拉斯·诺思（1993）和奥利弗·威廉姆森（2009）等多名新制度经济学家获得诺贝尔经济学奖，新制度经济学终于迎来了一个春意盎然、阳光明媚的“黄金时期”。那么，究竟什么是新制度经济学呢？新制度经济学与其之前的各种经济学流派又是怎样一种关系呢？新制度经济学在研究对象与研究方法上又有哪些与众不同的地方呢？本章试图对上述问题做一个系统而深入的介绍。

1.1 新制度经济学的产生与发展

在1890年英国经济学家马歇尔出版《经济学原理》一书之后，颇具数学特色的均衡分析方法一直是西方经济学的主流分析方法，事实上，从这种分析方法产生之日起，人们就从来没有停止过对它的质疑与批评。熊彼特曾撰文指出：实际上，如果读者不掌握微积分的原理，是无法完全理解马歇尔本人的作品（《经济学原理》一书）的。① 不仅如此，更为重要的是，在新古典的边际均衡分析中，制度被看作是永恒不变的而被抽象掉了，进而在所做的经济分析中将其完全忽视。在新制度经济学理论引起经济学界的重视之前，制度一直被看作对经济增长是没有影响的。

1.1.1 制度是如何受到经济学家的重视的?

1. “黑板经济学”的先天不足

新制度经济学的核心思想是，制度对于经济运行的绩效是至关重要的。然而，在西方主流经济学——新古典理论中，其虽然“承认政治、法律、货币和其他制度的存在，但是，这些制度或者被认为对经济事件没有影响而被忽视，或者被视为外生给定的、被以一种草率的方式描述而使制度影响显得无关紧要”②。

随着新古典理论在技术性上的发展获得了巨大的成功，经济理论变得愈加抽象，制度却受到越来越少的关注。因此，在自19世纪80年代发展起来的主流理论（以福利经济学和阿罗-德布鲁一般均衡模型为代表）中，制度实际上没有任何地位，经济理论的重点是放在资源配置的效率上，不同的制度性安排仅仅被视为满足帕累托最优所需的“替代方式”③。然而，不论新古典理论在形式上如何“优美”、在结论上如何“精准”、在逻辑上如何“严密”，但由于其“假定社会制度和生产技术不变，就必然使得它的实用性大受限制”④，因此，新古典经济理论及其分析方法被以科斯为代表的经济学家讽喻为“黑板经济学”⑤。

作为“黑板经济学”的新古典经济理论，虽然在设定的若干条件（一般被称为“最优条件”）下所进行的研究，从形式上看“完美无缺”，但由于这些设定的条件恰恰在现实社会中是不存在的，因而，其理论的适用性受到人们普遍的怀疑。兰开斯特指出：“最优条件不包括任何意识形态上的含义，而是仅仅作为一种技术上的要求。它们既适用于资本主义，也适用于社会主义，或者任何其他‘主义’。无论一个国家的政治意识是什么，只

---

① 熊彼特. 从马克思到凯恩斯十大经济学家. 北京：商务印书馆，1965：100.

② 菲吕博顿，瑞切特. 新制度经济学. 上海：上海财经大学出版社，1998：2.

③ 弗鲁博顿，芮切特. 新制度经济学：一个交易费用分析范式. 上海：上海三联书店，上海人民出版社，2006：1.（脚注②、③著作的作者相同，由于不同译本人名的译法不同。——出版者注）

④ 张培刚. 微观经济学的产生和发展. 长沙：湖南人民出版社，1997：74.

⑤ 科斯. 论经济学和经济学家. 上海：格致出版社，上海三联书店，上海人民出版社，2010：6.

要让生产和资源配置满足于最优条件，它就可以使得所有国民的处境变得更好。”[①] “最优条件”主要包括以下几个重要假设：

(1)“经济人”假设。新古典经济理论中的“经济人”，是“会计算、有创造性并能获取最大利益的人”[②]。其追求自我利益最大化的动机是十分强烈而明显的，但他没有损人之心，因而不说谎、不欺骗，并讲求诚信。这样，经济人之间的竞争，便只需要用惯例和伦理来调节，而不需要契约、法律等制度来控制。[③]

(2) 完备市场假设。完备市场是由规模较小、数量众多且能进行完全竞争的厂商构成的。在这个完备的市场上，不存在垄断或其他不正当竞争、所有资源的流动与配置只受市场价格这个唯一因素影响、能否得到某个生产性资源完全取决于货币选票……因而，制度的作用或影响是可以忽略不计的。

(3) 完全理性假设。由于市场是完备的，因而，市场上的信息必然是完备和对称的。而经济人因能够从市场上获取完备的信息，其必然也是完全理性的。由此，新古典经济理论认为“完全理性”是经济人一种不需要深思熟虑的本能。完全信息和完全理性的存在决定了市场不存在不确定性，这又有助于人们对市场进行完全的、确定的预期。

(4) 不存在外部性假设。在新古典理论中，不仅不存在交易费用，而且也不存在外部性。经济人的所有市场行为不仅可以在无摩擦、无成本的状况下进行，而且也不会对他人的福利产生或正面（正外部性）或负面（负外部性）的影响。由于所有市场行为既是无成本的又是无外部性的，因此，制度也就失去了发挥作用的空间。

这些重要假设对经济学发展的影响是重大的，使得一些经济学研究及其理论越来越偏离现实经济社会。诺思指出：“正是这些传统的行为假设，使经济学家未能把握住那些较为基础性的问题，社会科学要想继续发展，就必须对这些假设进行修正。行为人的动机比之现有理论所假定的要复杂得多（其偏好也不稳定得多）……只有理解了这些对人类行为假设的修正，我们才有可能说明制度的实存与结构，也才能解释制度变迁的方向。”[④]

2. 经济学家发现制度的重要性

新古典经济理论的“最优条件”假设，使得其对经济人问题、理性问题、信息问题等采取了同质化和简单化的处理，从而导致在“最优条件”下所进行的研究及其结论与现实中的实际情况相去甚远。更有甚者，运用主流的新古典经济理论和规范的“阿罗-德布鲁(Arrow-Debreu) 范式”却无法对经济史上和现实社会中的一些经济问题作出合理的解释。这实际上意味着，经济学家研究、解释经济问题必须另辟蹊径。而在这个过程中，经济学家无意间对制度重要作用的发现，无疑是其中最为重要的成果之一。

发现制度的重要作用，是与道格拉斯·诺思的研究分不开的。1968 年，诺思在《政治经济学杂志》上发表的《1600—1850 年海洋运输生产率变化的原因》一文中，通过“间接计量”分析，发现 1600—1850 年间海洋运输生产率的提高是十分显著的事实。

---

① Lancaster，K.，*Introduction to Modern Microeconomics*，Chicago：Rand McNally，1969：276.

② 勒帕日，美国新自由主义经济学.北京：北京大学出版社，1985：24.

③ 罗必良.新制度经济学.太原：山西经济出版社，2005：4.

④ 诺思.制度、制度变迁与经济绩效.上海：格致出版社，上海三联书店，上海人民出版社，2008：23.

海洋运输生产率为什么会提高呢？传统的解释归结为技术进步。然而，经济史实告诉我们，海洋运输使用轮船代替帆船的技术进步发生在19世纪后半期，也就是说，在1600—1850年间帆船技术并没有发生重大改进。所以，传统的解释显然是不正确的。诺思运用间接计量法研究发现，1600—1850年间海洋运输生产率提高的根本原因在于海洋运输平均每吨货物所担负的成本是下降的。诺思对每项成本因素进行了分析，得出了由于航运安全性加强和市场经济扩大等因素的作用使成本降低的结论。而正是在对"1600—1850年海洋运输生产率变化的原因"的分析中，诺思无意间发现了制度及其变迁是影响经济绩效的最重要因素。

无意间对制度重要作用的发现，开拓了诺思经济研究的视野。他开始有意识地尝试从制度的角度来研究经济问题，而这个尝试首先是从对欧洲经济史的分析开始的。1970年诺思与罗伯特·托马斯合作发表《西方世界增长的经济理论》一文，1971年两人又合作发表《庄园制度的兴起与衰落：一个理论模型》一文，在这两篇文章中，他们自觉地提出了一个不同凡响的观点：对经济增长起决定性作用的是制度性因素而非技术性因素。①

正是在这一时期，西方经济学界的产权理论研究方兴未艾。1973年，道格拉斯·诺思在与罗伯特·托马斯合著的《西方世界的兴起》一书中，将产权理论运用于欧洲经济史的研究，探索欧洲兴起的原因。该书的核心观点是："有效率的经济组织是经济增长的关键；一个有效率的经济组织在西欧的发展正是西方世界兴起的原因所在。"传统的对欧洲兴起原因的经济史解释是，以技术进步、规模经济、教育发展和资本积累为主要表现的工业革命。实际上，这种解释是不够深刻的。因为这些因素和工业革命本身就是经济增长的表现和结果，而不是经济增长的原因。换句话说，还必须探索这些因素的深层原因，探索是什么保障和促进了工业革命产生和发展所需要的技术创新、资本积累等，即必须探索工业革命在欧洲首先发生的原因。诺思从制度经济学理论出发，通过对900—1700年间西方世界经济史的考察，认为其原因在于制度，即在欧洲首先出现了有效率的经济组织和经济制度。为什么历史上的经济增长没有在整个西方世界同时出现，而首先在尼德兰和英格兰出现呢？原因在于，尼德兰和英格兰最早进行了产权结构方面的改革，从制度上激发和保护了经济领域的创新活动，因此，它们首先在西方世界兴起。而法兰西和西班牙则没有做到这一点，因此，它们在西方世界的竞争中落伍了。所以，诺思和托马斯认为，"有效率的组织需要在制度上作出安排和确立所有权以便造成一种刺激，将个人的经济努力变成私人收益率接近社会收益率的活动"②。

诺思在1981年出版的《经济史中的结构与变迁》一书的第二篇"历史"中，更进一步地提出了"制度变迁是经济史演变动力的源泉"的重要结论。在传统经济史学观看来，工业革命的爆发无非是蒸汽机和飞梭之类的技术发明所带来的技术进步的结果，工业革命似乎是技术进步带来的突变。但在诺思看来，正是一系列制度方面的变化给工业革命这一根本性的变革铺平了道路。因此，工业革命作为人类社会经济史上的第二次经济革命（第一次经济革命是农业的产生），是一系列因素长期发展、变化所带来的渐进性结果。而其

---

① 盛洪. 现代制度经济学：上册. 北京：北京大学出版社，2003.

② 诺思，托马斯. 西方世界的兴起. 北京：华夏出版社，1999：5.

中，制度变迁是动力的源泉。

在今天看来，人们谈论新制度经济学，言必称科斯。实际上，罗纳德·科斯及其经济理论引起经济学家们的高度重视，主要发生在1991年其获得诺贝尔经济学奖之后。当然，从新制度经济学产生及发展的历程来看，罗纳德·科斯的学术地位是至高无上的，可以说，他是最早发现制度及其对经济绩效有重大影响的新制度经济学家。其发表于1937年的《企业的性质》一文，就开始挑战新古典经济理论的“最优条件”假设，而将交易成本纳入他的研究视野，并从交易成本的角度分析了市场与企业的边界问题。其在1960年发表的《社会成本问题》一文，更进一步拓展了产权制度安排、交易成本等对资源配置、经济绩效影响的研究。科斯对制度的关注与研究，更多地偏重于微观层面制度。正是由于这个原因，虽然科斯是最早发现制度重要性的新制度经济学家，但真正引起学术界与社会关注制度及制度重要作用的研究成果及其理论的则是新制度经济学家道格拉斯·诺思的研究。

随着罗纳德·科斯、道格拉斯·诺思、罗伯特·福格尔以及奥利弗·威廉姆森等一批新制度经济学家对制度研究的深入及他们先后获得诺贝尔经济学奖，制度对资源配置、经济增长等有着重要影响的观点已经成为人们的共识。人们逐渐认识到，制度这一“软件”比资本、技术、资源等“硬件”更为重要。正如诺思所说：“如果我们对基础制度以及它们如何影响经济活动绩效的方式缺乏了解，就不可能真正理解现实经济是如何运行的。”①

1.1.2 什么是新制度经济学?

1. 新制度经济学的研究对象

随着对制度重要性及相关理论研究的不断推进，新制度经济学作为一门新兴的经济学学科便应运而生。“新制度经济学”（new institutional economics）这个概念是由著名经济学家奥利弗·威廉姆森最先提出来的。② 就像任何一门学科都有它特定的研究对象一样，新制度经济学当然也不例外。新制度经济学就是用经济学的方法来研究制度的经济学。

罗纳德·科斯指出：“经济学家应做的一件主要工作就是研究经济制度。我们每个人都生活在一种经济制度当中。人类自身的福利依赖于整个社会所能提供的产品与劳务，而后者又取决于经济制度的运作效率。亚当·斯密解释道，经济制度的运作效率由分工所决定，但只有存在交易时，专业分工才有可能；交易成本越低，制度的生产效率就越高。但是，交易成本依赖于一国的制度，如法律制度、政治制度、社会制度以及教育文化等诸方面的制度。制度决定着经济绩效，这正是新制度经济学为经济学家所给出的重要结论。”③从科斯的阐述中可以看出，在他看来，新制度经济学就是要以对人有约束、对经济绩效起决定作用的经济制度为研究对象。

诺思明确地将新制度经济学的研究对象界定为：“新制度经济学关注人类提出的解释自身环境的信念以及人类为塑造自身环境所创立的（政治的、经济的和社会的）制度。”④

---

① 科斯，等. 制度、契约与组织. 北京：经济科学出版社，2003：48.

② 同①10.

③ 同①12.

④ 诺思. 理解经济变迁过程. 北京：中国人民大学出版社，2008：12.

他还说："制度经济学的目标是研究制度演进背景下如何在现实世界中作出决定和这些决定又如何改变世界。"①

菲吕博顿和瑞切特在《新制度经济学》一书中指出，新制度经济学"把组织问题作为自己的研究对象，试图通过研究产权结构和交易成本对激励和经济行为的影响来拓展新古典理论的适用范围……新制度经济学至少试图说明制度确实重要。它认为，不同的组织结构对激励和行为有不同的影响，而且，在新制度经济学中，制度本身被看作是经济学分析的合理对象。"② 他们还指出，新制度经济学的研究"不仅仅在于制度的性质，还在于如何使得它们成为一般经济模型的重要组成部分"③。

从各位经济学家的论述可以看出，新制度经济学就是一门用经济学方法来研究制度的经济学。在约翰·德勒巴克等经济学家看来，以制度作为研究对象的新制度经济学，其研究主要集中在交易成本和产权、政治经济学和公共选择、数量经济史、意识形态和路径依赖等四个领域以及制度如何影响经济增长、制度如何兴起等两个核心问题上。④

威廉姆森之所以能最早提出"新制度经济学"这一概念，是因为他认为新制度经济学相对于当时的主流经济学有几个重要的"新"特征：（1）新制度经济学充分假设制度有深刻的效率因素。无数的争论文章都从效率角度评价了经济组织的比较微观特征。由于新制度经济学利用了"理性精神"，因而它保存了与主流经济学的关系。（2）新制度经济学坚持认为资本主义经济制度的重要性，不仅在于技术本质，也在于管理方式结构，后者带来不同的组织类型中信息传递、激励和分权控制的区别。（3）新制度经济学用的是比较方法，一种可行的形式与另一种相比，而不是与抽象的无摩擦的理想形式相比较。在这种比较中，特别有用的一个比较概念，就是交易成本。（4）新制度经济学很早就认为，经济组织的中心问题，归本求源是人类活动者的行动属性，行为假设被看作是现实中的重要部分，这个层次的严重失败将导致制度经济学事业的危机。威廉姆森的论述既反映了新制度经济学的根本特色，也道出了新制度经济学与新古典主义的渊源关系。

2. 什么是制度？

既然新制度经济学是一门以制度为研究对象的经济学，那么，究竟什么是制度呢？

青木昌彦曾经指出，我们不能把制度等同于法律条文、非正式规范、组织、合同等等，或者这些因素的部分或者全部的组合。他认为，给制度下怎样的一个定义取决于我们的分析目的。⑤ 举一个例子，我们可以考虑如下的问题：既然制度对于经济绩效如此重要，那么为什么其他国家不能学习并采用经济绩效较好的国家中运用的最佳的制度呢？这也是诺思提出的一个问题。诺思把制度定义为"博弈规则"⑥，同时将它分为两类：正式规则（宪法、法律和产权制度等）和非正式规则（文化传统和习俗等）。于是，诺思认为，即使能从国外学到良好的正式规则，由于本土非正式规则的惰性一时难以改变，新借鉴来

---

① 诺思. 经济史中的结构与变迁. 上海：上海三联书店，上海人民出版社，1994.

② 菲吕博顿，瑞切特. 新制度经济学. 上海：上海财经大学出版社，1998：1-2.

③ 弗鲁博顿，芮切特. 新制度经济学：一个交易费用分析范式. 上海：上海三联书店，上海人民出版社，2006：9.

④ 德勒巴克，等. 新制度经济学前沿. 北京：经济科学出版社，2003：2.

⑤ 青木昌彦. 比较制度分析. 上海：上海远东出版社，2001：2.

⑥ 诺思. 制度、制度变迁与经济绩效. 上海：格致出版社，上海三联书店，上海人民出版社，2008：3.

的正式规则和旧有的非正式规则势必产生冲突，其结果使得借鉴来的制度可能既无法实施也难以奏效。

那么，制度怎样才是可实施的呢？实施者又怎样被激励去实施他理应实施的制度？而激励实施者去实施这一制度的制度又是如何实施的？为了避免这种无穷循环式的推理，一种办法是试图说明制度是内生的。制度是社会制度博弈的参与人之间的策略互动而形成的自我实施的结果，借用一个主流经济学的概念，可以称之为“博弈的均衡”。

如果总结一下，可以这样认为：从短期来看，制度是对人们行为进行制约的人类自身设计的规则。这时，制度就是一种既已的存在，是外生的。但是，从长期来看，制度又是社会博弈参与人之间策略互动从而最终自我实施的均衡结果。这时，制度又是可以调整、变化的，是内生的。

为了更加形象地理解制度的含义，这里结合青木昌彦在《比较制度分析》一书中提到的日本德川时代灌溉系统的例子来进行说明。一般而言，灌溉系统作为一种社区内的公共产品，由于技术上排他性的困难，试图阻止社区灌溉系统修建与维护过程中偷懒的社区参与人从中受益是成本高昂的。但是由于社区本身的封闭性，青木昌彦认识到，社区可以采取在其他领域（比如社区活动、邻里之间的互助以及社区的内在认同感方面）对偷懒的社区参与人进行惩罚的方式。由于社区的封闭性，小农经营的风险需要社区内的合作，这种有效的惩罚措施使得这种制度可以变成自我实施的。即每一个社区参与人都会自觉地参与社区对于灌溉系统的修建与维护，从而这一制度得到很好的执行。

如果我们来分析一个社区内的参与人自身的决策，这时稳定的已经形成的制度所带来的惩罚措施对于参与人而言，是一种外在的决策的约束。参与人在进行是偷懒还是合作的决策时，会意识到偷懒可以节省一些参与灌溉系统维修与维护所带来的成本，但是由于制度会对偷懒行为进行惩罚，这种惩罚对于社区的参与人而言也会形成一种损失。所以这两种损失之间的权衡，使自身利益的最大化成为理性的社区参与人的选择方式。在这里，制度对于社区的参与人而言，是一种对于他的选择行为的外在的约束，因为单靠一个社区参与人本身无力改变这种制度，而不遵循制度要求的行为就会受到集体的惩罚，所以对于他来说，制度是外生的。

但是制度本身的形成与瓦解又是如何进行的？如青木昌彦所言，是由于在其他领域形成了可以进行惩罚以及足够的惩罚才使得理性的社区的所有参与人都会自然选择合作的策略，从而灌溉系统作为一种制度的维持成为一种均衡。所以，从青木昌彦的研究视角出发，我们在研究制度演化、制度变迁的时候，可以将制度视为一种社区内参与人之间策略互动的博弈均衡。然而，一旦外在条件以及其他情况发生变化，情况又会怎样呢？例如，改革开放后中国中西部地区封闭社区内的灌溉系统瓦解现象。由于存在技术进步的成本约束、外来的机会以及外部的服务替代，使得得以维持灌溉系统的惩罚措施变得无效了，这导致了对于社区内部参与人而言，偷懒是一种理性的选择。当偷懒成为社区参与人共同的信念的时候，这一制度就不可避免地发生了变化。制度对于个体参与人的约束，由于理性的社区参与人共同信念的变化而变得没有效力，从而制度发生了变迁。这种制度就是内生的，是由社区内部参与人之间的策略互动形成的，自我实施的共同信念不能维持，新的共同信念的出现导致了制度的变化。所以研究制度演化、制度变迁的时候，将制度视为一种社区内参与人之间策略互动的博弈均衡是比较合适的。

在案例1-1中，我们清楚地看到，不同的制度安排所产生的制度绩效是不一样的，好的制度自然会改善并提高制度绩效；制度的产生既可以是外生的（方法一、方法二、方法五），也可以是内生的（方法三、方法四、方法五）；不管制度如何产生、运行和演化，制度都是与人们对自身利益的关心分不开的，都是制度参与人（或制度的利益相关者）之间策略互动的博弈均衡。

案例1-1

分粥难题的化解

大锅饭时代，在一个村庄里，7个人组成一个小团体，分食一锅粥。每个人都是普通而平等的，但人类的私心依然存在，如何分粥便成了问题。为了解决这个问题，在没有称量用具的情况下，大家试验了不同的方法：

方法一：指定一个人负责分粥事宜。很快大家就发现，主持分粥的人为自己分的粥最多最稠。于是又换了一个人，结果总是主持分粥的人碗里的粥最多最稠。

方法二：大家轮流主持分粥，每人一天。虽然看起来平等了，但是每个人在一周中只有一天吃得饱且有剩余，其余6天都饥饿难挨。大家认为这种方法造成了资源浪费。

方法三：大家选举一个信得过的人主持分粥。开始这位品德高尚、大家信任的人还能公平分粥，但不久他就开始为自己和溜须拍马的人多分粥。

方法四：建立一个分粥委员会和一个监督委员会，形成监督和制约。公平基本上做到了，可是由于监督委员会常提出种种议案，分粥委员会又据理力争，等分粥完毕时，粥早就凉了。

方法五：每个人轮流值日分粥，但分粥的那个人最后一个领粥。令人惊奇的是，在这个制度下，7只碗里的粥每次都是一样多。

因为每一个轮流主持分粥的人都认识到，如果7只碗里的粥不相同，他确定无疑将享用那份最少的。这样，令人困扰的“分粥难题”终于被公平地解决了。

资料来源：本书作者编写。

1.2 新制度经济学产生、发展的现实背景

传统主流经济学一直致力于分析市场机制的运行及其影响。一般均衡理论不仅是对市场机制完善性的概括，而且也是新古典经济学的基础与中心。如果把斯密“看不见的手”的思想看作是对这种理论的“天才猜想”，那么，帕累托和瓦尔拉斯则是这种理论的系统化论述者。到了20世纪60年代，随着阿罗、德布鲁完成了对于一般均衡理论的数学证明，整个经济学似乎如一些经济学家所声称的那样已经发展到完美的终点了。

一般均衡分析虽然从形式上看很完美，从假设条件下的论证看也很严密，但现实发

展中复杂的经济社会问题，却并不能被该理论毕其功于一役地加以解决。实际上，现实经济运行远比经济学家们想象的要复杂得多。第二次世界大战后资本主义社会长期存在低经济增长、高通货膨胀、高失业率等问题，而广大的发展中国家却普遍地存在贫困、饥荒、不平等等问题，与此同时，新兴的社会主义国家也都面临着生产力低下、物质匮乏等严重问题。所有这些问题的出现，一方面意味着主流经济学家自我陶醉的主流经济学理论并非是无所不能的，而可能恰恰相反；另一方面意味着必须突破并发展传统主流经济学，要勇于面对现实问题并努力去解决这些问题。正是一些经济学家对这些现实问题的不断思考，他们才发现了制度的重要性，并进而推动了新制度经济学的产生与发展。

1.2.1 新制度经济学发展的国际现实背景

1. 发展中国家与新制度经济学

真正导致新制度经济学开始变得重要的则是发展中国家发展战略研究的转向以及对于转型国家转型过程、方式与绩效的深入思考。随着 20 世纪中叶发展中国家大规模地摆脱西方列强的殖民统治，如何发展经济以增进发展中国家人民的福利成为发展经济学产生的原因及以后的研究主题。这一时期十分盛行的西方增长理论研究对发展经济学产生了很大的影响。哈罗德-多马以及罗伯特·索洛关于资本投入是经济增长的关键的理论结论在发展经济学中产生了空前的影响。但是发展中国家由于没有足够的居民储蓄能力，所以就不能形成足够的资本积累，为此还形成了两种理论：一种是“贫困的恶性循环”理论，另一种是“国家主导型赶超战略”理论。

“贫困的恶性循环”理论是由美国经济学家罗格纳·纳克斯在 1953 年《不发达国家的资本形成》一书中提出的。他认为，阻碍发展中国家经济增长的最为关键的因素是资本缺乏。这是因为宏观经济存在着两个恶性循环：在供给方面，低收入意味着低储蓄能力，由此导致资本形成不足；资本形成不足导致低生产率，低生产率进一步导致低收入，低收入又意味着低储蓄能力。在需求方面，低收入意味着低购买力，由此引起投资引诱不足，进而导致低生产率，低生产率导致低收入，低收入又导致低购买力。这两个恶性循环互相影响，使得经济状况无法好转，经济增长难以实现。这一理论最为核心的观点就是资本缺乏是造成两个恶性循环的关键，因而资本形成在消除经济停滞、促进经济增长方面起着决定性的作用。①

“贫困的恶性循环”理论对于第二次世界大战以后取得独立的国家产生了很大的影响。根据这一理论，要发展经济，发展中国家要么积极争取外援改善资本形成，要么加大政府的干预以加速资本形成。在这一理论的影响下，许多发展中国家大量借入外来资本以发展本国经济，但效果却不尽如人意。到了 20 世纪 80 年代，从墨西哥开始，大量的发展中国家陷入债务危机之中，经济发展因之而受到很大冲击。这里固然有从发达国家借入资本时附加的各种苛刻条件所带来的不利影响，但发展中国家自身不利的制度条

---

① Nurkse，R.，*The Problem of Capital Formation in Less-developed Countries*，New York：Oxford University Press，1953.

件可能是更为重要的影响因素。

另一种影响很大的发展战略模式就是林毅夫等在《中国的奇迹：发展战略与经济改革》一书中总结的“国家主导型赶超战略”①。由于要迅速积累大量的资本投入到工业化赶超所需要的重工业部门，这在一个资本稀缺的国家运用市场机制是行不通的，所以运用国家的强制手段，扭曲资源配置的价格、剥夺微观主体的自主权、改变宏观经济环境，使得资本积累得以迅速进行，成为战后很多发展中国家的选择。当然，苏联经验的相对成功，对于发展中国家也起到了很好的鼓舞作用。这种战略理论的背后不可否认也存在着当时主流经济增长理论的影子。这种理论极端强调资本积累的重要性，认为重工业的发展是实施赶超的关键所在。当时，这种战略不仅为社会主义国家所采用，很多资本主义国家同样也相信19世纪以来自由贸易竞争的市场机制对于发展中国家是不适用的②，认为需要广泛而持续的政府投资来减轻贫困和改善收入再分配。也就是说，通过普遍的价格管制来改善国家的再分配，用国家的稀缺资源来满足穷人的需要，以促进经济发展与进步。

国家干预以获得公平与更快增长的经济理论在很大程度上与卡尔·马克思以及约翰·凯恩斯对于自由放任市场体系弊端的批判不谋而合。但是正如拉尔所说，令人悲哀的是，许多国家干预主义的信奉者无疑将他们那套信仰作为一种替代物，与基于自由市场的信仰形成了鲜明的对照。这些思潮的兴起扭转了古典经济学的时代，大量的发展中国家采取政府的绝对干预与重工业优先发展的苏联模式。但是诚如林毅夫等在评论中国这一战略所带来的问题时所说的那样，从中国20世纪50年代至70年代末的经济增长绩效来看，重工业优先增长战略以及相应的宏观政策环境、资源配置制度和微观经营机制造成了产业结构扭曲和激励机制不足两大问题，人民生活水平长期得不到明显的改善。虽然这几十年的发展养活了占世界人口数量22%的中国人民，也初步建立了一个比较完备的工业体系，但是代价却是高昂的，赶超的目标并没有实现。③

当时，除了中国、苏联和东欧一些实行社会主义计划经济的国家之外，还有一些发展中资本主义国家也选择了赶超型的经济发展战略。这些国家无论是社会主义国家还是资本主义国家，经济的发展都很不成功，都没有实现赶超的预期目标。例如阿根廷、乌拉圭、智利和玻利维亚，它们的人均收入在19世纪末和德国相差无几，但是一个世纪之后，仍处在经济上困难重重、财富分配两极分化、广大人民生活水平改善十分缓慢的不发展状态之中。在20世纪60年代曾被认为是仅次于日本的“明日之星”的菲律宾也是处于经济停滞和混乱之中。④

发展中国家以吸收资本和加速资本形成为目标的经济发展战略的失败导致了世界性的对于经济发展的反思。许多经济学家认识到，一个国家和地区经济发展的关键问题，不是能否获得足够的资本，而是对经济主体的激励以及如何正确地使用资本这一问题，也就是制度的问题。所以，许多经济学家渐渐认识到，经济的发展更多地依赖于一个有效率的经济制度。良好的经济制度可以节省资本的使用、替代资本，使已有的资本得到更加充分的

---

① 林毅夫，蔡昉，李周. 中国的奇迹：发展战略与经济改革. 上海：上海三联书店，上海人民出版社，1994.

② 拉尔. 发展经济学的贫困. 昆明：云南人民出版社，1992.

③ 同①78.

④ 同①79.

利用。

这正如彼得·鲍尔所批评的那样，“与其说发展依赖于资本积累，不如说经济发展创造了资本”。“所有的发达国家都始于不发达。假如恶性循环理论是正确的话，那么人类将仍处于石器时代”。[①] 所以鲍尔认为，当一个发展中国家摆脱了初始的贫穷状态之后，决定其经济发展效果的主要因素在于本国的制度和政府行为。

发展经济学发展战略本身的反思使得以研究制度为特征的新制度经济学更多地进入人们的研究视野。道格拉斯·诺思“有效率的制度是经济增长的关键”的结论在迷失于增长陷阱中的发展中国家经济学者们中得到了巨大的共鸣。新制度经济学的研究方法与研究取向在制度体系十分不健全、发展举步维艰的发展中国家得到了迅猛发展。

2. 经济转型与新制度经济学

新制度经济学引来巨大声誉的另一个原因是在转型国家转型过程中提供的较为有效的分析方法与结论。

自 1989 年秋柏林墙倒塌以来，有相当一部分经济学家一直在研究前社会主义国家从计划经济向市场经济的转型过程。转型过程影响着数十亿人的生活。有关国家经济制度的全面转型给人们的经济条件带来了根本性的变化。虽然每个转型国家都希望通过引进市场经济体制以使自己的国家在适当的时期内达到与发达的资本主义国家相当的繁荣水平，但是，这个目标对于那些转型的国家而言却绝不是胜券在握的一件事。从 2000 年前后的情况来看，各个转型国家的情形差异很大，或波诡云谲、动荡不安，或披荆斩棘、稳步渐进。如何看待各国转型的差异，一时间成为经济学家与政治家们最为关注的问题。

从传统计划经济体制到市场经济的转型，不仅导致了 20 世纪末风起云涌的社会主义运动的重大变化与变革，而且传统经济学理论因在这场转型中提供了拙劣的建议而威信扫地。正如热若尔·罗兰所言，“给转型国家提供政策意见的结果，对于经济学家来说，最好的结果也只能说是威信扫地”[②]。对于“德布鲁范式”建立以来，宣称经济学已经终结的经济学家而言，现有经济理论对于真实世界的苍白无疑是一个太残酷的现实。来自主流经济学教科书式的建议所带来的种种变故，导致了经济学研究重点的进一步转移，并且大大强化了制度学派的观点，以至经济学家们的“公开辩论和认真研究”都认为，“对于制定恰当的政策向资本主义成功转型便是至关重要的了”[③]。

从制度体系的相互支撑、相互依赖与相互影响的角度，新制度经济学家们认为，简单的制度移植是难以取得制度变革绩效改进的。诚如道格拉斯·诺思所言，当相同的规则集合施加于两个不同的社会，其后果会怎么样呢？结果会很不一样。虽然规则相同，但是，实施机制、实施方式、行为规范以及行为者的主观模式都不一样，于是真正的激励结构和被认知的政策后果就不同。而根据新制度经济学的观点，实施机制、实施方式、行为规范以及行为者的主观模式等在很大程度上都属于广义的非正式制度的范畴，所以要对制度真正的激励结构和被认知的政策后果从而对制度的变迁和引进、学习进行评估，则必须要对

---

① 道，汉科. 发展经济学的革命. 上海：上海三联书店，上海人民出版社，2000：9，31.

② 罗兰. 转型与经济学. 北京：北京大学出版社，2002：5.

③ 同②6.

非正式制度进行一番深入的分析。道格拉斯·诺思曾提出了自己对于转型的解释，他认为，正式制度的引进必须要和原有社会的非正式制度相结合，否则企图一蹴而就不仅是不可能的，而且最终的结果也必然是悲惨的。

新古典经济学自马歇尔以后，只是强调自由市场体系本身的运作，强调在自由市场体系内怎么实现市场的均衡以及均衡的稳定性与福利效应，而帕累托的福利经济学第一、第二定理更是将自亚当·斯密以来自由市场的神话予以定理化，所以，在给转型国家提供政策建议时，所有的西方经济学者无一例外强调自由市场的作用，但是怎样实现由计划体制向自由市场的良好转型呢？这个话题却是新古典经济学从未遇到的，因为新古典经济学研究的就是自由市场本身的运作，没有自由市场而创造自由市场对于新古典经济学家是不可想象的。所以新古典经济学家们认为，只要自由市场得以创造出来，它就可以根据现有的经济理论进行很好的运转。然而，由于新古典经济学家们根本不知如何创造自由市场体系，因而，他们希望就像上帝创世纪一样能够从西方世界转移一个模本以满足那些转型国家的需要。

正是在这类思想的指导下，后来指导转型国家转型的那些像创世纪一样的“大爆炸”计划、“500 天计划”等，便一个一个出台了。然而，现实却是如此残酷，即使是那些在一夜之间完成全面转型到市场经济体制的国家，其经济社会发展也遭遇到了空前的挑战，并引发大规模的社会动荡。因此，对于经济学家而言，“设计能够使资本主义在前社会主义经济中成功发展起来的转型政策，就成为一项重要的任务”①。

显而易见，这种任务对于以研究自由市场体系内部资源配置与自由市场运作的新古典经济学而言，几乎是不可想象的任务。所以理论与现实的需要要求经济学必须作出变革，以对涉及全球超过四分之一人口的转型国家人民的福利予以关注。

新制度经济学的产生与发展正值此风云际会之时，新制度经济学以研究社会制度的运转、变迁与演化为主题，既吸收了新古典经济学自马歇尔以来的先进研究方法，又突破了其研究领域与研究方法，对于涉及非市场机制以外的经济制度、社会制度与法律体系的起源、产生与演变作出了令人振奋的解释。

新制度经济学并不强调模式的单一性，新制度经济学家们甚至将资本主义的自由市场体系也进行了分类，他们认为主要有美国式的自由主义资本主义、欧洲的福利资本主义和亚洲的关系型资本主义（东南亚国家称之为“裙带资本主义”）。为什么会出现不同的模式呢？布莱恩·阿瑟、罗伯特·戴维以及诺思发展出的“路径依赖”理论，强调了历史的重要性，并认为制度的演化、进化与变迁一定要与各国各地区的历史相结合。新制度经济学也因此而显示出了巨大的解释力。

今天，新制度经济学的研究已经融入主流经济学的许多方面，极大地改变了主流经济学的原有面貌。在施莱弗、维斯尼的《掠夺之手：政府病及其治疗》、热若尔·罗兰的《转型与经济学》等经典的转型经济学著作中，都能够看到新制度经济学的影子。利益集团、路径依赖、产权、治理结构、不完全契约等新制度经济学发展出来的新名词已经成为经济学家们的“共同知识”，而且这种新制度经济学对于主流经济学的改变极大地增强了

---

① 罗兰. 转型与经济学. 北京：北京大学出版社，2002：5.

经济学的解释能力，使得经济学的传播变得异常迅速，经济学家们的思想开始以前所未有的范围与力量极大地影响着这个世界。

1.2.2 新制度经济学发展的中国现实背景

1. 新制度经济学在中国的传播与发展

新制度经济学最早产生于以美国为首的西方国家，但它传播之广、受众之多、影响之大则主要发生在中国。新制度经济学之所以能够在中国得到传播、运用和发展，并对中国的改革及其推进产生巨大影响，主要是由于以下三个方面[①]：

(1) 现实的需要：新制度经济学理论与中国改革的现实情况比较吻合。

中共十一届三中全会之后，中国开始了从计划经济逐渐转向社会主义市场经济道路的历程。为了使中国经济健康、快速地成长，中央决策层不断探索改革思路，经济学者也一直在积极寻找适合中国国情的经济理论，但是中国经济体制改革并没有先验的理论可以借鉴，而只能把目光投向西方的经济学理论。

在西方经济学说中，占据主流地位的新古典经济学并没有在中国得到充分利用，实践证明，主流西方经济理论并不能有效地运用于中国经济，主要是因为当时的中国并不具备这些经济理论所需要的市场条件。中国的市场化进展与西方国家的市场化进展有两个不同点：一是从体制的层面来看，西方国家是从自然经济直接演变到商品经济（或市场经济），而中国的市场化进展除了传统的自然经济以外，当中还经历了一个高度集中的计划经济体制时期，计划经济影响深刻。二是从制度层面来看，中国的市场化进展还涉及市场经济与公有制结合的问题，这不仅是一个理论问题，还是一个实际操作的问题。西方国家的市场化进展实际上就是一个市场经济与私有制结合的问题。无论从理论还是从实践来看，我们都不能简单地照搬西方的那一套，这也决定了中国市场化进展的复杂性与艰巨性。[②]

由于中国是一个处于经济转型的发展中国家，而对于转型经济学的核心问题，新制度经济学显示出了巨大的优势：它首先可以用来对前社会主义国家的政治、经济、社会与文化体制进行深入的分析；其次又可以用来对资本主义政治制度、经济制度进行深入的分析，揭示其内在的相互支撑的体系；最后还可以用来对如何从计划经济体制实现向市场经济体制的转变提供制度建议。因此，在 20 世纪 80 年代末，新制度经济学开始受到国内经济学者的关注，他们试着运用新制度经济学的理论与方法探索中国的改革问题，并取得了一定的成效。在 20 世纪 90 年代前后，新制度经济学越来越受到国内经济学界的重视，以致成为一门“显学”。

(2) 理论的契合：新制度经济学与马克思主义机理存在相似之处以及中国学者对理论不断进行发展。

由于新制度经济学既能诠释中国已发生的改革，又能为下一步的改革提供理论支持，所以，中国学者对新制度经济学的研究兴趣高涨。新制度经济学在中国能迅速传播并得到较好的发展，还有另一个重要的原因，那就是“在对新制度经济学的研究中，我国学者发

---

① 杨德才，郭婷婷，唐悦. 新制度经济学与中国改革的推进. 华东经济管理，2013 (3).

② 卢现祥. 西方新制度经济学. 北京：中国发展出版社，2003：252.

现其中蕴含着某些已经久违了的马克思主义的元素”①。例如，新制度经济学中关于制度和经济绩效之间关系的理论，与马克思主义政治经济学中生产力和生产关系的辩证关系的理论就有相似之处。马克思主义为中国改革的基本理论，国内学者对马克思主义政治经济学非常了解和熟悉，“功底”非常深厚，而这就使得新制度经济学更易于得到国内决策层和学者的认可和接受。不仅如此，新制度经济学还在许多马克思主义者未涉及或甚少涉及的领域有丰富的研究成果，例如马克思主义学者尽管对股份公司、银行等具体的制度结构有所涉及，但是远远不如新制度经济学研究得那么透彻和系统。在这些领域，新制度经济学理论给国内学者带来了不一样的分析视角和研究结果，对中国经济的改革也有诸多的启发和帮助。

此外，一大批新制度经济学研究学者在引进介绍新制度经济学的同时，运用新制度经济学的理论和方法，结合中国国情，探索能够促进中国经济增长的制度，进一步发展了新制度经济学理论。而率先将新制度经济学的分析方法系统地运用到中国经济问题研究中去的第一人则是张五常。1981 年，张五常撰写了《中国会走向“资本主义”的道路吗?》一文，这是第一篇分析中国经济改革制度的文章，也是新制度经济学的经典之作。他通过解释经济制度的运作，揭示中国经济制度的历史、现状及未来的特征。他以纯粹的制度分析对中国的农业改革、城市企业改革、中国金融改革及中国腐败等问题进行了研究，并就此提出了自己的独到见解。张五常的研究及其结论震惊了整个经济学界，新制度经济学理论的关注度及运用度也因之而大大提高。

(3) 文化的相通：中国的传统政治文化有利于新制度经济学的传播。

中国的历史文化源远流长。新制度经济学与中国传统政治文化中的某些内涵产生共鸣是其受到中国学者热烈追捧的又一个重要原因。

经济学家盛洪指出，“制度经济学虽然作为一种西方学说很晚近才被介绍到中国来，但中国人对‘制度’概念并不陌生。更注重与自然和谐相处的中国人，对人与人的关系尤为关切，从而很早就注意到人与人关系的稳定均衡——制度的意义。《诗经》所说‘天生烝民，有物有则’，即是讲‘有人群就必有规则’。吸收夏商文化，开辟中华文化正统的周朝，用‘礼’这种特定形态的制度主导社会秩序，礼乐文化成了后来中国制度结构的主要内容。到了孔子，则集周礼之大成，引进理性主义成分，提出了‘仁’‘和’‘中’等包含制度均衡的概念，并毕生‘克己复礼’。他所著《春秋》提出的政治理想，引出了公羊学传统，为中国后来政治制度的发展提供了丰富的资源。汉儒实践了这一政治思想，造就了当时空前的国家。在一千多年后复兴了儒学的宋明儒家，也是把他们强调的‘天理’‘心性’引申到了典章制度。朱熹所编《近思录》专辟了‘制度’一章。受儒家思想熏陶了两千多年的民族，既尊重‘祖宗家法’，又强调‘其命唯新’。中华文化内含着对制度的理解。它显然是制度经济学在中国发展的丰沃的土壤。”②

正是在上述背景下，新制度经济学理论开始在中国大行其道、迅速传播，中国学者也开始尝试运用新制度经济学的理论和分析方法探索中国的改革问题。在星光灿烂的新制度

① 徐桂华，杨燕青. 新制度经济学与马克思主义经济学. 经济学家，1998 (1).

② 盛洪. 现代制度经济学：下卷. 北京：北京大学出版社，2003：6-7.

经济学大家中，对中国的改革具有较大影响的新制度经济学家主要有诺思、科斯和威廉姆森等。新制度经济学理论在中国的传播与运用，一方面为已经发生的中国改革提供了丰富的理论支持，另一方面又为下一步即将进行的改革提供了较为缜密的理论指导。

2. 新制度经济学与中国改革的互动

20 世纪 80 年代末，新制度经济学传播到中国的时候，正是中国改革进行得比较困难的时期。如何寻求理论支持来打破改革停滞的困局，是决策者和研究者共同面临的难题。而新制度经济学的传入正可谓恰逢其时。进入 90 年代初，随着中国改革的再次启动及不断推进，新制度经济学理论被越来越多的学者拿来分析中国的改革问题，涉及改革等各个方面。我们可以清晰地看到，中国改革之所以能不断推进，在某种程度上可以说，正是新制度经济学理论研究与中国改革实践持续良性互动的结果。也正是这种良性互动，使得自 1978 年启动的中国改革总体上呈现出稳定性、渐进性和有序性的特征。

（1）产权理论与中国改革的互动。

产权理论最早是由科斯提出的。科斯指出，没有产权的社会将会是资源配置绝对低效甚至是无效的社会。① 在交易成本很难被忽略的现实经济中，产权界定得越明晰，则经济运行中资源配置的效率越高。同时，资源配置的效率将影响经济关系中不同的人的财富分配，对不同的人形成不同的激励，继而理性的人会对该制度安排作出反应，形成反馈机制。因此，从这一理论出发，中国改革的方向必须是明晰产权、保护产权。而从中国改革的实践可以看到，农村中农民承包农地期限的延长、农民承包地经营权的流转，城市中国有企业产权改革、“抓大放小”等，无不有着产权理论的深深印记，中国的改革正是向着明晰产权、保护产权的方向推进的。

我国改革是从农村改革开始的。改革开放前，农村实行的是集体所有制的形式，“三级所有、队为基础”是人民公社体制下农村农业生产的具体制度安排。在这种体制下，土地归集体所有，既不能买卖，也不能出租经营。虽然这种产权制度在一段时期内促进了农业生产力的提高，但是随着这种制度的运行，其缺点逐渐暴露出来，主要表现为初始产权制度未清晰界定而带来的机会主义的盛行及农业生产效率的低下。20 世纪 70 年代末由安徽小岗村自发创立的“包产到户”开启了全国范围内的农村改革，解决了农村效率低下的难题。从产权理论视角看，所谓的“包产到户”实质上就是一个产权初始界定问题，因为交易费用大于零，如果没有产权的初始界定，必然会导致每个人不会投入其所有的精力从事农业生产，因为偷懒问题的存在会使人觉得自己的付出不值得。而如果将产权界定给每一个人，情况就不一样了，原有产权制度下存在的各种问题也就自然而然地得到了有效解决。因此，以“包产到户”为实质内容的家庭联产承包责任制之所以能够顺利地实施，就在于明晰了产权、解决了普遍的机会主义问题。从这一点来看，家庭联产承包责任制刚好符合科斯的通过当事人之间的谈判来改善资源配置效率的产权理论。②

国有企业的改革不仅涉及中央和地方政府的利益，而且涉及企业管理者、企业职工等群体的利益，各个利益群体之间既相互依赖又相互博弈。正是由于国有企业的改革牵涉各

---

① Coase, Ronald H., “The Problem of Social Cost,” *Journal of Law and Economics*, 1960, 3 (October): 1-44.

② 杨德才. 中国经济史新论（1949—2009）：上册. 北京：经济科学出版社，2009：346.

方群体的利益，为了避免由于大范围、突发式改革可能带来的社会动荡，因此国有企业的改革就只能采取渐进改革的方式。虽然国企改革问题早在改革开放之前就已经被认识到，如 1973 年政府提出“放权让利”，并通过利改税、承包经营和租赁经营制以扩大企业的自主权，但国有企业真正而实质性的改革则发生在 20 世纪 90 年代中期之后。如 1993 年中共十四届三中全会指出国企改革的关键是产权的改革，提出了 16 字的基本方针，即“产权清晰、权责明确、政企分开、管理科学”。再如 2003 年中共十六届三中全会进一步强调要建立和完善现代产权制度。经过对国有企业的一系列改革，虽然现存的国有企业仍存在许多问题，但是相比较 20 世纪 80 年代几乎所有国有企业都入不敷出的亏损经营，许多国有企业现在已经能够独立运作并获得相当大的利润了。由此也可以看出，产权改革是国有企业改革的核心内容，通过产权改革可以实现资源的优化配置。

（2）交易费用理论与中国改革的互动。

交易费用是新制度经济学的核心概念。1937 年，科斯《企业的性质》一文的发表，引起了人们对交易费用（成本）的关注，进而对企业为什么存在的问题进行了深入的分析。[①] 威廉姆森进一步发展了交易费用理论。交易活动在经济社会中是普遍存在的，而每一项交易活动都是有成本的，因而参与交易的当事人必须为此付出代价。换言之，交易的效率就是经济运行的效率，交易费用越低则经济活动的效率就越高，因此，交易费用最小的制度就是最有效的制度。[②] 为此，一切制度安排及其变迁的轨迹应该是朝着节约交易费用的方向演进。

按照科斯的论述，企业之所以替代市场，主要是因为企业的出现大大降低了市场交易的成本。从微观主体来说，其经济活动一般面临着内部交易费用与外部交易费用的双重约束，而企业究竟是采取外部的市场交易还是内部的企业组织，则主要取决于外部的交易成本与内部的组织成本的比较，哪一个成本大，企业就会放弃哪一种经济活动。循此理论，20 世纪 90 年代之后的我国微观企业内部制度变革基本上就是向着这个方向变迁的。其具体表现为加强了企业的股份制改造，并在企业内部逐步建立和完善法人治理机制。一方面是通过建立完善的法人治理机制来降低企业内部的组织成本等内部交易成本，另一方面则是通过加强信息披露及外部治理来降低企业外部的监督成本等外部交易成本。由此，交易费用理论成为我国国企改革的最重要理论来源。

一切市场主体进行经济活动的交易成本大小，是与一个社会的经济管理制度及其方式密切关联着的。从社会福利最大化的角度出发，政府对社会经济的管理应该是有利于节约交易成本并提高经济效率的。然而，我国的经济转型由于发端于传统的计划经济体制，是由政府的无所不包、无所不管而逐渐改革、逐渐演变的，所以，循着原有的路径，我国的社会经济管理总是与高昂的交易成本相伴而行。“跑部钱进”就是最为典型的写照。如何改善政府的经济社会管理呢？交易费用理论给我们指出了明确的方向，即政府管理及其改革必须有利于节约交易成本。从我国改革的实践可以清晰地看到，政府对社会经济管理的改革正是向着节约交易成本的方向努力着的。自 2012 年中共十八大以来，中央政府所进

① 普特曼，等. 企业的经济性质. 上海：上海财经大学出版社，2000：75.

② 威廉姆森. 资本主义经济制度. 北京：商务印书馆，2002：42-43.

行的一系列大刀阔斧的改革，如取消数百项行政审批项目、建立上海自贸区等，都属于有利于节约交易成本的改革。只有当市场能做的都交给市场、政府能不管的就尽量不要去管时，一个具有较低交易成本的市场经济体制才会真正地建立起来。

(3) 制度变迁理论与中国改革的互动。

新制度经济学认为，制度是影响经济效率的最重要因素，而制度的有效或无效又是与制度变迁的方式、快慢和规模等有着密切关系的。道格拉斯·诺思认为，制度变迁是制度随着时间的变化而不断、反复地经过创立和变更的过程。当代中国改革开放的几十年实际上就是制度变迁的几十年，可以说是制度变迁促成了中国改革的奇迹。

新制度经济学根据制度变迁的主体将制度变迁划分为两种类型：诱致性制度变迁和强制性制度变迁。诱致性制度变迁是指现行制度安排的变更或替代，或者是新制度安排的创造，由个人或一群人在响应获利机会时自发倡导、组织和实行。诱致性制度变迁必须是由某种在原有制度安排下无法得到的获利机会引起的。所以，诱致性制度变迁是一种自下而上引发的变革，这种非组织性的变革决定了其规模必然是从小到大，对大众的影响力也是逐渐渗透的，直到得到上层领导者的认可才获得全国范围的推广。其最大的特点在于可以慢慢渗透到大众生活中，逐渐得到全社会的认可，可以有效地避免社会产生较大的震荡。强制性制度变迁是由政府命令和法律引入实现的。强制性制度变迁的主体是各级政府（尤其是中央政府），政府在制度供给上不仅具有规模经济的优势，而且在制度的实施及其组织成本方面也具有优势。所以，强制性制度变迁是一种自上而下的变革，首先由政府创造一种改革模式，然后在全国范围推广开来，其范围之广、力度之大以至其一旦实施将对全社会产生极大的影响。其优点在于：这种由政府主导的改革可以一步到位；如果改革设计是正确的，可迅速达到改革所要达到的目标。①

科斯在其《变革中国：市场经济的中国之路》一书中指出，当代中国过去 30 多年的改革取得了举世瞩目的成功，在中国存在着两种不同路径的改革：自上而下由政府推动的改革（即顶层设计）和自下而上诱发的边缘革命（即底层创新）。② 这种区分即上述的诱致性制度变迁和强制性制度变迁。进一步看，当代中国改革可以说是一种“摸着石头过河”的曲折过程，顶层设计和底层创新构成了中国改革探索的模式。两者之间是一种相辅相成的关系，顶层设计需要底层民众的呼应和行动，底层创新需要顶层领导者的承认和确认。在新的历史条件下，尤其需要两种模式的互动，以推动中国改革向着更好的方向前进。从我国的改革历程看，我国改革采取的是诱致性制度变迁和强制性制度变迁相结合的渐进式改革模式。在具体的改革实践中，先试点后推广、先局部后全国，先农村后城市、先沿海后内地，最先进行改革的领域往往是容易改革且效果显著的领域。例如，中国的改革最先起步于农村的家庭联产承包责任制，这项改革大大提高了农村的生产效率，改善了农民的生活，从而为新领域的改革创造了条件、提供了经验。再例如，中国的对外开放首先是在 4 个经济特区进行的，然后扩展到沿海 14 个港口城市及东部沿海地区，最后再由中央作为一项正式的制度安排推广到全国。改革开放之初，虽然决策层对新制度经济学理

① 杨德才. 新制度经济学. 南京：南京大学出版社，2007：283.

② 科斯，等. 变革中国：市场经济的中国之路. 北京：中信出版社，2013：133－136.

论的了解可能并不多，但他们选择的改革方式则正好切合了制度变迁的相关理论。从而，一方面使得我国进行的由点到面的渐进性改革有了充足的理论支持；另一方面又使得我国渐进性改革为制度变迁理论提供了充实的实证素材。我国当代改革的相对稳定与高效率，则正是与我国“顶层设计与底层创新”相结合的制度变迁方式密不可分的。

改革开放以来，虽然我国的改革实践与新制度经济学理论研究总体上实现了一种良性互动，但由于受多方面因素的影响，我国改革还存在不少的问题，面临着“深水区”“地雷阵”的风险，如何推进我国改革的再出发？如何让新制度经济学理论在我国的改革中更好地发挥作用？这都是有待我们深入研究的问题。

1.3 新制度经济学的理论渊源

新制度经济学的理论渊源是十分丰富的。它一方面不断汲取自古典经济学以来西方主流经济学的理论成果，另一方面也努力吸收同时代非主流经济学的理论成果，并运用主流经济学的研究方法，拓展了一片崭新的经济学研究天地，进而发展并构建了较为完整的新制度经济学理论体系。从对新制度经济学理论产生影响的程度来看，主要有旧制度学派的经济理论、缪尔达尔和阿马蒂亚·森的经济理论以及西蒙和哈耶克的经济理论。

1.3.1 旧制度学派对新制度经济学的影响

科斯认为，旧制度学派“都是一些智商发达的人，但是他们是反理论的；同时他们缺乏一个理论将他们所收集的事实整合起来，他们并没有什么能够流传下去的东西”[①]。然而，如果对旧制度学派特别是其代表性经济学家的著作进行仔细研究，将会发现科斯的看法与事实有相当大的出入。实际上，不论是过去还是现在，旧制度学派都为新制度学派的发展提供了必要的营养。

1. 凡勃伦的主要理论

凡勃伦是一位与马歇尔同时代的一生颇不得志的天才经济学家，他一般被认为是旧制度学派[②]的创始人，现代的演化经济学也认为凡勃伦是这一学派的鼻祖。[③] 在马歇尔将新古典经济学精密化、数学化以后，新古典经济学开始流行起来，但是由于数学化要求带来的很多假设脱离了现实，使得对现实的解释力下降了。凡勃伦敏锐地发现了这一问题，他

---

① 科斯. 我的“新制度经济学”观. 经济学消息报，1998-10-30.

② 罗纳德·科斯等把康芒斯、凡勃伦、加尔布雷斯等美国制度主义学者称为旧制度学派，而他们自己是新制度学派。科斯认为，新制度经济学与旧制度经济学并没有什么理论上的渊源关系。在某种程度上讲，两者在理论上还是对立的。具体而言，新、旧制度学派的区别主要有三点：第一，价值判断标准不一样。旧制度学派从来都是以现实的资本主义社会的批判者和想象中的未来社会的设计者的身份出现的，而新制度学派则是以人类选择的合理性这一基本假设为基础的。第二，使用的分析方法不一样。旧制度学派是反理论的，他们尤其反对新古典理论，并没有提出实证的理论学说，而主要表现为对正统经济理论的不满和批判；而新制度学派则利用新古典理论去分析制度与现实问题。第三，研究的对象不一样。旧制度学派主要以资本主义制度为研究对象，缺乏一般性；而新制度学派则以制度、制度变迁、制度演化及制度绩效为研究对象，更具一般性，其理论对发达国家与发展中国家都适用。

③ 傅殷才. 制度经济学派. 武汉：武汉出版社，1996：26-37.

指出了新古典经济学的框架是封闭的、静止的，他引入达尔文的理论认为人类社会是不断动态演化的；人们的决策并不是完全的功利主义取向的，也就是人们的决策并不完全是经济人最大化自己的收益，制度会影响人作为一个社会人的活动。针对新古典经济学的反思，凡勃伦从心理学出发来解释人类的一切活动。他认为，人类有两种本能：一是虚荣本能（即增加和积累财富是为了自己的虚荣心），另一是作业本能（即改进技艺、增加生产）。人的本能支配社会的思想和习惯，社会制度就是“广泛存在的社会习惯”，其内容包括各种政治、经济、法律、心理因素等。由于人的本能决定了人类行为最终的目的，本能是天赋的、不变的，所以制度的本质是不变的，变化的只是制度的具体形态。凡勃伦将制度定义为大多数人共有的一些思维习惯或者广泛存在的社会习惯。他认为这种社会习惯会随着社会环境的变化而变化，所以他又认为制度不会是一成不变的，而应该是不断演化的。

凡勃伦将社会制度分为两大类型，一个是满足人们物质生产生活的生产技术制度，另一个是与私有财产和金钱有关的财产制度。他认为在手工业时代，商品生产的扩大与利润增加是一致的，也就是两种制度是一致的，所以会促进经济快速发展。但是到了机器生产时代，由于市场容量增加赶不上生产的增加，所以两种制度出现矛盾，就会以经济危机的方式爆发。他认为垄断组织可以暂时地解决这些问题，但是根本的解决途径还是要让技术人员掌握控制权，将有闲阶级（资本家）排除出去。他从本性的角度认为人的工艺本性是促进技术进步与创新的源泉，由于传统的习俗与习惯会阻碍这种本性的发挥，所以他提出了制度与技术之间相互协调、制度怎样才能朝着有利于技术的方向演化等等问题。

凡勃伦还对他那个时代所存在的理论进行了批判，认为那些理论的最大缺陷就在于“忽略了制度在经济生活过程中的重要作用”①。凡勃伦证实了技术和本能及习惯之间存在的相互作用，认为技术在本质上是动态发展的，而本能和习惯则是缓慢变化的，它们反映了制度的进化和选择。他不但强调制度的惰性和对制度特征的传承，还强调技术对社会促进的可能性；他不但强调制度是进化过程的选择结果，还强调制度是进化过程的影响因素。

2. 康芒斯的主要理论

康芒斯也是一位与马歇尔、凡勃伦同时代的经济学家，但是他早年的作品主要受德国历史学派和奥地利的边际学派影响，制度主义特征还不是很明显。② 他后期的作品深入分析了各种形式的集体行动及其经济影响，开创了制度经济学法律研究的先河。而且他也是第一位以《制度经济学》命名自己著作的经济学家。

康芒斯的制度定义是约束个体行动的集体行动，即“集体行动控制个体行动”③，当然，其中最为重要的是法律制度。康芒斯认为“传统的经济学一直以孤立的个人为中心”，这种个人主义经济学认为人类一切行动的总和“自然会是利益的协调”。康芒斯指出这不是历史的真实现实，“集体行动应当在经济理论中得到地位”。他认为人是社会的人，人从

---

① 夏旺斯. 制度经济学. 广州：暨南大学出版社，2013：12.

② 傅殷才. 制度经济学派. 武汉：武汉出版社，1996：38－42.

③ 康芒斯. 制度经济学：上册. 北京：商务印书馆，1962：87.

婴儿时代开始就要学习语言、社会风俗习惯、各种集体行动的规则，当长大以后，已经有了制度化的头脑，因此人是制度的产物。他认为法律先于经济制度而存在，对经济制度的演化起着决定作用。康芒斯以法律的视角来解释社会经济关系。他认为，经济关系的本质是交易，由于交易各方都有自己的利益，所以交易中会存在利益冲突，这种冲突只有靠法律制度才能解决。康芒斯不是把所有权作为经济关系来分析，而是作为法律加以考察，认为它是制度经济学的基础。他特别强调国家与法律作为一切交易契约公正的仲裁者的角色，主张依靠法律来管理国家经济。康芒斯还特别强调习俗在制度实施及执行中的重要作用。

康芒斯理论的出发点是资源的稀缺性（“稀少性”①）。他认为稀缺性是冲突的根源，而且也是合作、同情、公道、私有财产以及社会商业伦理的存在依据。所以他提出，制度特别是法律制度是保证人们遵守商业伦理，保证社会良好运转的根本。与魁奈的自然秩序不同，康芒斯的社会秩序是集体行动的人为秩序。他认为在秩序中仍然存在冲突，只需要与冲突相互依存、相互协调，这样就会促进社会制度不断演化。康芒斯认为经济学研究的基本单位应当包含冲突、依存与秩序三层社会关系，他认为“交易”很好地符合这一点。他所认为的交易是所有权的转换，所以所有权是制度经济学的基础。三层社会关系通过交易结合在一起，交易中的冲突可以通过公正的仲裁人进行调节，而调节一切社会冲突的公正仲裁人就是国家，首先是法院。

3. 米契尔的主要理论

米契尔是凡勃伦、康芒斯之后制度学派的领军人物。② 他秉承了凡勃伦对新古典经济学的批评，认为不应当先有理论概念，然后再用它来整理事实材料；而应当事先对事实进行经验统计，然后归纳出原理。遵照这一思路，米契尔创办了美国国家经济研究局（即大名鼎鼎的 NBER），并亲自出任第一任主任。国家经济研究局对于数据的搜集整理为美国经济学的研究奠定了坚实的基础，米契尔的这一思想深深影响了弗里德曼、库兹涅茨、斯通等一大批著名的经济学家，为美国经济学的繁荣奠定了坚实的基础。

作为一个制度学派的经济学家，米契尔认为，制度因素的作用对任何一种经济现象或经济过程的重要性是以经验统计的分析为依据的。米契尔自己长期研究经济周期，试图建立一个与所观察到的经验事实较为一致的经济周期理论。他将经济活动区分为制造财富和挣取货币，认为二者之间的不一致性是导致经济内在不稳定的根本原因。在货币经济条件下，挣取货币的能力取决于人们对于生产经济的预期，而利润又同时取决于成本等供给因素，这些因素会导致它们之间关系的调整并出现不一致性，从而出现经济周期。概括起来，米契尔的经济周期理论有四个主要论点：(1) 经济波动是由货币原因引起的；(2) 经济周期不仅会表现在集体活动中，而且会扩散到整个经济体系；(3) 除了危机时期外，波动与预期利润关系密切；(4) 波动不是由轻微的和偶然的平衡破坏导致的，而是由经济系统本身引起的。米契尔对于经济周期的研究，本身就是反对主流经济学的均衡分析范式，从经验事实中整理出影响经济波动的各种因素，这些因素大都隐含着制度。

---

① 康芒斯. 制度经济学：上册. 北京：商务印书馆，1962：93.

② 傅殷才. 制度经济学派. 武汉：武汉出版社，1996：43-47.

4. 波兰尼的主要理论

卡尔·波兰尼是英国著名的经济学家，因其著作《大转型：我们时代的政治与经济起源》(1944) 而闻名于世。在某种程度上，把波兰尼称为制度经济学家有些言过其实，并且他的著作中并不能直接见到德国历史学派或者美国制度主义的痕迹。即便如此，把他与这一传统流派并列并不牵强，并且他对20世纪50年代以来早期制度主义思潮产生了重大影响。即使在过去半个多世纪以后，斯蒂格利茨仍然认为“波兰尼所提出的问题和视野并没有丧失它的卓越性”①。

波兰尼认为，从总体上看，经济代表一个“制度化过程”，它嵌入经济和非经济制度中。在市场经济真正建立之前，人类社会存在三种制度模式：互惠、再分配、家计和交换。“互惠仅仅在社会的性别组织——家庭和亲属关系——方面发挥作用；再分配主要对所有那些在同一个首领支配下的人发挥作用，从而具有一种地域特征”②；家计即是“为自己的需要而生产”③。进入到资本主义市场经济社会之后，就出现了第四种制度模式：交换。波兰尼认为，如果没有一些事先存在的制度模式，那么无论互惠还是交换都是不可能存在的，因此，事先建立的制度会引导个人行为。他指出：“只有在对称的组织化的环境中，互惠的取向才能产生重要的经济制度；只有预先建立了组织中心，个人相互合作的取向才能产生一个再分配的经济；只有存在为交换而制度化的市场，个人物物交换的取向才能产生综合了组织经济活动的价格。”④

波兰尼还认为，制度安排与人们的行为将会相互影响、相互调节。他说：“制度模式与行为原则其实是相互调节的。只要社会组织依照既有的轨迹运行，就不需要任何个体经济动机来发挥作用；也不需要担心任何个人不努力；劳动分工会自动地得到保证；经济义务会必然地被履行。”⑤ 也就是说，制度安排要有利于个人作用、个人能力的发挥，若如此，制度就会促进发展，否则，就会发展停滞、社会动荡。

5. 加尔布雷斯的主要理论

加尔布雷斯被认为是当代最著名的经济学家之一，在西方经济学界享有很高的声誉。⑥ 加尔布雷斯的分析方法以结构主义著称，他对社会的分析既不局限于微观经济学的个体层面，也不完全是凯恩斯的宏观层面，而是更接近于凡勃伦的对于社会的贴切描述。他的很多研究不仅很精妙地描述了社会现实，还提出了很多有利于缓解社会结构之间冲突的政策建议，这些使得他的影响力十分深远。⑦

加尔布雷斯提出了许多在西方世界很流行的术语，诸如抗衡力量、丰裕社会、新工业国、二元系统、专家组合、传统智慧、信念解放等。在资本主义发展到20世纪以后，生产的集中已经成为一种普遍的现象，市场上的寡头竞争而不是如张伯伦意义上的垄断竞争

---

① 波兰尼. 大转型：我们时代的政治与经济起源. 杭州：浙江人民出版社，2007：1.

② 同①41.

③ 同①46.

④ 夏旺斯. 制度经济学. 广州：暨南大学出版社，2013：40.

⑤ 同①43.

⑥ 沙克尔顿，洛克斯利. 当代十二位经济学家. 北京：商务印书馆，2005：81-95.

⑦ 傅殷才. 制度经济学派. 武汉：武汉出版社，1996：72-101.

成为资本主义经济的主要特征。这个时候认为寡头控制市场导致无效率的古典、新古典经济学忧心忡忡，这些思想十分不利于经济效率的进一步提高。与熊彼特的垄断利润有利于创新的理论几乎同时，加尔布雷斯发展出了抗衡力量的观念。他认为面对寡头，相对应的抗衡力量诸如工会、合作社组织、联合组织等等会相应发展出来，这会减轻寡头垄断对于相应群体利益的损害。在《丰裕社会》里，加尔布雷斯虽然赞扬了资本主义市场制度带来的社会繁荣，但他也一针见血地指出了私人丰裕的同时存在着公共的贫困以及至关重要的公共服务得不到足够的资助等问题。加尔布雷斯认为现有的私人部门的发展已经不利于社会财富的创造，应当将资源转移出来提供公共服务。

加尔布雷斯也是一位技术决定论者。他认为，在大型垄断组织组成的"新工业国"里，由于专门的知识已经成为最重要的生产要素，因此，相应的权利也由资本家手里转移到了"专家组合"手里。这种转变使得成熟的大企业并不再是以利润最大化为目标，而是以稳定、经济增长与技术进步为目标。而相应的小企业是"企业家的"企业，愿意冒险，有利于创新，这就形成了一个"二元社会"。加尔布雷斯仍然认为大公司会对小企业进行剥削与掠夺，因此他试图说服公众对大企业进行限制，以经济学的手段实现公共目标。但是，加尔布雷斯显然低估了小企业在市场竞争中的巨大优势。

1.3.2 缪尔达尔和森对新制度经济学的影响

缪尔达尔和森都不是新制度经济学家，而是发展经济学家，但是，我们在他们的理论研究及所形成的重大理论中，都发现了制度的重要作用，以及对制度重要性的一再强调。他们的经济理论对新制度经济学的发展产生了重要影响。

1. 缪尔达尔的主要理论

冈纳·缪尔达尔是一位著名的制度经济学家，但是他被许多经济学同行们嘲笑为是"一个记者"。[①] 缪尔达尔在20世纪30年代对新古典主义的纯理论进行过深入的研究，在凯恩斯之前提出过与凯恩斯类似的理论，由此他成为瑞典学派的代表人物之一。从20世纪30年代后期开始，他转向从结构上、制度上研究社会经济问题，并且很多是跨学科的研究。缪尔达尔转向的主要原因是他看到了世界性的经济危机导致的不平等问题在瑞典的恶化，由此他提出了均等化社会改革和"循环累积因果关系"理论。20世纪50年代中期开始，缪尔达尔在印度等南亚、东南亚国家进行了长达10年的调查研究，对发展中国家的不平等问题进行了深入的考察，并提出了很多反贫困的政策，对发展经济学作出了巨大的贡献。

为了强调经济学应研究现实问题及制度重要性，缪尔达尔对实证经济学方法论进行了严厉批评。首先，主流经济学自称为实证经济学，即只研究"是什么"的问题，不受价值判断的影响。而缪尔达尔认为，由于经济学家也属于社会中的人，所以经济学家进行的经济研究就不可能是无价值判断的。其次，主流经济学太抽象，其假定太脱离实际，所考虑的变量太少。而缪尔达尔认为，现实经济问题是许多因素共同作用的结果，其相互作用是复杂的，没有一个一般的办法能将其简单地处理，应具体地对待，并充分考虑制度等社会

---

① 傅殷才. 制度经济学派. 武汉：武汉出版社，1996：47-60.

经济环境。最后，主流经济学中数学方法运用得太多，以致经济学的研究太过抽象化。而缪尔达尔认为应关注政治、社会文化或经济因素变动对经济增长的影响，经济增长应是一个社会体系内所有变量共同发生相互影响的结果。

缪尔达尔认为，制度是不能轻易移植的。例如，发达国家的经济模式搬到发展中国家是不合适的，发展中国家存在着影响经济进步的制度上和结构上的不利因素。只有进行旨在实现社会平等的民主改革和经济平等的制度改革，以及制订和实施以工业化发展为目标的国民经济计划，才能实现发展中国家经济上的迅速进步。他同时认为发达国家只有通过制度和结构改革才能解决资本主义社会存在的问题。缪尔达尔认为，一方面贫穷国家只有实施他所指出的政策、谋求独立发展自己的经济道路，另一方面富裕国家只有以平等精神自我抑制歧视、及对贫穷国家的掠夺，才能实现贫富国家间差距的缩小，达到世界范围内的平等。由于缪尔达尔研究的问题转向社会平等与经济平等问题，这使得他越来越远离主流经济学，他自己也指出，“通过我研究过的各种各样的问题，我成为一个制度学派的经济学家”。

2. 森的主要经济理论

阿马蒂亚·森与缪尔达尔有颇多相似之处，他们都是诺贝尔经济学奖获得者，但他们又都不为西方主流经济学家所待见，同样，他们的经济理论的影响力也并未因之而减少毫厘。阿马蒂亚·森是一位著述十分丰饶的经济学家，他对经济学的贡献是多方面的，其中最为显著的贡献是他对福利经济学中社会选择理论的改进和创新，对收入分配、贫困理论和测度方法的研究以及对饥荒的重新解释和实证研究。但从对制度经济学的影响来看，则主要体现在阿马蒂亚·森关于自由与发展、发展与制度以及伦理与发展的相关论述中。

阿马蒂亚·森认为，传统经济增长理论把注意力过分集中在GDP的提高、工业化和城市化水平上，却忽视了个人的权利及其能力保障，他以自由为核心对发展进行了重新定义，即“发展可以看作是扩展人们享有的真实自由的过程”①。阿马蒂亚·森的发展观点是从人的可行能力的视角来衡量自由、平等及其与发展的关系。虽然个人收入和财富、基本需求都影响个人能力，但自由与能力的关系最为密切，而可行能力就体现在人们实现各种不同生活方式的自由上，人的自由是发展的最高价值和最终目标。当然，自由的实现受制于经济的发展程度，但同时也会促进经济和社会的发展。如政治自由可以促进经济保障和公共选择，社会机会有助于广泛的政治与经济参与，透明性保证给人们提供公共权利约束的体制机制，防护性保障则可以通过公共教育、医疗保障等人们的基本权利服务来维护社会公平，消除贫困。阿马蒂亚·森指出，经济的增长和收入的提高对于人们生活质量的改善，教育、寿命等社会指标的提高都至关重要，社会的良性发展并非只靠经济增长来带动，即经济增长不过是手段之一。

阿马蒂亚·森认为，个人可行能力的实现离不开社会制度安排及其变革。他认为，每个人的初始禀赋存在区别，因此其将初始机会转化为成功的能力是存在差别的。因此，发展不可避免地需要寻求积极的制度变革及其安排来调节个人的能力，这样，一方面可以通

① 森. 以自由看待发展. 北京：中国人民大学出版社，2012：1.

过制度安排来扩展个人自由，另一方面个人自由反作用于制度安排并使其趋于完善。因此，森认为，政府的积极行为和公共政策在促进个人自由、社会平等并保障人们福利等方面发挥着重要作用。政府所要做的不仅是提供现成品，而要积极主动地与人们的各种自由发展权利相结合，完善社会制度安排，建设更加自由的社会。所以，他强调“发展的过程……需要建立并维护制度的多元化，包括民主体制、法律机制、市场结构、教育和医疗保健设施、传播媒体及其他信息交流机构，等等”①。

森在强调政府的积极行为和公共政策的同时，也肯定了市场机制的作用。市场对于个人自由的贡献不只局限于诸如效用、收入等的提高。市场的贡献更应体现在整个过程中，在此过程中，市场活动中必需的权利体系和交换自由在促进了个人福利增加的同时，也提高了个人的价值和权利观念。一个良性运转的市场从根本上看依赖于社会政治环境。人们在机构和制度组成的世界中生活和行动，人们的机会和前途严重依赖于所存在的那些机构和制度以及它们如何运转。② 然而，无论是怎样的政府行动与制度安排，其终极目标应该是促进个人自由的发展。为此，政府可通过保证和扩大五种工具性自由来促进自由终极价值观的实现。这五种工具性自由为：政治自由、经济条件、社会机会、透明性保证、防护性保障。这五种工具性自由相互联系、相互促进，共同扩展实质性自由。③

森还特别强调，衡量制度好坏的标准应该是一个社会的成就。他指出：“长期以来，人们在经济与社会分析中都将公正的实现等同于寻找正确的制度结构……实际上，在纯粹的制度主义者眼中，建立‘公正制度’就是公正的全部内容，至少在主要内容上是如此。然而无论是多么好的制度，都不应认为其根本上是好的，而应以其能否实现可接受的或出色的社会成就来判别其好坏。”④ 因此，“无论制度有多么完美，如果对实际发生的事情始终无动于衷，那么这种理论是不可靠的。”⑤

1.3.3 西蒙与哈耶克对新制度经济学的影响

虽然赫伯特·西蒙和弗里德里希·哈耶克都不被认为是新制度经济学家，但是他们的贡献却极大地改变或者影响了新制度经济学家们的研究以及思考问题的方式方法，因此，我们不得不对他们的经济思想做一个简单介绍。

1. 西蒙的主要理论

赫伯特·西蒙是一位在政治学、社会学、心理学、计算机科学、管理学、哲学、公共行政学都颇有建树的经济学家。⑥ 1978 年因“对经济组织内的决策程序所做的开拓性研究”而荣获诺贝尔经济学奖。瑞典皇家科学院的公告指出：“现代厂商经济理论和管理研

---

① 森. 以自由看待发展. 北京：中国人民大学出版社，2012：42.

② 同①135.

③ 阿马蒂亚·森认为，自由在发展中起着两种作用，即“建构性作用”和“工具性作用”。所谓建构性作用，是关于实质自由对提升人们生活质量的重要性，即包括免受贫困——诸如饥饿、营养不良、可避免的疾病、过早死亡之类——的能力，以及能够识字算数、享受政治参与等的自由。所谓工具性作用，是关于各种权利、机会和权益是如何扩展人类一般自由，从而为经济发展作出贡献的。（森. 以自由看待发展. 北京：中国人民大学出版社，2002：30-31.）

④ 森. 正义的理念. 北京：中国人民大学出版社，2013.

⑤ 同④76.

⑥ 刘凤英，许锐. 有限理性的奠基人——西蒙评传. 太原：山西经济出版社，1999：60-71.

究，大多是以西蒙的思想为基础的。”西蒙为对在复杂环境下的人以及组织的行为建立模型并进行分析而构造了一个综合框架，该框架在考虑到人的学习和适应能力的同时，承认人在分析、综合、描述以及行动方面的能力具有局限性。西蒙对传统的决策理论进行了批评，并指出它存在四个与现实不符的方面：一是决策者们面对的往往是将多元目标最优化，而不是一元；二是大多数决策者极少能了解他所面对的所有的决策方案，只可能对可行的解决方案有有限的理解，这取决于他的生活经历、教育水平与智力状况；三是在评价现在以及将来的政策行为的结果时，决策者是处于不确定状态之中的；四是决策者似乎永远追求“满意”或者“足够好”的解决方案，而不是最优或者最佳。

为了克服这些问题，西蒙试图建立一套自己的决策理论，这一理论的基础是人类的计算能力和认识能力。而人类的这些能力与新古典理论所要求的相差太远，人类的计算能力与认识能力是有限的。有限理性的结论使最优行为是不可能的，因为：首先，最优的决策方案不一定在决策者的决策方案集合中；其次，即使这一方案在决策者的决策集合中，决策者也不一定有能力将完全理性条件下的最优解与非最优解区别开来。在这种情况下，满意原则而不是最优行为原则成为行为规范。西蒙认为决策是复杂的，也是灵活的。人们将自己的需求进行排序，先实现自己最需要的东西。而且随着多次遇到相似的问题，决策开始程式化，以至在大多数情况下，选择不是通过简单的、有系统的程序来进行，而是通过经验或者随着决策而带来的启发来进行。如果最终实现了最优的结果，那可能只是碰巧而已。

西蒙的有限理性理论与决策理论对新制度经济学家们产生了极大的影响。由于人的理性是有限的，所以人们就不可能在事前完全认识到契约可能带来的结果，这就需要制度安排来解决。由于有限理性，一方面，为了解决人们在生产过程中的产出或收益最大化问题而产生了激励问题；另一方面，人可能产生侵害他人的机会主义行为。决策的程式化与经验主义就使得历史上的决策可能会影响未来的决策，这就有可能陷入历史的“路径依赖”，陷入“制度锁定”。所以西蒙的理论在很大程度上是整个新制度经济学的哲学基础与理论基础。

2. 哈耶克的主要理论

弗里德里希·哈耶克也是一位在多个学科有着巨大建树的杰出的经济学家。我们并不试图仔细描述哈耶克终其一生的对于极权社会主义的批判。哈耶克的批判是全面的，是从多个领域来进行的。正是这种全面的批判使得哈耶克对于信息的重要性以及人的理性都进行了深刻的反思，他的批判不是简单地基于道德立场。哈耶克认为，知识分散在所有人的心智中，这些零散的知识不可能被聚集到一个人或者一些人的头脑中。而社会的发展必须要集合全体人类的智力和知识。因此由政府集中控制企业管理与社会决策的结果可能会适得其反，而市场将分散信息利用起来激励全体人类发挥自己的智力与知识，这样的经济秩序是可持续的、稳定的。

在哈耶克的名著《通往奴役之路》中，他又将这种批判扩展到了政治自由领域。他认为极权社会主义不仅是没有效率的，而且是不自由的。如果个人仅仅是计划体制的工具，那么个人必然是不自由的。哈耶克认为私有财产和自由对于经济效率是极其重要的，因为自古希腊以来人类的一切创新几乎都是在个人自由下创造出来的。在他的学术晚年，哈耶克提出了艰深晦涩的自生秩序观念。在这种自生秩序中，个人按照自己的意愿交换、互动，并形成社会秩序，渐进地推动人类社会的物质进步以及制度的进化。哈耶克强调物质和技术对于人类社会的重要性，并认为技术沿着不为人知的方向进化。哈耶克高度强调规则的重要性，认为自由就是法律的至高无上。①

同赫伯特·西蒙相比，哈耶克更像一个制度经济学家。在他的著作中不仅对极权社会主义这种制度的缺陷进行了大量深入的批评，而且提出了与新古典经济学完全不同的对于市场有效性论证的方式与方法，这些对经济学后来的发展产生了极大的影响。他的信息理论对当代经济学尤其是信息经济学和新制度经济学影响巨大，青木昌彦就是用信息理论来研究不同制度结构的代表人物。哈耶克对于社会秩序的研究也很类似于制度经济学家，强调社会秩序的演化与进化，这类似于凡勃伦。而他对于人类理性的心理学解读又使他接近于西蒙。他晚年对于法律的强调——他认为法律、政府十分重要——又使得他并不像别人宣称的那样是一个绝对的自由主义者，他强调规则的重要性，强调有效率的规则会通过社会的进化渐渐显露出来，这些都使得他的结论影响力十分深远。

哈耶克被认为是20世纪最伟大的思想家之一。他的思想甚至在当代新制度经济学的发展中仍然不断地被吸收，诸如制度秩序的进化与演化、信息结构的问题等都是相当前沿的新制度经济学理论。毫无疑问，哈耶克应当说是比较制度分析的鼻祖，他对于资本主义与极权社会主义两种制度比较中的很多观点对我们今天仍有相当大的启发。

由于篇幅的限制，我们对于新制度经济学以前的对新制度经济学产生与发展有着影响力的经济学家们的贡献并不能完全仔细地进行描述，但这并不说明我们遗忘了他们，在后面的有关章节我们还会不经意地提到他们，那种轻描淡写的背后可能隐藏着他们富有启迪、启人心智的学术思想真谛。

1.4 新制度经济学的理论框架与研究方法

与西方主流经济学相比，新制度经济学在理论框架与研究方法上都有很大的不同。这种不同与其说是对主流经济学的“纠偏”，还不如说是对主流经济学生命延伸的“拓展”。新制度经济学的研究内容、理论假设以及其研究方法更加贴近真实的人类世界，因而也大大增强了经济学的现实解释力，并进而扩大了经济学的影响力，以至“经济学帝国主义”一时间弥漫、渗透到各种人文社会科学的研究之中。

1.4.1 新制度经济学的理论框架

1. 新制度经济学的研究内容

在《资本主义经济制度》一书中，威廉姆森写道：“尽管制度经济学的研究在战后初期曾一度跌入谷底，但迟至20世纪60年代初，人们以事后诸葛之卓见，对制度问题重新产生了研究兴趣，并再次确认了这些制度对经济所起的重要作用。自20世纪70年代初开

---

① 艾伯斯坦. 哈耶克传. 北京：中国社会科学出版社，2003：147.

始，这一理论又增添了有关具体经营的内容*。这条新的研究思路具有一个共同特点，那就是不再把企业看作一个生产函数，而代之以（或拓展为）企业是一种治理结构的概念。到 1975 年，归入新制度经济学麾下的各种研究已呈现波澜壮阔之势。此后十年更是以几何级数的速度在发展。"① 新制度经济学研究的几何级数增长，使得其理论变得十分丰富。虽然新制度经济学的研究内容十分宽泛，但按照威廉姆森的论述来讲，则主要集中在以下四个层面。②

一是社会理论层面。从制度的角度看，是指镶嵌在社会制度之中的非正规制度，主要包括习惯、传统、道德、信仰等。威廉姆森认为，许多非正式制度是自发产生的，这样就产生了制度进化。尽管第一层次的制度选择对经济的效率有无可争辩的重要性，但一个有效率的非正式制度选择及其协调安排是很困难的。制度一旦产生，它就会对社会的某一方面持续地起指导作用。

二是制度环境层面。主要包括正式的游戏规则，尤其是产权制度、政治制度、司法制度、官僚机构等正规制度。产权和契约规则的定义和强制是这一层次的重要特征。产权一旦建立，就要得到严格的保护，产权的流动、让渡和使用都不可能是无成本的，使用者只有通过向产权所有者付费，才能获得该产权的使用权。而要保护产权和契约的有序实施，政府的作用则是不可或缺的。政府的作用应主要局限在制定法律体系以便定义产权和仲裁纠纷上。因此，制度环境层面既受第一层面的影响，同时又反作用于第一层面。

三是治理机制层面。这是以威廉姆森为代表的交易成本经济学研究的主要层面。尽管财产很重要，但界定和实施契约的有效的法律体系是不完全的，所以，无成本的秩序运行是一种虚构，大多数契约管理和纠纷的裁定都需要成本。而且契约项目裁定需要复式法律，而不是单一法律，这就增大了难度，因此，对契约关系的管理就成为新制度经济学研究、分析的一个重要焦点。威廉姆森认为，契约治理是通向秩序的方法。研究各种不同的契约，目的就是提高治理的效率和制度的效率，以至整个社会的经济效率。

四是与组织治理结构关联不强的其他问题所构成的层面。为了有别于新古典理论仅仅注重技术创新、技术分析，新制度经济学在重视技术创新、技术分析的基础上，还特别强调重视组织创新的研究，并试图通过寻找组织创新和技术创新相结合的方式来纠正新古典经济理论的偏颇。

对新制度经济学主要研究内容的理解与把握，除了上述四个层面外，还可以从宏观、中观和微观三个层次来进行。也就是说，可以根据新制度经济学主要理论所涉及的主体、规模等，将新制度经济学理论分为宏观、中观和微观理论三个层次。一般而言，新制度经济学理论主要包括：国家宪政理论、意识形态理论、制度变迁理论、利益集团理论、交易费用理论、产权理论和企业理论等。

一是宏观层次，主要包括国家宪政理论、意识形态理论和制度变迁理论。在新制度经济学中，国家宪政理论占有十分重要的地位，并对一个社会的意识形态、制度变迁等产生

---

* 主要是指威廉姆森的交易成本理论、阿尔钦安和德姆塞茨的团队理论等。——编者注

① 威廉姆森. 资本主义经济制度. 北京：商务印书馆，2002：27－28.

② 罗必良. 新制度经济学. 太原：山西经济出版社，2005：61－62.

重大影响。国家宪政理论认为，国家既是经济增长的前提，却又是导致经济衰退的根源，因此，国家的角色定位就显得尤为重要。而在国家供给的所有制度里面，宪政以及由此衍生出来的法律体系则构成了一个社会最为基础的、正式的制度环境，决定着一个社会制度安排与制度变迁的"选择集"。当然，也可以把意识形态理论与制度变迁理论看作是中观或微观层次的理论，因为即使作为微观层次的企业，其内部也存在所谓的意识形态与制度变迁问题。但是，从道格拉斯·诺思对意识形态理论与制度变迁理论的较多论述来看，我们显然可以将意识形态理论和制度变迁理论视为新制度经济学的宏观理论。

二是中观层次，主要是利益集团理论。这方面的论述主要来自曼瑟·奥尔森。在《国家兴衰探源》和《集体行动的逻辑》两本伟大的著作中，奥尔森深入而全面地分析了利益集团（或集体）对一个社会制度安排、制度变迁以及社会利益分配采取行动的规律，告诉人们必须高度重视利益集团基于维护自身集团利益而阻止制度变迁、损害社会福利增进的行为。

三是微观层次，主要包括交易费用理论、产权理论和企业理论等。奥利弗·威廉姆森是交易费用理论的构建者，而罗纳德·科斯则是交易费用的最早发现者。制度影响交易费用的大小，不同的制度安排就会导致不同的交易费用，因此，制度变迁应朝着有利于节约交易费用的方向演进。产权理论是新制度经济学理论中最为著名的理论之一，其核心思想是产权影响绩效，而为了提高绩效，需要不断变革产权制度。企业理论，既包括契约理论，又包括企业治理理论等，其主要关注和研究企业的微观制度及其变迁对企业经营效益的影响。

2. 新制度经济学的基本假设

新制度经济学的研究内容十分丰富，但新制度经济学的研究也与主流经济学的研究一样，其所有的研究内容都是在一定的假设条件之下进行的。正如诺思所说："一切社会科学的理论化，暗含地或明确地，都建立在人类行为概念的（假设）基础之上。"① 具体而言，下面一些基本假设在新制度经济学中尤其重要。②

（1）方法论上的个人主义。在新制度经济学中，个人决策者在组织中的作用被赋予了全新的解释，"社会""国家""人民""企业""政治派别"等不再被认为是一个像个人一样行动的集体。组织或者集体本身不再是主要的研究对象，相反，对社会单位的分析必须从其个体成员的地位和行动开始，其理论或研究必须建立在个体成员的地位和行动之上。

在新制度经济学家看来，虽然组织或者集体是影响制度变迁与否的一个重要主体，但其是否采取行动则取决于组织或集体内具有影响力的具体的个人。这些具体的个人究竟采取什么行动，则主要取决于其行动发生后个人所支付的成本与所获取的收益比较。由这里可以看出，新制度经济学方法论上的个人主义是比较接近霍布斯、斯宾诺莎等所认为的"人在本质上是自私自利的"观点的（也就是"霍布斯丛林"）。人的自私自利并不可怕，在很多时候，人若失去自私自利，市场上的交易反而不可能达成。在案例 1-2 中，君子国里的交易之所以难以达成，主要是因为每个人奉行的都不是个人主义而是利他主义。我

① 诺思. 制度、制度变迁与经济绩效. 上海：格致出版社，上海三联书店，上海人民出版社，2008：23.

② 菲吕博顿，瑞切特. 新制度经济学. 上海：上海财经大学出版社，1998：4-5.

国学者茅于轼通过这个案例，生动地说明了以利他为基础的市场交易无法成交的道理："以自利为目的的谈判具有双方同意的均衡点，而以利他为目的的谈判则不存在能使双方都同意的均衡点"①。

案例 1-2

君子国中为什么难以达成交易？

我国清代文学家李汝珍写了一本小说《镜花缘》。书里讲了一位叫唐敖的人，由于宦途受挫，跟随他的妻弟到海外去游历。他们经过的第一个国家就是"君子国"。君子国里的人，个个都以自己吃亏让人得利为乐事。小说的第 11 回里描写了君子国的一名隶卒买物的情况。

隶卒手中拿着货物道："老兄如此高货，却讨恁般低价，教小弟买去，如何能安！务求将价加增，方好遵教。若再过谦，那是有意不肯赏光交易了。"

卖货人答道："既承照顾，敢不仰体！但适才妄讨大价，已觉厚颜，不意老兄反说货高价贱，岂不更教小弟惭愧？况敝货并非'言无二价'，其中颇有虚头。俗云：'漫天要价，就地还钱。'今老兄不但不减，反要增加，如此克己，只好请到别家交易，小弟实难遵命。"

只听隶卒又说道："老兄以高货讨贱价，反说小弟克己，岂不失了'忠恕之道'？凡事总要彼此无欺，方为公允。试问哪个腹中无算盘，小弟又安能受人之愚哩。"

谈了许久，卖货人执意不增。隶卒赌气，照数讨价，拿了一半货物。刚要举步，卖货人哪里肯依，只说"价多货少"拦住不放，非要隶卒拿走全部货物。如此纠缠，交易不能实现。最后，路旁走出两个老翁，作好作歹，从公评定，令隶卒照价拿了八折货物，交易才勉强达成。

资料来源：茅于轼. 中国人的道德前景. 广州：暨南大学出版社，1997：1-2.

（2）效用最大化。在新制度经济学中，个体被假定能够观察到他们的自身利益，并在现有的约束条件下追逐他们的自身利益，实现效用最大化。而这些约束条件就是现存的制度结构。与新古典理论的传统做法相比，消费者选择理论与企业理论之间的两分法被终结，取而代之的是将效用最大化假设扩展到所有的个体选择。因此，言下之意就是，一个决策制定者，无论他是一个资本主义企业的管理者，还是一个政府官僚、一个政客或者其他身份，都被假定为在他所处的制度结构这样一种约束下作出自己的选择，并追逐自己的目标。

（3）有限理性。新制度经济学抛弃了新古典经济理论的"完全理性"假设，而提出了"有限理性"（或称之为不完美个人理性）假设。根据这一认识，决策制定者的偏好被认为是不完全的，并且会随着时间发生变化。不过，必须肯定的是，一旦正的交易费用被引入微观经济模型，所考察的就是一个动荡不定的世界，决策制定者的认识是不应该被假定为"完全"的。考虑到未来的发展，获取无止境的知识要么存在太多的费用，要么是根本不

① 茅于轼. 中国人的道德前景. 广州：暨南大学出版社，1997：2.

可能的。尤其是，当存在交易费用时，可以容易地进一步认识到，个体在掌握信息以及制订计划时存在有限的能力。

诺贝尔经济学奖得主、“有限理性论”的提出者赫伯特·西蒙指出：“广义而言，理性指一种行为方式，第一，它适合实现指定目标，第二，它在给定条件下和约束的限度之内。”① 这意味着，尽管人们意欲完全理性，但实际上他们并非是“超级理性”的。② 威廉姆森指出，“交易成本经济学承认理性是有限的……只有承认理性是有限的，才会更深入地研究市场和非市场这两种组织形式。”③

（4）机会主义。新制度经济学理论认为，经济主体的机会主义行为是普遍存在的。威廉姆森指出，虽然有限理性阻止完全合同的订立，但是，如果经济主体完全值得信赖，那么，一般情况下还有不完全合同可以依赖。但是现实中，一方面，经济主体（不论是委托人还是代理人）可能掩盖偏好、歪曲数据、故意混淆是非而普遍存在“利用欺骗的手段进行自利”的行为；另一方面，由于把机会主义者和非机会主义者在事前区分开来的成本太高，所以完全合同是肯定要失败的。

因此，新制度经济学理论认为，在没有有限理性和机会主义行为的情况下，所有的经济合同问题皆不成为问题。在这种情况下，根本就不必对经济制度进行研究。但是，由于决策的实际困难和经济必须在存在交易成本和不对称信息的环境中运行，所以制度就变得十分重要。为了把有限理性的约束作用降到最小，同时保护交易免于机会主义风险的影响，经济主体必须得寻求非市场形式的组织安排、寻找能够约束机会主义行为的制度安排。

1.4.2 新制度经济学的研究方法

与旧制度经济学派如凡勃伦、康芒斯、加尔布雷斯、缪尔达尔的反对新古典经济学的研究方法与研究范式不同，新制度经济学吸收了大多数的新古典经济学的研究范式，甚至可以说在整个研究方法上并没有很大的创造。这也使得很多人对新制度经济学进行批评，认为它只不过是“经济学帝国主义”的一种表现。加里·贝克尔所谓的经济学之所以是一门科学，重要的是它的研究方法，而不是它的研究领域④，已经为经济学研究范围的扩展留下了足够的空间。不可否认的是，新制度经济学虽然对于新古典经济学的研究范式有很大的继承，但是对之的超越同样也是十分明显的，并且新制度经济学家们对新古典方法的改进及其超越还具有很强的启示意义。

1. *新制度经济学的新古典范式*

经济系统是所有学科研究的系统中最为复杂的一种。为了研究的方便，一定要将这些系统分成若干个子系统，然后将子系统组织成一个分析框架。一般而言，现代经济学是在界定一定的经济环境、沿用一定的假设条件、给出一定的制度安排、求出均衡结果、再对其进行评价这样一个分析线条下进行的，然后，在这些线条构建的研究平台基础上，采用一定的分析工具。这一方法与框架虽然不能说是新古典经济学所独有，但它基本上很详细

---

① 西蒙. 现代决策理论的基石. 北京：北京经济学院出版社，1989：3.

② 弗鲁博顿，芮切特. 新制度经济学：一个交易费用分析范式. 上海：上海三联书店，上海人民出版社，2006：5.

③ 威廉姆森. 资本主义经济制度. 北京：商务印书馆，2002：69.

④ 贝克尔. 人类行为的经济分析. 上海：上海三联书店，上海人民出版社，1995：7.

地概括了新古典经济学的研究范式。新古典经济学从最简单的制度稳定、信息完全、决策不受别人影响条件下对最为简单的生产者和消费者决策入手，抓住几个最为简单的变量，非常形象地刻画了消费者和生产者决策的过程。在此基础上，新古典经济学进一步研究了市场均衡（从局部均衡到一般均衡）的形成，最终对于市场这只看不见的手如何协调社会的资源配置作出了简单明了的解释。

由于新古典经济学的假设条件很多过于脱离现实或者不合时宜，因此，新古典经济学在现实面前已经变得有些缺乏解释力。但是回顾 30 多年来经济学的演变与发展，对于新古典经济学的改造与发展脱离它的研究方法的很少，而且也没有取得令人瞩目的成就。而在新古典研究方法框架内，对于假设条件的放松与改进，反而使得经济学变得越来越有生命力。

新制度经济学正是其中之一，它之所以能很快地融入主流经济学范式，并产生极其深远的影响，正是得益于其坚持了新古典经济学的研究内核。它不仅坚持了新古典的分析方法（如对于具体环境的界定、对于前提假设条件的强调、对于不完全相同的结果的分析、对于最后结果的评价），而且在研究的参照系、视角和分析工具上也吸收了很多新古典的东西。例如，诺思和戴维斯在研究制度时，就将制度区分为制度环境与制度安排。制度环境被视为外生的，影响与决定个体参与人的行为，最后又加总地对整个社会产生影响。而制度安排在新制度经济学研究中大多为内生的，即在个体行为人之间的相互作用中形成了一种自我实施的制度均衡结果，即制度安排。格雷夫认为制度变迁就是从一个自我实施的制度均衡到另一个自我实施的制度均衡的转变。而这些转变大都是因为制度存在的环境参数系列发生了外生的转变，从而使得原有的均衡在改变了的参数系列下自我实施难以维持，一种新的自我实施机制便应运产生。①

由此可见，将外生环境加以区分、固定，然后抓住主要变量研究自己关心的问题，这深深地影响了新制度经济学家。所以我们看到，不论是诺思的制度理论还是格雷夫的制度理论，它们都深深打上了新古典经济学的烙印。新制度经济学家对于新古典内核的吸收并不局限于研究的程序，在具体的研究方法、研究工具甚至具体结论上都有着诸多的吸收。当然，新古典经济学的最新发展也在吸收新制度经济学的研究结论与方法。科斯最早就是使用边际分析方法来解释企业存在的原因。诺思在他的研究中使用了很多的最大化技术与结论，例如掠夺性的国家模型。格雷夫和青木昌彦对于最近发展起来的研究相关决策的博弈论很感兴趣，他们利用这些理论对制度经济学进行了很多很有意思的研究。信息理论对于新制度经济学的渗透也是十分显著的，青木昌彦用信息理论研究制度结构可谓是很有特色的，他认为不同的信息要求决定着制度的不同结构。

2. 新制度经济学的方法创新

新制度经济学对新古典经济学理论与方法的吸收，不仅使新制度经济学从形式上看更加规范、从理论上看更有说服力，而且也使新制度经济学具有了新古典经济学论证严密、尽量减少价值判断、对现实世界进行解释并提供有益的政策意见等优点。总体来看，新制度经济学对新古典经济学是有很多超越和创新的。仅方法论意义上的创新就有：案例研究

---

① Grief, A., *Institution and the Path to Modern Economy*, New York: Cambridge University Press, 2006, chapter 8.

方法、路径依赖理论、博弈论研究方法和计量经济学研究方法等。

案例研究方法很显然是新制度经济学研究的一个特色。科斯的《经济学中的灯塔》、张五常的《蜜蜂的寓言》一直是人们津津乐道的经济学经典文献。这两篇文章从现实世界寻找到对于公共产品与外部性解决方法的不同于主流经济学的事实，改变了我们对于公共产品以及外部性问题的认识，甚至改写了教科书。这些方法极大地震撼着在主流经济学中彷徨的人们，通过从现实世界寻找范例来加以解释的研究方法也因此而引来了许多的追随者。而且这种研究方法不像主流经济学那样因设置高高的数学门槛让人们望而生畏，从而使得经济学对于富有洞察力的人们更有吸引力。

案例研究一般遵循一定的步骤：对现实世界进行观察，发现与一般经济学理论的直觉不相一致的经济学现象，然后对之进行考察，从背景、环境的解析中分析为什么会出现这样的现象，从而对经济学原有理论的认识进一步加深，或者直接推翻原有的经济学理论。但是，这需要对主流经济学理论有很好的把握，有着很敏感的理论直觉，在看到现象之后很快地就可以感觉到它与主流理论不符，从而对之产生研究兴趣。虽然由于每个人的视角、参照系和分析工具不同，人们对这些现象的解释可能产生见仁见智的观点，但这并不影响人们对理论与现实本身的理解。

这种方法当然也存在一些问题，它的研究本身是建立于原有研究的基础上的，对于新的领域单纯使用案例研究就没有说服力。因为理论本身要具有一定的一般性，而不仅仅是特殊性，如果只关注特殊的案例，很难推出理论的共性。所以这种理论研究方法在对新的领域进行研究时就显得很不足了，但是对于我们完善原有的理论确实是一种相当有力的武器。这也可以看作新制度经济学对新古典经济学研究方法的一个很好的推进，当然这种推进要以原有的理论研究以及研究者对原有理论的把握为基础。这种方法也展示了新制度经济学与现实世界极其紧密的联系，科斯、张五常这些新制度经济学的奠基人在这方面为我们作出了光辉的榜样。科斯早在青年时代就游历美国、深入工厂，考察美国的企业与产业组织，从纷繁的资料中寻找理论的基石，并进行深入的思考。张五常更是一个杰出的实践家，不仅自己对很多经济现象深入考察，而且他甚至亲自开店出售商品，并对很多经济现象不断地用理论去思考，从而发现了许多很有意思的经济学结论。

“路径依赖”已经成为一个十分重要的经济学概念。由于本书后面的章节有更为详细的介绍，所以这里只简单地进行介绍，而且只侧重它的方法论意义。新古典经济学的思考方法就是在给定的环境中，研究某几个变量对所研究变量的影响，而且认为选择是不受别人影响的，但后来研究相关决策的博弈论发展出了策略参与人之间的相互作用，证明选择是受别人影响的。但是过去的选择对于现在与将来的选择有什么影响，这个问题一直没有进入新古典经济学的研究视野，这是其一。另一方面，在新古典经济学研究中不乏机械唯物论的观点，即如果给定一个起点，在预定的轨道上会实现一定的均衡，但是为什么经济系统会一直在恒定的轨道上运行？另外，在很多时候，有效率的经济制度并不能取代非有效的甚至更无效率的经济制度。

新古典经济学陷入机械唯物论的根本原因是物理学隐喻已经成为它的一大特征，而认为经济系统的运行与物体的运动是一样的，所以，新古典经济学有时候被人们称为“牛顿经济学”。然而，经济系统是否真的像物体运动的牛顿规律那样运行呢？我们不得而知。即使我们在现实中可以观察到大量的与之契合的事例，也不能证实它必然存在。因为一个反例就足以证伪它。有人就新古典的牛顿经济学大加批判，认为经济系统根本就不是像物体运动那样机械，而是有机的，像生物的进化、演化那样，充满了形形色色的奇妙与生动，既有从上一代那里继承了以前的很多优点的遗传，也有由于后天学习以及其他原因导致的对于上一代很多因素的变异。经济系统运行之所以不同于“牛顿经济学”的物体运动，一个重要的原因在于“路径依赖”这个因素一直在实际的经济运行中发挥着影响作用。

博弈论是研究社会参与人之间相互作用对于决策影响的理论，在新制度经济学理论中，博弈论已经成为最为核心的分析工具之一。青木昌彦与格雷夫两人是在新制度经济学中运用博弈论最为成功的代表人物。

在青木昌彦的《比较制度分析》一书中，他运用博弈论理论对新制度经济学进行重构。在对于制度的定义中，他用博弈论理论分析得出制度应该定义为“博弈的均衡”。他还大量使用关联博弈、进化博弈的方法对制度的演化与均衡进行分析，给出了一个令人信服的关于制度变迁、制度演化的解释。

格雷夫也是一个运用博弈论的高手，在他 1994 年的那篇著名的论文①里，他用博弈论详细地讨论了不同的文化管理对于经济绩效的影响，研究了经济组织在文化背景下的多重均衡，揭示了马格里布商人和热那亚商人的优势与存在的不足，为经济体制与文化背景的比较分析奠定了坚实的基础。在 2006 年出版的《制度与通往现代经济的道路》一书中，他更是通过大量使用博弈论研究中世纪欧洲的诸多经济现象来解释制度对于现代经济发展的意义。他研究了文化背景与政治因素、有效国家的建立过程以及社区责任系统等对社会发展的影响。其中，在“创建国家：热那亚的繁荣与衰落”一章里，他利用相互遏制模型以及引入第三个策略人等博弈论模型来阐述热那亚的发展历史，从中揭示国家创建过程中的许多必需的因素与历史的巧合，指出了创建有效国家绝不是仅仅实现西方的民主、议会规则，而是一个非常艰难的过程。

在一些很有影响的新制度经济学家那里，制度是一个博弈的均衡，所有的策略参与人在现有的参数集合下都将保持自己的现有策略，从而保持均衡的稳定。一旦外在参数序列发生改变，那么就必须实现由一个自我实施均衡到另一个的转变。这就是制度变迁。制度变迁的结果取决于参数序列的外生变化，而新的均衡的稳定性取决于它是自我实施的参数序列的大小。运用这样的观点，博弈论对于制度变迁不像诺思那样简单地归因于制度变迁成本收益的分析，因为个人福利的社会加总到目前为止仍然是一个很大的困难。

计量经济学是经济学的一种十分重要的理论方法，它对于我们分析一些直觉无法认识到的问题十分重要。新制度经济学在发展的过程中也受到计量经济学的极大推动，尤其是新经济史学。新经济史学革命是美国经济史学历史上一次大的变革，新经济史学家们指出，传统的经济史研究与经济理论是脱节的，所以在方法论、分析工具、资料运用、研究结论的可信性以及学术价值等方面都存在缺陷。正如福格尔所说的那样，经济史与经济理论的分离使得经济史研究局限于单纯对史料的考证，不能对现代经济的发展提供有益的见

① Greif，A.，“Cultural Beliefs and the Organization of Society：A Historical and Theoretical Reflection on Collectivist and Individualist Societies，” *Journal of Political Economy*，1994，102 (5).

解。道格拉斯·诺思和罗伯特·福格尔这两位经济史学大师开始运用计量经济学来对原有的经济史学结论、观念进行全面的革新。诺思得出的“制度对于增长是如此重要”的结论，一改传统经济学对于技术、人力资本、资本的强调，为增长理论作出独特的贡献。罗伯特·福格尔则考察了铁路与美国经济增长的关系，开创了一种新的因素分析方法。

由于新制度经济学的发展以及制度对于经济增长的贡献的计量经济学研究已经十分广泛，所有这些不仅为我们运用计量经济学方法研究制度的有效性作出了表率，而且也为我们如何运用计量经济学方法去研究制度的作用指明了方向。

新制度经济学的方法论有很多，还有不少学者开始尝试借鉴信息经济学、动态宏观经济学、新经济地理学、新兴古典经济学等领域的一些新的研究方法来推动制度经济学的研究。然而，我们必须明白的是，无论新制度经济学的研究方法如何先进，新制度经济学之所以能够成为一门经济学，并引起如此广泛的关注，更多的是因为它所研究的领域，而不是它的方法，对此，我们切不可本末倒置。

本章小结

“黑板经济学”的先天不足以及现实世界发展的需要，是新制度经济学产生与发展的重要原因。新制度经济学是以制度为研究对象的经济学，而制度则是社会制度博弈的参与人之间策略互动的均衡结果。制度对于经济发展绩效有着极其重要的影响，所以经济学家要进行制度研究。新制度经济学的理论渊源十分广泛，其在对新古典经济学充分反思并汲取的同时，还充分吸收了旧制度主义和同时代经济学家的重要理论。新制度经济学的基本假设、重要理论及研究方法更加贴近真实的现实世界，因而更具有说服力。新制度经济学是解释现实世界的经济学。

关键术语

黑板经济学	制度	新制度经济学	博弈论	博弈规则
经济人	有限理性	机会主义	路径依赖	

复习思考题

1. 经济学家是如何发现制度的重要性的？
2. 制度是什么？怎么区别使用不同的定义？
3. 新制度经济学是如何在中国得到传播并指导中国改革的？
4. 新制度经济学怎么解释从计划经济体制到市场经济体制的转型的？
5. 新制度经济学在方法论上是如何继承并超越新古典经济学的？
6. 简述新制度经济学的主要研究内容、基本假设及研究方法。

第 2 章

交易费用理论

本章要点

1. 什么是交易？什么是交易费用？
2. 交易费用的性质及测量交易费用的方法。
3. 交易费用产生、变化的原因。
4. 交易费用与治理结构选择的关系。

交易费用是整个新制度经济学体系的核心概念，本章介绍了以威廉姆森为主的交易费用[①]理论。本章共分五节，2.1 节首先介绍了交易和交易费用的概念，2.2 节介绍了交易费用的性质及测量问题，2.3 节分析了交易费用产生、变化的原因，2.4 节介绍了交易费用与治理结构的关系，2.5 节讨论了交易费用与企业的纵向一体化问题。

2.1 什么是交易？什么是交易费用？

2.1.1 什么是交易？

在现实社会中，交易无处不在。以一个家庭为例，家庭成员的衣、食、住、行都离不开各种不同类型的交易，家庭不能去耕种生活所需的所有食物，不能缝制家庭所需的四季衣服，不能搭建家庭赖以生存的住所，不能生产所有的交通工具，即家庭不能够完全实现

① 在本章中，我们交替使用了“交易费用”和“交易成本”的概念。实际上，两个概念在英文中同为一个词“transaction costs”。因此，两种称呼没有差别。

自给自足，只能去购买或交换家庭所需要的各种物品，比如食物、衣服、房屋、交通工具等等。家庭所表现出来的这种以一种东西（如金钱）去交换另一种东西（如食物）的行为就是一种交易行为。除了家庭之外，其他组织（如企业、政府等）也在不断地产生类似的交易行为。交易普遍存在，它受到了制度经济学家们的高度关注，以至产生了诸多关于交易的论述。

1. 康芒斯论交易

最早对"交易"这一概念作出明确界定和分类的经济学家是康芒斯。他认为，交易是人类经济活动的基本单位，是制度经济学的基本分析单位；交易不是人与自然的关系，而是人与人之间的关系，是人与人之间对物的所有权的让渡与取得；交易不同于古典经济学和新古典经济学中的交换。

康芒斯区分了三种类型的交易：即买卖交易（bargaining transaction）、管理交易（managerial transaction）和限额交易（rationing transaction）。所谓买卖交易是指法律上平等的人们之间自愿的交换关系，主要表现为市场上人们之间平等的、竞争性的买卖关系；管理交易和限额交易都是"一种上级对下级的关系"。在管理交易中，"上级是个人或由个人组成的特权阶级，它发号施令，下级必须服从"，就如同工头对工人、州长对平民、主人对仆人的关系；而在限额交易中，"上级是一个集体的上级，或者是它的正式代表，它有各种不同的类型"，如公司的董事会、立法机关等，"它们在下级之间分派这个机构的责任与利益"①，比如"像卡特尔那样控制产量的一切团体就是一系列的限额交易"②。康芒斯认为，这些不同类型的交易合在一起便构成了经济研究上的较大单位——"运行的机构"或制度，即制度不过是无数次交易活动的结果。

2. 科斯论交易

罗纳德·科斯一方面继承了康芒斯对交易的重视，选择"交易"作为分析的基本单位，另一方面也强调了交易关系作为法律上所有权转让的制度上的意义。然而，科斯的交易又与康芒斯的交易不同，科斯更强调狭义的市场交易，他从资源配置效率的角度研究交易的内涵，认为交易活动和生产活动一样，都是人类经济活动的组成部分，都要耗费稀缺性资源——时间、精力、空闲、财力等，因此交易是稀缺的，有成本的，并且交易的成本和收益是可以计量和比较的。科斯的交易成本观点直接颠覆了传统经济学理论零交易成本的理念，为新制度经济学的发展奠定了基础。

在《企业的性质》一文中，科斯明确提出企业出现的根本原因就是市场上的交易成本太高，而当用企业方式组织生产能降低交易成本时，企业便出现了。科斯解释道："利用价格机制是有成本的，通过价格机制'组织'生产的最明显的成本就是所有发现相对价格的工作……市场上发生的每一笔交易的谈判和签约的费用也必须考虑在内"，即交易成本为正；而"企业"能够节约交易成本，是因为"在企业内，市场交易被取消"，组合在企业内的各生产要素，不必彼此签订一系列的买卖合约，原来用于签订和执行这些市场合约的费用因此而被降低了。所以，企业的显著特征是"以权威替代价格机制"。当企业内部

① 康芒斯．制度经济学：上册．北京：华夏出版社，2009：64．

② 同①77．

进行资源配置的生产、合同和行政成本合计低于通过在市场上买卖时，企业就会产生，而且企业的规模会扩张至企业的内部管理组织成本与外部交易成本的均衡点。但如果交易成本为零，就不会出现企业，一切配置将通过个人间的简单合约进行。①

3. 威廉姆森论交易

奥利弗·威廉姆森是交易费用理论的构建者。他提出“当一项物品或劳务在技术上可分的结合部发生转移（即从一种技术边界向另一种技术边界的转移）时，交易就发生了”。例如，一辆汽车由各种汽车配件组装而成，这些配件由于技术上的独立性，可能由不同的企业或者不同的部门生产，当生产出来的配件产权发生转移，最终用来组装汽车时，就产生了交易；威廉姆森的交易不仅包括市场交易，还包括企业内部的组织管理交易，比如上述汽车配件可能是由一家汽车企业内部生产，也可能是通过市场购买获得。他认为交易是指“某种产品或服务从一种技术边界向另一种技术边界的转移，由此宣告一个行为阶段结束，另一个行为阶段开始”②。这种定义表明：（1）交易的对象是产品与服务。（2）交易是产品或服务在不同的人之间的转移，即产品或服务的所有权或者使用权从一个人到另外一个人的转移过程，或者说是“让渡”。（3）交易是一个连绵不断的过程。我们的生活时刻进行着交易，一段交易的结束伴随着另一段交易的开始。（4）交易必须是技术上可分的，也就是说，商品服务在技术上可以在不同的单位个体之间转移。这种技术上可分的说法限定了交易的具体的现实范围。（5）交易是一种关系，可以发生在人与人之间，也可以发生在组织之间。威廉姆森给出了交易的条件和表象，但是没有说明交易的动机，即交易为何发生的问题。产品和服务可以在不同的个人和组织之间进行让渡，并不代表着交易就一定发生。前者只是交易发生的条件，而不表明交易是必要的。实际上，交易的动机来源于劳动分工和专业化的发展，每个人或者单位自己无法生产自己需要的产品和服务，那么就会对他人的产品和服务产生需求。显然，在自给自足的社会里，交易是很少的，甚至是不存在的。

4. 诺思论交易

道格拉斯·诺思根据分工与专业化的程度把人类社会经济的交易形式分为三类：人格化交易、非人格化交易和由第三方实施的非人际交易。人格化交易是建立在交易双方相互了解的基础上的，由于专业化与分工的水平较低，交易在彼此熟悉的人们之间重复进行，买卖同时发生，交易双方都拥有对方的所有信息，彼此之间的利益也依赖于这种稳定的伙伴关系。在人格化交易中，约束交易双方的不是正式的规则制度，而是道德准则、价值观念等非正式规则。非人格化交易是随着专业化和分工的发展而产生的，由于交易范围的扩大，交易双方之间的信息存在不对称，信息的不对称导致各种机会主义行为出现，为了约束交易双方的行为，减少交易的不确定性，需要建立一套正式的规则。由第三方实施的非人际交易是在非人格化交易的基础上进行的，随着专业化与分工的进一步提高，交易的成功进行依赖于第三方（通常是正式的法庭）的参与。

从上述各位经济学家有关交易的论述来看，人们对交易内涵的认识涉及了产权让渡、

---

① 盛洪. 现代制度经济学：上卷. 北京：北京大学出版社，2003.

② 威廉姆森. 资本主义经济制度. 北京：商务印书馆，2002：8.

资源配置、技术转换、分工和专业化等方面，因此我们尝试将交易定义为：专业化与分工下不同的个体和组织之间的需求差异而导致的技术上可分的产品和服务在不同的主体之间的产权让渡。

2.1.2 什么是交易费用?

交易费用是新制度经济学最基本、最重要的一个概念。自 1937 年美国经济学家罗纳德·科斯首先提出交易费用之后，交易费用问题成了新制度经济学研究的重点问题，然而由于研究角度不同，人们对交易费用的内涵有着诸多分歧，形成了一组范围宽窄不一的交易费用概念，这组概念涵盖了科斯等人的最狭义的市场交易与企业管理成本、阿罗意义上的经济制度运行的成本以及张五常意义上的最广泛的交易费用等，因此，有的经济学家据此认为，“交易费用实际上不是一个概念，而是一组概念，相互之间具有类似于俄罗斯套娃的关系”①。

1. 科斯、威廉姆森论交易费用——具体交易过程中的费用

科斯在 1937 年发表的开创性的论文《企业的性质》中首次提出了交易费用的概念。他在 1960 年发表的《社会成本问题》一文中指出：“为了进行市场交易，有必要发现谁希望进行交易，有必要告诉人们交易的愿望和条件，以及通过讨价还价的谈判缔结契约，督促契约条款的严格执行，等等。这些操作的成本常常是极端地和充分地高昂，至少会使许多在不需要成本的定价制度中可以进行的交易化为泡影。”② 可以看出，科斯的交易费用包括事前的搜寻交易对象的费用、事中的讨价还价与签订合约的费用以及事后的监督执行合约的费用。以购买汽车为例，在购买汽车之前，人们需要搜集关于汽车的各种信息，比如汽车的品牌、性能、外观、价格区位、销售商等，这些信息需要消耗人们的一定的金钱和精力，当人们经过各种筛选选定某款汽车后，又面临着讨价还价的问题。出多少价格合适？对于汽车购买者来说，希望价格越便宜越好，或者希望能获得更多的额外赠送的礼品和服务；而对于汽车销售商而言，则希望价格越高越好，或者提供较少的额外礼品和服务。当双方价格达成一致，签订交易合同之后，又需要双方互相监督对方是否按照合约的要求行事，汽车销售商需要确定购买者付清足够的货款，汽车购买者需要监督销售商在约定的时间内提供令其满意的汽车成品，并且提供合约规定的各项服务。这里也会涉及各种各样的费用问题，比如汽车购买者需要对新汽车的各项性能进行检验，如果发现问题还需要和销售商协调解决，汽车销售商需要协助购买者办理汽车牌照和各种证件等。

威廉姆森继承了科斯的交易费用的内涵，将其分为合同签订之前的交易费用和合同签订之后的交易费用。合同签订前的交易费用是指“草拟合同，就合同内容进行谈判以及确保合同得以履行所付出的成本”③。威廉姆森重点探讨了合同签订之后的交易费用问题，他将合同签订之后的交易费用分为：（1）不适应成本，即交易行为逐渐偏离了合作方向，造成交易双方不适应的那种成本；（2）讨价还价成本，即为纠正事后不合作行为而进行讨

① 张旭昆.“交易成本”概念：层次、分类.商业经济与管理，2012（4）.

② 盛洪.现代制度经济学：上卷.北京：北京大学出版社，2003.

③ 威廉姆森.资本主义经济制度.北京：商务印书馆，2002：33.

价还价所造成的成本；（3）建立及运行成本，即为解决合同纠纷而建立治理结构并保持其运行的成本；（4）保证成本，即为保证合同条款兑现而付出的成本。[①] 可以看出，威廉姆森将科斯交易费用的内涵做了进一步的发展：首先，他将保证成本区分为事前的保证成本和事后的保证成本，并且重点考虑了合同偏离规定方向，甚至破裂后需要采取措施的成本，以及这种偏离或破裂造成的损失；其次，他把交易费用的交易由市场扩展到企业内部，将科斯眼中的组织或行政成本也纳入交易费用的范畴，将治理结构的选择看作是交易费用高低比较的结果。

2. 巴泽尔、阿尔钦、德姆塞茨论交易费用——产权引起的费用

巴泽尔、阿尔钦和德姆塞茨从产权的角度对交易费用做了界定。

巴泽尔从产权界定的角度，把交易费用归结为了解商品各种质量属性的信息成本。他认为交易费用的高低由这些相关信息获取的难易程度决定，而交易费用的广泛存在，使得产权完全确定变得非常困难。

阿尔钦在 1965 年时认为交易费用就是合同的签订，尤其是产权执行中的成本；而在 1969 年时，他沿用斯蒂格勒的思路将交易费用等同于信息费用。

德姆塞茨认为交易费用是“所有权权利交换的成本”，比如产权交易的谈判和维持成本。他以纽约证券交易所的股票交易为例，认为它的交易费用就是利用纽约证券交易所以便迅速将股票变现所花的费用，这种费用广义上还可以包括给自己的经纪人打电话或阅读金融报刊所花的费用。

3. 阿罗论交易费用——利用经济制度的成本

肯尼思·阿罗认为交易费用是“利用经济制度的成本”。他指出，交易费用在通常情况下妨碍了市场形成，在特殊情况下阻止了市场形成，因此，可以将交易费用定义为“利用经济制度的成本”，这里的制度不但包括市场、企业和政府管制，甚至还包括传统和道德准则等。阿罗区分了两种不同的交易费用：“交易费用可能代表市场组织方法的真实成本……交易费用也可能存在于经济组织的特定模式中，可能由不同制度的转换而得以避免。”[②] 在这里，阿罗指出了交易费用实际上包括两个方面：一是制度创立的成本（一旦制度已经建立，创立成本就会成为沉没成本）、维持成本和实施成本；二是某种制度的机会成本，即实际制度偏离最优制度引起的效率损失。可以说阿罗是第一个在广义制度背景下提出“交易费用”概念的人，他使交易费用成为一个术语并真正被置于制度分析的中心地位。

4. 张五常论交易费用——鲁滨逊一人世界不可能有的所有成本

张五常认为，“宽泛地界定交易成本是很有必要的，因为常常无法把各种不同的成本区分开来”。他指出，“从最广泛的意义上说，交易成本包括所有那些在鲁滨逊·克鲁索经济中不可能存在的成本，在这种经济中，既没有产权，也没有交易，亦没有任何种类的经济组织……可以把交易成本看作是一系列制度成本，其中包括信息成本、谈判成本、起草和实施合约的成本、界定和实施产权的成本、监督管理的成本和改变制度安排的成本。简

---

① 威廉姆森. 资本主义经济制度. 北京：商务印书馆，2002：35.

② Arrow，K. J.，“Uncertainty and the Welfare Economics of Medical Care：Reply，” *American Economic Review*，1965（55）：154－158.

言之，交易成本包括一切不直接发生在物质生产过程中的成本。”对此，他还做了进一步的说明。他指出，“从最广泛的意义上说，所有不是由市场这只‘看不见的手’指导的生产和交换活动，都是有组织的活动。这样，任何需要经理、董事、监督者、职员、执行者、律师、法官、经纪人，甚至中间人的活动安排，都意味着组织的存在。这些职业在鲁滨逊经济中是不存在的，支付给他们的报酬就是交易成本”①。张五常的交易费用内涵囊括了其他所有学者对交易费用的认知，是最广泛意义上的交易费用概念，但是他把鲁滨逊一人世界不可能有的所有成本都称为交易费用，使得交易费用的概念变得过于宽泛。

从上述经济学家们的论述可以看出，科斯、威廉姆森的交易费用其实隐含了产权已经确定的假设，即它们是产权确定的条件下具体的产权交易产生的费用；阿尔钦和德姆塞茨的产权转换与保护费用其实也隐含了产权确定的假设前提；巴泽尔则侧重于产权确立的成本，所以他们的概念虽然角度不同，表述不一，但是他们所论述的交易费用实际上“都是基本经济制度确立之后，一些具体的产权或行动权在确立和交易时的成本”，即它们都是“涉及市场经济运行的具体成本”②。从外延上看，它们都是阿罗和张五常的交易费用的子集，它们之间的关系如图2-1所示。

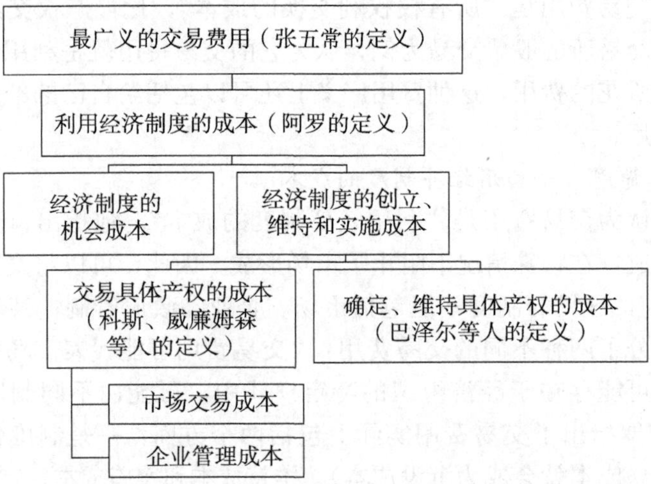

图2-1　经济学家们所论述的各种交易费用关系图

2.2　交易费用的性质与测量

2.2.1　交易费用的性质

交易费用不管是在广义上作为经济制度运行的成本，还是在狭义上作为具体的产权确立和交易时的成本，都具有如下几个共同的性质：

---

① 张五常. 经济解释. 北京：商务印书馆，2000：407-408.

② 张旭昆. “交易成本”概念：层次、分类. 商业经济与管理，2012（4）.

1. 交易费用是对社会财富和稀缺资源的损耗

从本质上说，交易费用是一种投入成本，它通过对社会财富和稀缺资源的消耗来实现促进社会经济和交易正常顺利运行的目的，比如消费者为了购买合适的商品，需要花费时间和精力搜集各种信息，生产者为了将商品成功销售出去，需要进行营销宣传，同样为了将商品顺利地移交到消费者手中，还需要提供运输服务，甚至消费者使用商品时，生产者还要关注其使用情况，及时为其提供售后服务等，这些交易过程中的各种投入，绝大部分并不能提升商品的价值，但是它却真正地消耗了一定的社会财富和稀缺资源。除了上述生产交易过程中所必须花费的交易费用之外，还存在另一种由于人的机会主义行为而引起的不必要的交易费用，比如因为交易之中的矛盾而引起的诉讼费用等，这种交易费用同样损耗了一定的社会财富和稀缺资源。

2. 交易费用可能会影响交易的达成

交易费用的存在是为了促进交易的顺利进行，但是如果交易费用过高，或者不必要的交易费用太多，就可能对交易产生不利的影响。假设小王家的空调坏了，他在网上找到该品牌空调的客服电话，客服人员为他介绍了维修工小刘，小刘上门服务，收取了服务费和零部件费用 900 元，并留下联系方式，表示今后小王不需要通过售后客服，直接找他的话价格可以优惠。试想，小王如果第一次就直接和小刘联系，那么他们这次的交易价格肯定会低于 900 元，那为什么没有呢？因为信息不对称，小王不知道小刘的存在，小刘也不知道小王家的空调需要维修这一事实，因此他们双方很难找到对方，交易就难以达成；退一步讲，即使小王知道小刘的联系方式，但是小王对小刘的技术和品德不了解，可能担心空调不能被修好，或者担心小刘漫天要价，这些不利因素也会提高双方之间的交易费用，导致他们难以达成直接的交易。那么为何后来双方愿意直接交易呢？因为第一次的交易降低了双方之间的信息不对称，进而降低了他们之间的交易费用，从而促成了双方之间今后交易的达成。

3. 交易费用无法消除，但是可以降低

交易费用是现实世界所不可避免的费用，零交易费用只存在于“鲁滨逊世界”的孤岛上，但这并不意味着交易费用不能降低。事实显示交易费用是可以降低的，交易费用的降低主要源自两个方面的因素：制度和技术。制度中的相关规则可以约束交易者的行为，尽可能地避免机会主义行为的发生，从而有利于降低不必要的交易费用。技术的发展可以提高信息的透明度，减少交易过程中的不确定性，进而减少交易费用。如案例 2-1 所示，共享经济就是技术发展和制度创新的结果，它改变了市场交易的商业模式，大大降低了交易费用。

案例 2-1

共享经济

共享经济也叫分享经济，罗宾·蔡斯在《共享经济：重构未来商业新模式》一书中把共享经济定义为三要素，即产能过剩（闲置资源）＋共享平台＋人人参与。它鼓励资源在更多的使用者之间共享；鼓励产品生产者与消费者直接对接；鼓励组织和个人合作，以提升经济配置效率；鼓励人与人以互信的方式共处、生活。

朔尔（Schor，2014）根据交易目的将共享经济分为四类：一是商品再流通，即二手商品交易市场，如 eBay；二是在不转移所有权的情况下，提高资源使用效率，如 Airbnb、Uber；三是服务交换，如时间银行；四是知识或生产性能力共享，如创客空间、知乎。另外，朔尔从交易平台类型和交易主体类型角度进行了分类，他将交易平台分为营利性交易平台和非营利性交易平台，将交易主体的类型分为 P2P（个人到个人）和 B2P（企业到个人），并根据这两个维度将共享经济分为四类：一是营利性 P2P 模式，如 Airbnb、Uber、滴滴；二是营利性 B2P 模式，如 Zipcar；三是非营利性 P2P 模式，如时间银行；四是非营利性 B2P 模式，如创客空间。

共享经济的实质是交易费用的最小化。因为互联网技术的发展大大地降低了交易费用，从而使专车之类的共享经济得以产生。共享经济的本质在于降低交易费用，使原来不可交易的资源进入可交易的范围。有些资源，虽然有供给也有需求，但是由于相互寻找、讨价还价、订立合同的成本太高，所以无法进入市场交易，只能闲置，而移动互联网的出现降低了交易费用，使这些资源变为"可交易的"，从而产生庞大的共享经济规模。

共享经济的一个颠覆性影响是互联网及移动互联网的形成导致交易领域的革命，它减少了信息不对称，降低了交易费用。基于大数据的信用记录加强了市场主体的信用约束，而社交网络的扩展有利于实现规模效应。这些变化导致企业边界的变化和个人与组织关系的变化，互联网和云计算等在局部上大幅降低了企业间的交易费用；消费者通过互联网和云计算的消费过程创造出新的专业化价值，并带来个体经济的强势回归。互联网及互联移动减少了获取价格信息的成本、比较成本，使过去认为不可行的潜在交易变成了可交易的，解决了从人格化交换到非人格化交换的问题，使远距离的陌生人的交易成为可能，解决了信息不对称中的一些问题。共享经济既不是科斯传统意义上的市场，也不是传统意义上的企业，即出现了"科斯地板"下新的商业模式。

共享经济是通过制度和经济组织形式的变化来降低交易费用。没有组织形式的变化，互联网及移动互联网的技术创新难以产生共享经济的商业模式。其商业模式创新的逻辑有三：一是消费者因为交易费用的下降从过去的"以买为主"转向现在的"以租为主"。二是组织形式上使一部分企业去中介化和再中介化。去中介化和再中介化实质上是把过去的个人与企业的雇佣关系转变为个人与共享平台的合约关系，实际上是用一种合约取代另一种合约，新的合约可以降低交易成本。三是共享经济使一部分经济活动由"劳动者—企业—消费者"的传统商业模式转向"劳动者—共享平台—消费者"的共享模式。

共享经济是通过共享平台来匹配供求双方从而降低交易费用，实现资源的最佳配置。共享平台是一种再中介化组织，它是由硬件（信息网络）和软件（信任）构成的并由第三方创建的市场平台。这些共享经济平台公司并不直接拥有固定资产，而是利用移动设备、互联网支付等技术手段有效地将需求方和供给方进行最优匹配，通过撮合交易，获得佣金，从而达到双方收益的最大化，如在专车运营过程中，交易平台通过现代互联网技术，将分散的供给者和需求者联结起来，车主通过平台为消费者提供服务，收取乘车费用，交易平台按照一定比例从中抽取部分收入，定价体系如抽成比例以及给车主的补贴由平台规定。

资料来源：卢现祥. 共享经济：交易成本最小化、制度变革与制度供给. 社会科学战线，2016（9）；杨德才，刘怡雯. 交易费用视角下分享经济发展的成因——以专车为例. 社会科学研究，2018（1）.

2.2.2 交易费用的测量

既然交易费用是对社会稀缺资源的损耗，那么就有必要知道社会经济中究竟有多少交易费用，这就涉及交易费用的测量问题。对于这一问题，人们的观点是不一致的。有人认为交易费用无法测量或者无法准确地测量，因为交易过程中消耗的人的时间、精力等难以用货币来表示；或者由于交易费用的外延难以确定，人们很难知道到底哪些费用属于交易费用。也有人认为虽然难以十分准确地测量交易费用，但是可以通过一些间接的方法进行测量。还有人提出交易费用能否测量这一问题不能笼统地回答，而取决于交易费用的类型，图 2-1 所示的各类交易费用中层次越高的越难以测量。尽管观点不一，但现实中确实在不断地进行交易费用的测量，这里将根据所测量交易费用的不同层次，从宏观、微观两个层次加以考察。

1. 宏观层次交易费用的测量

宏观层次交易费用的测量即是对一国或地区总量交易费用的测量，最具代表性的当属沃利斯和诺思在 1986 年首创的交易行业测量法，该方法以是否与交易直接相关为标准，把资源分为与交易直接相关的资源及不直接相关的资源，然后把对与交易直接相关的资源进行加总而形成测量国民经济交易行业的估计量。具体地说，他们的测量分为如下几个步骤：

(1) 界定交易费用的概念。因为交易费用的概念不同意味着其外延不同，这直接影响着测量的结果，沃利斯和诺思首先对交易费用的概念进行界定，他们把经济活动分为转型活动和交易活动。所谓转型活动就是把投入转化为产出的生产活动，它所产生的成本为转型成本，而交易活动就是协调、处理人与人之间关系的活动，由此产生的成本为交易费用。

(2) 界定测量的范围。沃利斯和诺思明确只测量通过市场交易的各种交易费用，并把那些形成交易费用的活动定义为交易服务，因此他们测量的任务就是加总各种交易服务并计量其价值。

(3) 区分国民经济各个部门的交易费用并分别测量。明确交易费用的概念和测量的任务之后，沃利斯和诺思把国民经济分为私人部门和公共部门，又根据交易的特性将私人部门分为私人交易部门和私人非交易部门（如表 2-1 所示）。

表 2-1　　国民经济中的各部门

私人部门		公共部门	
非交易部门	交易部门	非交易部门	交易部门
农业 建筑业 采掘业 制造业 交通业 仓储业 餐饮等服务业	金融业 保险业 房地产业 批发业 零售业 广告业 咨询业	教育 卫生医疗保健 消防 高速公路 社会福利 失业补偿金 雇员退休金 空间研究等科学研究	国防 邮政服务 航空、水利运输 财政管理和宏观调控 警察司法部门 军队、外交、预备役

资料来源：张雪艳. 宏观交易费用测量的障碍、突破与展望. 社会科学辑刊，2007 (5).

私人交易部门被称为交易产业，它们是在公开市场上为产权交换提供交易服务的部门，包括金融业、保险业、房地产业、批发业、零售业、广告业、咨询业等。沃利斯和诺思认为，投入这些部门的资源都可以看作是交易费用。

私人非交易部门是指国民经济中生产非交易物品和服务的部门，包括农业、建筑业、采掘业、制造业、交通业、仓储业及餐饮业等。这些部门的企业内部同样存在交易活动，如购买投入品、协调监督生产要素活动、产品的推销等，这些活动都存在交易费用。为了测算私人非交易部门企业的交易费用，沃利斯和诺思将企业内部的职业分为转型职业和交易职业，转型职业是提供转换服务的职业，交易职业则是提供交易服务的职业。一般从事交易职业的人员主要包括所有者及经理人员、各层管理者、文秘人员、会计人员、销售人员、保卫人员等，私人非交易部门中交易费用的大小一般以这些人员的工资总和来估计。

在公共部门的交易费用的测量方面，沃利斯和诺思认为政府部门中国防、法院、警察等保护产权的部门以及一般的公共管理协调属于交易服务；邮政部门、金融管理部门等活动是为了方便交易，具有降低交易费用的性质，也属于交易服务。政府提供的物品和服务的非交易活动，包括教育、交通和市政服务，其中市政服务包括消防、公共设施、公共建房、公共保健等体系，政府提供的这些非交易活动要完成转型功能，需要花费大量的交易成本，这些花费也需要计算在交易费用之中。对于这些费用的测量，沃利斯和诺思采用了两种方法：第一种方法是对公共交易部门和公共非交易部门分别计算。公共交易部门的交易费用的规模由政府的交易活动的支出价值来计量。公共非交易部门的交易费用规模的计量与计算和私人非交易部门的方法相同。第二种方法是简单地把整个政府都视为非交易部门，然后计算与交易相关人员的酬金。第二种估算方法的结果比第一种估算方法的结果低。

（4）加总交易费用，计算国民经济的总量交易费用。最后他们对前面私人交易部门、私人非交易部门和公共部门的三个测量结果进行加总，获得了总量的或宏观的交易费用估计量。研究结果显示：美国交易费用总量占 GNP 的比重从 1870 年的 25%上升到 1970 年的 45%。进而得出结论：交易费用占 GNP 的比重随经济发展水平的提高而不断上升。

沃利斯和诺思开创了测量宏观交易费用的先河，他们的方法受到了许多国家学者的推崇，并被应用于其他国家的交易费用的测量中。例如，有的学者研究认为，中国在 1978—2000 年间，非交易部门交易费用从 13.5%上升至 23.1%，交易部门交易费用从 28.4%上升至 43.2%。[①] 然而，他们的测量方法也有诸多不足，比如他们所测量的仅仅是交易部门的交易费用，即流通于市场的那部分交易费用，忽略了非市场交易费用，而这部分交易费用在许多经济发展落后的国家往往占较大的份额，这使得其测量结果的准确性和有效性受到了质疑。针对这些不足，刘朝阳和李秀敏（2017）提出广义交易费用的概念和分类，认为沃利斯和诺思测算的美国经济中总量交易费用仅仅是广义交易费用分类框架下“货币计量的显性交易成本”，其本质是现行制度的制定和运行成本中以货币计量的部分，并在此基础上改进了宏观交易费用的测量方法，将国民经济部门分为生产转换部门和交易部门两

---

① 缪仁炳，陈志昂. 中国交易费用测度与经济发展. 统计研究，2002（8）.

类，分别计算生产转换部门和交易部门的交易费用，并将这两部分交易费用加总为总量交易费用。最后研究结果显示：2004—2013年，中国宏观显性交易费用占GDP的比重从2004年的37.83%上升到2013年的42.66%，而生产转换部门交易费用占营业收入的比重呈下降趋势，说明中国政府通过制度创新和制度改良，以较低的显性交易费用取代较高的隐性交易费用，充分发挥了制度的规模经济效应，降低了单位交易的制度执行成本。①

2. 微观层次交易费用的测量

微观层次交易费用的测量，即是测量既定制度下每笔交易的交易费用。因为涉及主体差异性，其方法也表现为各式各样，所以微观层次交易费用的测量方法难以标准化。此外，非市场性的交易费用和政策型交易费用的计量不具有可操作性。因此，该类方法仅停留在经验层次，难以实现普遍化应用，所以微观层次交易费用的测量并没有得到足够的重视。

就目前而言，比较常用的测量方法有两种：一种是测量交换成本，即测量在既定制度下，交易者购买某一商品所耗用的所有资源——时间、货币、商品等——的机会成本；二是根据巴泽尔等人的交易费用的概念，测量个人间交换经济资产所有权和确立他们的排他性权利的费用，常用资产所有权有效转让所需要的费用来衡量，比如购买一辆10万元左右的1.6L排量以下的家用汽车，购买者需要缴纳5%的购置税，4 000～5 000元的保险费，300元左右的上牌费，500元左右的车船使用税，这1万多元的费用就是购买一辆汽车的交易费用。

2.3 交易费用产生与变化的原因

在认识了交易费用的必然性和重要性之后，交易费用产生和变化的原因成为新制度经济学家关注的又一个重要问题。在这个问题上威廉姆森作出了巨大的贡献，他认为决定交易费用的因素主要有三个方面：人的因素、与特定交易有关的因素以及交易的市场环境因素。其中，人的因素即是他对人的行为的两个基本假设：有限理性和机会主义，这两个假设是威廉姆森交易费用经济学的基础，他对交易费用的分析就是建立在这两个假设之上的。与特定交易有关的因素即是他所提出的交易的三个维度：资产专用性、不确定性程度和交易频率，这三个维度特别是资产专用性是影响交易费用的重要因素。交易的市场环境则是指潜在竞争对手的数量。

2.3.1 人的因素

1. 有限理性

威廉姆森认为，“有限理性是指，人的行为是‘内在理性的，但仅是有限的’”②。这

① 刘朝阳，李秀敏. 交易成本的定义、分类与测量研究——基于2004—2013年中国总量交易成本的经验证据. 经济问题探索，2017（6）：8-15.

② 威廉姆森. 市场与层级制——分析与反托拉斯含义. 上海：上海财经大学出版社，2011：25.

种有限理性是由个体的神经生理的限制和语言的限制所导致的，其中，“生理方面的限制以个人吸收、存储以及恢复的能力为基准”，即个人的行动会受其知识、远见、技能和时间的制约。“语言限制是指个人无法用文字、数字或图像清晰表达自己并且让别人明白理解。”① 总之，有限理性的存在导致个体不能充分认识其周围的事情，不能预知未来所有可能发生的事情；对于他们所能预知的突发事件，也不能总是计划周详并有效地作出恰当的反应。

有限理性不是时时处处存在的，它只有“在不确定性或复杂性条件的情况下才成立”，并且只有“与环境条件相关的有限理性会导致经济问题”，因为“交易在不确定性/复杂性的条件下完成时，会变得非常昂贵”②。然而，现实世界充满着不确定性和复杂性，以致个体可能处处受有限理性的限制，比如订约人在签约时无法保证合同的完全性，即双方无法对事物的现状和未来有充分的了解，并且细化成一条条合同条款。正如威廉姆森所说：“如果承认理性是有限的，那么，再想签订面面俱到的合同，借组织的力量来解决问题，就是一种不切实际的想法了。”③ 因此，在存在有限理性的情况下，如何通过制度设计来降低交易费用是制度经济学所面临的一个十分重要的问题。

2. 机会主义

机会主义（或者说投机）假设是指，只要自己不被处罚或者自己的行为不易被发现，人们在交易的过程中就会不择手段地（甚至在损害他人利益的情况下）谋取私利，这是一个“涉及用欺诈的手段来谋取自身利益的问题”④，并且这个问题可能关系着人们对契约的选择。

根据威廉姆森的观点，人们的机会主义行为是由有限理性和信息不对称引起的。首先，因为人是有限理性的，他不能预测未来发生的所有事情，也不能有效地解决可能发生的所有问题，即有限理性限制了人们签订一份完全合约的可能性，而合约的不完全性将会诱使订约者滋生机会主义动机，合约一方或双方就可能利用不完全的合约来谋取私利，从而提升双方交易的成本。其次，信息不对称也会导致交易双方的机会主义行为。所谓信息不对称是指买卖双方的信息条件是不相同的，正是这不相同的信息为交易双方的机会主义行为带来了可能性。比如在二手车市场交易中，卖者知道产品的全部信息，但是买者不知道，此时，就可能导致卖者的机会主义行为，即卖者通过隐瞒产品的实际信息以获取高价，使买者遭受损失。当然，这种机会主义行为不仅反映在卖者身上，也可能会出现在买者身上。比如在劳动力交易市场上可能会出现劳动者隐瞒自己的能力、水平，甚至伪造学历等，以骗取雇佣者的高价雇佣的现象。

机会主义行为的存在导致了逆向选择（adverse selection）和道德风险（moral hazard）的产生，其中逆向选择通常发生在双方交易行为之前，因为人们的有限理性和信息不对称，交易中处于信息劣势的一方害怕被对方欺诈而蒙受损失，为了尽可能地减少交易中的损失，就采取逆向选择的策略，比如案例 2－2 中 P2P 网络借贷平台的一系列问题就是逆

---

① 威廉姆森. 市场与层级制——分析与反托拉斯含义. 上海：上海财经大学出版社，2011：26.

② 同①27.

③ 威廉姆森. 资本主义经济制度. 北京：商务印书馆，2002：69.

④ 同①31.

向选择行为的结果。

道德风险则发生在市场交易完成之后，由于交易双方信息的不对称，处于信息优势的一方为了实现自身效用的最大化，违反约定而给对方造成损失或带来风险。比如保险市场中，被保险人在与保险公司签订保险合同之后，可能就会降低对自身身体、安全等方面的关注与保护，从而加大了保险公司赔付的风险。

案例 2-2

P2P 网络借贷平台的逆向选择

自 2005 年世界上第一家 P2P 网络借贷平台 Zopa 在英国成立以来，P2P 网络借贷平台在全球范围内快速发展。国外 P2P 网络借贷平台的运营模式主要有三类：复合中介型平台(Zopa)、单纯中介型平台（Prosper)、非营利性（公益性）平台（Kiva)。自 2007 年 8 月我国首家 P2P 网贷平台“拍拍贷”成立以来，我国 P2P 网贷市场呈现高速发展态势，无论是 P2P 网贷平台数目还是 P2P 网贷成交金额都得到了快速发展，成为个人和小微企业的一个重要的新型融资渠道。但是，由于资金借贷者和平台自身两方面的原因，很多 P2P 网贷平台经营困难，出现停止经营、提现困难和失联跑路等问题，到 2016 年 6 月，问题平台达到 2 077 家，占全国 P2P 网贷平台的 36.53%。

P2P 网贷平台的诸多乱象的根源在于 P2P 网贷平台的逆向选择问题，由于投资者和平台之间的信息不对称，投资者倾向于把资金投资于承诺利息回报高的 P2P 网贷平台，高利息回报必然伴随着平台的高风险，而支付利息低的 P2P 网贷平台由于得不到投资人的资金，则退出网贷市场。由此，市场上存在的 P2P 网贷平台都是风险高的，这样就出现了“劣币”驱逐“良币”的现象，形成逆向选择。

P2P 网贷平台的逆向选择行为造成两方面的后果：一方面，网贷平台为了从投资人那里获得资金，会不断提高利率水平，在信息不对称的情况下，投资者趋向于选择利率高的 P2P 网贷平台，这样投资利率低的 P2P 网贷平台就会面临丢失客户的风险，由此形成利率竞争，投资利率高的网贷平台就会把投资利率低的网贷平台逐渐地挤出市场，长此以往，P2P 网贷市场上就只剩下利率高的平台。但是，利率水平的提高加大了网贷平台运营的风险，其未必给投资人带来更高的期望收益。另一方面，网贷平台为了弥补利率提高带来的成本增加，往往投资风险更大的项目，以期获得更高的期望收益，但受制于网贷平台投资水平和风险管控的限制，这种做法往往给 P2P 网贷平台带来更大的风险，出现网贷平台“倒闭”和“跑路”的现象，引发道德风险，从而使投资者血本无归，引发严重的社会问题。

资料来源：任国强，费改英. P2P 网络借贷平台的逆向选择行为分析. 大连理工大学学报（社会科学版)，2018 (11).

2.3.2 与特定交易有关的因素

1. 资产专用性

“资产专用性”概念最早可见于马歇尔的《经济学原理》。他认为“一个工厂的厂主即使能获得一般劳动的大量供给，也往往会因为缺少某种专门技能的劳动而束手无策。有特殊技能的工人如果遇到解雇，也不易有别的出路”①，这里的有特殊技能的工人对企业来说就是一种专用性人力资本。但是，正式的“资产专用性”概念是威廉姆森在分析纵向一体化问题时提出来的。他认为，专项投资的风险在于“如果合同不能如约履行或不得不提前终止，就不可能在毫不牺牲生产性价值的条件下改变这种专用资产的用途”②。他将这些投资形成的资产称为专用性资产，将资产专用性定义为“为支撑某种具体交易而进行的耐久性投资，一旦最初达成的交易没有到期就提前结束，这种资产改用于其他最佳用途或由其他人使用，那么发生在这种投资上的投机成本要低得多”③。

根据投资对象的不同，威廉姆森将资产专用性分为四种类型：(1) 场地的专用性投资，即投资于特定的生产和交易场地。出于降低运输费用、节约成本的考虑，厂商会选择一个合适的生产、交易场地进行投资，比如以煤炭为原材料的生产厂商可能会在煤矿产地附近进行投资，而一旦投资成功，厂商就很难变更投资场所，因为那将意味着原有的投资遭受损失。(2) 人力资本的专用性投资，即投资于人力资本所有者的用于特定领域或企业的知识和技能，这些知识和技能只能在该领域或者企业使用，一旦该人力资本的所有者离开该领域或企业，这些知识和技能将失去作用。(3) 物质资产的专用性投资，即交易一方或双方为了适应特定交易而进行的对固定资产、机械设备等资产的专用性投资，这类专用性投资一旦形成很难转作他用，否则要么丧失其部分经济价值，要么需要高昂的转换成本。(4) 特定用途资产的专用性投资，即投资于有特定用途的资产。这种投资只有在投资者能够确保其生产的某种产品能够销售给特定客户时才会进行，否则一旦契约提前终止，投资者会形成大量过剩的生产能力闲置。另外，特定资产也可能是隐形资产，比如品牌、声誉、渠道、关系等，这些隐形资产专用于特定的企业组织，而且投入越多，专用性越强。

资产专用性在交易成本理论中非常重要，用威廉姆森的话来讲，就是“无论怎样强调也不过分”，其原因在于资产专用性使得交易变得更加复杂。之所以会出现这种情况，是因为资产专用性很容易导致交易者的机会主义行为，资产专用性意味着交易中双方的地位是不平等的，拥有专用性资产的一方由于其资产的用途有限，其使用决定权被对方所控制，从而对方可能利用其有利地位进行要挟，如强制要求降低价格等。但是可能拥有专用性资产的一方出于对未来的预期，为了避免自身处于被要挟的地位，他往往会放弃对专用性资产的投资，从而导致交易难以达成。例如，一家车身制造公司生产的商品完全供应给一家汽车公司，那么该车身制造公司的投资就具有专用性的特征，因为它的产品无法卖给其他公司，因此处于被要挟的境地。当这家车身制造公司认识到这一点时，它就不愿意进行投资，因为投资带来的部分收益可能会由于汽车公司的投机行为（如以威胁中止与该车身制造商的贸易往来而索要低价）而遭受汽车公司的掠夺。

因为专用性资产容易遭遇对方的机会主义行为，而使其拥有者遭受损失，因此需要

---

① 马歇尔. 经济学原理. 北京：华夏出版社，2005：229.

② 威廉姆森. 资本主义经济制度. 北京：商务印书馆，2002：81.

③ 同①83.

对资产专用性进行某种机制设计，以减少交易双方的机会主义行为，从而减少交易成本。

案例2-3

中澳铁矿石交易中的资产专用性与机会主义行为

一年一度的铁矿石价格谈判始于1981年，经铁矿石供应商和需求商谈判协商后，双方确定一个财政年度的铁矿石价格。铁矿石供应商主要有3家：澳大利亚力拓公司、必和必拓公司以及巴西的淡水河谷公司。而买方阵营主要有中钢协（中国）、新日铁（日本）、浦项制铁（韩国）和欧洲钢铁工业联盟。

根据谈判惯例，一旦供应商任意一方和钢厂任意一方价格达成一致，则本年度铁矿石谈判就会结束，其他供需双方均接受此价为新的年度价格，即首发价。但该惯例在2008年首次被力拓、必和必拓所打破。自2010年铁矿石价格谈判启动以来，必和必拓、力拓和淡水河谷三大矿商的报价不断攀升，每年的价格涨幅从20%～30%到50%，再到80%～90%，已经远远超出了中国钢铁企业的承受能力，谈判双方的预期差距越来越大，而且三大矿商主张用与现货市场挂钩的短期指数定价体系代替长期实行的长期定价机制。据海关总署统计，2009年我国铁矿石进口量创下了历史新高，累计达到6.3亿吨，同比增长41.6%，对外依存度达69%。如果我国被迫接受国际铁矿石三巨头涨价90%的要求，我国钢铁企业将为此多付出超过2 600亿元的代价。总体来说，中钢协（以宝钢为代表）在与国际矿商的谈判博弈中处于被动地位。究竟是什么因素导致了国际矿商放弃实施了30多年的均衡长期协议定价机制而采取基于市场的短期定价机制，而且为什么作为全球铁矿石消费大户的中国钢企却在铁矿石的价格谈判中扮演“跟随者”的角色?

钢铁行业是资本密集型产业，进入该行业的可能性大小取决于是否拥有足够的资金和资源。钢铁企业的资金主要用于购买与冶炼相关的各种大型设备和各种运输工具，而其他资金投入则居于次要地位。所以钢铁行业的资产投资专用性主要体现在特殊实物资产的购置上，例如为冶炼不同品位的矿石而购买的特殊冶炼设备；为运输不同地点的矿石而修建的交通设施和购买的运输工具。我国铁矿石资源总量排在世界前列，但人均占有量很少，而且贫矿居多，品位较差。近年来，我国主要进口巴西和澳大利亚三大矿商的铁矿石，矿石品位的差异必将导致钢企采用不同的冶炼技术、购置不同的冶炼设备，而且长期的“惯性”采购致使企业进行了大量的相关辅助性投资，比如特殊的运输装备、特殊的运输路线等。场所的专用性投资体现在钢铁企业为了降低原材料的运输成本而在沿海新建冶炼工厂，这些工厂是钢企针对矿商的专项投资，具有锁定效应。此外，在铁矿石的采购、运输和冶炼等流程中，专用人力资源的招聘与培训也体现了投资的专用性。综合以上几点，可以看到我国钢企针对巴西和澳大利亚铁矿石资源的专用性投资已经把自己“绑架”了。

中澳铁矿石价格谈判以2008年为界分为两个阶段：2008年以前铁矿石的成交价格均在100美元/吨以下，而且跌涨额一般不超过5%；2008年以后铁矿石的成交价格突破100美元/吨，而且跌涨额变化幅度较大，特别是在2009年国际铁矿石厂商提出价格上涨90%

的要求。在前一个阶段谈判双方实行的是长协价格机制，而在后一个阶段国际铁矿石厂商突破了这一机制，意在建立基于市场的短期价格机制，即采取了机会主义行为。在2008年以前，国际铁矿石厂商之所以坚持长期定价机制，原因在于这段时期的市场需求稳定，可侵占性租金很低，采取机会主义行为的收益低于合作的收益，而且铁矿石的开采在初期投入和风险都较高，所以国际铁矿石厂商采取保守的合作战略。2008年以来，一方面，我国钢铁工业的增长速度远大于铁矿石的扩产速度，导致对铁矿石的需求急剧增加，许多钢铁企业对澳方铁矿石高度依赖，从而创造了巨大的可侵占性租金，这必然导致澳方的机会主义行为，大幅度提高铁矿石的价格。另一方面，由于钢铁企业集中度较低，使得这种局面难以控制，而铁矿石厂商数量少，集中度高，对产量的控制可以根据市场情况进行调节，这些因素造成了中方在中澳铁矿石谈判博弈过程中的被动局面。

资料来源：陈博，于同申. 资产专用性、机会主义行为与纵向一体化. 经济与管理研究，2010（10）.

2. 不确定性程度

交易过程中出现的不确定性有原发的和继发的两种，原发的不确定性指的是由于自然无序行为和无法预测的消费者偏好的变化而造成的不确定性；继发的不确定性是由于缺乏信息沟通，使一个人在作出决策时，无从了解其他人同时作出的那些决策和计划所带来的不确定性①，比如买主不能确定他是否会遇到合适的卖主，反之亦然，双方都不能肯定在什么样的条件下进行交易，这时交易双方面对的不确定性就是继发的不确定性，威廉姆森所强调的正是这种继发的“行为上的不确定性”，因为这种不确定性使交易关系变得更加复杂。但是在不同的交易中，不确定性所产生的作用和约束交易的程度也是不同的，一般来说，当交易不涉及专用性时，即使出现不确定性，交易出现中断，交易也可以通过建立新的贸易关系重新延续。但是一旦交易涉及专用性问题，不确定性就可能使得交易关系难以建立，或者要求交易双方设计各种机制以解决可能带来的问题。还有交易频率的不同，不确定性的影响也不同，通常一次性交易中，不确定性的影响较小，越是长期的交易，不确定性的影响越大。

3. 交易频率

交易频率是指交易发生的次数，它也是影响交易双方行为关系的因素之一。它对交易行为的影响主要体现在对相对交易成本的影响上，如果交易双方只是进行一两次交易，那么就没有必要建立专门的治理结构，因为这种治理结构带来的成本无法在一两次交易中获得补偿；但是，如果交易是经常发生的，而且涉及资产专用性问题，那么专门制定一个治理结构并维持其运转是值得的，因为成本会被分摊到每次交易中去，这样交易的相对成本就会下降。

2.3.3 潜在竞争对手的数量

威廉姆森认为潜在竞争对手的数量也是决定交易费用的重要因素之一。当市场是完全竞争市场时，因为潜在竞争对手数量较多，交易者可以通过“货比三家”来获得交易信息，这样交易的搜寻、等待成本会降低，而且因为潜在竞争者较多，交易者违约等机会主

① 威廉姆森. 资本主义经济制度. 北京：商务印书馆，2002：85.

义行为也会受到抑制，从而降低了由于机会主义引起的不必要的交易费用。但是，如果是垄断市场，潜在竞争者的数量大大减少，处于非垄断地位的交易方对垄断方的依赖性较大，那么，垄断者的机会主义行为的可能性大大上升，进而提高了市场交易费用，而且垄断程度越高，实施机会主义行为的可能性越大，市场的交易费用就越多。如案例 2-4 中最初日本厂商因为了解雕刻工艺厂的困境，且因为没有市场竞争对手而处于垄断地位，导致其在价格上进行刁难，增加了谈判的难度，提高了交易的成本。后来因为发现潜在竞争对手增加，唯恐交易难以达成，所以不再对价格进行刁难，交易顺利达成。

案例 2-4

一项雕刻工艺品的交易

浙江有一家专门做雕刻工艺品的工厂，有着多年的历史。很多年前一直是以小的手工作坊的形式存在，其雕刻的手工技法都是祖传的，用料也一定要选择上乘的。但是，因为手工生产本来就比较慢，又因为材料花的价钱比较高，所以无形中商品的成本也就增加了。这样的商品在国内的市场上销售，价格比其他的都要高，所以销售的速度也非常慢，这样就导致了资金回笼慢。资金不足使得这个厂商面临着倒闭的危险，就在这期间，该厂商参加了一次海外订货会。

在这次订货会上，一些日本的此类产品的经销商看上了这个厂家的工艺品，所以它们决定和这个厂家签订长期的订货合同，但是它们给出的价格相对来说比较低。这个价格让厂家不能接受，针对这样的情况，它开始跟日本经销商进行谈判。在谈判的过程中，日本经销商因为已经了解到这个厂家面临资金的问题，所以在价格方面一直没有松口。

这家雕刻工艺厂为了能挽救这个困局，于是就和日本经销商说了一个信息，它声称有很多韩国的厂家想要与其签订一些合同，给出的价格比日本厂家高出很多，而且在和这些厂家签订合同以后就没有货给日本的厂家了。

宣布了这个消息后，雕刻工艺厂就和韩国的一些厂家见面了。其实它和韩国厂家签订的只是一些非常小的订单项目，根本不能和日本的订单数量相比。但是，这个举动引起了日本厂家的恐慌，于是它们经过迅速商议后，按照这个雕刻厂的价格要求签订了合同。

资料来源：刘洪峰. 活学妙用博弈论. 北京：中国妇女出版社，2010.

需要指出的是，在威廉姆森看来，上述这些决定交易费用的因素并不具有完全相同的重要性，他着重强调了有限理性、机会主义和资产专用性三种因素对交易费用的决定作用，认为正是这三个因素的同时出现导致了交易费用的产生。因为如果人是完全理性的，则不需要花费太多的成本就可以签订极其详尽的契约，这就避免了资产专用性或者机会主义可能引起的交易费用的问题。同样，如果不存在机会主义，则任何由于有限理性而在契约中造成的疏忽，或者由于资产专用性而造成的对对方的依赖，都不会引起对方在执行契约中钻空子或者“敲竹杠”的危险，因为双方都不想从对方捞取好处。当资产专用性不存在时，就没有必要保持持续不断的经济关系，因而市场将是充分竞争性的。

2.4 治理结构与交易费用

2.4.1 交易类型与治理结构

1. 治理结构

对于不同的交易，应该如何进行组织才能够有效地降低交易费用呢？威廉姆森根据交易的不同类别提出了相应的四种治理结构，即市场治理、三方治理、双方治理和统一治理。从本质上看，这些治理结构是一种为特定交易而设计的制度安排，其主要目的就是降低交易费用、提高交易效率。

所谓市场治理，就是由市场来调节、规范市场中交易者交易行为的一种制度安排。这种治理结构对信息的要求较高，要求信息能够自由流动，这样交易者能够获得足够的信息，充分了解交易对象的情况，能够根据市场价格机制选择合适的交易对象，而且当交易出现问题时，也能够比较容易地转换交易对象。

三方治理是一种借助于第三方的帮助来促进交易完成的一种制度安排。在这种制度安排下，当交易双方发生纠纷时需要借助于第三方的帮助，由第三方对交易双方的行为进行评价，并且协助解决纠纷，常见的第三方有仲裁机构或者双方事前约定的中间人等。

双方治理是一种由交易双方共同维护交易关系、执行交易契约的制度安排。通常在这种制度下，交易双方彼此依赖，需要进行长期合作，但是这种合作还没有达到彼此融为一体的地步，双方治理的成功依赖于双方之间的势均力敌，如果一方的力量超过另一方，可能就会演变为统一治理。

统一治理是指交易的一方将另一方买断，对交易实行完全控制并承担全部责任的一种制度安排。这种制度安排最直接的表现就是企业的纵向一体化，它的优势在于可以实现一系列连续的变化，无须不断寻找、设计或修改临时性协议，同时因为双方所有权的统一，它能保证双方都得到最大的利益。

2. 交易与治理结构

既然不同的交易需要不同的治理结构，那么交易与治理结构之间是一种什么关系？对此威廉姆森进行了详细的分析。因为他将区分交易的三个标志概括为资产专用性、交易频率和不确定性，所以他的分析是基于这三个标志进行的，首先为了分析的方便，他假定不确定性的程度已知，并要求交易者作出一系列适应性的决策。这样分析的重点就集中到资产专用性和交易频率上。

然后他按不同的交易频率把交易分为两种：偶然的交易和经常的交易；按资产专用性的不同专用程度将交易分为三种：非专用交易、混合（中等专用性）交易和独特（高度专用性）交易。这样就形成了六种交易类型，即偶然的非专用性交易、经常的非专用性交易、偶然的混合性交易、经常的混合性交易、偶然的独特交易和经常的独特交易。以企业获取原材料和设备为例，我们可以将由交易频率和资产专用程度决定的治理结构的安排总结成表 2-2。

表 2-2　　　　　　　　　　　　　　　　　对交易的解释

		投资的特点		
		非专用	混合	独特
交易频率	偶然	购买标准设备	购买定做设备	建厂
	经常	购买标准原材料	购买定做原材料	中间产品要经过不同的车间

资料来源：威廉姆森．资本主义经济制度．北京：商务印书馆，2002：105.

根据交易的这些特征，可以选择各种不同的治理结构，如表 2-3 所示。比如当交易是非专用交易时，不管这个交易行为是偶然发生的还是经常发生的，都表现为在市场中购买标准化的产品，因为对于标准化的产品来说，改变购买或供给是相对容易的，即交易双方只需要根据自己的经验决定是否继续保持这种交易关系，或者不需要付出多少转让费就可以转让，所以不需要特殊的治理结构，一般采用市场治理结构。

表 2-3　　　　　　　　　　　　　　　　　有效的治理

<table>
<tr><td colspan="2" rowspan="2"></td><td colspan="3">投资特点</td></tr>
<tr><td>非专用</td><td>混合</td><td>独特</td></tr>
<tr><td rowspan="2">交易频率</td><td>偶然</td><td rowspan="2">市场治理
（古典式签约方法）</td><td colspan="2">三方治理（新古典式签约方法）</td></tr>
<tr><td>经常</td><td>双方治理
（关联式签约方法）</td><td>统一治理
（关联式签约方法）</td></tr>
</table>

资料来源：威廉姆森．资本主义经济制度．北京：商务印书馆，2002：113.

而当交易具有不同程度的专用性时，交易的频率会影响其治理结构的选择。在偶然交易的情况下，不管混合交易还是独特交易一般都采用三方治理结构，因为交易具有一定程度的专用性，所以容易产生机会主义倾向，难以完全依赖市场治理，而交易的偶然性又使得建立独特的治理结构成本较高，因此借助第三方的协助来解决交易过程中的各种纠纷，即采用三方治理结构是此时的最佳选择。

对于经常发生的混合交易来说，由于其发生的频率较高，特殊治理结构的构建成本可以在多次交易中获得补偿，因此往往会建立特殊的治理结构；但是由于其专用性的程度不够高，使得其虽然面临机会主义倾向的威胁，但是这种威胁还达不到统一治理的程度，因此往往会采取双方治理结构，即通过交易双方建立长期性的防范措施来解决交易中的机会主义，比如案例 2-5 中公司与农户签订水稻合约就是为了避免农户的机会主义行为。而对于经常发生的独特交易来说，统一的治理结构可以有效地避免机会主义倾向，而且这种治理结构的成本也可以在多次交易中得到补偿。

案例 2-5

交易费用、资产专用性与水稻合约

安徽省合肥市肥东县某米业有限公司（以下简称“公司”）位于肥东县店埠镇，成立于2006年，以水稻深加工和销售为主营业务，注册资本为500万元。近年来，公司业务量逐渐扩大，年销售额达6 500万元，每年需采购2.5万吨水稻。截至2014年10月底，公司固定资产总额达1 200万元。在公司周围10公里内，水稻总产量约为2 000吨，为满足深加工所需原粮，公司需采购至少10个村子的水稻。每年秋收时，会有10人次以上的小贩到村子里收购水稻，如果公司不能确保获得附近村民的原粮供给，就必须到更远的村子收购水稻，运输费用和人工费用是该公司"舍近求远"的最大替代交易费用。为减少该费用，确保原粮供给，公司于2011年开始与附近村民签订了水稻销售合同，签约农户达到700多户，其中50亩以上的种植户达到300户。2012年，公司与湖南某婴幼儿食品企业合作，为该企业提供特定品种大米，为满足这个特殊客户的需求，公司需要农户按要求种植指定品种水稻，该品种水稻对公司的价值是其他品种水稻不能替代的，于是，公司与农户的关系专用性增强了，公司与100个农户签订了"种植+销售"合约，公司负责提供种子以及收获后的水稻回收。

即使农户水稻质量无差异，如果公司不能确保附近农户的原粮供给，公司的替代交易费用将增加，水稻合约产生的原因不是为了降低与当前交易农户之间的交易费用，而是为了避免替代交易费用；另外，当公司委托农户种植特定品种水稻时，公司与农户的关系专用性增强，公司改变交易对象后，将无法满足下游客户的需求，必然会发生价值折损，水稻合约产生的可能性增大。合约能够提高公司与农户交易的概率，合约能否得到履行关乎到合约的效率。对于水稻种植农户而言，他们更关心水稻产量和价格。从公司和农户的讨价还价能力来看，水稻属于大宗粮食商品，即使公司不与农户进行交易，农户还可将水稻卖给小贩、粮站等。而且农户与公司的交易费用与卖给小贩和其他购买者的交易费用相差无几，低于卖给粮库的交易费用。这为农户争取"溢价"提供了基础。

公司需要足够的原粮供给，否则会有停产的危险。公司与农户签约的第一年，合同规定公司以市场价收购签约农户的水稻，结果，70%左右的签约农户将水稻出售给了先来收购的小贩，因为以市场价格收购很难对农户产生吸引力，"谁先来收购就卖给谁"。2012年以后，公司承诺向签约农户"溢价"收购，每斤收购价高出市场价2分钱，种植公司指定品种水稻的农户，每斤收购价高出市场价5分钱。2013年与公司签约的800户农户中，履约农户为763户，农户履约率为95.38%。未履约的37户农户，多为种植面积较小的农户，有小贩上门收购，就先将水稻出售了。

由此可见，价格仍是农业合约的核心要素，合约价格不完全取决于市场价格，合约价格的形成依赖于公司和农户的替代交易费用和资产专用性，合约价格可偏离市场价格。水稻种植户替代交易费用小、资产专用性程度低，讨价还价能力较强；公司替代交易费用大、资产专用性程度高，讨价还价能力较弱。于是，公司需以"溢价"收购才能确保农户履行合约，也正是公司的替代交易费用和资产专用性程度扩大了合约价格履约区间。

资料来源：董晓波，常向阳. 替代交易费用、资产专用性与农业自我实施合约. 科研管理，2016（11）.

2.4.2 不确定性、签约方式与治理结构

1. 不确定性与治理结构

不确定性与治理结构的关系问题已成为制度经济学家关注的一个重要问题。以科斯为

代表的交易费用理论认为，企业组织的等级制度或科层制组织本身有助于缓冲或减少不确定性。该理论中企业是对不确定性的反映，比如交易者往往面临潜在交易对象不确定性问题，他们不知道对方是否可靠，不清楚对方是否会采取机会主义行为，但是如果将这些交易纳入企业的等级制度，那么就可以通过直接的监督、审计和其他控制机制来调整和监控企业行为，由此可以降低不确定性。即“企业可以通过形成托拉斯和一体化的垄断企业来寻求增长与减少不确定性”①。

然而，这一论证并不被所有经济学者认同，美国哈佛大学教授埃克尔斯和怀特通过对有多个利润中心的大型企业的研究提出，科层制组织形式不是唯一的缓冲或减少不确定性的手段，还可以通过内部市场的方式来实现这一目标。② 林德伯格等人也明确指出，企业与市场之间的运行并不必然是单向的，企业不仅仅是对市场不确定性的替代，企业也会出于规避不确定性的目的通过外部购买资源、临时性的帮助或转包等方式来重新回到市场组织形式。③ 那么，不确定性与治理结构之间究竟具有什么样的关系？兰路易斯提供了一种分析不确定性与治理结构之间关系的途径。④

在兰路易斯的分析中，缓冲不确定性的紧急程度与市场的密集度是决定治理结构的两个因素。不确定性主要受技术的复杂性、连续性和产量影响，巨大的技术变革会导致市场不确定性的增加。市场的密集度主要受人口、收入和技术水平以及贸易壁垒等外生因素的影响，市场的密集度越高，市场缓解不确定性的能力就越强，市场的规模越大，劳动分工与专业化水平就会越高。图 2 - 2 形象地描述了从“看不见的手”向“看得见的手”，再向“消逝的手”假设转变的时间路径。

以美国产业发展的历史为基础，兰路易斯把它分为三个阶段：斯密所说的“看不见的手”市场调节的阶段（1880 年以前）、钱德勒的“看得见的手”的企业调整阶段（1880—1990 年）以及“消逝的手”阶段（1990 年以后市场调节重新占主导的阶段）。图 2 - 2 中向右上方延伸的直线反映了企业和市场之间的边界。直线上方为企业调节，即以统一治理来缓冲不确定性；直线的下方为市场调节，即通过市场治理来缓冲不确定性。

1880 年以前，美国地广人稀，交通落后，统一市场尚未形成，工业革命带来的技术革新尚未广泛散播，这时美国分割的市场由近乎万能的贸易商来连接，这些贸易商承担着市场交易的所有风险和不确定性，因此，市场的密集度和缓冲不确定性的紧急度很低，市场交易处于“看不见的手”调节的阶段。

19 世纪后期，工业革命成果在美国的蔓延导致高产出技术的广泛使用和大量生产，这导致缓冲不确定性的紧急度突然增加。这一点反映在曲线开始的那段陡坡上，但是，市场的密集度不足以缓冲产品流的不确定性，就好比它们最初那样发展不成熟，不能处理金融风险。

---

① 罗珉，王雎. 中间组织理论：基于不确定性与缓冲视角. 中国工业经济，2005（10）.

② Eccles，Robert G. and Harrison C. White，“Price and Authority in Inter-profit Center Transaction，” *American Journal of Sociology*，*Supplement*，1998，94（S）.

③ Lindberg，Leon N.，John L. Campbell，and J. Rogers Hollingsworth，“Economic Governance and the Analysis of Structural Change in the American Economy，” in John L. Campbell，J. Rogers Hollingsworth，and Leon N. Lindberg，eds.，*Governance of the American Economy*，Cambridge and New York：Cambridge University Press，1991.

④ Langlois，Richard N.，“The Vanishing Hand：The Changing Dynamics of Industrial Capitalism，” University of Connecticut，Department of Economics Working Paper Series，2002 - 21.

因此，为了降低不确定性带来的交易成本，企业通过纵向一体化来扩大其管理权限，扩张企业的边界，引发兼并浪潮，进入了钱德勒所说的“看得见的手”的调整阶段。

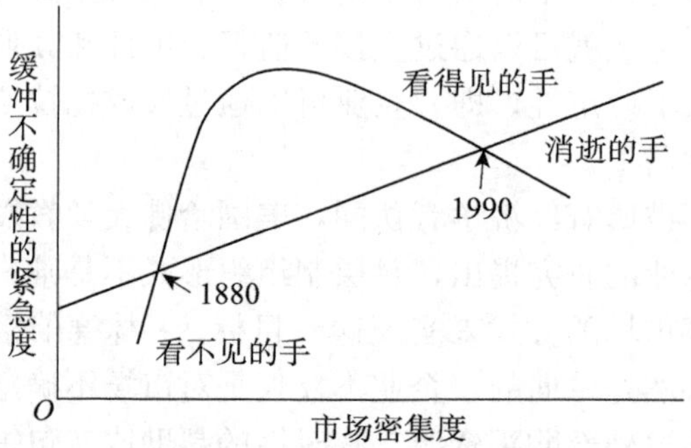

图 2-2 “消逝的手”假设

20 世纪中后期后，信息革命导致企业生产的信息结构发生变化，“婴儿潮”促使美国人口增长和市场密集度增加，也就是说，两种事件发生了：(1) 市场变得越来越密集；(2) 缓冲的紧急水平开始下降。缓冲紧急度的下降部分是由于技术变化开始降低生产的最小效率规模，但也是由于协调技术的改善——不管是应用于企业内还是企业间——降低了缓冲的成本。于是，市场调节重归主导，企业扁平化和小型化，产品内外的分工水平提高，这一切都表现为以中小企业蓬勃发展为特征的新经济。这样一个历程反映在图 2-2 中的曲线之上。

然而，兰路易斯没有注意到的是在企业变得扁平化和小型化的同时，市场也出现了另一种组织形态，它们表现为外包生产、供应链协调、战略联盟、网络组织、虚拟企业等，这种组织形态被称为中间组织形态，它们不同于钱德勒时期以纵向一体化大型企业为标志的“看得见的手”，而是由原来孤立交易的企业共同贡献资源形成的“企业联合体”，即动态联合组织，它们使单个企业进入一个动态的互联世界，因此，从本质上说，它们是一种双方治理结构的诞生。但是它们作为新的市场组织，逐渐代替传统的大型一体化企业来处理新经济环境中的不确定性，成为了应对市场不确定性的缓冲区。理查德·拉森基于亚当·斯密的“看不见的手”和钱德勒的“看得见的手”的隐喻，形象地称这种缓冲区为“握手”。①

案例 2-6

中国平安保险股份有限公司银保合作模式的演变

银保合作是指保险公司和银行合作，将银行和保险的金融服务结合起来，并通过共享客户资源与销售渠道的方式，提供与保险有关的金融产品服务，以一体化的经营形式来满足客户多元化的金融服务需求。中国平安保险股份有限公司（以下简称平安保险）成立于 1988 年，是中国第一家股份制保险公司，如今除了以保险作为核心业务外，还涉猎证券、信托、

① Larsson, R., “The Handshake between Invisible and Visible Hands,” *Studies of Management and Organization*, 1993, 23 (1).

银行、资产管理等多种金融业务。

1996年，平安保险正式成立银保事业部，标志着平安保险将银保合作纳入其发展框架之中，开始尝试与银行进行合作。从此平安保险走上了银保合作之路。这一时期平安保险与银行的合作模式仅限于委托—代理合作上，合作成员之间的关系较为松散。

随着银保合作业务的不断推广和创新，保险公司业绩迅速提升。而与此同时，银行的机会主义行为也开始显现，手续费（即保险公司支付给银行的代理费）成为平安保险与银行之间矛盾的导火索。由于银保联盟中银行处于主导地位，在手续费上有较强的话语权，而保险公司为了维持和银行的合作关系，不得不纷纷提高约定的手续费水平。平安保险曾经在151个重点城市与工行、中行、建行、农行等银行建立了较为稳定的合作关系，但是因为手续费的问题使其与合作伙伴渐渐疏远。

经过此番波折，平安保险开始意识到单一的委托—代理方式隐藏着较大的合作风险，为了降低联盟成员行为的不确定性，需要创新合作模式、加强合作关系，平安保险开始寻求与各银行开展更为全面的战略合作。

近几年，平安保险又积极寻求与银行进行股权合作。对平安保险而言，参股深圳发展银行不仅可以进一步降低合作不确定性，通过投入更多的专用性资产深化银保产品升级，还可以借助综合金融平台的优势，实现客户资源的共享，提升交叉销售能力，从而提高联盟的绩效。

合作初期，由于保险公司和银行对消费者关于银行保险业务的需求和反应不太了解，双方的合作面临着较大的市场不确定性，此时保险公司和银行倾向于通过签署委托—代理协议建立一种松散灵活的合作关系以应对较大的外部不确定性。随着银保业务逐渐被顾客了解和熟悉，市场的不确定性降低。而此时合作方的机会主义行为开始显现，银保双方可能在代理手续费上进行博弈，因此，内部不确定性增加。银行由于掌握着核心的渠道和客户资源，在合作中占据主导地位而要求提高手续费，又因为协议期限往往较短，银行很容易单方退出。此外，在松散的合作关系下，保险公司难以对银行的代理行为进行观测和监控，银行可能利用信息不对称通过对保险公司隐瞒投保人非正常风险等手段开展业务而牟取手续费；而保险公司也会担心银行的机会主义行为给自己带来损失，因此不会大量投入专用性资产，从而限制银保业务的开展。机会主义行为使得委托—代理合作的内部不确定性增大，为了降低内部不确定性，保险公司需要和银行建立一种更为紧密的联盟——股权式联盟，因为在股权式联盟中有资本的融合，双方共享利益、共担风险，机会主义行为将大大减少。保险公司和银行可以通过相互参股或共建合资公司对联盟的内部不确定性进行缓冲。

平安保险的银保合作模式演变历程表明，不确定性的变化会影响治理结构的选择。

资料来源：刘娴，徐飞．不确定性视角下战略联盟治理结构的选择．上海管理科学，2011（2）．

2．签约方式与治理结构

威廉姆森认为，任何交易都是通过契约关系来进行和完成的。他采用麦克尼尔的“三分法”将合同的签约方式分为古典式签约方式、新古典式签约方式和关联式签约方式，他还指出不同的交易需要不同的签约方式和不同的治理结构。

（1）古典式签约与市场治理。

古典式签约的最大特点在于强化契约的明晰性，即它签订的是一份面面俱到的契约。

签约双方需要“把与某种产品的供给或服务有关的一切可能性都写清楚，并根据供给或服务的性质及将来的状况拟定现在的条款”①。因为契约十分详细，几乎描述了现在及将来所有可能的状况，所以它对交易的执行和纠纷的解决有着十分重要的作用。交易双方只需要按照契约内容履行职责，其身份是否明确并不重要，即使发生纠纷，也以契约为主。可见这种古典式签约建立在完全理性的基础之上，强调的是法律原则、正式文件和自我清算的交易。

因为古典式签约是建立在人是完全理性的假设之上，所以交易中不会存在因信息不对称、资产专用性等导致的投机行为，这意味着通过市场来组织交易是可行而有效率的，因此一般采用市场治理结构。

(2) 新古典式签约与三方治理。

威廉姆森认为古典式签约不能适用于所有的交易，特别是长时期的交易，因为人是有限理性和具有机会主义倾向的，因而人们不可能在最初就预见到将来可能发生的、需要他们去适应的所有问题；在意外发生之前，能否适应环境的变化来修改合同也不得而知；特别是在投机的环境下，人们无法清楚地知道对方的行为，这些都导致了在签订长期契约时难以采用古典式签约方式，因为这种签约方式签订的长期契约在执行过程中很容易破裂。那么，如何避免这一情况的发生？威廉姆森提出了三种解决方法：一是放弃全部交易；二是交易不在市场内进行，而改在组织内部进行，这样就可以在统一的所有权的指挥下，辅之以等级激励制度和控制制度，推行一系列相应的决策；三是另行设计一种签约方式，对契约进行调整，增加一层治理结构。其中的第三种方法就是新古典式签约方式，这种签约方式的核心是借助第三方来协助调解契约关系，这样就不需要将契约设计得面面俱到。由此可以看出与新古典式签约对应的治理结构是三方治理，即通过第三方仲裁机构、法院或者双方约定的中间人来调节，解决交易中出现的纠纷。比如案例 2-7 中，原启公司和光明公司签订了通信设备买卖合同，因为合同涉及的时间比较长，双方不能预见到未来可能发生的所有事情，不能清楚地知道对方的行为，因而也就不能事先设计完备的合同条款，导致了双方的机会主义行为的发生。原启公司没有按照合同要求按时进场，光明公司也没有按照合同要求及时付清尾款，产生了合同纠纷，增加了双方的交易成本，在交易双方协商未果的情况下，只能通过第三方——法院来进行治理。

案例 2-7

原启公司与光明公司的合同纠纷

原启通信设备有限公司（以下简称原启公司）与光明通信服务有限公司（以下简称光明公司）于 2008 年 7 月 12 日签订网络通信设备买卖合同，双方约定：光明公司为其承包的某单位局域网工程向原启公司购买网络通信设备，合同金额为 130 万元。合同约定，原启公司应当于光明公司发出设备进场通知书后 7 个工作日内将所需设备运抵施工现场。双方签约后 3 天内光明公司预付全部货款的 50%，工程完工后 2 周内支付另外一半货款，并

① 威廉姆森. 资本主义经济制度. 北京：商务印书馆，2002：100.

且合同约定双方受限的违约责任为人民币 5 万元。

合同签订后，光明公司支付了预付款 65 万元，并于 2008 年 7 月至 8 月向原启公司发出了 3 次进场通知书，要求原启公司送货。其中光明公司最后发出通知书时间为 8 月 8 日。原启公司 12 天后才发货，光明公司在原启公司送货交接单上的签字时间为 8 月 20 日。光明公司承担的工程在 2008 年 9 月底完工，双方于 10 月 29 日共同签署竣工验收报告。原启公司 9 月开始要求光明公司支付剩余货款，但光明公司并未如约支付。后原启公司于 2009 年 2 月向法院提起诉讼，要求光明公司支付剩余货款 65 万元及违约金 5 万元。在诉讼过程中，光明公司提起反诉，提出因为原启公司设备进场时间延误，由此给光明公司造成了损失，要求原启公司承担违约金 5 万元。最后，法院根据相关法律判定双方都存在违约行为，各承担违约金 5 万元，光明公司支付货款。

资料来源：根据相关案例整理。

(3) 关联式签约与双方治理、统一治理。

契约期限的不断延长和复杂性的不断增加导致了古典式签约被新古典式签约所替代，但是这种替代随着维持持久关系的压力的增加又发生了新的变化，导致一种新的签约方式——关联式签约方式的诞生。关联式签约的主要目的是维持签约双方之间长期的交易关系，但是它和新古典式签约又有所不同，新古典式签约要维持的是最初签订的契约条款，而关联式签约的重点在于维持交易双方的关系，因为关注的重点不同，因此契约的内容也就不同，新古典式签约的重点是签约双方行为计划的详细描述，虽然不能如古典式签约那么详尽，但它仍是交易双方未来行动的依据；而关联式签约描述的却是双方交易的总体目标、广泛适用的原则、意外事件出现时的处理程序和准则以及解决争议的机制。

从形式上看，关联式签约包括双方契约和层级契约，其中层级契约是双方契约的极端形式，在层级契约中，一方拥有决定如何完成契约的大部分权利，另一方只有法律赋予的某些权利，比如劳动雇佣合同中，老板和雇员之间的契约就是典型的层级契约，老板拥有指挥雇员的权利，而雇员属于从属地位，完成老板的指令才能获得报酬。由此关联式签约对应的治理结构通常是双方治理或者统一治理（见图 2-3）。

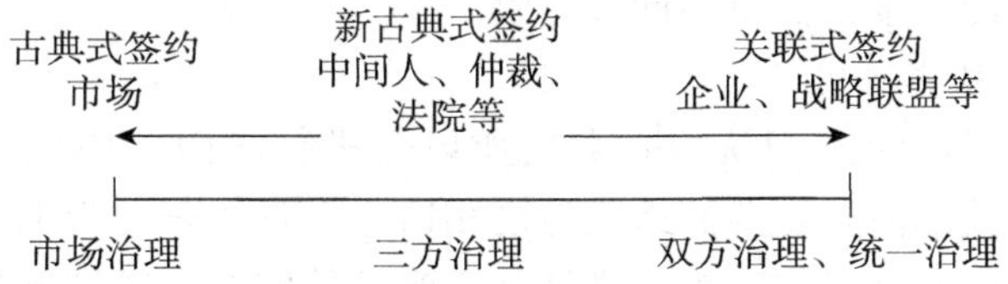

图 2-3　治理结构和签约方式

2.5　纵向一体化与交易费用

自科斯基于交易费用对企业边界问题进行了探讨以后，越来越多的经济学家开始热衷于利用交易费用理论来解释各种经济组织问题，比如企业规模的演变、企业的合作方式、企业的收购与兼并以及企业的纵向分离等等，而其中威廉姆森运用交易费用理论对企业纵向一体化问题所进行的探讨最为引人注目。

2.5.1 纵向一体化的含义

纵向一体化是指把在生产阶段上具有连续性的各个环节纳入同一个企业的过程。一个产品从投入原料到最终生产出产成品，其中会经历很多的环节，这些环节可以在企业内部通过管理进行，也可以通过处于不同环节的企业之间的市场交易进行。比如某一空调企业主要从事空调的生产和组装，它并不生产空调所需要的所有原配件，而是从其上游供应商处购买；它也不直接销售其空调产品，而是委托销售商进行代理销售。如果现在这家空调企业选择自行生产所需的原配件，或者建立自己的营销网点，那么它就具有了纵向一体化的特征，一般把向生产环节上游（产品和原料生产方向）的扩展称为后向一体化，向生产环节下游（消费者一端）的扩展称为前向一体化。

一般来说，纵向一体化是一个相对的概念。就某项产品的价值实现过程来说，从原材料生产供应到消费者最终购买产品，其中有很多的阶段，而且生产和销售每个阶段本身也可以分为很多的环节。就生产来说，有的企业专门生产零部件，而有的企业则专门利用这些零部件组装产品，当然，也有的企业既自己生产零部件又自己组装产品；就销售来说，一般有零售商和批发商之分，还有不同层次的代理商。因此，每一个企业都在一定程度上具有一体化的性质。完全的非一体化很少见，但是完全的一体化也是不可能的。简单地说，生产商可以前向一体化自己销售商品，也可以后向一体化自己生产原料，即便如此，这家生产商也并未实现完全的一体化，这是因为生产原材料的工具还是需要从外部购入。只有完全集中的计划经济，全国就像一个大工厂，完全没有市场协调，才称得上是完全一体化，但现实中却是很少见的。

2.5.2 纵向一体化的原因

企业为什么要进行纵向一体化（或者非一体化）？是什么因素决定着企业纵向一体化的程度？对这一问题经济学家们有不同的见解。

1. 传统的解释：技术决定论

威廉姆森之前的经济学家们认为企业之所以会进行纵向一体化，是由技术进步决定的，因为日益复杂的技术需要复杂的组织与之相适应，具体表现为大型生产机器的发明和使用使得大规模的生产变得可能，为了降低单个产品的成本，实现规模经济，企业不断地进行兼并与扩张，由此导致了企业的纵向一体化。这样一个过程反映在交易由“看不见的手”向“看得见的手”转变的历史进程中。钱德勒在《看得见的手》一书中对美国 19 世纪末 20 世纪初的企业发展史进行了详细的描述。工业革命以后，技术进步日新月异，主要表现在蒸汽机的使用、电力的运用、铁路网络的构建以及通信技术的发展上，这些技术进步深刻地影响着企业的组织结构。以美国为例，贯穿南北的铁路运输网的建立极大地降低了运输成本，通信技术的发达降低了大规模企业沟通协调的成本，统一市场的形成促进了劳动分工与专业化，专业化经理人阶层的诞生，增加了企业的管理能力——所有这些因素导致美国在 19 世纪末至 20 世纪 80 年代发生了企业的兼并浪潮。

然而，威廉姆森认为只有当以下两个条件得以满足时，经济组织才完全由技术决定：(1) 拥有一种唯一的、绝对优于其他技术的技术；(2) 这种技术要求建立独一无二的组织形式。而且他认为这两个条件都满足的技术极为罕见。① 因此，企业纵向一体化的原因不是技术，而是交易费用，即只有当纵向一体化可以带来交易费用的节约时，企业才会选择纵向一体化。

2. 交易费用的解释：治理成本

科斯在《企业的性质》中明确指出无论是市场交易还是企业内部组织交易都是有成本的，他将企业内部组织交易的成本称为组织成本，把市场交易的成本称为交易成本。企业会扩张至通过企业组织一单位交易的组织成本等于通过市场组织一单位交易的交易成本这一点上。后来，经济学家将组织成本和交易成本都一般地称为交易成本。威廉姆森将企业内部的交易成本具体地称为官僚主义成本。他认为市场和内部组织之间的区别有三点：第一，市场比内部组织能更有效地产生强大的激励并限制官僚主义无能；第二，有时，市场有通盘满足需求的长处，由此实现规模经济或范围经济；第三，内部组织更易于建立不同的治理手段。②

由此产生的关于产品和服务是内部生产还是外部交易（即是自产还是外包）的问题，在忽略规模经济和范围经济的情况下，取决于"对生产成本的控制"和"适时调整的难度"两个因素。市场竞争属于一种强激励机制，这就要求交易双方对生产进行严格的生产成本控制。交易的双方已经建立起相互依赖的双边关系，但是这种双边关系存在适应问题，特别是当涉及资产专用性时，这种适应性问题变得至为关键。威廉姆森用图 2－4 来说明这个市场和内部组织（企业）之间的替代关系。③

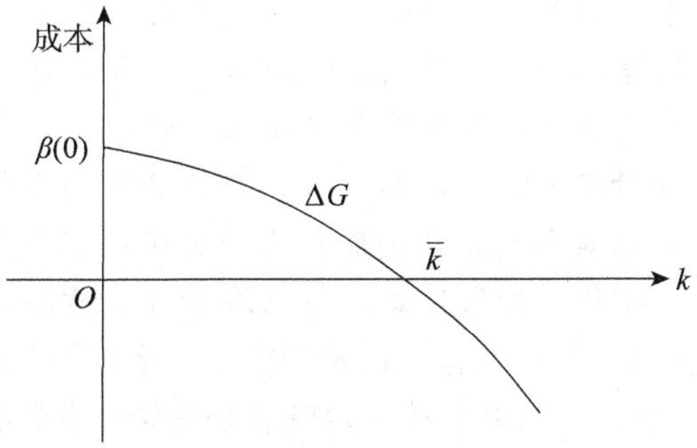

图 2－4　两种治理成本的比较

假设用 $\beta(k)$ 表示内部组织的官僚主义成本，用 $M(k)$ 表示相应的市场治理成本，其中 k 是资产专用性的指数，k 越大，资产专用性程度越大。在资产专用性为 0 时，市场交易的治理成本显然要小于内部组织的治理成本，因此可以假定 $\beta(0)>M(0)$。另外，假定 $M'>\beta'$，这表示市场的适应性不如内部组织，或者说随着资产专用性程度的增高，市场

① 威廉姆森. 资本主义经济制度. 北京：商务印书馆，2002：123.

② 同①127.

③ 同①128.

的治理成本的增加快于内部组织成本的增加。在图 2-4 中，$\Delta G=\beta(k)-M(k)$ 就表示内部组织的治理成本与市场的治理成本之差。显然，在 $\bar{k}$ 处，$\Delta G=0$，表示不论是市场组织还是内部组织都没有什么差别。在 $\bar{k}$ 点左边，市场治理的成本小于内部组织治理的成本，因此通过市场获得要素供给比企业自己生产成本要低，或者说通过外包既可以产生良好的市场激励，又可以降低官僚主义成本；相反，在 $\bar{k}$ 点右边，内部组织的治理成本小于市场治理成本，因此，企业应该将要素的供给由市场购买转变为企业内部自己生产。在这一过程中关键的变量是资产专用性导致的治理成本问题。简而言之，资产的专用性程度越高，企业越倾向于将生产的相关环节内部化，以节省交易成本。由此可见，在交易费用理论中，企业之所以进行一体化，其根源在于一体化能够节约交易成本，企业的一体化过程将停止于当企业组织交易的治理成本等于市场组织交易的成本时。在案例 2-8 中，无论是雅戈尔的一体化演变还是杉杉的由一体化向非一体化演变，都是市场治理成本与内部组织成本比较的结果。

案例 2-8

雅戈尔与杉杉的纵向一体化与非一体化

尽管 20 世纪 90 年代以来，产业组织演变的主要趋势是从纵向一体化向非一体化转变，但并不排除一些企业因为面临不同的局限条件，有些向纵向一体化演变，而另一些向非一体化演变。雅戈尔和杉杉的服装产业组织演变就选择了截然相反的方向。

1. 雅戈尔服装产业的纵向一体化历程

雅戈尔最初是单纯从事服装加工生产的，产业扩充后，发展成具有自主品牌的成衣制造商。之后，先向下游营销终端拓展，后向上游原料生产加工延伸，现已形成了涵盖棉花种植、纺纱织造、成衣设计、制造加工和零售终端的纵向一体化产业链。

1979 年，20 余名知青自带尺子、剪刀和小板凳在宁波市南郊段塘镇大会堂戏台地下室创办了“宁波青春服装厂”，这是雅戈尔集团股份有限公司的前身。最初的青春服装厂做做停停，经常发不出工资。1983 年，青春服装厂与上海开开百货公司开展横向联营，由“开开”有偿提供商标及相关技术、信息，青春服装厂作为“开开”分厂自行生产销售。联营使青春服装厂的利润得到显著提高。这时的雅戈尔服装企业仅从事成衣的贴牌加工制造。

1986 年，青春服装厂的经营者利用当时宁波北仑港兴起的机会推出自己的第一个品牌——“北仑港”衬衫，当年销量达到 130 万件，被评为省优产品。1990 年，青春服装厂与澳门南光国际贸易公司合资组建“雅戈尔制衣有限公司”，由此“雅戈尔”品牌诞生。合资后的雅戈尔引进国际先进技术设备，开发高档衬衫，改变了以往贴牌加工和在中低档衬衫市场徘徊的局面。这时的雅戈尔服装企业仍然单纯从事服装加工制造，但由一个原始设计制造商（original design manufacturer，OBM）开始向原始品牌生产商转变（original brand manufacturer，OBM）。

1995 年，雅戈尔开始构建营销网络体系，组建了专事创品牌、做市场、争效益的现代营销中心——雅戈尔服饰有限公司。2001 年，集设计、生产、销售、展示、商务于一体的雅戈尔国际服装城全面竣工，同时在杭州、上海等地开设大型旗舰店，布局大型卖场营销战略。此时的雅戈尔服装产业链由生产开始向下游营销延伸。

2002 年，雅戈尔与日本客商联手投资兴建了当时世界最大的服装面料生产基地——雅戈尔纺织工业城。2004 年，投资 5 亿元在重庆南岸茶园新区建立了雅戈尔西部生产基地。此时的雅戈尔服装产业链开始向上游纺织面料、原料延伸。

2012 年起，雅戈尔着手打造中国男装品牌优质会员俱乐部，凝聚起近千万名消费者和 130 万名忠实会员。2014 年，龙马俱乐部全新升级，将旗下 YOUNGOR、GY、HSM、HANP 四大品牌会员纳至“雅戈尔龙马·汇”。从此，雅戈尔服装产业链开始进一步向下游营销领域延伸。

2. 杉杉服装产业的非一体化历程

杉杉服装产业开始走的也是产、供、销纵向一体化发展道路，后经 1999 年、2005 年两次战略转型，剥离原先的生产和销售环节，集中于品牌开发、设计和推广等高附加值环节，最终走向了非一体化发展道路。

20 世纪 80 年代末期，杉杉服装企业的前身宁波甬港服装厂长期亏损、资不抵债，但企业经营者敏锐地抓住了当时经济短缺背景下服装生产企业商业化、市场化改革的机遇，于 1992 年成立宁波杉杉股份有限公司。公司成立后，杉杉着手其市场网络营销体系的建设，建立了 23 家市场管理公司，2 200 多家专卖店，构建了当时全国最庞大、最完整的市场销售体系。1998 年，具有国际一流水准的服装生产基地“杉杉工业城”投入使用，使杉杉的服装制造工艺与国际同步，这也标志着其产、供、销纵向一体化产业链正式形成。国际一流水准的产品制造工艺和完备的销售网络与渠道，使杉杉西服的市场占有率在 1993—1999 年连续 7 年位居全国第一，最高时其市场占有率曾达到 37%，利润率最高达到行业平均水平的 50 余倍。

企业快速发展的同时，也带来了难以承受的存货增加和腐败问题。1999 年 10 月，杉杉集团开始进行改革。剥离原先属于杉杉集团分公司的生产和销售环节，将自己的服装加工厂管理权交给别人，成立独立核算的产业公司。将花费巨资建立起来的市场销售公司网络全部打破，把子公司变成特许加盟商。这次改革，标志着杉杉服装产业链由纵向一体化向非一体化转变。

初次改革在降低企业库存和抑制腐败方面取得了一定成效，产生的副作用也显而易见。改革的次年，杉杉品牌的销售额下降了 12%，杉杉西服市场份额从连续 7 年排名全国第一的宝座滑落，被同城竞争的雅戈尔超过，之后就再也没有追上。2005 年，杉杉开始了第二次变革。将主加盟制改革为主加盟与单店加盟联合；取缔部分素质和业绩差的主加盟商，自设管理公司；在上海、北京这样的主要区域中心建立了自营的旗舰店。第二次改革使集团在渠道控制力和获取市场信息方面的能力增强。

从杉杉服装产业的发展历程看，杉杉的服装制造产业链最初与雅戈尔相似，都选择了一条包含服装设计、原辅材料加工、成衣制造、服装销售等产供销纵向一体化的产业链。但随后的改革使杉杉剥离了生产和销售环节，专门从事品牌开发设计和推广等高附加值环节，其服装生产产业链也由纵向一体化向非一体化转变。

资料来源：李武江. 纵向一体化，非一体化？——以雅戈尔和杉杉服装生产链中产业组织演变为例. 嘉兴学院学报，2018 (7).

本章小结

本章介绍了以威廉姆森为主的交易费用理论，分析了交易费用的性质与测量问题。交易费用理论对人性的基本假设进行了重新界定，并运用资产专用性、不确定性与交易频率来区分交易的类型。然后根据交易的类型分析不同交易的治理结构。交易是交易费用理论分析的基本单位，而交易的费用为交易成本。所有治理结构只不过是为了节约交易费用而已。治理结构的具体形式包括市场、企业以及居于二者之间的其他组织。治理结构表现为不同的契约签订方式。交易费用理论的运用甚广，经济学家将交易费用理论应用于分析劳工组织、现代公司、企业特许权经营等现实问题，极大地改变了人们对这个世界的看法。

关键术语

交易	交易费用	资产专用性	治理结构	有限理性
机会主义	纵向一体化			

复习思考题

1. 什么是交易？什么是交易费用？
2. 简述资产专用性的内涵及其分类。
3. 威廉姆森是如何区分交易的？
4. 交易费用是如何产生的？
5. 什么是治理结构？为什么需要治理结构？请举例说明现实中有哪些治理结构。
6. 试用交易费用理论分析企业纵向一体化的原因。

第3章

产权理论

本章要点

1. 产权的概念与功能。
2. 理解科斯定理。
3. 区分价格和非价格资源配置的方式。
4. 了解巴泽尔、阿尔钦、德姆塞茨以及奥斯特罗姆的产权理论。
5. 运用产权理论解释生活中的“公地悲剧”现象。

本章介绍新制度经济学的产权理论。产权是一种社会工具，具有节约交易成本的功能。本章的安排如下：3.1节介绍了产权的内涵、起源及功能；3.2节分析了“公地悲剧”与大名鼎鼎的“科斯定理”；3.3节介绍了巴泽尔与阿尔钦的产权理论；3.4节则重点介绍了德姆塞茨和奥斯特罗姆对产权理论的贡献。

3.1 产权的起源与产权的功能

3.1.1 产权的起源

1. 产权的内涵

产权，即财产权利（property right），产权的核心内容是所有权。狭义的产权等同于所有权；但就广义而言，产权不仅包括所有权，还包括由所有权延伸出来的其他财产权利，如对财产的使用权、处置权等。因此，从这个角度来说，产权是人们对财产的所有权以及基于所有权而引发的对财产的各种使用及处置权利的总称。尽管如此，我们仍然有必要看看其他经济学家对于产权的定义。

一个被罗马法、普通法以及现行的法律经济研究者认同的产权定义为：产权不是指人与物之间的关系，而是指由物的存在以及关于它的使用所引起的人们之间相互认可的行为关系。产权制度是一系列用来确定每个人对于稀缺资源使用时的地位和社会关系的规定或行为准则。①

学术界对于产权的定义是很不一致的。柯武刚和史漫飞将产权定义为“不让他人使用一项资产的权利，以及使用、向他人出租或出售该资产的权利”②。德姆塞茨认为产权“意指使自己或他人受益或者受损的权利”。施瓦茨则认为，“产权不仅包括人们对有形物的所有权，同时还包括人们行使市场投票权的权利，行使行政特许权的权利，履行契约的权利以及专利权和著作权”。巴泽尔认为，“人们对不同财产的各种产权包括财产的使用权、收益权和转让权”。阿贝尔对于产权的认识可以归纳为以下几个方面：（1）所有权，即排斥他人对某物的控制权；（2）使用权，即区别于管理权和收益权的对所有物的享受和使用权；（3）管理权，即决定怎样使用和由谁来使用所有物的权利；（4）事后结果的责任权，即分享剩余收益或者承担债务的权利；（5）处置权，包括改造、毁损、转让等权利；（6）保障所有物安全的权利。③ 诺思认为“产权的本质是一种排他性的权利”，市场上的交易只不过是“两束权利的交换”，这反映了产权的排他性和让渡性。④ 另外，还有经济学家从制度的角度来分析产权，认为产权是一种关于人与人之间的财产关系的制度设计，或者说规则，其中涉及产权的获得、变更、保护以及剥夺等方面。

根据其所有者类型，产权可以分为私有产权和公有产权。索斯坦·凡勃伦认为将所有权的基础理解为所有者的生产性劳动是没有道理的，因为这无法解释为什么现实生活中有些人没有付出劳动却拥有他人劳动生产的产品的问题。症结在于其没有考虑人与人之间的关系问题，这也是制度分析的基础。他把所有权定义为基于惯例要求（conventional claim）而且公认的对某一物品自由处置的权利。所有权意味着个人所有权；联合所有权（corporate ownership）仅为一种准所有权，只是一种派生的概念。⑤ 在凡勃伦看来，严格来说，准所有权（或集体、公有产权）形同于没有所有权。

根据以上分析，理解产权的概念必须把握以下几点：

（1）产权是一组权利，或者说完备的产权总是以复数形式出现。具体来说，包括所有权、使用权、处置权和收益权等。例如，村民不仅拥有对自留地的所有权，还拥有选择如何使用和处置这块土地的权利，他可以种玉米、大蒜，也可以种红薯、辣椒甚至抛荒。

（2）产权具有排他性和可让渡性。一个人或者一群人拥有某物的产权，其他人或者群体就不能合法地拥有该物并对该物行使产权。产权涉及的权利可以通过契约的形式在不同

① Libecap, G., “Economic Variables and the Development of the Law: The Case of Western Mineral Rights,” *Journal of Economic History*, 38 (No. 2, June 1978): 64.

② 柯武刚，史漫飞. 制度经济学. 北京：商务印书馆，2000：224.

③ 段文斌，等. 制度经济学. 天津：南开大学出版社，2003：48－49.

④ 诺思. 经济史中的结构与变迁. 上海：上海三联书店，上海人民出版社，1994：21.

⑤ Veblen, T., “The Beginning of Ownership,” *The American Journal of Sociology*, 1898, 4 (3): 352.

的个体或者群体之间转移，市场上的交易可以认为是产权的让渡过程。如在市场上买菜，买方让渡的是对货币的所有权（产权）并获得了对蔬菜的产权，卖方则相反，让渡了对蔬菜的所有权而获得货币。买方一旦获得了对蔬菜的产权（交易成功），买方就可以自由地处置蔬菜，无论是食用还是浪费抑或作其他的用处，（在合法范围内）别人无法干涉。

（3）产权的核心概念是所有权。交易的任何一方取得了某物品的所有权，就会拥有对该物的所有权而衍生出来的其他权利，否则所有权就不是真正意义上的所有权。这也意味着即使没有严格意义上的所有权，但是实际上具有了所有权衍生的各项权利，那么这个人也就不同程度地拥有了该物的产权。改革开放后中国农村的土地就具有类似性质。

（4）产权反映了人与人之间的关系。各种形式的产权制度安排反映了人与人之间的关系，具体来说，产权既包括正式的和非正式的规定，也包括由政府供给的或者由习俗形成的规定。如对私有产权的保护、基于财产纠纷的产权界定等。有效的产权会对经济产生积极的激励作用，否则不利于经济的发展。

（5）产权具有可分性。产权具有可分性是指产权不仅是一组权利，而且这些权利可以划分开来。这就有利于不同的财产权利可以不同程度地在不同的人之间转移。例如某种物品的所有权与使用权之间的分离情况。例如现代企业制度中的企业所有权与管理权的分离。又如中国古代地主的水田可以分为“田底”和“田面”，即所有权和耕种权的分离。同一事物的财产权利的划分程度取决于各种财产权利是否可以以契约的形式详尽地写出来，或者说理性的程度。现实生活中，正是由于有限理性、机会主义行为以及不确定产生的交易成本限制了产权权利分离的程度。

2. 产权的起源与演化

产权因何而生？缘何而变？由于产权的核心内容是所有权，这里就从所有权的起源来分析产权的产生和演变。

19 世纪末 20 世纪初的美国著名经济学家索斯坦·凡勃伦在一篇题为《所有权的起源》的论文中，从演化的视角论述了所有权观念是如何在人类社会中生根发芽的。① 凡勃伦认为，所有权的产生是以一定的生产力发展水平为基础的，只有当人类社会的生产力水平发展到拥有私人财产时，才可能有所有权。在原始社会，生产力水平如此之低下，以至整个部落可获取的食物仅能维持生存，没有剩余产品，大家集体劳作，集体消费，简单的生产资料归大家共同使用，任何个人脱离这个集体都会饿死，这就是原始社会的公有制状况。此时，产权“观念”不仅是无法形成的，而且也是与当时的观念相违背的。随着生产力水平的不断上升，开始出现剩余产品，一些耐用的、易于储藏的物品才有可能转变为私有财产。但是，在没有商业发展的阶段，对于其他的物品产权概念尚无法形成。当人类社会开始向更高的层次发展时，剩余产品出现，人们发现占有别人的东西可以给自己带来好处，不同的部落之间开始进行争战，以获得对方的财产（包括奴隶和财物）。当使用和支配他人为某个人的利益服务，对某个人有用成为一种习惯，当“我的”成为人的思想习惯中广泛接受的必需的一部分时，这种所有权观念就会自然而然地延伸到具有个人所有权概念的劳动产品之上。人们不断地效法会导致原始的所有权制度会不断地延伸到新的物品之上。

---

① Veblen, T., “The Beginning of Ownership,” *The American Journal of Sociology*, 1898, 4 (3): 352-365.

在狭义的概念上，所有权与产权的概念可以画等号。有了私有财产和所有权观念，人们才会进行掠夺，以获取他人的劳动成果，产权保护才显得必要。在对私有财产的争夺和保护过程中，产生了广泛接受的习俗化的产权制度。因此，凡勃伦关于产权起源的分析，是基于人与人之间关系的分析，而不是纯粹的技术分析。

现代产权经济学分析了产权的建立和变化过程。德姆塞茨认为“当内部化的所得大于内部化的成本时，产权的发展是为了使外部性内部化。内部化一般会导致经济价值的变化，这些变化会引起新技术的发展和新市场的开辟，由此而使得旧有产权的协调功能很差……在（社会）偏好给定的情况下，新的私有和国有产权的形成将是对技术和相对价格的回应”[①]。除了技术以外，人口压力、资源稀缺度以及要素和产品相对价格的长期变动也是影响产权形成的因素。诺思运用这些产权起源理论重新解释了史前农业的发展。[②] 在资源丰裕的条件下，确立资源的排他性权利的成本大于收益，私有产权就不会被界定出来，因此大量的资源为公共财产。随着人口的增长，部落之间的竞争进一步增强，狩猎的边际收益下降，定居变得有利可图，从而需要建立集体的或者私人的财产权利，尽管其中存在一个建立排他性权利的费用。

巴泽尔也分析了财产权利的形成问题。[③] 他认为产权是不断产生并不断放弃的，应该根据条件的变化进行分析。在他的理论中，产权一般情况下是很难进行清晰界定的，因为这样做的成本很高。他把未能充分界定的权利称为公共领域，当它给人带来的收益大于获得它的成本时，人们就愿意花费成本去获得对于这些权利的私有产权。所以说，产权不是个永恒的概念，而是不断地变化的，这又取决于外部条件的变化，如产权界定的成本的变化、个人拥有的商品和公共领域内的商品权利的价值的变化。当测量和监督资产或者资产属性的成本超过评估的价值时，这项资产和属性就会属于公共领域，成为公共财产，反之，它们将成为私有财产。

利伯凯普的研究显示了另一个变量即政府在私有财产权利形成过程中的作用。[④] 他研究了19世纪50年代至19世纪末美国内华达州的矿产法从公有产权向私有产权的法律规范的演变历史，认为该地区矿产的私有产权的形成，或者说私人矿产法的形成并不是自发的，它的背后存在强烈的经济动力。矿产的所有者为建立明确产权的法律规范，对政府机构进行院外活动（如寻租、游说等），是法律结构变迁的主要根源。具体说来，在发现金银矿产的初期，这些矿产的产权是不清晰的，或者说属于公有产权，于是大量的人进入开发矿产的行列之中，竞争日益激励，从而增加了对排他性权利的需求。矿产开采者于是通过院外活动促使私人矿产法产生和完善，从而明晰各种财产权利。

博弈论为解释产权起源提供了有力的分析工具。例如，莫梭构建了一个两个参与人的博弈论模型，研究产权的起源和演变问题。[⑤] 在没有产权和国家的自然状态下，参与人在

---

① 科斯，等. 财产权利与制度变迁——产权学派与新制度学派译文集. 上海：上海三联书店，上海人民出版社，1994：100.

② 诺思. 经济史中的结构与变迁. 上海：上海三联书店，上海人民出版社，1994：80.

③ 巴泽尔. 产权的经济分析. 上海：上海三联书店，上海人民出版社，1997：85－104.

④ Libecap，G.，“Economic Variables and the Development of the Law：The Case of Western Mineral Rights，” *Journal of Economic History*，38（No. 2，June 1978）：399－458.

⑤ Muthoo，A.，“A Model of the Origins of Basic Property Rights，” *Games and Economic Behavior*，2004（49）：288.

生产和休闲上分配其时间，两者的生产函数从而生产能力存在差别，战斗能力也存在差别。战斗能力度量了两者掠夺对方产出的能力。在自然状态下，参与人面临着两种选择：要么自己投入劳动进行生产，要么掠夺他人的劳动成果。其中，第一阶段，参与人选择如何在劳动和休闲之间进行时间配置；第二阶段，参与人则选择是否去掠夺他人的劳动成果。显然，如果参与人掠夺对方时的预期收入超过了不掠夺时，他便会有激励去掠夺他人的产出。当自己的劳动成果存在被掠夺的可能时，参与人进行产出的激励会下降。因此，当产权界定及其保护缺失而人们又可能去抢夺他人财产时，社会总产出水平会下降。从这个角度讲，人性之恶为产权产生之前提。由于在没有产权的自然状态下，人人都面临着被掠夺的威胁，才会产生人们通过缔约来建立和保护自己产权的激励。莫棱的理论模型表明，建立和遵守产权并不是理所当然的，而是在一定的环境参数和重复博弈背景下参与人双方理性所致。换言之，只有当环境参数和重复博弈能够使各方参与人都认为建立和遵守产权对自己是有利的时，产权才会建立起来，并得到有效遵守。

3.1.2 产权的功能

1. 产权保护的重要性

产权有什么功能呢？在现代社会没有产权以及缺乏产权界定和保护是不可想象的，每个人都担惊受怕地活着，自己的财产随时都面临着被剥夺的危险。奥尔森指出，“当存在激励因素促使人们去攫取而不是创造，也就是从掠夺而不是从生产或者互利行为中获得更多收益的时候，社会就会陷入低谷”①。产权保护不当就可能会产生这种坏的激励。如果政府不能保证私有产权，也不能清晰地界定产权，那么整个社会可能出现霍布斯在《利维坦》里描述的“人人为战”的状态——每个人不得不为保护自己的财产而战斗。大量的劳动用于财产保护而不用于生产性活动，生产出来的产品随时可能会被剥夺，整个社会也就没有人愿意生产多于维持自己消费的物品了。相反，清晰地界定和保护产权，使每个人都能够有效地拥有、享受和支配自己的劳动成果，人们就会愿意从事财富创造活动，从而对整个社会发展产生积极的激励作用。

公有产权很大程度上是一种界定不清的产权，由于每个人监督公有产权的成本与他从中获得的收益不对等，对于公有产权的管理和监督处于一种名存实亡的状态，这时，对公共资源的盗窃便不可避免地发生了，即所谓的“公地悲剧”。而解决“公地悲剧”的一个重要方法就是清晰地界定产权。德姆塞茨认为，恰当的产权调整能够引导人们把外部性内部化，即让当事人自己承担由自己活动给他人带来的负面影响。② 因此，产权的一个重要作用就是在于将生产活动中出现的各种外部性问题内部化。

然而，有了产权，并不代表产权就一定会产生积极的激励作用。显而易见，缺乏有效保护的产权形同虚设。这就需要政府去界定产权归属，并对其进行保护。在现实生活中政府在产权界定和保护上的作用主要表现为建立和实施保护私有产权的法律制度。诺思在

---

① 奥尔森. 权力与繁荣. 上海：上海世纪出版集团，2005：1.

② 科斯，等. 财产权利与制度变迁——产权学派与新制度学派译文集. 上海：上海三联书店，上海人民出版社，1994：97-98.

《西方世界的兴起》一书中提出这样的观点，即18、19世纪英国经济的发展壮大，成为世界顶级的经济强国，与英国相对健全的产权保护制度密不可分。相比较之下，中国这个曾经世界上最强大的国家，却因为过度的中央集权，奉行“普天之下，莫非王土”的治国理念，使百姓财产处于一种缺乏保护的状态，随时都可能被强权剥夺。中国经济落后于西方的重要原因之一是缺乏有效的产权保护制度。创新是一国经济持续发展的不竭动力。如果产权保护缺位，微观经济主体缺乏创新激励，那么一国经济的持续发展便成幻影。鉴于国家亦可能成为最大的掠夺者，有效的产权制度还需要有一个防止政府侵犯个人产权的分权政治约束机制。

案例3-1

千度软件库和知识产权

王二有一个软件公司。公司刚开始是做外包的，也就是美国人或者德国人下个单子，王二找百十个年轻的程序员，马不停蹄地忙上几个月，写上几百万行代码，还要调试很长时间，最后交货收钱。这样挣钱挣得干脆干净，但唯一的问题就是利润太薄。经验少一点的程序员还未必能挣到民工的钱，也基本上是被当民工使。王二也没办法，他虽是老板，也还是替人打工。这个行当拼的就是价钱和速度，你不做有的是人做，成本稍微上去一点就立刻没有竞争力。当然，那些欧美的客户把软件拿去，不管是用在手机、电脑还是别的地方上，都是能挣大钱的。

王二看在眼里，记在心里：软件我能编，我为什么就不能像欧美公司那样赚大钱？中国市场这么大，肯定有机会的。于是，王二一直等着机会向市场推出自己的软件。在砸进去数百万元的前期成本和大量的人力之后，王二的公司终于推出一款国内需求很大，但市场上又一直没有的软件。

这款软件的流行是预料之中的，绝大多数电脑的桌面上很快就多出了一个叫“王二”的小图标。可问题是，王二公司的销售收入和软件的流行度完全不成比例。因为除去少数机关和企业，绝大多数人都是从网上一个叫“千度软件库”的地方“免费”下载软件。王二推出了一个成功的软件，却做了一个错误的商业决定，他为一款流行的软件赔了很多钱。

王二并没有因此而气馁。他觉得，只要软件成功，还是有一些公司客户愿意出钱买正版的。既然不能阻止普通用户“免费”使用软件，那就把正版软件的价格调得高一点，这样网上损失的利润可以从公司客户那里补回来。于是，当王二的公司推出下一款软件的时候，他特意选择了把正版软件的价格定得很高，期望通过此举可以收回成本并盈利。这样做的结果是：首先，王二的公司激怒了网民。很多人骂王二的公司追求暴利，一张光盘的成本不过几元钱，一套软件竟然要卖上千元，完全是抢钱。于是，这些网民有了更强的理由去千度软件库享受“免费”软件。另一个结果是，正版软件的高价减少了软件的销售，王二并没有如愿收回他的成本。

如此试了几次，王二的钱也赔够了，终于有一天他幡然醒悟，觉得还是继续给欧美当民工赚钱靠谱。有个朋友对王二说过一句箴言：“改变可以改变的，接受不能改变的，并有区分两者的智慧。”王二觉得自己终于找到了大智慧：只要千度软件库这样的东西存在，当民工的命是不能改变的。既然不能改变，那就接受吧。

案例来源：郭凯. 王二的经济学故事. 杭州：浙江人民出版社，2012：185-186.

2. 产权的多重功能

一般认为，产权的功能是多重的。在不同的场合，产权所表现出来的功能很可能是不一样的。在有些场合，产权可能只表现出某一种功能（或某些功能）；而在另一些场合，产权则有可能又表现出另外一种功能（或另外一些功能）。综合来看，产权的功能主要而具体地表现在四个方面。

（1）减少不确定性功能。

人们进行选择所面临的环境总是复杂和多变的，因而，总是充满了不确定性。而人们又总是力求减少这种不确定性，因为不确定性会给人们的选择或决策带来困难，会增加人们经济交往过程中的交易费用，也会增加生产费用。人们总是在通过各种途径和手段来减少不确定性。设计一些约束人们经济活动的规则或制度，就是减少不确定性的重要途径。产权规则属于重要的经济制度，无疑具有减少不确定性的作用。正如诺思所指出的：“制度通过向人们提供一个日常生活的规则来减少不确定性……用经济学的行话来说，制度界定并限制了人们的选择集合。”① “制度在一个社会中的主要作用，是通过建立一个人们互动的稳定（但不一定是有效的）结构来减少不确定性。”②

（2）外部性内部化功能。

产权的界定和实施还能够将外部性内部化，包括正外部性内部化和负外部性内部化。从产权经济学的角度看，外部性产生的一个重要原因在于产权界定不清。要克服外部性问题，就必须要使外部性内部化，必须要明确界定产权。德姆塞茨指出：“产权的主要功能在于引导各种激励，使外部性在更大程度上得以内部化。”③ 因为产权明确了，所以负外部性内部化实际上意味着市场主体之前行为（如企业排污）导致的所有成本需由其自己来承担，即之前的社会成本转化成了私人成本。由于这种外在成本内部化，市场主体就会尽量减少这种成本，因而成本也将比原来更节约，资源配置效率也会因此而大大提高。因为产权明确了，所以正外部性内部化实际上意味着市场主体具有更强的激励去想方设法提高劳动生产率。

（3）激励与约束功能。

产权的激励功能是指产权主体对其所拥有的产权具有充分行使以使其收益达到最大化的冲动激励。因为产权的内容包括权能和利益两个不可分割的方面，任何一个主体，有了属于他的产权，不仅意味着他有权做什么，而且界定了他得到的相应利益，或者有了获取相应利益的稳定的依据或条件。换句话说，如果经济活动主体有了界限确定的产权，就界定了他的选择集合，并且使其行为有了稳定的预期。这样，其行为就有利益刺激或激励。有效的激励就是充分调动主体的积极性，使其行为的收益或收益预期与其活动的数量和质

---

① 诺思. 制度、制度变迁与经济绩效. 上海：格致出版社，上海三联书店，上海人民出版社，2008：4.

② 同①7.

③ 德姆塞茨. 所有权、控制与企业. 北京：经济科学出版社，1999：129-130.

量（或者说与其努力程度）相一致。产权的激励功能就是保证这种基本一致。界定了产权就能使产权主体为了自己的相应利益而努力行使产权权能。[①]

产权的约束功能来源于产权的有限性，产权主体一般面临着内部和外部的双重约束。正如诺思所说："制度约束包括两个方面：有时它禁止人们从事某种活动；有时则界定在什么样的条件下某些人可以被允许从事某种活动。"[②] 一方面，因为一旦界定了产权，产权主体一般就知道了自己的产权边界，也知道侵权或越权的后果或所要付出的代价，这样，产权主体就会自我约束。另一方面，产权本质上是人与人之间的经济权利关系，界定了甲的某些产权，也就同时界定了甲在某些产权上与别人的关系。甲的权能范围和利益边界得到了界定，同时也就向别人昭示，他只有这些产权，没有别的产权。而别人拥有别的产权，甲是不能进入的。于是，别人就按既有的界定来与之发生关系，也就约束了他。如果甲的权能和利益超越了其产权边界，别人就会制止他或找他的麻烦，这就形成一种外部约束。

（4）资源配置功能。

所谓产权的资源配置功能是指产权安排或产权结构直接形成资源配置状况或驱动资源配置状态改变或影响对资源配置的调节。因为产权就是对各种资源或生产要素的权利，甚至可以认为，权利本身就是生产要素。产权的资源配置功能主要有：第一，相对于无产权或产权不明晰状况而言，设置产权就是对资源的一种配置。第二，任何一种稳定的产权结构，都基本上形成一种资源配置的客观状态。第三，产权的变迁意味着资源配置状况的改变。这是因为产权主体或客体的变迁，实际上意味着资源在不同主体之间的重新配置。第四，产权状况影响资源配置的调节机制。例如，高度集中的产权状况决定资源配置的计划调节，分散的多元的产权主体状况决定资源配置的市场调节。二者的不同组合决定两种调节方式的不同组合。[③]

3.2 "公地悲剧"与科斯定理

3.2.1 "公地悲剧"及其治理

1. "公地悲剧"

经济学中把公共产品和公共资源的过度使用称作"公地悲剧"。盖雷特·哈丁用该词来描述这样一种情形：有一片水草丰美的公共草场，蓝天白云，风吹草低见牛羊。当生产力低下落后时，由于疾病、部落争战、偷窃等活动使草原上人口稀少，牧民可以在草场上自由放牧而不会对草场和他人放牧造成损害。但是一旦较长时期的和平导致人口剧增，为了供养大量的人口，放牧的数量会迅速超出公共草场的承受能力。在草场所能承受的放牧数量的临界水平（不会对草场产生损害的放牧水平）下，单个牧民从个体自利出发，增加放牧一只羊会给他带来额外的收入，但是对整个草场造成的损失则由所有的

---

① 黄少安. 产权经济学导论. 济南：山东人民出版社，1995：220.

② 诺思. 制度、制度变迁与经济绩效. 上海：格致出版社，上海三联书店，上海人民出版社，2008：4.

③ 罗必良. 新制度经济学. 太原：山西经济出版社，2005：252.

牧民承担。如果其他牧民也纷纷效仿，那么，水草丰美的草场将会变成尘土飞扬的荒漠！这就是所谓的“公地悲剧”。① 案例 3－2 讲到的集体林地所面临的境遇就是“公地悲剧”的另一个版本。为什么包产到户的竹林能够得到很好的保护，而公有竹林和树木却遭遇各种各样的过度掠夺呢？如何才能把丰美的公共草场保留下来呢？立法禁欲？限制自由？良心约束还是高压治理？哈丁认为最终的出路在于人口控制。降低人口密度从而降低资源的稀缺度固然可以解决“公地悲剧”，但在现实中却是不可行的。不存在稀缺性，恐怕经济学也就没有存在的必要了。新制度经济学提供了一条通过产权界定和保护来解决“公地悲剧”的方法。在开始探讨这一问题之前，我们还要深入分析一下市场失灵问题以及传统的经济学对此的解决办法。

案例 3－2

小村庄的故事

在赣北的某个山区有一个只有十几户人家的小村庄。它坐落在山沟中，一条清澈的小溪由西向东缓缓流过。两旁的高山郁郁葱葱，一年四季生机勃勃。在“文化大革命”时期，这个村庄只是当地人民公社下属的一个生产大队。党的十一届三中全会以后，改革春风吹大地，小村庄开始进行农业生产制度改革，推行家喻户晓的家庭联产承包责任制，实行包产到户，包干到户。根据《中华人民共和国土地法》，农村土地为集体所有。但是，改革以后，集体土地按照每户人口承包给各家各户，农民拥有了实际上的土地控制和使用权。此外，村庄的竹林大部分被划分到各家各户，同时留有一部分集体竹林。但是，树林却没有做类似的处置。竹林和树林均属于经济林，可以给村民带来经济收益，当然，也可以用于制作农业生产资料或生活资料，如用木材做房子、犁、家具等，用竹子制作竹床、簸箕、竹筐等。

20 世纪 90 年代初，村里修建了一条山间公路，打通了与外界的联系。在市场经济的大潮中，山中资源的经济价值迅速增加。同样是竹林，不同的产权归属导致不同的命运。分到各家各户的竹林得到了很好的护理，不少村民在自家的竹林周围围上石头垒成的或者木制的篱笆，防止自家的竹林被他人砍伐，或被牲畜糟蹋。春天的时候还派人看守，防止他人偷笋。因此，各家各户的竹林地郁郁葱葱，得到悉心看护，给村民带来了稳定的经济效益。与农户竹林形成鲜明对比的是被糟蹋殆尽的集体竹林：春笋要么被牲畜糟蹋了，要么被村民拔回家食用；竹材被村民砍作各种用途，留下来的竹子尽是弯弯曲曲、发育不良的。遭遇同样命运的还有村里的树林：村民将树木砍倒用于制作各种家具或者建造房子，但是砍伐的数量往往多于自己的需要，剩下来的木材通过各种渠道销售。后来，有人来村里购树，村长或者队长与购树者合谋将村里的树木用卡车大量外运。尽管砍伐和销售树木需要经过上级领导的批准，但是，由于监控的困难以及合谋行为，这些人在砍树时往往是申请一个立方米的树，砍两个、三个立方米的树。村民由于不愿意得罪人，再说也不是自己一个人的树，也懒得惹这个麻烦，因此大家都是睁一只眼闭一只眼。有时候自己也会这

① Hardin，G.，“The Tragedy of the Commons，” *Science*，1968（162）：1243－1248.

样做，反正顺手牵羊的甜头不干白不干。结果，不出几年，村里的树林被砍伐殆尽。甚至一些百年老树都被砍掉，用作柴火或者烧炭原料。令人心痛！

资料来源：作者根据亲身经历编写。

2. 外部性与市场失灵

导致公共资源过度利用的原因是：首先，资源是稀缺的，无法满足所有人的需要；其次，排除他人占用公共资源的成本很高，而单个人利用公共资源至少在短期内不会明显减少其他人对该公共资源的利用。公共产品与公共资源一样，存在着非排他性和非竞争性的特征。具体而言，由于技术以及监管困难问题，无法排除人们去使用某项公共产品，而且一个人使用某项公共产品不会明显影响其他人使用该公共产品。不同的是，相对于公共资源而言，公共产品是企业、个人或者政府生产出来的产品或者服务，如道路、国防、水利设施等，而公共资源则可以是天然的物品，如天然林地、河流和湖泊、阳光、洁净的空气以及安静的环境等等。随着技术的发展，人们可以减少公共产品的非排他性，如高速公路可以不让不愿付费的汽车通行。对于只具备一种公共产品特征的产品，我们称之为准公共产品。

与非竞争性和非排他性相联系的一个重要概念是“外部性”。外部性是指经济活动的参与者不对称地承担或者享受其经济活动所产生的成本或者收益。具体而言，某个人/企业的消费和生产行为的私人成本（或者私人收益）不等于由此导致的社会成本（或者社会收益）。给他人带来收益的情况，称为“正外部性”；给他人带来成本的情况，称为“负外部性”。非排他性的公共产品具有正的外部性，因为别人可以免费使用该产品，但是没有相应地承担生产公共产品的成本。此外，私人产品也存在外部性问题。例如，“前人栽树，后人乘凉”则反映了私人产品的正外部性——后人并不需要向前人支付栽树的成本。排污企业的经济活动具有负外部性：未经处理的污水和废气影响附近居民的健康，但是企业并不对此负责。

当存在外部性时，经济主体活动的成本和收益的不对称往往会扭曲资源配置效率。其中，正外部性导致产出的不足；负外部性则导致产出的过度。图 3 - 1 说明了外部性对企业产出的影响。企业的均衡产出取决于其边际成本（MC）等于边际收益（MR）时的产出水平。当存在正的外部性时，企业生产活动的社会边际收益（SMR）大于企业的私人边际收益（MR），由此导致企业的最优产出（Q_1）低于社会最优的产出水平（Q_2），正如图 3 - 1（a）所示；当存在负外部性时，企业生产活动的社会边际成本（SMC）超过其私人边际成本（MC），由此导致企业的均衡产出水平（Q_4）高于社会最优的产出水平（Q_3），正如图 3 - 1（b）所示。因此，无论哪种外部性，都造成私人部门的产出水平偏离社会资源最优配置时的产出水平。如果任由市场来发挥自发调节的作用，会导致社会资源配置的无效率，市场失灵便会产生。

3. 解决办法

“公地悲剧”问题实际上就是外部性导致的市场失灵问题。那么，如何解决公共产品供给的市场失灵问题呢？显然，单靠道德良心或者人类自省是不行的。如果技术进步足以缓解资源的稀缺性问题，或者可以解决公共产品的非竞争性和非排他性，固然可以缓解“公地悲剧”，但现实中技术进步往往不足以解决资源的稀缺性问题。传统的经济理论认

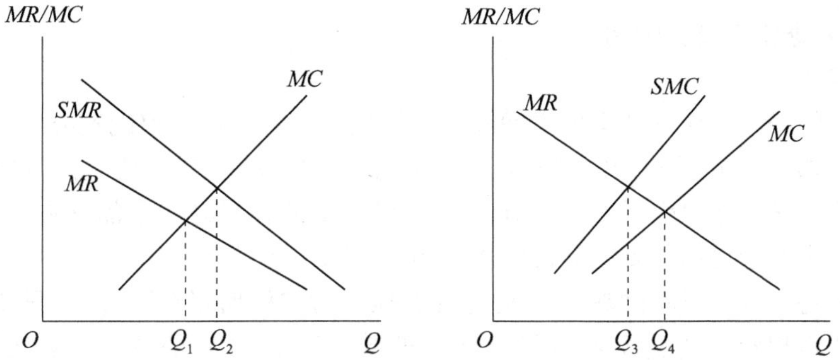

（a）（b）

图 3-1　外部性与均衡产出

为，应该由政府干预来解决“公地悲剧”问题：对产生负外部性的经济活动进行征税，对产生正外部性的经济活动进行补贴，从而使企业生产的社会私人成本（收益）和社会成本（收益）相等。例如，对于产生环境污染的厂商征收“庇古税”。也就是说，对于厂商生产每个单位的产品征收一定的税收，增加厂商生产的边际成本，从而降低产量和污染量。[①]当然还有其他办法。例如，由政府强制厂商对受到损害的居民进行经济补偿，或者要求厂商采用可以减少污染的新技术，或者要求厂商在排污前将污水进行一定的处理。但问题是，政府如何获悉企业生产活动的外部性的大小从而选择一个合理的征税或者补贴水平？现实中，由于政府缺乏企业生产活动的边际成本/收益以及社会边际成本/收益方面的信息，结果无法确定一个合理的征税或者补贴的数额。

对于公共产品的供给来说，传统的理论认为应该由政府通过征税来取代私人提供公共产品。例如，国家花钱修建公路、铁路、桥梁等公共设施，从而降低公共产品的供给不足问题。但是，政府的干涉是有成本的，包括政府部门的工资、鉴定各种成本收益的费用、复杂的行政程序以及腐败等等。有时候，政府干预的成本如此之大，以致政府提供公共产品的效率更低，相应地产生了政府失灵问题。那么，当同时出现市场和政府失灵的情况时，又该如何呢？

“公地悲剧”之所以发生，一个很重要的原因是土地是“公共的”，或者由于土地的产权是缺失的。进一步讲，居于上游的企业可以向河里排放污水，是因为没有清楚界定清洁河水的产权。新制度经济学正是从产权的界定和实施这个视角来解决公共领域的外部性问题和市场失灵问题。由此得出的结论是，政府并不是唯一的公共产品的提供者，私人也可以提供公共产品；公共产品的问题可以通过界定和实施产权等措施在不同程度上得以解决。政府所需要做的是健全产权制度，制定法律法规，而不是直接干预市场经济活动。

---

①　污染的治理，不是要绝对地消灭污染，而是把污染控制在合理的水平，即私人成本与社会成本相等时的排污量。在存在外部性而又不存在政府管制的情况下，排污水平由企业生产的私人边际成本和边际收益决定。通过征税，可以增加企业生产的私人边际成本从而减少排污量，使其与合理的排污水平一致。

3.2.2 科斯定理及其运用

1. 科斯定理一

科斯在他的经典之作《社会成本问题》中提出了一个通过产权配置方式解决外部性问题的思路。正如上一节所分析的那样，外部性会导致市场失灵，从而为政府干预提供借口。科斯认为市场之所以失灵，根源在于产权界定不清和交易成本的存在。在微观层面，如果产权的界定问题可以得到很好的解决，市场就可以有效地运作。

斯蒂格勒将《社会成本问题》一文的观点提炼为"科斯定理"，即"只要交易成本为零，财产的法定权利的配置不影响经济运行的效率"①。也就是说，如果交易成本为零，无论初始的财产权利如何分配，交易双方都可以通过市场交易达到最优的资源配置状态。前面讲述的"小村庄的故事"，主要是由于产权界定不清导致的公有资源的低效使用和过度掠夺，而非产权界定清晰时资源配置的效率问题。为了理解科斯定理的内涵，我们回顾一下"牛吃庄稼"的案例，这个案例源自科斯的《社会成本问题》一文。②

假设有相邻的两块土地，一块土地被农夫用于种植庄稼，另一块土地被牧民用于养牛；进一步假设两块土地之间没有篱笆隔开，因而牛会进入庄稼地吃庄稼，增加养牛会增加对庄稼的损害。由此带来的一个问题是，牧民每增养 1 头牛会对农夫产生多大的边际损失？科斯认为在交易成本为零的情况下，问题的关键不在于增加牛的头数对庄稼所产生的边际损失（成本）的大小，也与初始的产权配置无关。

为了简化分析，我们用一些数据来阐述这个问题。假设每年农夫围建篱笆的成本是 80 美元，庄稼的价格为每吨 1 美元，每头牛的价值为 5 美元，没有生产成本。两块土地最多只能放养 10 头牛，或者最多能生产 50 吨粮食。因此，无论是农夫还是牧民都无法支付围建篱笆的成本。换言之，只要牧民养牛，牛吃庄稼便是不可避免的事情。假设牧民养牛的数量与每年的庄稼损失之间的关系如表 3-1 所示。

表 3-1　养牛数与庄稼产量损失之间的关系

牛的数量（头）	每年农作物产量损失（吨）	每增加一头牛导致的产量损失（吨）
1	1	1
2	3	2
3	6	3
4	10	4

首先，假设初始产权界定为：牧民对"牛吃庄稼"产生的损失负有责任，或者说农夫的庄稼有不被牛吃的权利。我们单独考虑牧民养牛数从 3 头增至 4 头时的情形。额外养 1 头牛给牧民带来的收益为 5 美元，但会给农夫造成 4 美元的损失。由于农夫的庄稼有权不被牛吃，因此，牧民如果养牛，就必须承担农夫的损失。这里相当于牧民为了多养 1 头牛而从农夫手里购买牛吃庄稼的权利。在没有谈判和执行成本的情况下（交易成本为零），

---

① 伊特韦尔，等. 新帕尔格雷夫经济学大辞典：第 1 卷. 北京：经济科学出版社，1996：498.

② Coase，Ronald H.，"The Problem of Social Cost，" *Journal of Law and Economics*，1960，3（October）：1-44.

牧民必须给农夫 4 美元，自己养牛获得的净收益为（5－4＝）1 美元。因此牧民养牛数从 3 头增加至 4 头增加的社会总收益为（4＋1＝）5 美元。由于牧民养牛仍有利可图，那么牧民增加养牛数便是理性行为。牧民的最优养牛数量取决于下述条件：牧民增加养牛 1 头的边际收益等于给农夫带来的边际损失。如果牧民养第 5 头牛给农夫带来的损失为 5 美元，那么，均衡的养牛数量为 5 头。

我们再看看初始产权界定给牧民时的情形。假设牧民的牛有权吃庄稼，而农夫无权干涉。当牧民把养牛数量从 3 头增至 4 头时，牧民增加的收入为 5 美元，农夫增加的收入为 0 美元，社会总收益为 5 美元。比较两种初始产权配置情形，我们可以发现，无论初始产权配置给哪一方，在交易成本为零的情况下，对于社会总福利没有影响，这就证明了科斯定理一。

当然，这里的分析是十分抽象的，不考虑外部条件的变化，也不考虑生产成本。在完全竞争的粮食市场条件下，以及在农夫减少粮食产量不会对粮食产业产生影响，即不会由此产生粮食价格变化的情况下，农夫和牧民之间可以通过自由协商达成协议。只要农夫由于牧民增加养牛头数而导致的损失得到补偿，农夫也就愿意承受这种损失，牧民也就愿意赔偿这种损失。在上面分析的情况下，产权界定是清晰的：要么农夫具有自己的庄稼不被牛吃的权利，要么牧民的牛有吃庄稼的权利，不存在中间的情况；而且可以通过没有交易成本（如谈判的费用、产品价值的界定成本等）的讨价还价，达到有效率的生产（整个社会的福利水平没有变化）。

总之，“牛吃庄稼”的案例说明，在产权界定清晰的情况下，如果交易成本为零，产权的初始配置状况对于市场资源配置的效率没有影响。其中向最优方向的调整过程表现为对初始产权的交易。

2. 科斯定理二

科斯定理二是指，如果交易成本不为零，产权的初始配置状况将会影响到资源的配置效率。我们可以把交易成本引入上面的“牛吃庄稼”的案例并对此进行分析。这里的交易成本主要涉及交易双方谈判的成本、界定损失的难度以及监督成本等。现假设交易成本可以以货币衡量，为 2 美元，其中主要是谈判及签约成本。

类似地，先假设初始产权配置有利于农夫：其庄稼有不被牛吃的权利。同样只考虑牧民养牛数从 3 头增至 4 头的情形。牧民为此必须支付的总成本由两部分构成：农夫的庄稼损失（4 美元）和交易成本（2 美元），共计 6 美元。但是，牧民增养 1 头牛的收益为 5 美元，结果收益小于成本，牧民增养 1 头牛不划算，因此，牧民只得放弃养第 4 头牛。同时，农夫不会遭受额外 4 吨粮食的损失，获得 4 美元的收益，因此获得的社会总福利水平为 4 美元。

再看看另一种情况。假设初始产权配置为：牧民的牛有吃庄稼的权利。牧民养牛数从 3 头增至 4 头的收益为 5 美元，农夫没有激励去谈判。因为牧民的牛有吃庄稼的权利，除非农夫种庄稼的收益可以补偿牧民放弃增养 1 头牛的损失和谈判成本。因此，农夫的理性行为为：任其庄稼被牛糟蹋，获得零收益。因此获得的社会的总福利水平为 5 美元。显然，把初始产权（即牛有吃庄稼的权利）配置给牧民要好于把初始产权配置给农夫。交易成本为零和为正时牧民养牛数从 3 头增加至 4 头时各方收益损失总结为表 3－2。

表 3-2　　交易成本、产权配置和社会福利　　单位：美元

交易成本和产权配置		牧民收益	农夫收益	社会总福利
交易成本为零	农夫产权（庄稼不被吃）	5－4＝1	4	5
	牧民产权（牛可吃庄稼）	5	0	5
交易成本为正	农夫产权（庄稼不被吃）	0	4	4
	牧民产权（牛可吃庄稼）	5	0	5

科斯定理二给我们的启发是，既然存在交易成本时的产权初始配置会影响到资源的配置效率，那么，产权制度应寻求有利于增加社会总福利水平的权利分配。由此，人们引入产权界定问题，提出所谓的科斯定理三：当存在交易成本时，通过明确分配已界定权利所实现的福利改善可能优于通过交易实现的福利改善。① 一方面，这里暗含着这样一个前提，即政府拥有充分信息，能够无成本地界定产权而且认识到不同产权配置对社会总福利的影响，这样政府行为就取代私人行为从而节约了交易成本，但是现实中政府未必能做到这一点，因为基于习俗惯例的私序也许比公序更有信息优势。另一方面，政府通过立法来保护私有产权对于促进交易效率的重要性无论怎么强调都不为过。在"农夫和牧民"的例子中，当存在交易成本时，显然最有利的产权配置是把产权配置给收益受影响最大的一方，即牧民的收益（5 美元）受交易成本的影响要大于农夫（4 美元），因此，牧民应该获得"牛吃庄稼"的权利。

牛有吃庄稼的权利，这一点听起来似乎很可笑，也有悖于常理，但是，这确实是从增加社会福利的角度进行分析的结果，事实上也是赋予各种成本收益特定值的结果。一般的常理认为，"牛不应该吃庄稼"，是因为产权的配置有利于农民，即农民庄稼有不被牛吃的权利，但从社会整体福利来说这并不代表这种权利配置一定是最优的。当然，上面的设定也没有考察生产成本问题（假设为零），而事实上产权的配置则要复杂得多。

在此需要强调的是技术的变化对于资源配置效率的影响。无论是科斯定理一还是科斯定理二，技术的变化均会对双方的交易行为产生影响。在没有交易成本的情况下，如果一项技术足以使农户设立栅栏的成本很小，以至小于农夫为使牧民减少养牛数量而支付的成本，农夫就可以建立起栅栏来保护自己的庄稼不被牛践踏，从而使牧民养牛的外部性控制在自己的领土之外。同样，如果牧民必须对自己的牛吃庄稼负责任，那么，技术的变化也可以使牧民既不减少养牛的数量又不让自己的牛吃庄稼。在正的交易成本的情况下，技术的变化如建立篱笆的成本很低时，不用谈判即避开交易成本问题，此时技术成本取代交易成本，从而减少了交易成本对资源配置效率的干扰。由此得到的启发是，技术变革可以对产权制度产生影响。即使不划分哪一方对"牛吃庄稼"负责，但是在保留农夫和牧民各自的土地产权，技术变革可以使排他性变得经济时，生产活动也一样有效率，不过，其中的部分收益不是在交易双方之间再分配，而是用于购买排他性的技术设施。

---

① 费尔德. 科斯定理 1-2-3. 经济社会体制比较，2002（5）.

3. 科斯定理的运用：灯塔的故事

科斯的产权理论极大地改变了人们对于市场失灵原因和公共产品供给主体的看法。正如前文提到的公共产品的外部性会导致市场失灵的问题，为政府干预提供了借口。但是，对于新制度经济学家来说，政府干预并不是唯一的，也不是最好的修正市场失灵的办法，相反，即使是公共产品问题，也可以由私人单位来提供，关键是要清晰地界定产权并将产权配置给有利于降低交易成本的经济主体。私有产权相对于公有产权的优势是显而易见的，它极大地降低了信息成本和激励成本。从这个角度讲，科斯定理提倡的是私有产权而非政府干预来提供公共产品。一些公共产品在一定的条件下，可以通过私人组织进行提供，比较常见的是公路桥梁的修建、河流污染问题，在美国甚至监狱、部分国防产品等也常常由私人部门提供。科斯考察了英国 18、19 世纪的灯塔提供的演变历史，认为这类公共产品也可以通过私人提供得以解决。①

科斯并不是第一个谈及灯塔的经济学家。例如，约翰·斯图亚特·穆勒在他的《政治经济学原理》一书中这样写道："为了确保航行的安全，建造和维修灯塔、设置浮标等属于政府适当的职责。由于不可能向受益于灯塔的海上的船只收取使用费，没有人会出于个人利益的动机而建造灯塔，除非由国家的强制性征税给予补偿。"亨利·西奇威克也在其《政治经济学原理》中提到，"……某些公共设施，由于它的性质，实际上不可能有建造者或者愿意购买的人所有。例如，这样的情况经常发生：大量船只能够从位置恰到好处的灯塔得到益处，灯塔管理者却很难向他们收费"。另外，诺贝尔经济学奖获得者保罗·萨缪尔森在他的《经济学》一书中，也认为政府是灯塔之类的公共产品的提供者，"政府提供某些无可替代的公共服务，没有这些服务，社会生活将不可想象。它们的性质决定了由私人企业提供是不合适的"。在该书脚注中他也举了灯塔的例子。由此看来，在很长的一段时间里，经济学家们都对由政府来提供公共产品这一理念笃信不疑。

然而，科斯认为不了解英国的灯塔制度，就无法正确认识到这类公共产品的提供问题。在英国，建造和维修灯塔的机构是领港公会（在英格兰和维尔市）、北方灯塔委员会（苏格兰）和爱尔兰灯塔委员会（爱尔兰）。船主们缴纳的灯塔税用作通用灯塔基金。这些机构的开支由基金负责。灯塔税由港口的税务局征收，受到商业部的控制。目前的英国灯塔服务支出由通用灯塔基金拨出；也有一部分灯塔不是由基金支出而是由港务局拨款，由港口税弥补。在 17 世纪以前，英国几乎没有灯塔。18 世纪灯塔也不多见。17 世纪初，领港公会在卡斯特和罗维斯托夫设置了灯塔。私人建塔也在缓慢地发展。在 1610—1675 年间，私人组织建造了 10 座以上灯塔。私人建塔的动机被认为是个人利益，但是尽管如此灯塔还是建立起来了。私人避免侵犯领港公会的法定权力而采取的办法是从国王那里申请获得专利权，对受益于灯塔的船只收取使用费。灯塔使用费由港口的代理者收取，这些代理者可能是个人，也可能是海关官员。领港公会为了自己的利益，也会申请专利，然后再将这些权利有偿转让给私人，从中获取租金。通过考察 19 世纪初的情况，不难发现私人和私人组织在英国灯塔建设中的作用。相当一部分的灯塔都是由私人提供和经营的（见表 3-3）。

---

① 史普博. 经济学的著名寓言：市场失灵的神话. 上海：上海世纪出版集团，上海人民出版社，2004：44-61.

表 3-3　　英国 1834 年以前的灯塔提供与经营

	1806 年以前	1820 年	1834 年
私人和私人组织提供	拥有建造权	34	不详
领港公会提供	转让建造权	11	不详
私人提供比例	约 100%	74%	不详
私人和私人组织经营	不详	22	14
领港公会经营	不详	24	42
私人经营比例	不详	48%	25%

注：其中 1820 年的灯塔总数为 46 座，有一座是切斯特理事会转让的，故私人和私人组织以及领港公会提供的总数只有 45 座。

资料来源：史普博．经济学的著名寓言：市场失灵的神话．上海：上海世纪出版集团，上海人民出版社，2004：53.

但是，后来由于领港公会不断购买私人灯塔以获利，到 1842 年，除了“地方性灯塔”外，在英国不再有属于私人的灯塔。领港公会不断将私有的灯塔收购为己有，理由是私人灯塔管理不善和降低灯塔税，而科斯认为由领港公会统一管理灯塔不能降低灯塔税。事实上，到 1848 年领港公会清偿完购买私有灯塔的贷款以后，灯塔税仍没有降低。1853 年设立了商业海洋基金，用于经营灯塔的支出和其他涉及航运的开支，灯塔税提供给该基金。1898 年取消了商业海洋基金，设立了通用灯塔基金，这项制度延续至今。

英国灯塔制度变化的事例说明，被普遍认为是公共产品的灯塔服务可以由私人组织来提供，即灯塔可以由私人建造、管理、筹资和所有，政府的作用只是局限于灯塔产权的确定和行使方面。甚至可以认为领海公会也是对公众负责的私人组织，从这个角度讲，政府从普通税中筹措资金从未在英国真正实施过。由此看来，对于某些公共产品来说，将产权配置给国家并不一定优于将产权配置给私人或者私人组织，关键在于哪一方受交易成本的影响较大。对于灯塔来说，也许把它的建造和运营权利交给私人组织会更好些。

3.3　巴泽尔与阿尔钦的产权理论

产权学派的经济学家在科斯研究的基础上把目光转向现实世界。巴泽尔的分析立足于产权界定的现实成本，建立了一个产权分析的理论模型，分别考察了产权界定、经济组织、排队问题、合同安排等问题。而阿尔钦则对不同性质的产权进行了分析，详细探讨了权利配置对于公共产品的使用效率的影响。

3.3.1　巴泽尔的产权理论

1. 产权和公共领域

巴泽尔认为，“个人对资产的产权由消费这些资产、从这些资产中取得收入和让渡这些资产的权利或权力构成"①。这与我们前面分析的产权内涵是一致的。即产权是一组权利，它们可以进行转让，同时需要法律保护。巴泽尔进一步指出，产权"不是永久不变的"，人们对资产的权利是产权所有者的自我保护、他人抢夺的可能以及政府保护的函数。产权与交易成本密切相关，其中的交易成本是指"与转让、获取和保护产权有关的成本"。显然，这种定义是一个与以产权为中心的分析相适应的概念。如果信息是完美的，且产权被清晰地界定和保护，那么，交易成本就为零；反之，则交易成本不为零。现实生活的常态是交易成本不为零，原因在于交易产品属性的多样性、难以测量，或者说获取产品信息是有成本的，人无法做到全知全能。因此，从这种意义上讲，"每一桩交易中都存在攫取财富的潜在机会"。

巴泽尔的产权分析的一个非常重要的概念是"公共领域"。他认为在每项交易中，由于存在交易成本导致产权无法充分界定，因此，未被充分界定的财产权利就进入"公共领域"。如果攫取财富的机会等价于在公共领域中寻找财产，那么个人就会花费资源去攫取它。一个很好的例子是卖樱桃。由于存在买卖双方之间的信息不对称，就会出现挑选过程中的财富攫取现象。因为，买者需要通过"试尝"和"捏摸"才能知道樱桃的质量和味道。如果买卖双方对产品的质量了如指掌，或者可以不费成本地观测到质量，那么，卖者就不会放弃任何权利（让买者挑选、尝试），过度挑选的问题也就不存在了。

只有与收入最大化一致的权利转让，才有助于清晰地界定产权，换言之，权利应该配置给受交易成本影响最大的一方，这与科斯定理的含义是一致的。在巴泽尔看来，一项资产产生的收入流越易于受到他人的影响而该人又不必为此承担成本，那么该项资产的价值就会越低。换言之，实现资产净值的最大化需要有效地约束那些不承担成本就可以利用所有权的行为。城市供水公司的转让价值往往会小于它的实际资产价值，原因在于，政府往往会凭借自来水的公用事业性质而干涉甚至接管自来水公司的经营活动。私有化的自来水公司的收入流实际上受到了政府行为的潜在威胁，自来水公司所有者获得的自来水公司的产权不是一项完整的私有产权，而是放弃了一定权利的部分产权，所以，自来水公司的资产转让价值比较低。巴泽尔归纳出"决定所有权最优配置的总原则是：对资产平均收入影响倾向更大的一方，得到剩余的份额也应该更大"②。

从以上分析可以看出，资产交换过程中影响交易效率的因素有两个：一是资产带来的预期收入流，二是衡量权利转让的成本和约束产权不被无偿使用的成本。如果预期收入流容易受到他人的无偿侵犯而界定控制权利的成本很高，那么就会产生攫取他人财富的机会。由此可见，资产的交换价值是它能产生的总收入和测度、控制它的交易成本的函数。这就是巴泽尔的产权模型的基本分析框架。

2. 排队问题

产权研究的重要性在于交易成本大于零。在瓦尔拉斯一般均衡模型中，市场是完全竞争的，这就意味着充分信息、交易成本为零、产权界定完整。巴泽尔认为，正的交易成本模型和瓦尔拉斯模型的根本区别在于价格的作用。具体来说，在前者中，交易不仅需要价

---

① 巴泽尔. 产权的经济分析. 上海：上海三联书店，上海人民出版社，1997：2.

② 同①8.

格协调，还需要非价格的配置和组织协调；在后者中，单纯的价格调节即可，制度、组织是多余的，所有的市场协调问题都可以在充分信息的条件下通过价格来完成。

巴泽尔将价格控制和排队结合起来分析市场上的资源配置机制。在政府将价格控制在零的时候，可以按照先来先得的排队原则进行产品配置，当然前提条件是，存在一个有力的组织（如政府、警察机构）保证大家都排队。那些需求最强的人会愿意花较多的时间进行排队，相反，需求不强的人就不愿花长时间等待。因此，巴泽尔认为，在定量供给的条件下，需求决定着被分配商品的均衡价格，商品根据个人在排队中所花的时间进行分配。“在分配是根据等待时间进行的时候，在标准情况下关于货币所说的一切，都适用于时间。”[①] 在此，这些免费配置的商品实际上已经成为巴泽尔所说的“公共领域”了。消费者为了攫取这些公共领域的产品必须花费一些资源，在此，这些“花费”的资源就是排队等待的时间。

在存在价格控制时，等待时间和控制价格一起起作用。假如政府对某一商品进行限价供给，那么就会出现市场短缺的现象。为了分析这种价格控制的结果，我们利用图 3-2 进行说明。[②] 在图 3-2 中，P_c表示控制价格，P^*、Q^*分别为市场出清的均衡价格和数量，P_1为消费者愿意支付的价格。D 是需求曲线，S 为供给曲线。由于控制价格低于均衡价格，所以出现供不应求的现象。在控制价格 P_c下，提供的商品数量是 Q_1，而消费者愿意支付的价格是 P_1。假如控制价格的措施不能被违背，那么对于 Q_1数量的供给，消费者支付 P_c的价格，并通过排队来支付差额（P_1-P_c）。由于价格不能够调整，因此，排队等待变成了反映消费者需求的竞争方式。价格控制还会导致一个净的福利损失，即为图中的三角形 ABC 的面积。

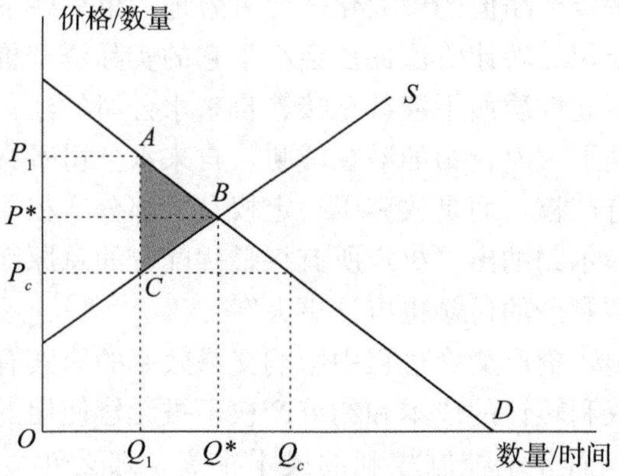

图 3-2　限价供给与市场短缺

如果政府的价格控制不力或者监管难度很大，那么黑市贸易就会盛行。一些人通过排队购买限价的产品，然后按一个较高的价格在黑市把限价产品卖出，从中牟利。如果政府可以有效地控制价格，那么，供应商也可以通过其他的手段来攫取处于公共领域的财富，即图 3-2 中的控制价格和消费者愿意支付的价格（P_1与 P_c）之间的长方形。价格控制实

① 巴泽尔. 产权的经济分析. 上海：上海三联书店，上海人民出版社，1997：18.

② 同①21.

际上就是控制了供应商的一部分财产权利即价格调整的权利，但是供应商可以利用政府的疏忽通过对数量、生产成本、产品质量和服务水平的调整来夺取处于公共领域的价值。因此，除非政府是全能的——对供应商所有的（现在的和潜在的）权利通过法律进行详细的界定，否则，政府的控制就会因供应商的权利调整而达不到预期的效果，甚至不如市场自发调节。以美国里根政府在20世纪70年代实行汽油价格控制为例，尽管政府实行价格控制，但是只要汽油品质和服务存在差距，汽油供应商可以通过改变汽油的质量（如将辛烷值为92的高级石油降至90，而按照辛烷值为92的控制价格出售）或者通过减少汽油配套服务（如洗车、擦车）来变相地攫取处于公共领域的价值。石油供应商之所以能够这样做，原因在于政府对汽油价格的控制只是对供应商财产权利的某一个方面的控制，但由于很难控制汽油质量和服务，政府价格控制的效果会很有限。①

消费者排队购买短缺的商品实际上是一种资源浪费，但是，从上面的分析可以看出，只要卖者通过调节其服务水平以获取本来可能落入公共领域的价值，就可以实现浪费最小化。巴泽尔的控制价格和排队配给的分析告诉我们，由于交易的复杂性，市场参与者除了价格和数量可以作为市场调节的手段，还有其他的调节余地。最大化意味着这些其他的调节方式可以被有效地利用，即“人们将利用约束条件下他们所能采用的成本最低的办法来获取由管制置于公共领域的价值”②。

3. 组织的合同分析

产权分析的核心是研究那些用于界定和转让产权的合同。巴泽尔认为一切权利分析的基本单位是个人。诸如市场、企业和政府之类的组织都可以理解为个人之间权利关系的整合，而这些财产权利关系又是通过合同来界定和维系的。以农业生产为例，巴泽尔考察了土地所有者和农户之间的合同关系问题，这也是张五常的研究内容。张五常在其论著《佃农理论》中认为，分成地租的流行是因为它有助于规避风险，即有利于在地主和雇农之间进行风险分担，从而减少农业生产的不确定性风险带来的损失。而巴泽尔认为这种解释缺乏说服力，他从交易费用假说来解释分成合同。他考察了四种产权形式：固定工资合同、定额地租合同、分成合同和独占所有权，并探讨了影响不同合同关系变化的因素。生产的效果取决于各种生产要素是否能够最大化地发挥作用。如果只考虑劳动力和土地两种生产要素，而且这两种要素分别归地主和雇农所有，那么只有将二者结合起来才能生产出农产品，此时，如何进行合同安排，即如何在地主和雇农之间进行各项权利的划分直接决定着生产的效率。这些合同安排不仅要划分最终产品在不同的要素所有者之间的配置，而且要对各方生产要素的单个属性进行控制安排。在定额租金下，如果合约没有规定雇农不可以过度开垦而不注重保持肥力，那么，维持土地肥力的权利就被置于公共领域，雇农就存在为获得更多的收入而过度利用耕地的激励，但这以牺牲地主土地肥力为代价。

固定工资合同的劣势在于雇农会偷懒，他的努力程度会低于自我雇佣时的努力程度。由于对雇农劳动的监督是有成本的，或者监督结果不确定时，雇农偷懒就有可能不受到惩罚，而由此带来的损失却由地主承担。但是，工资合同的好处是不会产生土地过度利用的

---

① 巴泽尔. 产权的经济分析. 上海：上海三联书店，上海人民出版社，1997：21－32.

② 同①35.

问题。分成合同的好处是雇农保留一部分边际产出，此时他的偷懒倾向小于固定工资的情形，也不会出现严重的土地过度利用问题。独占所有权的情况，即所有的生产要素全归一方所有，暂且不考虑人力资本发挥程度的问题，独占所有权会牺牲专业化带来的好处。巴泽尔将各种产权合作形式归结为表 3-4。

表 3-4　　各种合同形式的损失来源

	监督劳动	监督土地	监督产出	专业化程度低
高损失	FW	FR	SC	SO
中等损失	SC	SC	FW，FR	SC
低损失或无损失	FR，SO	FW，SO	SO	FW，FR

注：SO：土地和劳动的独占所有权；FW：固定工资合同；SC：分成合同；FR：固定租金合同。

资料来源：巴泽尔. 产权的经济分析. 费方域，等译. 上海：上海三联书店，上海人民出版社，1997：56.

显然分成合同在监督劳动、土地和专业化方面具有优势，这也是巴泽尔对于分成地租的解释与张五常的解释的不同之处。当然，没有一种合同的安排是只有收益而没有损失的，关键在于要在不同的情况下作出不同的占优的合约安排，从而降低由于财产权利划分不清而引发的对公共领域价值的争夺。

巴泽尔还运用合同来分析组织现象。交易的复杂性和较高的监督度量成本使交易双方无法对交易的全部属性进行定价，未定价的属性就会过度使用而且供应不足，这些属性实际上被置入了公共领域。组织就是为了减少损失而对交易各方进行约束的合同安排。巴泽尔不同意传统企业模型那种不考虑交易费用、将企业看成一个投入生产要素以最大化产出的生产函数的做法，也不同意科斯的企业和市场的两分法，即交易要么在市场上进行，要么在企业内部进行。他认为交易远远比这种两分法更加复杂，主要表现为交易并不都是“货物出门概不退换”的情形，这实际上就是交易双方在交易发生以后，双方的权利关系尚未结束，或者说未能明晰地界定。有些交易关系在交易发生后仍然保留在企业内部（如售后服务），并未因为产品的售出而迅速结束，所以两分法过于简单。

正是由于交易成本的存在，以及交易对象性质的复杂性，在交易过程中难免会出现产权的转让无法清晰界定的情形。这些未能清晰界定的财产权利会进入公共领域，落入到公共领域的财产权利形成共同财产，会以另一方损失为代价而被一方过度使用。组织的作用就是要通过合同将资源各方未能清晰界定的权利进行约束。资源各方通过协商签约，对产出结果进行分配。巴泽尔认为，“作为组织基础的中心原则是，一个交易者影响平均结果的意愿越大，该交易者承担的对于剩余的索取权也就越大”①。

总之，巴泽尔的产权体系是以承认交易成本的存在为前提的，各种各样的交易成本决定了交易各方在交易合作过程中无法清晰地界定各方的财产权利。那些没有界定清楚的财产权利被置入公共领域，形成公共财产。此时交易的一方就会花费资源去攫取这些公共财产，从而对另一方造成损失。各种组织形式（包括企业）就是为了约束对公共财产的攫取和提高产权的效率。在组织中，对于最终收入影响最大的交易一方应该成为最大的剩余索

① 巴泽尔. 产权的经济分析. 上海：上海三联书店，上海人民出版社，1997：82.

取者。另外，巴泽尔认为价格不是唯一的市场调节机制，非市场资源配置也广泛存在。政府只是资源配置的可能主体之一。巴泽尔还将他的产权理论运用于分析非市场下的资源配置、反垄断、发明创造、盗窃、奴隶制等方面。

3.3.2 阿尔钦的产权思想

1. 产权的概念

阿尔钦将产权定义为“一个社会所强制实施的选择一种经济品的使用的权利”①。这里至少隐含了两层含义：首先，产权是“强制实施的”，即产权如果界定清楚了，存在一个外在的制度在保护财产权利；其次，产权是一种使用权，产权的实现体现在产权所有者在不同的权利之间进行选择。具体而言，阿尔钦认为产权具有如下几个特征②：

（1）产权界定存在费用。阿尔钦认为，不仅产权交易会产生成本，产权界定也会产生成本。不同的产权界定会给当事人带来成本和收益变化，从而改变他们的经济计算。由于信息的不对称问题以及当事人的机会主义行为，界定产权的费用往往不菲。实际上，诸如法院之类的政府机构本身在很大程度上就是产权界定的成本。因此，产权界定本身也是有成本的，涉及人与人之间的谈判甚至争论乃至第三方介入，当界定产权的费用高于它所带来的利益时，人们宁可不建立产权制度。

（2）产权具有排他性。阿尔钦指出，“产权是给予人们对物品的必然发生矛盾的各种用途进行选择的权利。这项权利并不是对物品可能用途施以人为的或强加的限制，而是对这些用途进行选择的排他性权利”。换句话说，一个人或者一个群体拥有了对某物的某种形式的产权意味着在没有经过其同意的情况下，其他任何人和任何群体均不能对该物品进行支配、使用和处置。

（3）产权具有分割性和让渡性。这意味着财产权利往往以集合的形式出现，表现为多种形式的权利的集合。例如，在明清时期，江南农村的耕田产权可以分为土地所有权和耕种权。当佃农长期对耕地进行改善肥力的投资以后，佃农逐步取得了对地主耕田的独属耕种权，即所谓的“永佃权”，地主不得无故将其耕田转给其他佃农耕种，除非佃农自愿放弃继续租种该耕田。不仅如此，具有永佃权的佃农可以把耕田继续租给其他佃农耕种，由此在同一块耕田上形成了多重产权所有者的现象。在这里，土地产权表现为多种产权形式，具有可分割性，并可以转让。

阿尔钦认为，产权的自愿分割与让渡——实施决定资源使用的权利和承担作为结果的市场或交换价值——有助于专业化。产权要素的可分离性可以使有的人专门选择与监督资源的使用，有的人专门评价资源使用的成果，而有的人则专门承担随之而来的资源未来的用途和价值方面的风险。人们可以根据其天赋和能力在拥有和行使这些可分割权利方面实行专业化，进而获得种种收益。如果所有制的份额是可以让渡的私有产权，就有可能消除股东的短期行为，从而公司才可能集聚足够的资本。如果股份是有限责任的，让渡性就有

---

① 科斯，等. 财产权利与制度变迁——产权学派与新制度学派译文集. 上海：上海三联书店，上海人民出版社，1994：166.

② 卢栎仁. 阿尔钦——科斯理论的推广者. 产权导刊，2009（11）.

可能，这能促进更好的市场让渡。

(4) 产权可以使外部性内部化。阿尔钦认为，对成本和收益的计算是人们进行经济决策的基础。当某种资源没有明确的产权归属时，利用这一资源，就要冒不能全部获取使用这一资源而产生的收益的风险，或者说，替别人支付成本，这就是外部性问题。产权制度的出现可以使成本或收益的外部性内部化，享受（或者承担）使用产权带来的收益（或者成本），由此提高资源配置的效率。当然，这并不是说通过建立产权来解决内部化是无成本的。有时候，产权界定和执行的成本如此之高以至任其产权不清反而在经济上是更好的选择。

2. 不同形式的产权

(1) 私有产权。如果将某种财产权利分配给特定的人并可以与其他类似的权利进行交换，就会形成私有产权。一个人对某物完整的私有产权将排斥他人对于该物的使用，如我的计算机属于我个人所有，产权界定很清晰，只有我自己能使用，其他的人未经允许不能使用。当然，私有产权并不意味着只要别人没有受到损害，产权所有者就可以随心所欲地使用其财产，而是说所有者在行使其财物权利时不影响其他人私有财产的物质性能或用途，并为别人抵制或者转移这种影响留下充分的余地。[①] 政府对于私有产权的保护也是产权保护的一个方面。阿尔钦认为，私有产权的强度由实施它的可能性和成本来衡量，这又依赖政府、非正规的社会行动和伦理道德规范。基于此，可以得出的结论是，较强的（得到有效保护的）产权比较弱的（保护不力的）产权具有更大的价值。

(2) 公司产权。阿尔钦的另一个研究领域是公司产权问题。由于私有产权可以通过让渡、转移实现流动、分离，因此，不同的产权就可以通过结合从事生产活动，这就是现代法人企业组织存在的前提。在阿尔钦的企业产权理论中，有一个重要的概念就是“队生产”。[②] 在“队生产”中，产出不是每个特定投入的产出之和，而是由一个团体生产出来的无法分解的价值。特定的某种投入往往无法独自生产出产品，而将不同的要素结合起来才能生产产品，要素结合会产生“1＋1＞2”的效果。与巴泽尔不同的是，他认为每一种投入的边际产出是可以衡量的。当“队生产”的价值大于单个投入的产出之和时，对于“队生产”影响较大的专有资源的所有者应该获得剩余索取权。专有资源所有者的资源如果用于其他的地方，价值将大大减少，因而企业的成败对他们影响最大，他们应成为企业的雇主或者老板。由此，企业就是企业特有资源和受合约约束的一般性投入组合起来的团队。[③]

根据以上理论，我们来具体分析一下现代企业的产权。企业所有者是专有（特有）资源的拥有者；企业的经营者和劳动力以及原材料的提供者是一种一般性投入的拥有者。他们的结合会产生一种不可分割的价值，但在竞争性的要素市场中，管理者、工人和其他要

---

① 盛洪. 现代制度经济学：上卷. 北京：北京大学出版社，2003：70.

② Alchian, A. A., Demsetz, H., “Production, Information Costs, and Economic Organization,” *American Economic Review*, 1972 (62): 777.

③ 科斯，等. 财产权利与制度变迁——产权学派与新制度学派译文集. 上海：上海三联书店，上海人民出版社，1994：170.

素各自对企业产出的贡献可以清楚地衡量，分别是管理者的工资、工人的工资以及各种投入要素的购入价格（即按照每种投入要素的边际产品价值付给要素所有者报酬）。特有资源的所有者受企业成败的影响最大，他们应该成为企业的老板，享有更多的利益，获得剩余索取权。这样的安排会产生更大的激励。企业老板只是通过合约与一般要素投入者建立生产合作关系。当然，这种特有资源的所有者（或者说老板）不一定是个人，也可能是一些具有专长或者掌握某些核心资源的企业。

（3）公有产权与过度拥挤。阿尔钦指出，并不是所有的资源都能够由私有产权得到满意的控制。例如，空气、水、噪声和风景等。空气随风流动，上风向企业产生的污染会使下风向的居民受害；上游水污染会损害下游居民的饮水安全；KTV 彻夜不停的音乐会影响附近居民的正常休息。公有产权会产生两种情形：一是资源的过度使用，二是资源的使用不足。如果自由的进入会导致进入者的成本和收益不对称，进入的成本由所有的进入者共同承担而进入的收益则由私人获得，这就会导致公地的过度使用，如“公地悲剧”就是这种情况；如果资源属于一个小范围的公有产权，由少数人控制并能阻止他人的进入，那么资源可能会利用不足。与科斯定理一样，阿尔钦认为财产权利的配置通常可以用来解决过度拥挤问题。阿尔钦举了一个例子，如果无主的湖里会发生过度捕捞，这可以通过把湖的产权配置给个人来解决。私有产权可以激励人们去有效地管理自己的财产。①

3. 阿尔钦之谜

阿尔钦在其《产权经济学》一文中给出这样一个案例，用以挑起人们对专有产权和公有产权差异的思考。② 假定有一个 1 000 人的小镇，镇上有一家剧院和一个礼堂。剧院采取股份制进行经营，镇上的每个人都是该剧院的股东，具有相同的股份。礼堂为“共有财产”，为 1 000 个居民共同所有。而且，无论是剧院，还是礼堂，都服务于小镇上的居民，并且通过收取门票来赚钱。在上述情形下，两种产权形式存在何种差异？我们如何认定前者为私有产权，而后者为公有产权？

阿尔钦认为，私有产权（私有制）和公有产权（公有制）的第一个差别是，公有产权的所有者不能出售财产中属于自己的股份，而且获得该股份也无须花钱购买其产权。③ 在这里，无论是私有的剧院，还是公有的礼堂，辖区居民的目标都是一样的，即追求产权的最大化利润，从而带来更多的财富和效用。但是，在公有产权下，每个居民都是非自愿的公有财产的所有者，该产权不能出售和转让，除非他搬离这个小镇。类似地，如果某人想成为小镇公有礼堂的所有者，搬进该小镇，成为小镇的居民即可自动成为该公有产权的所有者（之一）。

换个角度而言，如果居民可以自由出售其公有产权股份，那么，在存在不同的公有产权股份时，居民可以出售一些公有产权股份，同时购买另一些公有产权股份，从而使自己在某些公有财产上具有比较集中的股份。集中公有产权股份的好处是可以使居民经营公有财产行为的成本收益相对称，也可以使所有者把自己的股权集中于那些自己专长的产权

① 科斯，等. 财产权利与制度变迁——产权学派与新制度学派译文集. 上海：上海三联书店，上海人民出版社，1994：174－175.

② Alchian，A.，“Some Economics of Property Rights，” RAND Corporation D-2316，1961.

③ 盛洪. 现代制度经济学：上卷. 北京：北京大学出版社，2003：68.

上。敏锐的读者会发现，此时，以“共有财产”身份出现的礼堂，在股权可以转让时，与私有财产身份出现的礼堂，并没有任何差别。

的确，并非所有的私有产权和公有产权一样，具有相同的目标。一些公有产权正是为了特殊的目的而建立起来的，这些目的往往是非营利性的。例如，中国为了保持意识形态上的社会主义性质而规定公有制企业在一些领域必须占据主导地位。邮政系统、国防工业、垃圾处理系统、银行、街道服务等等由于公共产品特征而采用国有制形式进行经营。居民对政府服务的过度诉求也会扩大公有制的范围。正如阿尔钦所言，“社会减少必须由个人承担的风险，转而由社会普遍地承担的范围越大，公有产权的范围就越大”[①]。

3.4 德姆塞茨与奥斯特罗姆的产权理论

同巴泽尔、阿尔钦一样，德姆塞茨和奥斯特罗姆也关注现实经济中的产权问题研究。德姆塞茨深入考察了产权与所有制的关系问题，而奥斯特罗姆则重点研究了公共池资源的产权问题。

3.4.1 德姆塞茨的产权理论

1. 产权及其作用

德姆塞茨认为，可以自由议价的交易就是两束产权的交换，商品价值所反映的不是物品的价值而是财产权利的价值。在此，产权就是一种社会工具。如果在只有一个人的鲁滨逊世界里，产权是无关紧要的，因为这个世界完全是自给自足的，不会发生财产权利的各种交换关系。德姆塞茨特别强调，“产权包括一个人或其他人受益或受损的权利”[②]。一项财产权利的变动会包含着另一项权利的变化乃至对其他产权产生影响。如生产者通过提供质优的产品就会使竞争者的权利受损，这样做是被允许的。另外，不同的产权界定方法也会导致产权变化而对他人的财产权利产生好的或者坏的影响，例如把河水的产权判给居民，会对沿河化工厂的废水排放权产生影响；反过来，化工厂拥有废水排放权会对居民的健康饮水的权利产生影响。

产权的重要性主要体现在两个方面，首先在于它能帮助交易双方形成一个稳定合理的预期。如果一项产权得到认可和清晰的界定，这项产权的拥有者就可以通过交易或者经营产生合理的收益。产权所有者就会有足够的激励进行产权维护，以使产权带来稳定的跨期最大化收入。因此，如果一项资产随时都有可能被剥夺，那么该项资产不会得到很好的管理和维护，也不会按照最大化原则进行交易。其次，产权可以有效地引导人们实现将外部性全部或者部分内部化。根据科斯定理，在交易成本为零的情况下，产权的分配不会影响

① 盛洪. 现代制度经济学：上卷. 北京：北京大学出版社，2003：79.

② 科斯，等. 财产权利与制度变迁——产权学派与新制度学派译文集. 上海：上海三联书店，上海人民出版社，1994：97.

交易的效率；但是，在交易成本为正的时候，产权的配置则会对交易效率产生影响，此时，应该将产权配置给受交易成本影响较大的一方。

德姆塞茨还考察了产权的形成问题。他以18世纪初以来魁北克地区印第安人公共狩猎区如何向私有产权转变为例，说明私有产权是如何形成的。他的研究结论是："新的产权的形成是相互作用的人们对新的收益—成本的可能渴望（预期）进行调整的回应"①。换句话说，就是当通过产权把外部性内部化带来的收益大于成本时，这种产权就会应运而生。这也可以用来解释公共产品或者公有产权如何变为私有产权的。在印第安人的例子中，私有产权的建立是由于皮革贸易的兴起极大地增加了私有产权的收益，并可以补偿将共同狩猎的外部性问题内部化的成本，此时私有产权有利于收益最大化而不至于产生"公地悲剧"。值得一提的是，这里提到的产权的形成问题，具体来说，是指公有产权如何向私有产权转变以及私有产权的变迁问题。

2. 所有制问题

所有制似乎与产权很相近。德姆塞茨对所有制问题进行了深入研究。但他似乎没有对所有制做一个清楚的定义。如果说产权是一个抽象的一般性概念，那么所有制可能就是产权的具体体现形式了。依据德姆塞茨的分析，所有制大概就是指产权为谁所有的问题。产权为私人所有就为私有制，为国家所有则为国有制，为某一共同体的所有成员所有则为共有制。德姆塞茨将三种所有制描述为："共有制意味着共同体否定了国家或者单个的市民干扰共同体内的任何人行使共有权利的权利。私有制则意味着共同体承认所有者有权排除其他人行使所有者的私有权。国有制则意味着只要国家是按照可接受的政治程序来决定谁不能使用国有资产，它就能排除任何人使用这一权利。"②

在共有产权的情况下，由于个人行为产生的成本并不完全由其本人来承担，也由他人来承担，因此就会存在很大的负外部性问题，从而使共有制效率低下。一般来说，所有者数量增加，财产的公有性越大，外部性也就越大，内部化的成本也就越大。

与巴泽尔一样，德姆塞茨也认为产权不可以完全清楚地界定。只不过在巴泽尔那里，不能界定清楚的权利被置于"公共领域"内，而在这里则用"所有制残缺"表示。对于价格管制导致非价格的资源配置方式（如排队），二者似乎也可以达成一致。德姆塞茨认为："人们对限制了他们的所有权的内容作出反应的调整替代途径有许多……一般结论是，对人们实施特定所有权的能力的制约，会导致他们在更大的程度上依赖于企图使效用最大化的边际替代调整。"③ 例如，如果农民对于土地的租佃期限没有保障，那么农民的效用最大化不是通过长期的产出最大化来实现，而是通过短期的产出最大化来实现，换句话说，农民对土地产权的残缺会导致农民通过调整自己的行为来实现效用最大化，在这里表现为对保持土地肥力的投资不足。

---

① 科斯，等. 财产权利与制度变迁——产权学派与新制度学派译文集. 上海：上海三联书店，上海人民出版社，1994：100.

② 同①105.

③ 同①187－188.

产权既可以通过个人的行动进行配置，也可以通过合作行动来配置。对于非稀缺性资源，个人可以通过对这些资源的实际使用配置资源，有无产权无关紧要；对于稀缺性资源，通过配置产权可以提高效率。一个社会规模越大，合作的成本就越大，产生的代理问题就越严重，私有制就越有效。德姆塞茨认为集权化的社会在与分权化的社会进行和平竞争时具有显著的劣势。

3.4.2 奥斯特罗姆的产权理论

埃莉诺·奥斯特罗姆凭借对公共池资源（common-pool resources）的多中心治理研究①而荣获2009年的诺贝尔经济学奖。她的研究改变了人们对于公共产品和公共资源的治理方式的认识，指出除了政府和市场之外的公共事务治理之道。

1. 公共池资源及其产权内涵

传统的经济学观点认为，解决“公地悲剧”的办法是政府治理，如限制草场的放牧规模，实行轮休制等等。产权学派认为，通过界定并保护产权，建立私有化产权制度可以有效地解决“公地悲剧”问题。奥斯特罗姆认为，这种要么市场要么政府的二分法解决公共资源治理的办法并不符合现实。她在传统的私人产品、萨缪尔森的公共产品和布坎南的俱乐部产品之外提出了第四种类型的产品——公共池资源，并采用使用的可减性（subtractability of use）来代替区分公共产品和私人产品的消费竞争性，把俱乐部产品称为付费产品（toll good）。

使用的可减性程度和消费的非排他性程度界定了四种类型的产品：私人产品、公共产品、付费产品和公共池资源，如表3-5所示。如果产品具有较高程度的使用可减性，即增加一个人的使用可以较大地减少其他人的使用，而且排除潜在受益者的难度很大，那么，该产品就为共同池资源，如地下水域、湖泊、灌溉系统等。私人产品则存在排他性和高度的使用可减性，如食品、服装和汽车等。公共产品则包括社区的和平与安全、国防、知识和消防等，具有使用的低可减性和较高的排他性。剧院、私人俱乐部以及日托中心等具有较低的使用可减性和较低的排他性的产品为付费产品。公共池资源的一个重要问题是它往往会因为较高的使用可减性和较高的排他性而被过度开采和利用。

表3-5　　四种类型的产品

<table>
<tr><td colspan="2" rowspan="2"></td><td colspan="2">使用的可减性</td></tr>
<tr><td>高</td><td>低</td></tr>
<tr><td rowspan="2">排除潜在受益者的难度</td><td>高</td><td>公共池资源：地下水域、湖泊、灌溉系统、渔场、林场等</td><td>公共产品：社区的和平与安全、国防、知识、消防、天气预报等</td></tr>
<tr><td>低</td><td>私人产品：食品、服装、汽车等</td><td>付费产品：剧院、私人俱乐部、日托中心等</td></tr>
</table>

资料来源：Ostrom，E.，“Beyond Markets and States：Polycentric Governance of Complex Economic System，” *American Economic Review*，2010，100（3）：641-672.

① Ostrom，E.，“Beyond Markets and States：Polycentric Governance of Complex Economic System，” *American Economic Review*，2010，100（3）：641-672.

康芒斯认为产权是在某个领域采取特殊行动的权威。① 奥斯特罗姆及其合作者在康芒斯的基础上针对公共池资源重新界定了产权，认为产权系统包含各项权利束，而不是单一权利。② 她区分了“规则”（rules）和“权利”（rights），认为权利是规则的产物；权利是被授权的特定行为，而规则则是创立权威的规定。界定公共池资源的产权包括两个层面的权利：一个是操作层面的产权（operational-level property rights），另一个是进行集体选择的产权（collective-choice property rights）。前者界定了接近公共池资源的条件和从中获取收益的权利，而后者则属于通过集体行动来界定和改变操作层面产权的权利。

操作层面的产权包括：（1）进入权，即进入某项特定物质财产的权利；（2）获益权，即从某项资源收获某种产品的权利。进行集体选择的产权则包括三项权利：（1）管理权，即调整内部使用模式和转换资源的权利；拥有管理权的人具有决定以何种方式、在什么时候以及在何地从一项资源中获益的权威，以及是否改变以及如何改变一项资源的结构的权威。（2）排阻权（exclusion），即决定谁可以有进入权和如何转让该权利；拥有排阻权者有权去界定进入一项资源的条件。（3）转让权（alienation），即出租或者出售任何其他集体行动权利的权利。

以渔场附近的渔民为例可以说明围绕渔场这种公共池资源的上述产权制度。如果一群渔民具有渔场的进入权，那么他们有进入该资源的权利。各种规则规定了渔民执行该权利所要满足的要求。例如，渔夫必须是渔场所属的辖区内的居民，进入渔场之前必须花钱购买营业执照。渔夫可以通过抓阄的方式分配捕鱼的场地，这则是操作层面的获益权，从而使渔夫有权从特定场地获益。一群渔夫修订一个分区规划，以限制在渔场的特定区域进行各种类型的捕鱼活动，这属于实施集体行动产权层面的管理权。渔夫限制居住在某个特定社区的一定年纪以上的男性进入他们的渔场，就属于实施其排阻权。

因此，围绕公共池资源的上述财产权利并非是平行的关系，也不是不可分割的关系。集体行动产权往往界定着操作层面的产权：管理权决定着获益权，排阻权决定着进入权。这些产权可以为不同的居民所有：部分人拥有进入权和获益权，但是没有管理权、排阻权或者转让权。

2. 公共池资源的治理

奥斯特罗姆指出，政府并不是破解公共池资源治理的社会困境的唯一主体，也往往不是最优主体。尽管传统的经济学观点认为，人们在面临公共池资源时在个体理性选择的情况下的博弈会导致囚徒困境之类的社会困境，但其中的一个重要假设是参与人无法改变博弈的结构。例如，在囚徒困境博弈中，参与人被隔离在两个独立的审讯室里。而现实中，公共池资源的使用者并不受此限制。政府、学者、媒体以及当事人之间的交流都可以改变导致囚徒困境的参数结构。

通过实验经济学的方法，奥斯特罗姆及其团队检验了公共池资源困境的发生条件。检验结果发现，在参与人不知道其他人的声誉，而且不能够相互交流的情况下，非合作博弈

---

① Commons，John R.，*Legal Foundations of Capitalism*，Madison：University of Wisconsin Press，［1924］1968.

② Schlager，E. and E. Ostrom，“Property-Rights Regimes and Natural Resources：A Conceptual Analysis，” *Land Economics*，1992，68（3）：249－262.

的确发生，即存在过度使用公共池资源的非最优结果；但是，当参与人可以面对面进行交流，并且采取共同战略去遵守合作协议乃至建立惩罚机制时，参与人可以进行合作博弈，从而可以改善公共池资源的使用回报。

拉姆对尼泊尔农业灌溉系统的经验研究也支持了上述观点。[①] 拉姆提出了三个度量灌溉系统绩效的指标：(1) 灌溉系统的物质条件；(2) 农民在一年中的不同季节在灌溉系统末端获得的水量；(3) 系统的农业生产率。在控制灌溉系统的环境差异之后发现，由农户自己治理（建设和管理）的灌溉系统在上述三个绩效指标下的表现要好于政府治理的灌溉系统。在农民治理的灌溉系统下，农民在年会上相互交流，定期形成一致的意见，设立监督职位，并且惩罚那些不遵守规则者。结果，农民管理的系统比政府管理的系统能够生产出更多的水稻，分配水资源更公平，而且维护得更好。尽管各农民管理系统的绩效存在很大差异，但基本优于政府管理系统。

奥斯特罗姆认为，信任在破解公共池资源困境中起着至关重要的作用。只有当参与公共池资源博弈的各方能够相互信任时，才能够建立起合作关系，从而避免囚徒困境之类的消极后果。但是，参与人之间信任关系的建立和高低并不是一个外生给定的变量，而是在相互交往过程中逐步形成的（如案例 3－3）。她总结出如下六个有利于促成公共产品以及公共池资源博弈中参与人之间合作关系的微观条件：(1) 所有参与人之间可以进行交流。此时，参与人利用面部表情、肢体行为以及语言表达方式去判断他人是否值得信赖。(2) 知道参与人的声誉。知道其他参与人的历史可以增加合作的可能性。(3) 高边际人均回报 (MPCR)。较高的 MPCR 相对于较低的 MPCR 而言使每个参与人知道他们自己的贡献可以产生一个较大的差异，而且其他人更可能认识到这种关系。(4) 进入和退出能力。如果参与人能够以低成本退出，这就给了他一个不做呆子的机会；其他人也会认识到，如果不回报以合作，合作者可能会选择离开。(5) 较长的时间期限。参与人能够预期到，相对于短期合作而言，通过长期合作可以获得更多好处。(6) 达成一致的惩罚能力。外部惩罚或者强加的惩罚系统可能减少合作，而当参与人自己达成一个惩罚系统，他们就无须频繁地使用惩罚，而且净收益可以大幅改善。因此，当个人在一个微观环境下面临社会困境时，如果上述情景变量有助于获取信任以及提高相互信任的概率，那么他们更可能去合作。

奥斯特罗姆还总结了那些长期成功治理的公共池资源系统所具备的一些一般性制度规则：(1) 可以清晰界定公共池资源的边界及其使用者边界。(2) 治理规则必须与当地社会经济条件和公共池资源特征兼容。(3) 受资源制度影响的大部分个体有权参与到制定和修改规则中来。(4) 监督对使用者负责的个体或者使用者本人对使用者和资源进行监督。(5) 对违规行为进行分度制裁 (graduated sanctions)，即对违规行为的惩罚起点低，但是严惩反复违规者。(6) 存在迅速和低成本的本地冲突解决机制。(7) 本地使用者自己制定规则的权利为政府所认可。(8) 当一个公共池资源与一个较大的社会生态系统紧密联系时，其治理活动必须在多重分权层面进行组织。

---

① Lam, Wai Fung, *Governing Irrigation Systems in Nepal: Institutions, Infrastructure, and Collective Action*, Oakland, CA: ICS Press, 1998.

案例 3-3

自我治理的山村灌溉系统

在赣北山区的一个山沟里有一个不到 20 户人家的小村庄。村民主要的生活和经济来源依赖于农业生产。主要的农作物有水稻、红薯、玉米、小麦等。其中水稻是村民主食的主要来源。水稻属于劳动密集型作物，其大部分生长期需要充足的水分，这就依赖于良好的灌溉设施。

与平原地区不同的是，山村水田的水源主要来自山泉。泉水流量的大小决定了其所能灌溉的耕地面积。由于山泉流量有限，季节性差别很大，以及不平整的地理条件限制，一处泉水只能灌溉有限的几块水田。山脚下的泉水只能灌溉海拔更低处的下游水田。由于水田依狭长山沟而建，村民往往需要修建足够长的水渠来灌溉足够多的水田。另外，山泉在谷底汇集而成的小河也可以为下游的水田提供水源，但是也需要建立河堤和引水渠把水引入下游水田。

这里的灌溉系统有以下一些特征：每个水源能灌溉的水田总面积不大，不超过 10 户人家的水田；灌溉系统多为简易的泥土沟渠，需要经常维护；灌溉系统在夏季容易被山洪冲垮，因而需要大规模维修；如果碰到干旱，山泉出水量会减少，泉水不足以充分灌溉所有的水田。因此，村民需要组织起来对这些灌溉系统进行管理，以使各家的水田能够得到有效的灌溉。

那么，村民如何自发组织起来去管理这些灌溉系统呢？每年快要春耕的时候，处于同一灌溉系统的农户会一起约定一个时间去修复冬天未用的破漏水渠。当灌溉系统被山洪严重破坏而需要花费大量人力物力修复时，则会由各户根据水田面积大小分担修复灌溉系统的各项成本。当出现干旱而导致泉水不足以灌溉所有水田时，农户会采取抓阄的形式来分配各家水田灌溉的时间段，从而使每家水田都可以得到一定程度的灌溉而不至于颗粒无收。总体而言，小村庄大大小小的灌溉系统都得到了比较好的维护，旱季的水田灌溉分配机制也得到了比较好的执行。虽然村民无法阻止不参与灌溉系统维护的农户利用该灌溉系统，但是小村庄熟人社会中村民之间的长期博弈关系、村民对声誉的重视以及生活生产互助的需要保证了村民能够自发有效地治理当地的灌溉系统。

资料来源：作者根据自身经历编写。

本章小结

本章介绍产权理论。“公地悲剧”的解决办法是清晰地界定产权；而“农夫和牧民”的例子表明了交易成本、产权配置与资源配置的效率之间的关系，三者关系总结为“科斯定理”。然而，现实中的产权很难界定得十分清晰，巴泽尔的产权思想正是考察这种情况下的资源配置。阿尔钦、德姆塞茨等人则把科斯定理运用于各种情况。奥斯特罗姆则集中考虑了政府和市场之外治理公共池资源的诸种机制。产权制度从微观和宏观层次对所有的经济行为产生影响，从而影响着一国经济发展绩效。

关键术语

公地悲剧　　公共产品　　外部性　　产权　　科斯定理　　公共领域　　公共池资源

复习思考题

1. 请举例说明“公地悲剧”。用什么办法可以解决它?
2. 请举例说明外部性问题。怎样才能应对由外部性导致的市场失灵?
3. 什么是产权? 产权有哪些功能?
4. 阐述科斯定理。
5. 除了价格可以配置资源，你能想到还有什么方式可以用来配置资源?
6. 奥斯特罗姆在公共池资源的治理上提出了何种不同的方法?

第4章

企业理论

本章要点

1. 企业是怎么产生的？企业有哪些类型？
2. 关于企业性质的重要理论。
3. 什么是委托—代理理论与逆向选择、道德风险？
4. 不完全契约产生的原因及相关理论。
5. 不完全契约理论及其运用。

在新制度经济学中，企业往往被看作是契约，或者说是各种契约的集合。本章正是从契约视角来介绍企业理论。本章共四节，4.1节主要介绍了企业的产生问题；4.2节分析了不同视角的企业的性质理论；4.3节阐述了委托—代理理论；4.4节则介绍了不完全契约理论及其应用问题。

4.1 企业的产生

4.1.1 生活中的企业

我们的生活每时每刻都离不开企业。我们穿着的衣服、乘坐的交通工具、享用的粮食和居住的房子大多是由企业生产的。若没有企业为我们提供丰富多彩的物质和精神产品，我们的生活将难以想象。埃格特森将现代发达资本主义国家常见的经济组织分为六种：业主所有制、合伙制企业、不公开招股公司、公开招股公司、金融互助社和非营利组织。[①]从法律的角度讲，至少最后一种不是严格意义上的企业。但是，新制度经济学中把企业理解为契约，这样后两种经济组织形式是不是企业就很难说。

1. 业主所有制

这类企业的剩余索取权和最终决策权为同一主体。这类企业的成员以单个人或者家庭为主，为附近的居民提供最简单、最基本的生产生活资料。如学校旁边的小吃店、小卖部、五金店，小镇公路两边的小型商店、菜农、饭店、旅馆、报摊等等，一般都采用业主所有制形式。由于剩余索取权和决策权属于同一主体，所有者和管理者为同一个人，因此不存在所有权和控制权相分离导致的代理问题。但是，这类企业的融资规模受到企业的自有资金的限制，而外部融资的成本很大，无法实现大规模的投资。当消费与投资发生冲突时，还会产生投资视野问题，即可能更注重消费。根据资产组合理论，分散投资可以降低风险。业主的人力和财力大多投资在自己的企业内，因而承担很大的风险。

2. 合伙制企业

合伙制就是几个人将各自的资源集中起来建立企业，个人根据自己的出资额的多少分享企业的收益和承担风险。这种企业有利于增加企业的初始规模，也有利于分散风险。但由于是共有企业产权，入伙的人数越多，就越难克服合伙人的“搭便车”行为，合伙的优势就越难发挥出来。这也是很少有大量合伙人的合伙制企业的原因。合伙人带给企业的重要资源不仅仅是物质资本，更重要的是人力资本，因为物质资本（如机器设备、厂房等）可以从市场上购买而轻松获得，但人力资本的培养和获取则没那么容易。比如，律师事务所、会计师事务所、管理咨询公司等等。在这类合伙制企业中，律师和会计师的人力资本对于企业具有重要的意义，而设备器材这些物质资本则容易从市场上购得。另外，很多饭店、旅馆、贸易企业也可以采用合伙制的形式进行生产经营活动。

3. 不公开招股公司

所谓的“不公开招股”是指不向企业外部无关的人进行公开招股，也就是说，公司股份的持有者为公司内部及其相关者，如管理者以及与管理者、所有者有各种关系的人，包括亲戚朋友。由于是通过特定的关系建立的所有权与控制权，因此可以部分地消除代理问题，同时也可以分散风险。但是，股东的股份不能在市场上自由流通，单个股东放弃股份的成本很大，企业的市场价值也无法很好地评估。

4. 公开招股公司

这种公司形式是发达资本主义社会的主要形式，它的优势在于鼓励大规模的风险投资，企业可以通过上市在证券市场上获得大量资金。企业的市场价值也可以通过股票的市场价值进行评估，股份可以在证券市场上自由流动。劳动分工使得公司管理与风险承担分离，由专门的经理进行管理，实际控制着企业，由分散的股东承担经营管理的风险并享受剩余索取权。竞争性的外部经理人市场和投资者用脚投票的机制约束着经理人的行为，从而有效地缓解了委托—代理问题。但是，这并不是说管理者和所有者之间没有利益冲突。

---

① 埃格特森. 经济行为与制度. 北京：商务印书馆，2004：156-166.

现代生活中的各种上市公司就是这种类型的企业。

5. 金融互助社

它的特征是它的客户同时又是互助社的剩余索取者，是一种拥有专业化经理人员的组织，这些人不承担风险。这些剩余索取权可以重新赎回，而且被看作是低成本的、有效的控制机制，即客户可以低成本地抽出自己的资金。互助社的资产不是专用的，或者说存在竞争性的外部市场，转卖资产就变得很容易了。由于互助社具有这种低成本的分散控制机制，因此，对于剩余索取权者来说，利用管理委员会来控制决策的作用就不大。管理委员会的作用主要是防止剩余索取者的赎回行为得不到保障。这类企业有互助保险公司、共同基金以及一些银行。阿尔钦和伍德沃德把互助社团形式扩展到私人疗养院、乡村俱乐部等。在他们看来，“互助性”使得这种组织形式里的成员能够：“①防止外部资本持有人提供低质服务来剥夺价值；②保护现有的内部成员享用来自接纳新成员而增加的好处。”① 俱乐部的资源具有相互依赖性，成员的资本具有专有性，但是如果社会关系网中的交换是没有成本的，那么专有资本不会被人以独立所有者身份剥夺。

6. 非营利组织

非营利组织的收入既来源于捐赠，又来自销售，它不存在剩余索取权。资产的捐赠者占有资产管理委员会的大部分比例，该组织中存在资产管理委员会（决策者）和管理者之间的代理问题。这种组织形式不是以营利为目的的，因此，不是严格的法律意义上的企业，但是，这种组织形式与企业的活动是紧密地联系在一起的。

4.1.2 企业制度的产生与发展

企业制度的发展伴随着整个资本主义经济的萌芽和发展过程。特别是几次工业革命导致资本主义世界的技术发生重大变迁，从而要求其生产组织形式也随之发生变革。虽然我国的资本主义萌芽远在宋朝就初现端倪，但是，真正意义的自由资本主义经济制度几乎从未建立过。近代国民政府时期开始建立资本主义制度，出现了一些现代意义的企业，但是由于政治混乱、战祸连年、法治落后，大部分企业无法做到基业长青。② 1949 年中华人民共和国成立，经过 7 年左右对农业、手工业和资本主义工商业的社会主义大改造，初步建立了社会主义制度，形成了高度集中的计划经济体制。在这种体制下，企业与其说是企业，倒不如说它是政府部门，即政府实施计划调节的工具。1978 年以来，中央政府开始推行改革开放，真正意义的企业制度才在中国建立起来，但事实上，直至 20 世纪末，政府主导型企业仍然占有很大的比重，政府对于经济的干涉仍然很多，发展市场经济的环境仍未完善。这种状况一直到进入 21 世纪以后才有较大的改善。因此，如果考察中国的企业制度变迁，将无法得出企业自然演化的历程。因为中国企业的发展是一种非正常持续的自然演化进程，受到诸多外部因素的影响。例如，改革开放以后的中国企业发展是一种超常规的、跳跃性的演进过程。大量的外资带来的技术和管理知识导致中国企业不平衡地发展，从原始的手工作坊到现代的高科技企业都可以在中国这片热土上找到。政治事件（如

---

① 埃格特森. 经济行为与制度. 北京：商务印书馆，2004：165.

② 杨德才. 中国经济史新论（1840—1949）. 北京：经济科学出版社，2004.

邓小平的南方谈话、中共大会的召开）对经济发展绩效从而对企业制度产生了深刻的冲击。在外部冲击复杂而又深刻的情况下，我们无法从中国短暂的企业发展史中抽象出企业制度演化的一般规律。相反，美国的企业演化史却基本上是一个正常的演化历程，具有一贯性，容易得出一致的观点，因而在此我们主要借助美国的企业发展历史来考察企业制度演化的内部机制。①

兰路易斯主要从演化的视角分析美国的产业演化问题，其中的基本要素有：技术、市场规模和不确定性。三者之间的关系决定着美国产业的变迁。在不同的技术和市场规模下，缓冲不确定性或者说交易成本的需要促进了产业和企业组织制度的演化。根据他的分析，我们把美国的企业制度的演化历史分为以下几个阶段：

1. 南北战争以前的古典企业：手工生产

南北战争以前的企业基本上是手工业企业。由于交通的阻隔，当时美国的人口密度比较小，居民的收入水平较低，这些手工业之间的贸易往来比较少。维系这些分散的手工生产者的组织是独立的商人和中间商。根据斯密的理论，市场规模决定劳动分工。处于手工业阶段的美国，人口稀少导致市场规模有限，因而专业化与分工的水平较低，换句话说，在此时的手工业中，几乎所有的生产环节都由手工工匠来完成。他们几乎要自己从事产品生产的所有活动：从购买原料到加工设计，再到寻找买主。维系生产与消费之间的联系的贸易商几乎是无所不能的通才，从事着各种各样的贸易，因为市场范围的限制，从事多宗贸易可以分散风险。在这种条件下，显然，斯密的“看不见的手”起着协调生产和分配的作用。由于这时的经济系统不是一个快节奏、高产出的系统，低水平的劳动分工之间的连接主要由贸易商以价格机制为主要的调节方式完成。

在贸易的价值链中，商人占有重要的地位，因为此时的获利能力不是依赖于有形资产的所有权，而是依赖于专门的知识和适应能力，这正是贸易商和中间商所具备的。商人的作用不仅在于他们加总分散的需求和供给，还在于他们为生产提供资金帮助。在手工生产阶段，市场分散、规模较小，企业很难为生产投资进行融资。原因就在于借贷双方广泛的信息不对称。只有这些商人和制造商才愿意为企业提供融资支持。这些商人和制造商投资建立银行，作为内部人向手工生产者和商人们提供资金，并由此产生了银行这种最早的融资性质的企业。随着人口增长和贸易量的增长，商人开始通过专业化的企业而不是企业内的专业化在商品和职能上进行更大范围的专业化。这种贸易商主导的古典企业一直延续到19世纪早期，直到有利于大规模地降低交易成本的技术变革的到来，从而呼唤企业制度的大范围变革。

2. 规模经济：纵向一体化

“经理人革命”是钱德勒在他的著作《看得见的手》中提到的美国19世纪末、20世纪初产业演化的主要特征。他认为，在这一阶段，企业朝纵向一体化方向发展，企业与企业之间的市场调节在许多方面逐步为企业内部的管理协调所取代。由此而产生了专门从事经营管理的经理人阶层。从演化的视角来看，这一过程的发端要远远早于19世

① Langlois, R. N.,“The Vanishing Hand: The Changing Dynamics of Industrial Capitalism,” University of Connecticut, Department of Economics Working Paper Series, 2002, 21.

纪末，其结束也要晚于20世纪初。伴随着第一次工业革命，1815年以后，美国迎来了人口增长、地理扩张和贸易增长的繁荣景象，市场规模逐步扩大。特别是铁路和电话的发明和使用，对美国的生产和分配组织产生了深远的影响。这两项发明有利于在全美国范围内建成统一的大市场、降低交通成本和增强各地之间的联系。用兰路易斯的话来讲，就是引发了一场全美范围的“全球化”。市场规模的扩大使得能够使用迂回生产的方式建立并发挥规模经济优势。

企业的组织形式，也从古典企业的手工业企业形式发展到工厂生产阶段。随着市场范围的扩展，企业可以进行大规模生产，引入高产出的机器设备，可以降低单位成本，并且将不同的生产阶段整合在企业内部实现规模经济。在这一条件下，企业的制度结构会发生两种变化：(1) 规模经济简化了转换和分配产品所需的公司的数量。企业之间会进行一系列兼并活动：一是通过卡特尔组织，对产出进行配置；但是由于这种合谋难以成功，于是产生了另外一种影响深远的企业组织形式——控股公司。它把卡特尔条件下的欺骗激励转变成对总资产价值最大化的激励，而且企业有了生命，不因原始所有者的死亡而终止，这或许是一次意想不到而又意义重大的制度创新。这种组织形式后来发展成事业部（M）型企业，由许多相同的独立生产者形成的传统组织转变成对管理职能进行统一划分的统一结构。(2) 中间商在价值链中的地位发生了变化。由于企业处理大宗交易的能力增强，企业可以将原来中间商的职能内部化为它的一个部门，例如，采购部和营销部。另外，投入和产出的标准化导致原来的通才贸易商的才能的重要性降低。例如，随着石油质量的标准化，石油企业可以将原材料的采购和营销完全整合在企业之内。

这一段时间的另一个意义重大的制度创新就是金融市场的发展，特别是证券市场的发展。股东掌握的股份可以在证券市场上自由流通，促进了企业的所有权和控制权的分离，有限责任公司和财务制度的标准化，使人们在没有具体的商业知识和不接近企业的情况下就能确定证券的价值，在一定程度上降低了信息不对称带来的成本。管理者也可以通过证券市场的融资，降低经营企业的风险。

企业进行纵向一体化的重要原因就是技术和市场机会要求对生产和分配的结构进行系统性重组。此时，集权组织往往比分权组织更能有效地调动资源，有助于克服局部参与者的狭隘观念带来的不良影响，战胜既得利益者，从而顺利地实现重组。在兰路易斯看来，“纵向一体化发生在当它可以克服系统变化的动态交易成本的时候”。

大量的美国企业在这一段时间建立起庞大的一体化企业。如福特汽车公司就是在这段时间迅速发展壮大的。另外还有肉食加工业。由于铁路运输网的建立，西部的猪肉可以迅速运往东部地区销售，从而可以发挥规模经济效应。肉类加工公司把猪肉的包装、运输和销售系统进行重新整合设计，建立一体化企业。一体化，即将所有的生产、销售和分配的环节纳入企业之内，其成本只要低于所有的相关者通过市场交易的成本，那么一体化就是有效的。

3. 范围经济：企业集团

范围经济的运用几乎与规模经济的运用同时进行。在向规模管理调整的过程中，企业的组织能力不断增强。艾迪·彭罗斯认为，企业由“资源”束构成，其中包括管理资源。① 但

① Penrose, Edith T., *The Theory of the Growth of the Firm*, Oxford: Basil Blackwell, 1959.

是企业内部的各种资源不是均质的，因此总有些资源会能力过剩。这就意味着在一个领域上形成的组织能力可以被低成本地运用到其他领域。以肉类加工企业为例，这些企业不仅可以通过纵向一体化来整合肉类的生产、分配和销售系统，还可以利用它们已建成的营销网销售屠宰车间生产的副产品，如肥料、皮革、肥皂等等。范围经济的概念最初来源于副产品，但是，随着企业组织能力的不断增强，企业可以把这种能力低成本地向其他领域扩展，当然不一定是副产品了，而是开拓一个全新的领域，这就是产品的多样化经营。例如，家电产品企业可以利用它的资金收购一家房地产公司或者一家银行。这种多元化并购的产物是极其庞大的企业帝国，通过控股关系把不同性质的企业联系在一起，形成了我们看到的企业集团。美国国际电话电报公司（ITT）最初只是电话交换设备的国际供应商，后来它又介入其他产业，如保险公司、连锁旅馆和制造业。在我国也有类似的情况。

企业一旦做大了，它的组织能力就会不断增强。由于组织具有自我强化的功能，组织能力越强，组织适应和影响环境的能力也就越强。换句话说，企业不仅能够适应环境，还能改变环境。垄断问题就是企业试图改变环境的做法。这种限制性反竞争行为一般是遭到经济学家们反对的，但是熊彼特认为垄断是企业缓冲不确定性的表现和创新的源泉。企业影响环境的另一个重要的做法就是寻求政府干预，从而使环境变得容易控制，也可以获得垄断利润。

4. 新经济：中小型企业的兴起

到20世纪80年代，大型公司变得越来越脱离经济现实。美国的企业发展在很大程度上得益于第二次世界大战期间欧洲和日本经济的重创。但是此后，欧洲和日本经济的复兴给美国的企业造成很大的压力，企业之间的竞争日益激烈，美国企业的无敌形象也一去不复返。市场结构的变化、市场密度的增加和技术变迁要求美国的企业进行相应的组织变革。创新的基本趋势是企业规模的不断减小和日益重要的市场调节作用。技术和市场的变化创造了新的诱人的获利机会，从而也要求对现有的组织结构进行重组，特别是打破原来的纵向一体化的公司结构，取而代之的是通过市场进行交易的规模较小的企业。历史似乎又回到了南北战争以前的情形：中小企业又一次居于主导地位。

证券市场以前作为为大型企业分散风险的金融机构，现在又在瓦解着这些大型企业。20世纪80年代的融资收购风潮分解了60年代形成的企业集团，公司非一体化和专业化经营的趋势日益明朗，企业成功的诀窍是回归到它的核心竞争力。企业开始将自己不太熟悉的业务剥离出去，甚至把自己的生产环节外包。最引人注目的企业制度创新当属虚拟企业的产生。其中最有代表性的企业是世界著名的运动鞋制造商耐克公司。它主要从事产品的设计与开发工作，而其他的生产销售环节全部外包给外部市场：由我国台湾或者大陆沿海的企业按照它的设计进行生产（用术语说就是“代工”），然后将产品外包给专门的销售商。耐克公司控制着这一价值链中的关键资源：品牌宣传和产品设计（研发），其他非关键资源完全通过市场上的价格机制获得。

这种专业化的企业之所以能够成功，除了市场规模和范围的不断扩展外，还在于市场支持制度的发展，其中包括各种标准化的制度。企业生产阶段的分散化和标准化，使得企业的各个生产环节可以在协调成本很低的情况下交给外部的组织和个人去完成，换句话说，就是将企业的生产环节肢解，然后由市场上不同的交易主体通过价格机制进行联合生产、分配和销售。这也是模块化生产的特征。一辆汽车就是一个有效的模块化系统，它的许多零部件已经实现了标准化。标准化降低了协调的信息成本，也方便了产品的维修。比如说，汽车的某个标准化的零件坏了，换一个新的它就好了。计算机领域也是一个标准化的光辉典范。电脑由不同的标准化的器件组成，如显示器、鼠标、键盘、CPU、光驱、内存条、硬盘以及各种系统软件等等，任何一个器件出现问题都可以更换而无须重新购置一台电脑。大量的企业则专门生产特定的零部件，标准化的产品使得厂商即使不知道计算机的原理，也可以组装出计算机来。企业的专业化水平不断提高，产品内分工异常活跃。青木昌彦又把标准化称为“模块化”，认为模块化有利于提高产业的竞争力。[①] 计算机系统的模块化有利于各种企业在不同的子系统下进行研发竞赛，具有前景的企业会受到风险资本的关注和支持，并通过上市迅速获得丰厚的报酬，模块化的小企业因其专业化程度高而具有异常的生命力。

这些支持分工和专业化的市场及其支持制度，使得企业将获取资源的能力从企业内部延伸到企业外部。纵向一体化和多元化企业显然是在充分地利用企业内部的资源，或者将外部资源内部化；非一体化和专业化企业则相反。它们充分利用企业外部的资源，这也得益于外部资源成本更低。由内部能力向外部能力转变，这就是新经济的特征——企业在这一过程中专业化、非一体化。

当然，不同的时期往往会出现各种企业制度并存的现象。在现代经济体中，小企业和大企业、公司制企业和合伙制企业、大型企业集团和小型业主所有者同时并存，而且在一定的时期内任何一种公司制度都是必不可少的。这里谈到的公司制度的演化历史，主要是反映一段时期的企业制度的主导形式和发展趋势。在我国，企业制度呈现出多样化的特征，几乎美国两百年左右的企业制度都可以在我国的现实经济中找到：从手工作坊为主的家庭手工业到钱德勒式的管理人企业、纵向一体化公司、企业集团，再到各种中小型的高科技企业。

5. 共享经济：互联网企业

共享经济是指利用互联网等现代信息技术整合、分享海量的分散化闲置资源，满足多样化需求的经济活动总和。共享经济是信息技术革命发展到一定阶段后出现的新型经济形态。2008 年金融危机之后，随着信息技术及其创新应用进入迸发期，互联网、云计算、大数据、物联网、移动支付、基于位置的服务（LBS）等现代信息技术及其创新应用的快速发展，基于互联网平台的企业持续增长，市场竞争格局发生快速变化，涌现出一批批基于共享经济模式的互联网企业。在共享模式下，居民消费的商品或要素从传统产权拥有过渡到使用权拥有，在特定时间、地点选择租用模式来获得属于企业或消费者的产品或服务。

传统模式下企业的交易对象是产品或服务，以产权或使用权转让为主要交易模式，消费者支付的是产品、服务的购买价格或租用价格。在共享模式下，产品或服务的使用权被让渡或转移，消费者并不拥有产品所有权，只拥有使用权。消费者根据自身需求来决定使用产品或服务的数量或频率。共享模式下产品使用权可以分割，多个消费者在不同时间或

① 青木昌彦，安藤晴彦. 模块时代：新产业结构的本质. 上海：上海远东出版社，2003：65－78.

场景错时分享产品，产权交易从所有权交易转变为使用权交易。共享模式下不仅消费者之间可以共享产品或服务的使用权，生产者之间同样可以选择共享闲置的生产设备、富余的生产能力。传统经济的市场交易模式会造成社会资源闲置和供需之间失衡，共享经济模式正好对这些方面作出独特的贡献，其可以整合利用一切资源，通过互联网共享平台进行供需匹配调节。共享经济交易模式最重要的改变在于所有权让位于使用权，即闲置资源、要素或时间等的产权所有者，通过在特定时间或地点让渡使用权或提供服务，使需求者能够通过共享平台以租、借等多样化方式交易资源、要素、产品、服务的使用权。

共享经济市场交易模式的优势体现在以下几个方面。首先，线下可用资源会整合聚集到共享经济平台，对于企业或消费者都存在资源闲置现象，共享经济模式可以利用互联网平台以低交易成本整合闲置资源，盘活社会中可利用的一切资源，使供给侧外延得到扩张。其次，共享经济平台依靠移动互联网、物联网、云计算、大数据等手段实现供需双方的高效匹配，互联网平台为交易双方搜寻匹配交易对象带来极大便利，交易双方借助平台精准寻找所需要的交易对象，扩大市场交易规模和提升交易效率。最后，共享经济平台利用聚集所得的可用资源为需求者提供便捷快速的定制化服务，市场交易多数是基于规模化、标准化产品或服务，个性化、差异化产品无法得到有效满足；值得关注的是，越来越多的差异化、个性化的产品和服务又刺激了更多的消费欲望，使需求侧也得到延伸，总之整个社会的福利得到了提高。①

4.2　企业的性质

新古典经济学将企业归结为将要素投入转化为产出的生产函数，并且假定技术是外生给定的，企业按照利润最大化的原则组织生产要素。因此，新古典学派将研究的重点放在了企业如何根据商品价格的变化来增加（或减少）生产要素投入，或者调整生产要素之间的配置比例来获得成本最小化，边际原则是企业调整要素存量和比例的重要依据。这里显然回避了几个根本问题：为什么会产生企业？决定企业规模变化的因素有哪些？企业效率的决定因素又是什么？新古典学派的研究起点建立在企业是天然存在的基础上，并且企业的活动富有效率，只关注企业根据价格机制来决定生产什么、生产多少等问题。这也造成新古典经济学不能解释企业的产生与变迁、企业的边界、企业组织内部行为（企业的权力配置、治理结构、委托—代理及团队的激励）等问题。1937 年，罗纳德·科斯的《企业的性质》一文的发表，在一定意义上填补了新古典经济学对上述问题不能解释的空白。

新制度经济学中的企业理论由罗纳德·科斯开创，后由阿尔钦和德姆塞茨、威廉姆森、克莱因、罗斯、张五常、格罗斯曼、哈特、奥斯特罗姆、泰勒、鲍莫尔和杨小凯等加以继承和拓展，他们讨论的核心问题主要有三个：第一，企业的性质是什么；第二，企业的边界如何确定；第三，如何选择企业治理结构。围绕这三个问题，经济学家有较多精深的论述，这些论述被统称为企业性质理论。在这里，将重点介绍几种最具代表性的企业性质理论。

---

① 张玉明，等. 共享经济学. 北京：科学出版社，2017：323.

4.2.1 科斯和威廉姆森论企业的性质

1. 科斯论企业的性质

科斯在《企业的性质》一文中将交易费用的概念引入到经济学的分析之中，提出了以交易费用为核心的企业理论，清晰地回答了企业为什么存在、企业的规模如何决定、企业与市场的边界如何确定等问题。科斯对以往的经济学家（特别是奈特）的观点进行了批判，他发现传统观点没有注意到利用市场机制是有成本的，也就是说忽略了利用市场机制进行交易的成本。科斯认为资源配置的方式有两种：第一种就是在市场中利用价格机制配置，还有一种是在企业中利用行政命令来配置。科斯提出如下问题：既然资源配置可以在没有组织的情况下依靠价格机制进行，那为什么不是所有资源都由价格机制来配置呢？而在现实生活中，大量的资源为什么在企业内部利用行政命令来配置呢？科斯把企业看作一种配置资源的方式，正如他所说，“我认为，可以假定企业的显著特征就是作为价格机制的替代物”。“把企业看作一种与价格机制可互相替代的资源配置方式”的观点令人耳目一新。

为什么存在企业？科斯分析两种配置资源方式得出结论：两种配置资源的方式都是有代价的，不是无成本的。市场配置资源是靠价格机制，是需要成本的，我们称为交易成本；企业配置资源是靠行政命令，同样也是需要成本的，我们称为组织成本。企业之所以存在，是因为有时依靠行政命令配置资源的成本低于依靠价格机制配置资源的成本。那么，什么时候依靠行政命令配置资源的成本更低呢？或者说企业在配置资源时节约了哪些成本？科斯首先分析了利用价格机制所产生的成本。科斯认为，“建立企业有利可图的主要原因似乎是利用价格机制是有成本的”①。这些成本包含以下三个方面：一是发现相关价格即获取有关的市场信息要支付一定的费用。二是进行交易谈判和签订契约也要支付一定的费用。三是利用价格机制的其他不利成本。例如，雇主到市场上采购原材料、招聘工人，需要花费时间、精力，需要与交易对象讨价还价，需要承担花费成本而购买不到合适的原材料和招聘的工人无法适应空缺岗位的风险。科斯认为，虽然人们可以依靠技术降低这些成本，但无法消除这些成本。

市场经济中之所以存在企业，是因为有些交易在企业内部进行比通过市场所花费的成本要低。原因主要有以下几个方面：第一，若不存在企业，生产要素所有者通过市场机制交易进行合作生产，这些要素所有者之间必须互相签订一系列契约。而当由企业来组织生产时，这一系列契约就被一个契约代替。这无疑大大降低了交易成本。第二，科斯认为市场契约多为短期契约，企业是相对稳定的长期契约，长期契约可以降低有些重复交易发生的频率，也可以减少不确定性，从而节省一部分交易成本。由于风险意识，比起短期契约，大多数人可能更加偏好长期契约，因为长期契约的好处是可以更好地应对未来的不确定性。第三，为了强调在企业内部配置资源依靠行政力量，他指出，“为了得到一定报酬（可以是浮动的，也可以是固定的），生产要素通过合约同意在一定限度内服从企业家的指

① 威廉姆森，等．企业的性质：起源、演变和发展．北京：商务印书馆，2007：25.

挥”①。这就使企业家有可能将其雇用的生产要素配置在最有价值的用途上，从而提高要素利用效率。

既然企业配置资源能够节约成本，为什么所有的资源不是都由企业进行配置呢？科斯提出了三个原因：一是企业规模扩大时，企业内部增加交易的成本可能会上升；二是组织交易增加时，企业在配置资源时或许不能成功地将它配置到价值最大的地方；三是企业的扩张可能造成生产要素价格的上升。企业的规模或企业的边界的决定标准是：企业将倾向于扩张直到企业内部组织一笔额外交易的成本，等于通过在公开市场上完成同一笔交易的成本或在另一个企业中组织同样交易的成本为止。② 同时，他还注意到，交易事实上并非像前面假设的那样是同质的。他认为，影响企业规模的要素包括组织成本、企业家犯错误的情况、生产要素的供给价格等。

科斯关于企业性质的理论可以概括为：企业是作为高交易成本时的市场的替代机制而存在的，这是对企业起源的新解释。当然，组织内部的管理协调也是存在成本的。于是，交易成本的存在和企业降低交易成本的功能就是企业存在的理由。

2. 威廉姆森论企业的性质

奥利弗·威廉姆森是交易费用理论的集大成者。他把科斯的交易费用理论发展到了近乎完善的地步。威廉姆森将交易费用分为事前的交易费用和事后的交易费用。所谓事前的交易费用，是指由于未来存在不确定性而事先规定交易双方的权利、义务和责任产生的费用，这种代价的大小与某种产权结构的初始清晰度有关；所谓事后的交易费用，是指交易发生后产生的费用，包括当事人退出某种契约关系必须付出的费用、交易者发现由于市场结构的影响事先确定的价格有误而改变原价格所必须支付的费用、交易当事人为解决交易双方之间的冲突而向司法部门等政府机构付出的费用及为确保交易关系的长期化和持续性所必须付出的费用。威廉姆森认为，企业之所以取代市场，主要是因为可以节省交易费用。具体表现为：（1）与市场制度相比，内部交易者通过机会主义倾向以牺牲企业的整体利益来中饱私囊的能力被削弱，机会主义的动机也因之被削弱；（2）与内部组织相关的各种活动能够得到有效的监督和审核；（3）内部组织拥有处理争端或纠纷的优势；（4）内部组织还可以从各个方面减轻信息不对称的影响。③

威廉姆森最显著的成果不是关于企业产生原因的阐述，而是关于企业规模扩大的纵向一体化理论。威廉姆森认为，在有限理性和机会主义行为存在的条件下，资产的专用性程度、交易次数、不确定性一起决定交易的治理结构是市场、关系合同还是企业。威廉姆森将企业看作连续生产过程之间不完全合约所导致的纵向一体化实体，认为企业之所以会出现，是因为当合约不可能完全时，纵向一体化能够消除（或至少减少）资产专用性使用过程中的机会主义行为以及由此产生的不确定性问题。

按照威廉姆森的论述，纵向一体化通常在三种状态下发生。

第一，资产专用性的强度决定着是否会发生纵向一体化。通常来说，资产专用性程度

① 威廉姆森，等. 企业的性质：起源、演变和发展. 北京：商务印书馆，2007：26.

② 同①28.

③ 黄家明，方卫东. 交易费用理论：从科斯到威廉姆森. 合肥工业大学学报（社会科学版），2000（3）.

加深会诱使交易过程中发生机会主义行为。资产的专用性越强，机会主义行为发生的可能性就越大。对专用性资产的投入者来说，如果专用性资产被投入到其他的用途中，供应商将无法实现相同的价值；对合同供应关系的买方来说，如果他要另换供应商，他还必须诱使潜在的供应商进行相同的专用性投资，而这是有机会成本的，因而买卖双方将会勉力维持而不是终止交易关系。在这种情况下，就会在交易双方之上形成维持合同供应关系的治理结构，使得双方都能够规避机会主义的风险并同时获得持续的经济价值。如果用于交易的资产具有很强的专用性，那么合同供应双方的关系就会被固化，并进而转化为纵向一体化式的企业的内部关系。

第二，当大量的同质交易被认为放在一个专门的治理结构中会有更多的好处时，将会发生纵向一体化。一方面，在专门的治理结构内部交易双方属于一个整体，交易的发生不再是市场价格的协调，这就减少了由于签订合约而产生的各种费用；另一方面，"对于大量的、重复发生的交易来说，专用治理结构的成本更容易收回"。因此，从交易次数角度讲，"治理结构的目的并不是节约交易成本，而是节约交易成本和新古典生产成本"①。

第三，不确定性的大小影响纵向一体化的发生。威廉姆森认为，由于合同双方的有限理性与机会主义的存在，会引起行为上的不确定性，而这种不确定性只有通过合同才能够准确地认识。如果没有其他的外生扰动，行为上的不确定性不会对治理合同产生影响，一旦发生了外生扰动，需要调整合同，那么企业将面临对调整与否进行价值与成本的衡量，所以一般交易双方都会坚持不改动合同。为了不改动合同并降低不确定性，买卖双方有走向纵向一体化的可能。

根据威廉姆森的解释，纵向一体化是为了对付资产专用性提高后由机会主义行为所引致的交易不稳定性而形成的。他认为涉及高度专用性资产且经常重复发生的交易，适合于在企业内部进行。因为高度专用性的资产交易意味着交易双方具有很强的依赖性，若采用市场体制，处在不利地位的一方就要面临很大的被"要挟"而遭受损失的风险，而选择企业体制就可能避免这些缺陷。随着资产专用程度的提高，资产挪作他用的难度加大，即使能挪作他用，也会引起不小的损失。因为若企业预期到这种前景，为减少产生损失的可能性，就可能进行纵向一体化。

4.2.2 阿尔钦、德姆塞茨和张五常论企业的性质

1. 阿尔钦和德姆塞茨论企业的性质

阿尔钦和德姆塞茨于1972年发表的《生产、信息费用与经济组织》一文进一步丰富了科斯的交易成本理论。在解释企业性质的问题上，一方面，他们接受了科斯关于市场交易存在费用的观点，承认在其他条件不变的情况下，通过市场交易的成本越高，在企业内部组织资源的比较优势就越大；另一方面，他们也提出了一个同样可信的事实，即"在其他条件不变时，管理的费用越低，在企业内部组织资源的比较优势就越大"②。阿尔钦和

① 菲吕博顿，瑞切特．新制度经济学．上海：上海财经大学出版社，1998：78.

② 科斯，等．财产权利与制度变迁——产权学派与新制度学派译文集．上海：上海人民出版社，上海三联书店，1994：70.

德姆塞茨不再从市场运行成本中解释企业的性质，而是从企业内部效率的提高中加以印证。

那么，企业的性质是什么呢？阿尔钦等人认为，企业实质是一种适应“团队生产”方式而通过契约建立的组织。团队生产由于利用专业化分工的优势和规模经济的好处等，其产出减去组织合作生产的增加成本后，通常总大于独立生产的产出之和，这样一来，每个参与合作生产的个体的报酬都比其独立生产时要高。而在这种情况下，就应该从事合作性生产活动，即团队生产。企业是如何保证团队生产的产出一定高于各自生产的呢？

阿尔钦等人认为企业作为一种有效的经济组织有两个重要的测度功能，即对投入要素生产率的测度和对报酬的测度。这种测度的重要性在于，它能促进所有投入要素所有者的合作，发挥各自在专业化分工与协作中的比较优势，提高整个组织的生产效率。但是要想发挥团队最大优势还需要抑制团队成员的偷懒动机和机会主义行为，因为这会导致总产出下降，此时需要引入适当的产权结构。这就要求合作者达成协议，由某人专门从事监督其他成员的工作，而且为使监督者实施有效的监督，合作成员必须将企业的剩余索取权交给监督者。如果合作投入的所有者同意监督者获得剩余，那么后者就获得了不偷懒的追加激励。他越是努力，其他成员也就越难偷懒，团队的生产率就越高，要素报酬和监督者剩余也就越大。这个获取剩余收入的人就是企业家，所形成的生产方式便是资本主义的企业。

由此可见，阿尔钦和德姆塞茨至少在以下两个方面推进了科斯的研究。首先，他们认识到企业成员合作的性质，指出那是一种团队生产，有较高的生产率，而科斯则没有对新古典经济学的非合作行为原则提出疑问。其次，他们认识到了对企业成员进行激励的作用。要促使团队成员努力，必须按其边际生产率给予报酬，这本身就需要费用；而团队成员各有自己的信息和利益，只要不被发现，就会偷懒，因此必须对他们进行监督，这也需要费用。降低监督费用的办法是建立监督层级，并给最终监督者以剩余。

2. 张五常论企业的性质

1983 年张五常发表了《企业的契约性质》一文，在这篇文章中，他想用契约的一般性和计件契约的特殊性方面的发现来重新阐述科斯的企业性质理论，想澄清人们对什么是企业理解上的误解。在该文中张五常重点从契约角度回答了企业是什么、要素所有者为何选择这种契约安排、企业这种契约取代市场这种契约的可能性或程度等问题。

(1) 关于企业的性质。张五常认为，在合理的制度安排下，一个投入要素的所有者拥有三种处置要素的权利，即：①使用要素的排他权利；②由于使用要素而从中获得收益的权利；③交易要素的权利（出让、出租、转让等）。按照他的解释，一个要素的所有者可以自由地对他所拥有的权利进行出售（即产权交易）。当他认为转让财产全部的权利比拥有要素更有利可图时，他就很可能会将要素的全部权利出售，自己不再拥有该种要素；但是，当他认为将要素的一部分权利转让，让代理人拥有这部分权利为其实现收益是更佳选择时，便形成了企业。很明显，在张五常看来，企业变成了一种契约，变成了一种要素所有者与代理人签订的契约。所以张五常得出结论：并不是企业取代了市场，而是企业这种契约形式取代了另一种契约形式——市场。企业和市场是同质的，只是形式和机制不同罢了。

(2) 要素所有者选择这种契约的原因。张五常否定了企业是因为能够提高决策的正确程度、规模经济与分工协作及规避偷懒、欺骗和机会主义行为而产生的，他认为企业产生的根本原因仍然在于节约了大量的交易费用。①可以减少交易过程中签订契约的数量；②能够降低对一件产品了解的信息费用；③可以减少了对交易的特征或特性进行考核的费用；④可以减少计算报酬的费用。他指出，偷懒实际上只是关于发现相对贡献的价格中存在费用这一认识的一个间接表达方式，并认为这类问题通过代理人取得的支配权是可以克服的。①

张五常指出，科斯所说的企业扩张的均衡条件并不能决定企业的规模，而是决定了契约替代的范围——企业的边界。他认为企业契约取代市场契约，其收益应该等于发现价格费用的下降。他指出，交易费用是代理费用与市场上的定价费用相加的统称。而代理费用则由三部分构成：一是由于替代可能引起的指挥生产活动的管理和决策失误造成的费用，二是与市场上相似的内在于企业要素市场的不同形式和数量的通信考核和谈判等费用，三是组织各种活动、发生差错和要素的供给价格变化而产生的费用。张五常认为，企业取代市场的程度，当是由取代引起的代理费用边际增量等于定价费用边际减量为宜。②

从张五常的推理中可以得出一个结论：企业和市场都是契约，企业取代市场“是一种契约形式取代另一种契约形式”，即要素市场取代产品市场。他还认为，存在于市场契约内部的机会主义，在企业内部不一定能够消除，因为机会主义很可能会随着两种契约的取代而发生转移，进入企业内部。

4.3 委托—代理理论

4.3.1 委托—代理及其治理

1. 生活中的委托—代理

现实生活中有许多委托—代理关系。只要存在交易关系，就会存在不同程度的委托—代理关系。在委托—代理关系中，代理人往往掌握着全面的信息，而委托人则缺乏信息。例如，房东和房客之间的关系就是一种委托—代理关系。一方面，房东是委托方，房客是代理方。房客交租后，房子的实际使用权就掌握在房客的手里，但房产还是属于房东的。由于很难将房客和房东之间的权利义务关系详细地划分，或者很难以合同的形式表达出来，或者二者之间的权利义务关系可以详细地界定，但是房东无法充分预测到房客的行为，于是就可能存在房客过度使用房子的问题。例如，房客可能会在墙上乱涂乱画、钉钉子造成墙体的破坏，随便地改造房间等等，从而对房东的利益造成损害。另一方面，房客是委托方，而房东是代理方。房屋的条件到底怎样，只有房东知道，房客看一看房间不能够充分掌握房屋的质量。只有在房客入住房子以后才会慢慢地发现房子的问题，如出现污水渗漏、天花板上的墙面脱落、电线线路老化等等。这些问题会给房客带来额外的成本，但是房客在入住之前是无法充分预知的，交了租金以后，房东往往以合同未说明为由拒绝修缮房屋。即使是一项极其平常的交易关系也往往会产生委托—代理问题。比如说买鸡蛋，买蛋人总是担心鸡蛋已经变质，因为他不可能把所有的鸡蛋都磕破看看。此时委托方是买蛋

①② 费方域. 企业的契约性质——张五常的企业理论评介. 外国经济与管理，1996 (12).

人，希望买进未变质的鸡蛋；代理人是卖蛋人。同时，卖蛋人也是委托人，买蛋人也是代理人，因为卖蛋人害怕买蛋人用假钞买鸡蛋。如果假钞的伪造技术很高，不容易区分假钞和真钞，卖蛋人的利益就有受到危害的风险，因为只有买蛋人才清楚自己的钞票是真是假。善于思考和观察的人可以举出很多日常生活中的委托—代理关系，如股东和经理、经理和员工、选民与人民代表、公民与政府官员、原告（被告）与律师、土地所有者与佃农、雇主与雇工、买者与卖者等等。我们将这些委托—代理关系及其存在的代理问题列在表4-1中。

表4-1　生活中的各种委托—代理关系

委托人	代理人	存在的代理问题
土地所有者	佃农	土地使用程度/耕作努力程度
股东	经理	管理决策努力程度
经理	员工	工作努力程度
员工	经理	经营决策
债权人	债务人	项目风险
房客	房东	房屋修缮
房东	房客	房屋维护
选民	人民代表	代表选民利益
公民	政府官员	廉洁奉公
原告/被告	代理律师	工作能力
雇主	雇员	工作努力程度
保险公司	投保人	风险防范
买者	卖者	商品质量
病人	医生	诊断能力和医药费用控制

资料来源：刘东. 微观经济学新论. 南京：南京大学出版社，1998：195-196.

委托人与代理人的概念最初来自法律学，但在经济学中，这种概念被进一步扩充到任何一种涉及非对称信息的交易活动，其中有私人信息的一方是代理人，而另一方就是委托人。在存在委托—代理关系的两个人之间，代理人的行为或代理人拥有的某些信息或知识不为委托人所能观察到或所知道，至少委托人不能不花成本地观察到代理人的行为或掌握代理人拥有的某些信息。譬如，你的律师或许没有尽心尽力地为你工作。这样，代理人就可能为了其自身的利益选择其行动而损害委托人的利益。对于委托人来说，如果不是直接监督代理人的行为（这种监督是要花费成本的），就存在一个如何对代理人选择符合委托人利益的行动进行激励的问题。委托人可以与代理人签署合约，约定根据他们都能观察到的某些指标由委托人向代理人支付报酬或奖励的规则。委托人如何设计并挑选对其最有利的这类合约是委托—代理理论的核心问题，因而，委托—代理理论又被称为“合约（合同，契约）理论”。

在你委托律师为你工作的例子里，不能无成本地观察到的行动或掌握的信息发生在你与律师发生“委托—代理关系”之后，称为“事后”的信息不对称。与之相对应，“事前”的信息不对称发生在包括诸如招聘、投保、商品销售和银行贷款的过程中。当一家公司招聘员工或经理时，对于应聘者的真实能力的信息，公司是不清楚的。投保人向保险公司投保时，如果是人身保险或寿险，保险公司也拿不准投保人身体健康状况的真实情况。消费者在购买商品时，不能掌握有关商品质量的全部信息。商业银行在为一个项目贷款时，一般也不能对项目的风险有完全准确的估计。委托—代理关系产生的问题源自委托方和代理方的信息不对称，即代理方比委托方拥有更多的信息。这种信息的不对称导致一种风险，即代理人利用自己的信息优势作出有利于自己而侵害委托人利益的行为。我们将在后面的部分探讨解决这种问题的方法。

2. 现代企业的委托—代理

在本章的开头部分，我们已经简单地向读者展示了美国企业的演化历史，而企业的委托—代理关系的产生和变化是伴随着企业制度的演变历程的。在古典的企业中，企业的所有者和管理者融为一体，手工工匠既是手工作坊的所有者，也是手工产品的生产者，还是作坊生产的管理者和产品的销售者。极端的个人企业，即企业所有的活动都由业主独自完成，是不存在委托—代理问题的。但是一旦企业的规模不断扩大，业主生意兴隆，一个人照顾不过来，请了一名小工，于是就有可能会产生委托—代理问题。业主监督小工劳动存在成本，因此小工就有偷懒的倾向，这对于业主来说是一种利益损失。

单个人的企业固然不存在委托—代理关系，因而也就不存在由此引发的问题，但随着市场范围的扩展和专业化水平的提高，企业的规模开始扩大，于是企业内部存在雇主和雇员之间的差别，也就产生了企业中初步的委托—代理关系。然而，只要人口不断增长，技术进步不断持续，人们的收入不断增长，市场的范围不断扩张，企业制度的演化也就不会停止。南北战争以来，随着美国铁路和电话业的发展、市场密度的增加，通过纵向一体化来壮大企业，从而增强企业控制环境不确定性的能力就显得势在必行。与此同时，劳动分工的发展使得管理成为一种职业，这就催生了专门从事经营管理活动的经理人阶层。随着管理知识一般化，经理才能可以通过培训获得，企业的所有者开始把管理的职能进一步分离出去，让职业经理人从事企业的管理活动，于是产生了企业内的第二层委托—代理关系：企业所有者和管理者之间的委托—代理关系。企业的所有者拥有企业产权，但是企业的日常管理决策活动却控制在经理层手中，这就是所有权和控制权的分离过程。

经理人会追求什么样的目标呢？不同的经济学家对于管理者的行为具有不同的假设。鲍莫尔认为管理者的目标是实现销售收入的最大化，玛瑞斯则认为他们追求企业增长的最大化。对此，威廉姆森不以为然，基于人的机会主义行为假设，他认为管理者追求的是自身效用的最大化。基于交易费用理论的基本假设，威廉姆森的假设更符合现实。以经理人的在职消费为例，经理人追求自身的在职消费必然会与企业所有者的利益相悖，而所有者自身利益的最大化结果必然是追求企业资产的最大化或者利润的最大化。这种利益相悖的关系构成了企业的第二层委托—代理关系。

然而，企业的演化还在持续。股份公司和证券市场的发展给企业的委托—代理关系注入了新的内容。股份公司的兴起、证券市场的形成，使得企业可以通过证券市场筹集资金，降低了资本成本和经营的风险，同时，企业的股东日益分散，由大股东成立董事会代表所有股东决定企业的重大议程，于是形成了企业内第三层委托—代理关系，即董事会与股东之间的委托—代理关系。董事会比一般的股东更清楚企业的经营状况，掌握着绝大部分的股东权利，于是有可能通过剥夺中小股东的利益来维护自己的利益。

现代企业是与劳动分工、市场规模和技术变革一起演化的。企业制度的演化也不会停止，企业内部的委托—代理关系也会更加复杂和不断变更。企业内部的委托—代理关系也许远不止上述的三个层次，随着企业制度的演化，有些委托—代理关系产生了，有些则退出舞台。总之，企业内部的委托—代理关系伴随着企业制度的演化而演化。

3. 缓解企业的委托—代理问题

经济学家们对于如何解决企业内部的委托—代理问题作出了很多的研究。现代企业公司既然能够产生，就必定有其自发的或者设计出来的缓解企业内部多重委托—代理问题的机制。

（1）声誉机制。企业的管理者或者雇员为了以后更好地在某个行业生存，或者说为了实现终生的职业收入最大化，就必须在这一行业建立起自己的良好声誉。良好声誉实际上需要两层机制：重复博弈和竞争性的劳动力（经理人）市场。重复博弈导致代理人追求长期利益最大化，而不会作出损害委托方的短视行为。竞争性的劳动力（经理人）市场，可以约束劳动者（经理），比如一旦经理人出现劣迹，信息可以在劳动力市场迅速传开。但是，一般来讲，人力资本具有特殊的性质，劳动者的技能不可能同质，会出现不同性质的专用性，市场也不完全是竞争性的，所以声誉机制不能够完全解决委托—代理问题。

（2）权利的安排。企业因所处的行业不同而不同。有些企业，雇员的工作可以很好地衡量，有些企业则很难衡量。对于容易衡量业绩的工作，可以通过计件工资或者员工的实际付出给予报酬。有些企业通过考核制度来监督和激励员工，但是，这种做法的有效性有多大不可一概而论。相对于员工的工作，管理活动更难衡量和监督，因为很难判断企业的绩效好是因为经理的管理能力强还是因为运气好或者经济景气，因而不能简单地通过判断公司的绩效来判断经理是否代表企业所有者的利益。最好的激励当然是把剩余索取权完全分配给管理者，但是这是不可能的（因为与所有者的利益相悖），因此，让管理者拥有一定的公司股份，从而使管理者的利益与企业的利益绑在一起，也许是一个不错的激励办法。让企业员工持有公司股份的做法也是同样的道理。例如，日本公司采用“员工执股计划”把员工和企业的利益绑在一起，从而培养和维持员工对企业的忠诚度、认同感和归属感。

（3）企业变革。这实际上是以一种成本较低的委托—代理关系取代另外一种成本较高的委托—代理关系。如果企业内部的分工带来的委托—代理问题很严重，那么通过企业的变革，例如把企业的内部分工转化为企业外的市场分工——如果有效的话，就可以缓解委托—代理造成的组织低效。比较典型的例子是虚拟企业，即通过把企业的许多业务外包，而自己只保留核心业务。当然，哪种委托—代理关系比较合适主要看企业所处的环境，而且一种代理关系的终结可能会导致另外一种委托—代理关系的产生，问题的关键不在于有没有委托—代理关系，而在于何种委托—代理关系带来的效率扭曲比较小。现代经济的高度专业化和劳动分工的特征决定了人们不能根除委托—代理问题。①

（4）技术引进。技术也会在很大程度上改变委托—代理问题。从手工生产到机器大工业，特别是有名的福特制，雇员的行为在很大程度上受到机器运转的控制，只要机器在运转，雇员就无法偷懒，因为某个生产环节的中断会导致整个生产的中断。因此，雇主和雇员之间的委托—代理问题由人和机器之间的协作缓解了。技术可以改进效率在很大程度上就是由于它可以缓解由委托—代理关系而产生的交易成本。

（5）企业文化。文化可用于缓解委托—代理导致的问题的原理是深层次的。文化是一种观念，它作用于人的内心深处，决定着人的价值观、人生观。根据交易费用理论关于人的基本假设，人是有限理性而又投机的。我们的确不能做到全知全能，但是我们可以通过改变人的观点来减少人们的投机心理和投机行为，从而缓解各种委托—代理问题。如果员工有良好的职业道德感、对企业有认同和归属感，那么偷懒现象则会大有改观；如果经理人员具有良好的职业操守，凡事兢兢业业，那么管理人员利用信息优势为自己谋利的做法就会减少。企业越来越重视企业文化的建设，原因就在于企业文化具有节约交易成本的功效，就像涂抹在齿轮之间的润滑剂一样，使人与人之间的关系变得积极和谐。企业文化的构建是一个缓慢的过程，而且一旦在员工心中生根发芽，它就会发挥不竭的动力。

4.3.2 委托—代理中的信息问题

1. 事前的隐藏信息博弈——逆向选择

对逆向选择（adverse selection）问题作出开创性研究的是阿克洛夫，他在1970年发表了一篇题为《柠檬市场》② 的文章。在一个质量参差不齐的产品交换市场，卖主知道产品的质量而买主只有等到消费该产品之后才知道产品的质量状况，但是买主知道市场上的产品质量的分布情况。在这些情况下，就会发生逆向选择问题。

阿克洛夫以旧车市场为例解释了逆向选择问题，不过他的分析是一种极端的情况，最后市场由于逆向选择问题而完全消失。假如卖主在市场上销售不同质量的旧车，而买主除非使用一段时间，不然不知道某一汽车的具体质量，但是买主知道旧车市场上产品的平均质量水平。在买主不能辨别旧车质量的情况下，买主只愿意按照不高于平均质量水平的价格买入汽车，因为信息不对称导致买主在高于平均水平的价格买入旧车时容易上当受骗。于是那些销售的汽车质量高于平均水平的卖主将不愿意在该市场出售这些旧车（因为买主只愿意按平均质量水平的价格购买），而出售低于平均质量水平的卖主则会利用暂时的信息不对称获取超额利益。但是这会导致旧车市场上产品的平均质量水平进一步降低。当买主知道此情况之后，他现在愿意在旧车市场上支付的价格随着二手车的平均质量的下降而下降，由此带来的结果是，高于平均质量水平的汽车进一步退出市场，市场的整体平均质

① Langlois，Richard N.，“The Vanishing Hand：The Changing Dynamics of Industrial Capitalism，” University of Connecticut，Department of Economics Working Paper Series，2002，21；Langlois，Richard N.，“The Entrepreneurial Theory of the Firm and the Theory of the Entrepreneurial Firm，” University of Connecticut，Department of Economics Working Paper Series，2005，27.

② Akerlof，G.，“The Market for Lemons，” *Quarterly Journal of Economics* 84（3），August 1970：488－500. 所谓“柠檬市场”又称为旧货市场，其特征是产品质量参差不齐，买卖双方往往存在严重的信息不对称。

量水平将进一步下降，买主愿意支付的价格水平也会进一步降低，如此循环下去，最终将导致旧车市场完全消失。

但是一般来说，市场并非完全消失，一方面由于阿克洛夫的研究是建立在一系列的假设基础之上的，如买主只能知道旧车市场的平均质量水平，卖主可以欺骗买主而且没有考虑担保机制。另一方面，现实生活中总有一些机制可以约束这些信息不对称导致的问题，例如声誉机制。旧车的卖主为了建立一个良好的声誉，可能会愿意按照质量索要价格而不是利用自己的信息优势欺骗买主，或者他可以提供产品质量的保证。

值得注意的是，逆向选择是先于交易的行为，即当事人的逆向选择发生在缔结一桩交易关系之前，当事人根据自身掌握的信息优势通过是否参与交易来影响交易活动。例如在旧车市场上，买主对于旧车质量水平的判断和愿意支付的价格是发生在交易之前的行为，而对旧车的质量和价格的这些判断影响着市场上的买卖双方交易能否成功。

2. 事后的隐藏信息博弈——道德风险

道德风险（moral hazard）很早就被经济学家注意到。① 亚当·斯密在他的著作《国富论》中这样写道："无论如何，由于这些公司的董事们是他人钱财而非自己钱财的管理者，因此很难设想他们会像私人合伙者照看自己的钱财一样警觉，所以，在这类公司事务的管理中，疏忽和浪费总是或多或少存在的。"

但是经济学家们对道德风险的研究主要集中在近四分之一个世纪。《新帕尔格雷夫经济学大辞典》是这样定义道德风险的："从事经济活动的人在最大限度地增进自身的效用时作出不利于他人的行动"②。由于不确定性和合约的不完全使负有责任的经济行为者不能完全承担他的行为所带来的损失或者不能完全获取他的行为所带来的收益，或者说不能完全承担他的行为的后果或者不能完全获取他的行为所带来的好处，其结果导致不能达到一个有效率的均衡状态。合约的不完全可以归结于以下两个原因：一是前文提到的信息不对称条件下的风险规避或者联合生产（又称"队生产"）；二是签订和实施合同是有成本的。

从事经济活动的当事人可能会有信息优势，即自己掌握而不被另一方知道的信息，亦即信息不对称。阿罗把当事人的信息优势区分为"隐藏行动"和"隐藏信息"两种形式。③ 前者是指当事人通过隐藏自己的行为，从而使其不能被他人准确地观察或臆测到；后者是指当事人隐藏自己的信息，从而使从事经济活动的人不能充分了解事态的性质。道德风险和逆向选择不同，它是一种事后的行为，无论是隐藏行动还是隐藏信息。换句话说，道德风险发生在当事双方产生交易关系之后。

隐藏行动和隐藏信息的做法在现实生活中很常见。隐藏行动的例子有：工人的劳动——因为雇主不可能无代价地监督工人；投保人的损失——由于保险公司无法完全监督投保人的行为，因此难以知道损失到底是因为投保人的预防措施不够，还是确实由于意外事故；另外，犯罪活动也有类似的情况。这些隐藏行动的做法都发生在当事人发生关系以

① 伊特韦尔，等. 新帕尔格雷夫经济学大辞典：第3卷. 北京：经济科学出版社，1996：588-591.

② 同①588.

③ Arrow, K., "The Economics of Agency," *Principals and Agents*: *The Structure of Business*, Pratt and Zeckhauser (eds.), Boston: Harvard Business School Press, 1985: 37-51.

后：工人和雇主已经建立雇佣关系；居民已经为自己的财产投保。隐藏信息的例子有：专家为一般的居民提供的服务，如医生为病人提供的服务；律师为诉讼当事人提供的服务；咨询公司为客户提供的服务；等等。这些隐藏信息的行为也是一种事后的行为，只有当你需要这样的服务的时候才会存在信息优势方隐藏信息的做法。只有生病的人才有可能受到医生的欺骗，开出的药方远远超过治病的需要，换句话说，医生利用病人不懂医疗知识而隐藏病人病况和治疗措施的信息，从而为自己谋取利益。“专家也会撒谎”显然就是一种隐藏信息的道德风险。①

3. 理论的运用

逆向选择和道德风险导致的后果是交易成本的提高，在极端的情况下会导致交易的停止。一个既存在逆向选择又有道德风险的市场是医疗保险市场。在投保人和保险公司建立保险和被保险关系之前，投保人知道自己生病的风险、自己的身体状况，而保险公司则不知道，因此投保人具有信息优势。结果生病风险较高的人会投保，从而导致保险公司面临较高的赔付成本，保险公司要盈利，就会提高保险费。那些觉得在新保险费下不值得投保的人（其保险费大于生病的费用成本），会退出医疗保险市场，而剩下来的患病的风险更高的人继续投保，结果又导致保险公司更高的赔付成本，保险公司为了不亏本，就会进一步提高保险费。于是较低风险者继续退出医疗保险市场，市场上的投保人的患病风险和保险公司的赔付成本更大，保险公司进一步提高保险费……长此以往，医疗保险市场会萎缩。解决此问题的方法是强制性全民投保。道德风险是指投保人在投保之后，由于保险公司不能无成本地监督投保人的行为，投保人可能会减少防范生病的措施，从而增加保险公司赔付的成本。例如，投保人过度酗酒、抽烟等等会导致投保人患病的概率增加。医疗保险的部分赔偿而非全额赔偿的做法就是降低投保人的道德风险的措施。

此外，斯蒂格利茨（Stiglitz）和韦斯（Weiss）用逆向选择和道德风险来解释信贷配给问题。他们的研究表明竞争性均衡状态下的借贷市场会出现信贷配给的特征。产生这种结论的机制有两个：通过区分潜在的借贷者（逆向选择）和影响借贷者的行为（道德风险），银行利率本身会影响一组贷款的风险。不同的借贷者偿还可能性不同，但是银行不能把“好的”借贷者从“坏的”中区分开来（信息不对称）。于是价格（利率）就成了一种甄别的工具。较高的资本价格（利率）激励着借贷者选择高风险的项目。当利率高于最优的水平时，由于银行会吸引高风险的借贷者，价格机制将不能出清信贷市场。此时，银行的最优策略就是当需求把利率拉向一个高于最优的水平时，进行信贷配给。信贷配给的含义就是：当贷款申请者条件相同时，有些申请者可以获得贷款，有些即使愿意提供一个较高的利率也不能获得贷款；有些人在某种方案下不论利率为多少也不能获得贷款，但是可以在一个更大的方案下获得贷款。总之，在信息不对称的条件下，银行和借贷者之间会产生如下的一系列行为：（1）逆向选择一：高利率吸引高风险借贷者；（2）道德风险：高利率激励企业选择高风险的项目；（3）逆向选择二：高抵押担保吸引高风险借贷者；（4）监督产

① 关于专家利用信息优势撒谎的精彩分析，请参阅列维特，都伯纳. 魔鬼经济学. 广州：广东经济出版社，2006：71-104。

生信贷配给。[①]

4.4 不完全契约理论

现代契约理论是从科斯等人开创的新制度经济学中发展起来的，分为完全契约理论和不完全契约理论。完全契约理论又可称为委托—代理理论，前文已做了不少分析。不完全契约这个概念是相对于完全契约而言的。完全契约是指在这些承诺的集合里完全包括了双方在未来预期的事件发生时所有的权利和义务。[②] 因为签约方在事前对未来所做的预期仅仅是基于双方的主观评估，未来所面临的不确定性在本质上是不可预期的，所以真实世界里的契约绝大部分都是不完全契约。

4.4.1 不完全契约理论[③]

1. *不完全契约理论：交易费用经济学*

交易费用经济学（transaction cost economics，TCE）的理论框架主要由威廉姆森、克莱因、克劳福德和阿尔钦等人提出，其中威廉姆森是最重要的代表人物。TCE 有三个基本假设：有限理性、机会主义和资产专用性。TCE 以交易为基本分析单位，将每次交易视作一种契约。由于人的有限理性，人们在事前不可能预见到未来的各种状况并且以双方没有争议的语言写入契约中，因此，契约天然是不完全的。在契约履行过程中，由于缔约各方存在机会主义倾向，都会采取各种策略行为来谋取自己的利益最大化，因此，缔约后双方不可避免地会出现拒绝合作、失调、成本高昂的再谈判等危及缔约关系持续地、适应性地发展下去的情况。考虑到有限理性、机会主义，再加上交易涉及的资产具有专用性，因此依靠第三方（比如法庭）来维持契约关系，不仅成本巨大，而且可能根本无法证实。这就需要一种私人秩序或者说治理结构来“注入秩序，转移冲突，实现双方共同利益”。不同性质的交易可以分为不同类型的契约，对应于不同类型的治理结构，最优的治理结构是能够最大限度地节约事前交易费用和事后交易费用的治理结构。因此，交易费用经济学也被威廉姆森称为“分离的结构选择分析”或者“比较经济制度分析”。

威廉姆森指出，在某些情况下，企业相对于市场更具优势，由于契约是不完全的，资产的专用性越强，交易就越是应该采取一体化的企业形式。克莱因等用“可占用性准租”来表征“资产专用性”，强化了威廉姆森的上述观点。为了在一个更广阔的空间分析组织形式，威廉姆森利用资产专用性程度、交易频率和不确定性三个维度，将所有的交易划分为三种契约：古典式契约、新古典式契约和关联式契约。古典式契约属于完全契约，对应于市场治理；新古典式契约和关联式契约属于不完全契约，前者对应于三方治理，后者涉及双方治理

---

① Stiglitz，J. and Weiss，A.，“Credit Rationing in Markets with Imperfect Information,” *American Economic Review*，71，June 1981：393－410。

② 虞慧晖，贾婕. 企业的不完全契约理论述评. 浙江社会科学，2002（6）.

③ 鉴于聂辉华（2005）的分析思路清晰易懂，此处的分析主要参考了他的分析思路。原文参见聂辉华. 新制度经济学中不完全契约理论的分歧与融合. 中国人民大学学报，2005（1）。

和统一治理。除了市场治理，统一治理属于企业或科层（hierarchy），其他形式的契约或者交易都属于混合（hybrid）形式。威廉姆森推断，资产的专用性程度越高，交易越是频繁，不确定性越强，则交易越是倾向于由科层来组织。赖尔登和威廉姆森用一个综合新古典交易费用模型说明了选择治理结构的基本原则是：简单的交易匹配简单的治理结构，复杂的交易匹配复杂的治理结构，使得生产成本和交易费用总和最小化。混合形式包括特许权经营、长期契约（含网络联盟）、质押、互惠和管制等缔约方式。威廉姆森还深入分析了市场、混合形式和科层三种治理结构在激励密度、适应性、契约法、行政控制和官僚成本等五个维度的差别。后来，威廉姆森又把官僚机构作为第四种治理结构。与以往的纯粹微观分析不同的是，威廉姆森用产权、契约法、声誉效应和不确定性四个参数代表制度环境，考察了制度环境与治理结构之间的比较静态关系。这弥补了威廉姆森关于不确定性与混合形式之间关系的模糊性。总之，伴随交易的复杂性和契约不完全性的增加，治理结构应该是沿着“现货市场—不完全长期契约（混合形式）—企业—官僚组织”的路径演进的。

根据传统的新古典经济学，所有非标准契约都是反垄断的。威廉姆森从交易费用的角度驳斥了这种观点和相应的反托拉斯政策，他们把特许权经营、排他性销售契约、搭售等市场销售方式看作是保护生产商的品牌专用性投资的治理手段。对于自然垄断领域的特许权竞标问题，威廉姆森指出了一次性契约、不完全的长期契约和定期续签的短期契约在竞标中只关注到事前的交易费用，而忽略了事后交易费用以及再拍卖时的起点公平问题。除了拍卖之外，对自然垄断行业的特许经营还应该有更多的政府管制，因为自然垄断行业的特许经营契约带有更多的复杂性和不完全性。

2. *不完全契约理论的进展：产权理论学派*

以哈特为代表的不完全契约理论可称为产权理论（property rights theory，PRT），它的主要框架由格罗斯曼、哈特和穆尔等人的重要工作构成，他们的理论被称为GHM模型。哈特认为，有三个因素导致契约的不完全性：第一，世界的复杂性与不可预测性；第二，即使第一点是理想状态的，也很难找到一种语言在契约里加以清晰地描述；第三，即使前两个条件都是理想的，在契约出现纠纷时，外部权威虽然可能观察到双方的状况，但是也很难加以证实。上述三个因素是逐次递进的，任何一个条件的成立出现的结果都是一样的，即第三方不可证实。双方必须不仅能够相互交流，而且要能够与对签约各方运作环境可能一无所知的局外人进行交流。①

PRT认为由于各种交易费用的存在而导致了合同不完全，尤其是那些与专用性投资密切相关的合同更是不完全的。也就是说，这些合同并没有对未来的所有或然事件及其相关的责任权利作出明确的规定，因此“在这些未被合同明确规定的情况出现时谁有权做决定”以及“这项权利应该配置给谁”就成为十分重要的问题。PRT将这些未被合同明确规定的权利称为“剩余控制权”（residual rights of control），并且明确指出，剩余控制权天然地归非人力资产所有者所有，因为“在合同不完全时，所有权是权利的来源”，而且“对物质资产的控制权能够导致对人力资产的控制，雇员将倾向于按照他的老板的利益行动”。哈特等人还认为，“剩余索取权”是一个不完备的概念，所有权的真正标志是剩余控

① 杨其静．合同与企业理论前沿综述．经济研究，2002（1）．

制权，所以“剩余控制权实际上被作为所有权的定义”。

哈特认为企业的本质就是一组物质资产的集合，剩余控制权就是产权。获得剩余控制权的一方将因此增加投资激励，而失去剩余控制权的一方则将减少激励。如果增加的激励所提高的生产率足以弥补减少的激励所损失的生产率，那么这项权利的转移就是帕累托改进的。具体地说，如果双方资产是严格互补的，那么就应当采取某种形式的合并；如果一方的人力资本是必不可少的，那么就应该获得产权或剩余控制权；如果对双方来说，人力资本都是必不可少的，那么无论哪种形式的合并都是一样的。实践中有许许多多的例子：一座房子的窗户和房子本身通常是被一起拥有的；锁与钥匙、卡车引擎与底盘等都是如此；客户名称清单与客户地址清单也是一样。还有一些不太明显但更为重要的例子。与互补性资产应该被一起拥有的观点相关联的是递增的规模报酬会导致大型企业形成的观点。在递增规模报酬的情况下，一笔大资产比规模是其一半的两笔资产更有生产力。在最佳的状态下，大资产将会被选择。

与此理论内涵相一致的另一个颇具特点的事实是，组织中的低层雇员通常在组织中不会拥有重要的所有权或控制权。可以推断，这里的原因是，低层雇员所做的只是日常的工作，因此，通过给予这类雇员所有权来激励他们，在提高生产率方面不会有多大的作用。更有意义的是，把稀缺的所有权配置给重要的高层人物以激励他们，因为他们的行为对公司价值更有影响，或者是由于高层人物的人力资本是非常重要的。

从上述分析可以看出，TCE和PRT在理论基础上基本是一致的，都把有限理性、机会主义和资产专用性作为契约不完全的主要原因。当然，PRT所指的“有限理性”相对来说更趋近于完全理性，因此暂时称为“充分理性”。但是二者却在分析问题的重点和思路上有着明显的分歧。TCE强调契约不完全导致的交易费用主要在于事后的失调，因而主张问题的重点在于契约的事后适应性治理；而PRT（尤其是GHM模型）对于交易费用的界定相对狭窄，认为契约不完全导致的主要问题在于影响了事前的投资（尤其是专用性投资）激励，因此主张问题的重点在于事前设计一种机制来保护投资激励。在一体化问题上，TCE认为应该考虑一种契约或交易匹配哪种治理结构；PRT认为应该考虑的是究竟谁应该合并谁。

4.4.2 不完全契约理论的运用①

1. 组织中的代表与权威

当我们观察企业内部决策权的配置时，首要的并不是多少（或仅仅是）财产所有权，更直接的是正式和真正的权威如何在科层中进行分配。真正的权威区别于正式权威之处，在于作出决定前需要获得信息，而这需要时间和努力。因此，举例来说，一个大型股份企业的首席执行官只能对各个部门予以有限的关注，而这意味着更多实际的权威分布在各个部门的下游行为体。更一般地说，一个组织的设计，以及正式决策权的配置，将会决定实际权威如何在企业内部分配。实际权威与正式权威的问题及其差别可能对组织的最优设计造成的影响问题，由阿洪和梯若尔（Aghion and Tirole，1997）使用一种不完全契约的路

① 阿洪，霍尔登. 不完全契约与企业理论：我们在过去25年里学到了什么?. 经济社会体制比较，2012 (3).

径进行了处理。①

他们的基本分析框架涉及两方：P（委托人）与A（代理人）。在这个模型中，“正式权威”能通过契约进行配置，例如，股东可将正式的权威分配给一组经理。反之，“实际权威”要么会被享有正式权威的一方运用，如果他同样拥有相关的信息，要么会被拥有这部分信息的另一方所运用。契约的不完全性又一次成为整个分析的关键：任何一个在委托人和代理人之间的正式契约（即任何已经签订的契约）都无法指定特定的项目选择，因为它们无法被第三方核实。行动的时机安排如下。首先，双方签订一份契约，将正式权威分配给一方，委托人P或代理人A。然后，双方决定在获取信息方面投资多少。决定不投资于信息也是一种可能。下一步，不拥有正式权威的一方向拥有正式权威的一方提议一个项目，如果有正式权威的一方获得了信息，那么这一方便能选出他自己更偏好的项目。反之，如果拥有正式权威的一方没有获得信息，他就接受不拥有正式权威的一方所提议的项目。在后面这种情况下，实际权威区别于正式权威，因为拥有正式权威的一方未获得信息，所以只能做橡皮图章，不经审查就批准另一方所提议的项目。

在这种情况下，委托人将正式权威授权给代理人，就会产生一项成本和一项收益。成本就是代理人可能会选择一个委托人并不喜欢的项目。这就是“控制损失效应”（loss of control effect）。收益是将正式权威授予代理人，能鼓励他在信息获取上投入更多的努力，这就是“首创效应”（initiative effect）。最后何种效应占优取决于一个关键参数：委托人和代理人的偏好之间的一致程度。如果双方的偏好相当一致，则委托人更有可能正式授权。

模型中设置的如前所述的选择也许过于刻板：毕竟，大多数企业委托人不会完全让出正式权威。但是他们确实希望他们的代理人完成大部分信息搜集工作。例如，对委托人P来说，将正式权威授予代理人A可能代价高昂，也许是因为存在代理人会采取一些高成本行动的实际（尽管很小的）可能性。在那种情况下，委托人会总是想保留正式权威，但可能又希望承诺自己不会在获取信息方面投入太多，以维护代理人搜集信息的激励，即使代理人认识到被否决（overruled）的可能性。实现这种承诺的一种方法就是选择控制的范围。委托人可以故意限制其获取各具体活动信息的努力，例如，在其监督之下召集大量代理人并开展很多活动。这样反过来会激发代理人在各活动上的主动性，因为他们都期盼着委托人能尽量不忽视他们的提议。当然，委托人控制范围的最佳选择同样取决于一个类似前面的权衡替代，也就是在委托人控制损失与代理人的首创性之间的权衡替代关系。这种权衡替代关系，不仅存在于控制范围选择问题中，也存在于组织设计的其他特征中，例如，仲裁者的地位，在一些活动上拥有多个委托人的成本和收益，或者团队之间任务的最佳组合。

2. 国际贸易：外包还是一体化？

经济学家安特拉斯在他的研究中注意到，所有国际贸易中的三分之一都是跨国公司部门间的贸易，并且大多数都是资本密集型产业。这一惊人事实提出了这样一个问题：为什

① Aghion，P. and Tirole，J.，“Formal and Real Authority in Organizations，” *Journal of Political Economy*，1997，105（1）：1-29.

么资本密集型商品倾向于在跨国公司内部进行交易，而劳动密集型商品更倾向于在企业之间交易?①

在安特拉斯的模型中，由一个最终产品厂商F来决定如何组织生产。最终产品y的生产需要两种专门投入：一种资本密集型投入h和一种劳动密集型投入m。最终产品厂商F供应资本密集型投入h并且生产最终产品y，而另一个由S代表的行业供应劳动密集型投入m。两个行业位于不同的国家，可设想F位于美国，而S位于中国。由于对h和m的投资是无法签订契约的，因此，最初的合同就确定了治理结构。后者在这种情况下要么是F拥有所有权，要么是外包（这个模型没有考虑S拥有所有权的情况）。所有权确定了F和S在签订合同之后讨价还价时的外部选择。在外包的情况下，一次违约使两个企业的回报均为0；在一体化的情况下，F能够获得投入m，但是这一选择会产生成本而降低产出。

一般来说，有效率的选择是将所有权分配给采取相对更重要投资的一方。如果生产的是劳动密集型的产品，外包就是最优治理结构；如果生产的是资本密集型的产品，则纵向一体化更优。因此，该模型预测在资本密集型行业有更高的一体化倾向。后来，安特拉斯还使用类似的框架去解释为什么产品生命周期会导致“组织周期”（organizational cycles)，即制造业开始时都是在跨国企业内部进行交易，而随后都外包给独立的外国企业。其直觉是这样的：在一个产品生命周期的早期，总部的参与是至关重要的，因而由中国南部的更低工资产生的潜在收益不足以让最终生产商使用来自中国的制造品投入m。因此，两种投入都由美国供应。在产品生命周期的某一中间阶段，美国总部会使用来自中国的投入m，但是维持所有权结构，故仍在一个跨国企业内生产。最终，当产品变得完全标准化时，中国更低的工资使得m由中国来提供已经很合理，而外包比一体化更有效率。

案例4-1

不完全契约与纵向一体化

设想一个中间产品的买方B和卖方S，我们姑且称这种中间产品为“部件”(widget)。买方B能用这个小部件生产最终产品并卖给消费者。消费者对最终产品的估价为V。卖方S能够进行一项私人成本的投资，从而可以用更低的成本来生产这个部件。我们可以把此视为部件生产增强型机器。如果卖方S做了这个投资，假设该投资需要花费5美元，那么再需要10美元就能生产出这个部件；否则进行生产就需要花费16美元成本。买方B也可以进行一项私人成本投资，可以使最终产品对消费者产生更大价值，我们可以把此视为一个最终产品生产增强型机器。这项投资同样需要5美元，如果买方B做这项投资，最终产品价值$V=40$美元，否则$V=32$美元。这里注意，只有买方B能够进行收益增加型投资，而且只有卖方S能够进行成本减少型投资。这一假设也许可以合理地理解为，比如，也许买方B和卖方S拥有不同的人力资本特性。

买方B和卖方S可以订立一个契约，明确双方都应当进行各自的投资，因为这将会导致总盈余呈现出这样一种关系：40－10－5－5＝20美元，也就是说，最终产品价值为40

① Antras, P., “Firms, Contractions, Trade Structure,” *The Quarterly Journal of Economics*, November 2003.

美元，它的生产成本为 10 美元，以及买方和卖方各自承担的投资成本分别为 5 美元。但是要考虑到双方可能无法就这个部件订立契约，也不事先就成本分配规则订立契约，同时他们也没能就事前投资签订契约。

如果买方 B 和卖方 S 不能就这一部件订立契约，也没能在进行投资之前就分配问题订约，那在投资阶段之后，在这个部件交易付款时买方 B 对卖方 S 就不得不讨价还价。假设买方和卖方不是一体化的，那么在讨价还价阶段无论剩余是如何产生的，他们都会对分享盈余的 50∶50 比例发生争议，在这种情况下，买方还会愿意投资吗？答案是否定的。因为如果买方投资，买方将要承担 5 美元的个人成本，但是只能得到增值盈余 40－32＝8 美元的一半，或者说是 4 美元。类似地，如果卖方承担了 5 美元私人成本进行投资，但是在这笔买卖中得到的盈余只为（16－10)/2＝3 美元，因此卖方也不会愿意进行投资。当买方和卖方都不愿意投资时，那么总剩余是这样计算的：32－16＝16 美元。

现在考虑一下 B 和 S 双方实现纵向一体化：如果卖方 S 拥有原来由买方 B 提供的生产最终产品的机器，那将会发生什么？此时卖方将不再需要和买方讨价还价，因为卖方已经拥有了机器。因此，卖方 S 将获得因为减少投资成本而增加的价值（即 16－10－5＝1 美元)，从而会愿意进行投资。然而买方 B 不会投资，因为 B 不会因为使最终产品增值而获得任何收益，卖方 S 不能强迫买方 B 投资，同样也不能与其就投资达成契约。于是，总盈余就是 32－10－5＝17 美元；这当然比双方没有一体化情况下多，所以说纵向一体化是值得的。

事实上，买方 B 的所有权（后向一体化）能够得到更好的效果。现在买方 B 开展投资，但是卖方 S 不投资，产生的总剩余为 40－16－5＝19 美元。然而这并没有双方可能缔约时来得好（那样的话总剩余为 20 美元)，但是这比另一种可能的所有权结构要好。使得买方所有权优于卖方所有权的原因在于，买方 B 的投资比起卖方 S 的投资相对来说更为重要（在边际上)。双方的投资成本均为 5 美元，但是买方却能得到 40－32＝8 美元的利润；然而卖方却只得16－10＝6 美元。

上述事例表明：第一，在不完全契约的世界里，财产所有权有助于减少生产活动中投资不足所带来的低效率。第二，边际投资的生产力更高的一方应该获得资产所有权，因为这种结构能实现共同经济盈余的最大化。

资料来源：阿洪，霍尔登．不完全契约与企业理论：我们在过去 25 年里学到了什么?．经济社会体制比较，2012（3).

本章小结

从一个宽泛的视角来看，新制度经济学理论中的所有微观理论都可以视为企业理论。本章的企业理论包括企业性质、企业演化史、代理理论和契约理论。总的来说，人的有限理性导致信息的不对称，投机行为产生交易成本，而契约就是为了通过事前和事后的制度安排来降低交易成本。通过事前的契约就可以解决投机行为的理论分析就是完全契约理论，而涉及事后的再谈判问题的分析就是不完全契约理论。投机导致委托—代理关系产生问题，如果没有激励相容的契约来约束，将会导致交易的效率低下。在极端情况下，投机导致的交易成本如此之高，以致市场完全萎缩。不完全契约的普遍存在需要有相应的治理结构来进行治理，以减少（或降低）交易成本。

关键术语

企业性质	委托—代理关系	信息不对称	逆向选择	道德风险
声誉机制	完全契约	不完全契约	激励相容	

复习思考题

1. 现代企业组织形式主要有哪几种？结合生活中的例子谈谈你的认识。
2. 什么是企业的性质？不同的理论是如何解释企业性质的？
3. 什么是委托—代理关系？信息不对称下的委托—代理关系会产生哪些问题？
4. 如何解决信息不对称情况下的逆向选择和道德风险？请用医疗市场的例子说明。
5. 比较交易费用经济学（TCE）与产权理论（PRT）的差异。
6. 不完全契约发生的原因是什么？如何克服不完全契约的高交易成本问题？

第 5 章

国家宪政理论

本章要点

1. 掌握国家的起源与国家的实质。
2. 了解诺思的国家理论的主要内容。
3. 了解国家、宪政与制度变迁的关系。
4. 掌握国家在制度变迁过程中的作用。
5. 了解“诺思悖论”的相关内容。

国家理论是新制度经济学的理论基石之一。新制度经济学认为，影响一个国家经济发展绩效的基本制度，如宪法秩序、普通法律和规章都是由国家供给的。因此，道格拉斯·诺思指出：“理解制度结构的两个主要基石是国家理论和产权理论。因为是国家界定产权结构，因而国家理论是根本性的。”① 本章共分四节，5.1 节介绍国家的起源及其实质，5.2 节阐述诺思的国家理论，5.3 节分析国家、宪政、制度变迁三者之间的关系；5.4 节分析国家、宪政与经济增长的关系。

5.1 国家起源与国家实质

国家作为人类活动最重要的组织方式之一，一直对个人以及集体行动施加着重要影响。研究国家的起源、性质以及职能等一直是政治学、人类学和社会学等相关学科的重要任务。那么，新制度经济学又是如何论述国家的起源及其实质的呢？

① 诺思．经济史中的结构和变迁．上海：上海三联书店，上海人民出版社，1994：17.

5.1.1 国家起源

1. 新制度经济学之前的国家起源理论

在新制度经济学产生之前的西方理论界，对于国家起源或性质主要有两种不同的解释：一种是契约理论；另一种是掠夺或剥削理论。

(1) 国家起源的契约理论。

契约理论最早是作为西欧新兴资产阶级反抗封建主义和中世纪神权的有力武器而出现的，它可以追溯至文艺复兴时期，其代表人物为霍布斯、卢梭等。就其实质而言，契约理论只是关于国家产生前社会状态和国家产生过程的一种假设性的描述，其中被广为推崇的是霍布斯在《利维坦》中所构建的国家契约理论。在霍布斯的《利维坦》中，有两个最基本的假设：第一，国家产生前的社会状态是一种"一切人反对一切人"的自然状态。人性的自私和利己造成了人与人之间的相互斗争，即"霍布斯丛林"假说。第二，国家是人们为了摆脱"自然状态"，订立契约的产物。为了保护自己的生命和利益，人们共同约定订立契约，通过契约把自己的部分权力交给一个人或一些人组成的会议，使其担当起他们的人格，为订立契约者提供必要的保护。

关于国家的具体形成，霍布斯这样写道："如果要建立这样一种能抵御外来侵略和制止相互侵害的共同权力，以便保障大家能通过自己的辛劳和土地的丰产为生并生活得很满意，那就只有一条道路：——把大家所有的权力和力量付托给某一个人或一个能通过多数的意见把大家的意志化为一个意志的多人组成的集体。这就等于是说，指定一个人或一个由多人组成的集体来代表他们的人格，每一个人都承认授权于如此承当本身人格的人在有关公共和平或安全方面所采取的任何行为、或命令他人作出的行为，在这种行为中，大家都把自己的意志服从于他的意志，把自己的判断服从于他的判断。这就不仅是同意或协调，而是全体真正统一于唯一人格之中；这一人格是大家人人相互订立信约而形成的，其方式就好象是人人都向每一个其他的人说：我承认这个人或这个集体，并放弃我管理自己的权利，把它授与这人或这个集体，但条件是你也把自己的权利拿出来授与他，并以同样的方式承认他的一切行为。这一点办到之后，象这样统一在一个人格之中的一群人就称为国家，在拉丁文中称为城邦。这就是伟大的利维坦（Leviathan）的诞生，——用更尊敬的方式来说，这就是活的上帝的诞生；我们在永生不朽的上帝之下所获得的和平和安全保障就是从它那里得来的。因为根据国家中每一个人授权，他就能运用付托给他的权力与力量，通过其威慑组织大家的意志，对内谋求和平，对外互相帮助抗御外敌。国家的本质就存在于他身上。用一个定义来说，这就是一大群人相互订立信约、每人都对它的行为授权，以便使它能按其认为有利于大家的和平与共同防卫的方式运用全体的力量和手段的一个人格。"①

案例 5-1

雅典城邦

公元前 8 世纪，希腊人在希腊半岛和小亚细亚西海岸建立了城邦，通常每个城邦具有

① 霍布斯. 利维坦. 北京：商务印书馆，1985：131-132.

三种政治机构：成年男子组成的公民大会、议事会和经选举产生的公职人员。在古代希腊的诸多城邦之中，雅典是最重要最强大的城邦。雅典濒临爱琴海，海上交通便利，这里的商人可以远航到埃及等地，商业贸易使城邦繁荣起来。经过贫民和贵族的不断斗争，公元前5世纪，伯利克里当政时期，雅典的民主制达到极盛。由全体男性公民参加公民大会，每隔10天召开一次，投票决定国家的内政、外交等大事，是国家的最高权力机构。在休会期间，从公民中抽签选出500人，组成“五百人议事会”，负责处理城邦的日常事务。各级官员也抽签产生。陪审法庭是雅典的最高司法机构，陪审员从公民中抽签选出，处理各种重大案件。雅典的民主宣扬全体共享政治权利和义务。但事实上，重要的官权都被贵族掌握；妇女、奴隶和外国人都被排斥在民主政治之外。为了防止某些人因权力过大而破坏民主制度，雅典人还发明了陶片放逐法。每年专门召开一次公民大会，公民们把他们认为是民主的敌人的名字写在陶片（或贝壳）上。如果出席大会的人超过6 000人，得票最多的人就要受到为期10年的放逐。雅典的民主制度，使公民积极地参政议政，但是，这种民主建立在奴隶制的基础之上，占大多数人口的奴隶、妇女和外国人没有任何政治权利。

（2）国家起源的掠夺或剥削理论。

同契约理论相比，掠夺或剥削理论则力图从历史事实中找出国家起源的证据，主要代表人物是马克思和恩格斯。剥削论者一般都将国家看作是一个集团或阶级的代理机构，其职能是代表该集团或阶级去剥削、榨取其他集团或阶级，以实现其收入的最大化。“掠夺性的国家将界定一套产权，使权力集团的收益最大化而无视它对整个社会福利的影响。”①

所以，在剥削论者看来，国家是一种工具，它只维护统治者的利益，而不管整个社会的福利。恩格斯在《家庭、私有制和国家的起源》里描述了原始氏族的解体和国家产生的过程并得出结论：“国家是社会在一定发展阶段上的产物；国家是表示：这个社会陷入了不可解决的自我矛盾，分裂为不可调和的对立面而又无力摆脱这些对立面。而为了使这些对立面，这些经济利益互相冲突的阶级，不致在无谓的斗争中把自己和社会消灭，就需要有一种表面上驾于社会之上的力量，这种力量应当缓和冲突，把冲突保持在‘秩序’的范围以内；这种从社会中产生但又自居于社会之上并且日益同社会脱离的力量，就是国家”②。换言之，在马克思主义看来，国家是一个历史范畴，它不是从来就有的，而是同一定历史发展阶段相联系的，是社会发展到一定历史阶段的产物。只有经济发展到一定阶段出现阶级时国家才会产生。“所以，国家并不是从来就有的。曾经有过不需要国家、而且根本不知国家和国家权力为何物的社会。在经济发展到一定阶段而必然使社会分裂为阶级时，国家就由于这种分裂而成为必要了。”③ 为了缓和阶级冲突，把冲突控制在秩序的范围内，就需要有国家作为表面上凌驾于社会之上的第三种力量来压制阶级的公开冲突，这样国家就应运而生了。

---

① 诺思. 经济史中的结构和变迁. 上海：上海三联书店，上海人民出版社，1994：22.

② 马克思，恩格斯. 马克思恩格斯全集：第21卷. 中文1版. 北京：人民出版社，1965：194.

③ 同②197.

案例 5-2

贫困刚果

15 世纪和 16 世纪来到刚果的葡萄牙人和荷兰人，描述了那里“悲惨的贫穷”：技术水平以欧洲的标准来看还在初级阶段，刚果人没有文字、轮子和耕犁。刚果王国是由位于姆班扎（后改名圣萨尔瓦多）的国王统治，而远离首都的地区则由精英所统治，他们扮演王国的不同地区的总督角色。这些精英的财富来自环绕姆班扎（圣萨尔瓦多）的奴隶市场，以及向王国其他地区课税。奴隶是经济的核心，精英利用奴隶来耕种农场土地，海岸地区的欧洲人也使用奴隶。课税由统治者任意决定，甚至有一项税是每次国王的贝雷帽掉下来就向人民课征。如果想变富裕，刚果人必须储蓄和投资，例如购买犁。但这么做很不划算，因为他们采用更好的技术增加的生产都会被国王和他的精英征收。因此，刚果人不投资以增加生产，也不在市场上出售他们的产品，而是把村庄搬到远离市场的地方；他们尝试尽可能地远离道路，以减少遭受劫掠的次数和逃离奴隶贩子可及的范围。刚果的贫穷因此是榨取式经济制度阻挡了所有富裕火车头，甚至让它们反方向开的结果。刚果政府提供给人民的公共服务很少，连基本服务如安全的财产权或治安也付之阙如，反而政府本身是人民财产与人权的最大威胁。国王控制长途的贸易和商业活动，只对与他有关系的人开放。刚果王国的这套制度让少数握有政治权力的人极度富有。在 16 世纪，刚果国王和贵族有能力进口欧洲的奢侈品，过着仆役和奴隶围绕四周的生活。

资料来源：阿西莫格鲁，罗宾逊. 国家为什么会失败. 李增刚，译. 湖南：湖南科学技术出版社，2015：63-64.

新制度经济学派敏锐地观察到上述两种理论的不足，认为它们不能准确地界定国家并有力地解释国家同经济发展的关系。诺思认为，契约理论是西方经济学中交易原理合乎逻辑的延伸。它实际上把国家假设为在交易中使社会福利最大化的角色。契约理论成功地解释了为什么国家可以潜在地提供一个节约利用资源的框架，从而可以促进福利增长。但由于契约理论只假设了订立契约的原因和契约本身的功能，没有进一步分析订立契约各方的利益要求，以及为了实现各自利益最大化所进行的斗争及争夺，因而契约理论实际上忽视了国家作为契约各方实现各自利益最大化工具的功能。因此，契约理论的最大缺点就在于没有提供契约实现过程的有力证明。对于掠夺或剥削理论，诺思认为，这种解释虽然揭示了国家为了实现统治者利益最大化而竭力榨取选民租税的本质，但忽视了国家同选民之间的互动关系。实际上选民也在通过追求个人利益最大化来制约国家行为。这种解释的另一个缺点是没有看到国家也会成为促进社会总收益提高的一种力量，单纯地把国家同选民，以及社会之间的收益关系看成是零和博弈。

2. 新制度经济学的国家起源理论

(1) 诺思的暴力潜能分配理论。

针对契约理论和暴力论两种理论的缺陷，诺思提出了暴力潜能分配理论。[①] 这个理论认为，若暴力潜能在公民之间进行平等分配，便产生契约性的国家；若这样的分配是不平

① 朱琴芬. 新制度经济学. 上海：华东师范大学出版社，2006：244-288.

等的，便产生了掠夺性（或剥削性）的国家，由此出现统治者和被统治者，即掠夺者（或剥削者）和被掠夺者（或被剥削者）。诺思的暴力潜能分配理论将契约理论和掠夺（剥削）论有机地结合在了一起。

诺思的“暴力潜能”这个范畴具有丰富的内涵，它既包括军队、警察、监狱等暴力工具，也包括权威、特权、垄断权等“无形资产”。国家的“暴力潜能”类似于企业拥有资金、劳动力、技术等生产要素后所具备的“生产能力”。

国家是一种在使用暴力方面具有潜在比较优势的组织，或者说，同人类社会其他任何组织形式，如社区、市场、企业等相比，国家所具有的比较优势就在于它能够合法地使用暴力；并且，在使用暴力时比其他任何社会组织都更有效率。因为使用暴力是国家的基本特征之一，国家在这个方面具有专业化的优势。军队、警察、司法部门等暴力机构都是由国家掌控。诺思认为，从产权分析的方法来看，暴力也是一种资源，因为暴力可以影响经济绩效。自从人类社会产生以来，使用暴力就是一种社会组织的权利，不过，在国家出现以前使用暴力的权利是分散的，分散在不同的社会组织手中。所以，诺思认为，在国家出现以前，对暴力资源的运用是低效率的，只有国家才能够有效率地使用暴力这种资源。

新制度经济学把国家视为在暴力方面具有比较优势的组织，国家的比较优势就体现在暴力方面。概括起来主要表现在两个方面：一是可以克服“搭便车”行为，二是在提供暴力方面具有规模效益。

先看“搭便车”行为。我们知道，安全是一种公共资源，在一个社区中生活的居民都需要安全。但是，不同的人对安全这种公共产品需要的迫切程度是不一样的。

富人对安全保护的需要大于穷人。因为一般而言，富人遭到人身伤害的危险要比穷人大。在这种情况下，穷人就有可能不愿意为安全这种公共资源支付费用，这就出现了一种“搭便车”行为，即费用由人家支付，而自己只管享受好处而不花费代价。

为了防止这种“搭便车”行为，就需要强制性地向所有需要安全的居民收取费用，包括那些对安全的需要比较多和不多，甚至那些自以为不需要安全的居民。而这一点，只有具有强制力的国家才能做到。比如，对享受公共资源的征税就是一种防止“搭便车”行为。而征税是强制性的行为，强制性的后盾就是国家暴力。国家暴力是对付暴力的暴力，即对付非法暴力的合法暴力。

再看国家在提供暴力这种资源方面所具有的规模效益。在国家出现以前，其他的一些社会组织，如庄园、氏族也承担着为居民提供暴力保护的责任，但由于庄园、氏族的规模都比较小，能够为居民提供武力保护的能力比较有限。暴力资源分散在庄园、氏族等组织手中，影响了暴力这种资源的质量。而国家的出现，弥补了上述缺陷。国家具有强制力，可以通过强制的手段，分摊提供公共资源的费用，如征税；又有能力保持一支常备军和其他专门的国家暴力机构，提供专业化的暴力资源。

从历史上看，调节人类社会的社会经济生活、维护社会的经济秩序，都离不开暴力，因此，暴力实质上也是一种有价值的资源。在国家未产生以前，这些暴力资源分布在“社区”或“庄园”之类社会组织的手里。暴力资源的这种分散配置方式无疑将会导致暴力资源使用时的低效率。因为这种分配导致暴力的使用既无规模效益，也缺乏专业化效益。在这种情况下，产权保护的费用也就相当高了，由此所决定的一个基本规则是，暴力潜能形成的边际成本＝产权保护的边际收益。

国家暴力资源之所以能更有效地使用，在于其能达到规模经济和防止“搭便车”行为。但是，既然国家暴力被视为一种资源，那就意味着国家暴力不能被滥用。这是因为：第一，国家暴力是对付暴力的暴力，即对付非法暴力的合法暴力，这种合法性起源于每个人捍卫自己利益、抵御别人侵害的合法权利；第二，国家暴力只有在能够实现某种社会合作，并且比其他制度（如市场和其他组织）更有效时才被采用。由此可知，国家是在使用暴力方面具有潜在比较优势的一种组织。

（2）奥尔森的“匪帮论”。

新制度经济学派的另一位代表性经济学家曼瑟·奥尔森对国家起源提出了另一种解释，即“匪帮论”，这一理论也十分令人瞩目。

奥尔森在论文《独裁、民主与发展》中，将最初创建国家的功劳归于“匪帮”。他认为，在以狩猎、采集为主要生产方式的原始社会里，原始部落一般由50～100人组成。由于人数不多，部落内的和平与秩序可以通过自发、自愿的协商来实现。而到了农业社会，生产力提高，人口增长，这时，社会无法自动实现和平与秩序。

和平与秩序是一种公共产品。它使个人财产有保障，使人民愿意为积累财富而积极从事生产活动。反之，在缺乏和平与秩序的社会里，在强盗横行的地方，大量资源被用于防盗和保安，人们不积极从事生产活动，甚至装穷、装懒。

在社会人口众多的情况下，要自愿达成和平与秩序的一致协议的成本非常高，个人收入与成本极不相称，“搭便车”是理性的选择。结果，和平与秩序无法自动实现。在这个无政府的社会里，“暴力企业家”很快地发现，组织强大的暴力机器进行掠夺是谋生的一种手段。于是流寇四起、土匪丛生。然而，流寇无组织的竞相掠夺使人民失去投资和生产的积极性，创造的财富越来越少，流寇抢到的东西也越来越少，社会变得极为贫困。流寇把富裕的地方抢穷是一种“公地悲剧”。任何一帮流寇都不希望杀掉“会下金蛋的母鸡”，但又唯恐其他流寇先下手，抱着不抢白不抢的心态。聪明的暴力企业家发现，只有垄断了掠夺权才能杜绝这种恶性竞争。于是，群雄争霸的局面出现在世界的每一个角落。能组织最大暴力机器的暴力企业家最终胜出，垄断了掠夺权。奥尔森说，理性的自利的流寇头子好像在一只看不见的手的引导下变成坐寇，戴上皇冠，自封君主、国王、天子或者皇帝，以政府取代无政府状态。坐寇同时还发现，如果提供和平与秩序，保证财产权利和契约的执行，以及提供其他公共产品，甚至将抢夺的份额（即税率）降低到一定程度，就能够提高生产力从而增加自己的收入，他的理性也会驱使他这样做。于是国家诞生了，这个“坐寇”（常驻匪帮）给社会带来了比无政府状态更高的生产力。①

（3）巴泽尔的“第三方暴力实施机制”理论。

新制度经济学家巴泽尔在其所著的《国家理论：经济权利、法律权利与国家范围》一书中，对国家的诞生与定型的力量进行了严谨的分析，为国家的起源提供了另外一种解释。

巴泽尔的国家理论认为人类社会一开始是处于“霍布斯丛林”，即人们独立行动而且

① 盛洪. 现代制度经济学：上册. 北京：北京大学出版社，2003：361－364.

缺乏组织力量的原始状态。在这种世界里，人们仅依靠自身的力量就能够控制商品的分配，这种配置状态下的个人拥有的权力就是所谓的“经济权力”（与第三方暴力实施机制状态下的“法律权力”相对应），在“霍布斯丛林”里，为了占有物品之间的侵占与抵抗构成了人们之间的大部分活动。然而，人们最终认识到了平等交换的好处，并拓展了平等交换的机会。但是这又使得物品的分配产生了新的问题，即互惠的交易或交换行为在很多状况下并不能同时完成，而且在很多时候，人们对交易商品的品质也不能直接观察到。因此，成功地进行贸易必须有一种可实施的机制，以保证契约各方的合作，比如将已承诺的商品按时交付或提供符合品质要求的商品等。因此，为了促使契约成功达成，需要第三方实施的暴力机制即国家的出现。

但是，人们同时又会意识到这类暴力实施者会滥用其权力，对此，巴泽尔认为人们会认识到这种危险的存在，从而在这种第三方暴力实施者产生之前与之进行斗争，可行的方法是创立一种集体行动机制，以限制产权保护者们的过度侵权行为。为保证多样化交易契约的实施所选择的不同方法组合决定了国家的规模和性质。此外，随着商品日益标准化和贸易领域的不断扩大，国家控制的领域也会不断拓展。①

诺思、奥尔森以及巴泽尔等新制度经济学派关于国家起源的论述开阔了人们关于国家起源问题的视野。虽然与传统的契约理论与掠夺（或剥削）理论不同，甚至在新制度经济学内部也见解各异，但就国家的职能而言，它们是相同的：提供秩序、安全和保护。

案例 5-3

固定活动范围的匪帮

在20世纪20年代，中国在很大程度上是由许多军阀控制着。这些军阀带着自己的武装“占山为王”，为自己的利益强取豪夺。例如，冯玉祥就动用自己的军队镇压当地的盗贼，并击败当地颇有影响的叫“白狼”的匪帮。很明显，在冯玉祥控制的地盘中的老百姓都希望他能保持他在当地的威慑力。

初看上去这样的形势很奇怪：为什么那些有固定活动范围的军阀会一直采取只有流动匪帮才会使用的强取豪夺行为呢？军阀们并不寻求正当性，他们的豪夺行为与流动的匪帮截然不同，这一切仅仅因为他们靠征收持久的保护税而不是偶尔的劫掠生存。

有个很好的理由可以解释老百姓这样的偏好。在混乱的情况下，产出会很少，因而就无可盘剥了。如果一个流动的匪帮头目发现哪怕很少的劫掠物都足以使其占领一块地盘，并将其他匪帮赶出这块地盘，那么他就能够控制那块地盘的犯罪活动，他因此就成了固定的匪帮了。这种对犯罪活动控制的好处，并不主要是他因此就可以垄断其他匪帮先前在这块地盘上攫取的收益，而在于其可以控制这块地盘上的共容利益。

由于匪帮是那块混乱地盘上的唯一的课税者或者“行窃者”，其对盗窃活动的垄断，会对激励因素产生非常大的影响。一个固定匪帮头目的共容利益观，会使他持续打击其他犯罪活动，阻止外来的征税者，从而使其行为截然不同。

---

① 朱华，钱陈．国家的起源、作用与演变——关于国家理论的比较分析．浙江工程学院学报，2004（4）．

首先，他会减少其攫取的份额。就如我们所看到的，如果在很多人中只有一个罪犯，则他会倾力进行盗窃活动，相反，对一个地盘行使持续控制的固定匪帮，则尽力确保普通人能够从事生产活动的动力，以及进行相互有利的贸易活动。普通人创造的收益越多，那么他能够攫取的好处就越多。一个稳定的定居的匪帮，总是攫取普通人产出的一小部分作为其稳定的税源，保持普通人进行生产活动的动力。如果他把自己的窃税率从95%降低到90%，那么他就增加了其臣民生产和贸易的税后所得，这样就可能更大规模地增加产出和税收所得。

固定的匪帮会从减少窃税率中持续得到收益，当然，窃税率会减少到他从更大的产量上窃税的所得正好被他的所失（得到更少的产出份额）所抵消的那个点为止。这样，他就处于最大化的窃税率上。

共容利益影响固定匪帮头目动机的第二种办法是使其趋于为其统治的领地及那些纳税人提供公共产品。他用他自己控制的并且完全可以用于自己享乐的收入来为其领地提供公共产品，看起来这的确是矛盾的。我们知道，一种公共产品可以惠及某一个地方或者某个集团中的所有人，许多公共产品，例如防洪、打击犯罪的警察力量以及限制传染性疾病的扩散，都可以使社会的生产能力显著提高。

由于在最优窃税率的情况下，固定匪帮头目可以获得其领地产量增长所带来的更多收益，因此他可以受到激励，去将他控制的资源投资于加强生产能力的公共产品供应上，直到他花在公共产品供应上的所有钱相当于他从产量增加中获得的最大收益为止。因此，如果一个固定匪帮头目最优窃税率是50%的话，他会一直供应公共产品，直到投到公共产品供应上的最后一元钱可以增加其领地中产出2元钱的时候为止（因为那样他可以得到一元钱的回报）。从更一般的意义上讲，如果固定的匪帮头目得到的任何增加了的产量为 S 的话，那么他将把自己控制的资源用于公共产品的生产上，直到其领地的产出增加 $1/S$ 以使自己能够得到最大化的利益为止。

资料来源：奥尔森. 权力与繁荣. 上海：上海世纪出版集团，2005：5-8.

5.1.2 国家实质

国家的出现究竟有什么作用？这实际上涉及国家的实质问题。正因为国家在社会经济发展中有着重要的作用，在历史的漫长进程中，一个又一个国家纷纷出现了。那么，国家的实质究竟是什么呢？对国家实质的讨论，可以用国家的双重身份、三只“手”和国家的本质两难这三组相关的概念来概括。

1. 国家的双重身份

国家拥有双重身份。首先，国家和其他所有市场经济中的主体一样，是一个经济实体。其次，国家还是一个强制性的机构。

（1）国家作为经济实体。

说国家是一个“经济实体”，是因为它占有资源，雇用劳动力，有大量的消费，而且也生产许多的产品，其中既包括像国防、法律体系这样的公共产品，也包括某些私人产品。国家占有资源，为社会提供劳务和产品，需要消费，在这些方面，和普通“经济人”有很多相同之处。

作为经济实体的国家，和普通“经济人”的不同之处在于，它的规模非常巨大。在世界上的很多国家，政府都是最大的雇主；国家也是很多最重要的资源的最大占有者，比如土地、矿山；它的收入是无人能比的。由于国家有这么多的资源，这么大的收入，所以当它作为一个消费者时，它的购买力也是个人或其他机构所不能比的。

（2）国家作为强制性机构。

国家的第二重身份是，它是一个强制性机构。国家对强制力具有垄断地位，这个身份是他人所不能具备的。国家垄断强制力，拥有武力，是为了起两个作用：对内保证合同的执行，对外保证国家安全。国家对内要保证合同的执行，包括私人间的合同和公共合同。私人间的合同指个人之间、企业之间或个人与企业之间的交易合同。公共合同即我们通常所说的法律法规，比如，任何人都不能暴力侵犯他人，都不能卖假货，都不能污染环境，等等。

国家的强制力不仅能用于保障合同的执行，也能用来表达自己的意志。比如说，国家税收的实现，就是以强制力为基础的。个人要获得收入，必须在自愿的基础上，征得别人的同意，向别人提供有用的劳务或产品，换取对方的报酬。而国家为了获得收入，却不需要与别人交换，只需要使用自己的强制力。虽然国家也为居民提供国防等公共产品，但这些产品与国家的收入之间，并没有完全对等的交换关系，也无须遵守双方自愿的原则。

2. 国家的三只“手”

国家在经济活动中应该或者实际起什么作用？对这个问题，不同的经济学流派给出了三种不同答案，而且都可以形象地用“手”来比喻：无为之手、扶持之手和掠夺之手。①

（1）无为之手。

国家应该是一只“无为之手”的理论，来自经济学的鼻祖亚当·斯密。他把市场比喻成一只“看不见的手”，认为自由竞争的市场可以导致社会福利的最大化。在市场上，所有个人都是主观为自己，客观为别人、为他人、为社会而服务的。通过市场交换，经济资源实现最优配置，社会福利实现最大化。

按照斯密的理论，有了市场这只有效的“看不见的手”，国家在多数情况下就应该充当一只“无为之手”，政府应当越小越好。总的来说，除了提供国防、治安、维持和执行合同这些最基本的公共产品以外，政府不应该再去过多地干预经济活动。换言之，政府主要是充当“守夜人”的角色。

（2）扶持之手。

国家的第二只手是“扶持之手”（helping hand），这是福利经济学的基本思想。福利经济学研究的基本框架是，首先定义社会福利（比如生产者剩余和消费者剩余的总和），确定福利最大化的目标，然后讨论市场失败的可能性和由此造成的社会福利损失，最后讨论如何通过政府干预，采取诸如反垄断和消除信息不对称的措施，来帮助增加社会福利。这类讨论所假设的基本前提都是，国家的目标是使社会福利最大化，国家是善意的，是对

---

① 王一江. 国家与经济//吴敬琏. 比较：第18辑. 北京：中信出版社，2005：1-26.

市场不足的必要补充。[①]

国家干预的手段和程度，可以有相当大的差别。在最低的干预层次上，国家可以通过价格机制，比如通过税收和补贴，来改变企业的成本收益结构，从而改变其行为。税收和补贴、转移支付这些方法，有时也用来作为调节社会收入分配的手段。在中等的层次上，国家可以通过行政和法律手段，鼓励、禁止和规范产业和企业的行为。在最高层次上，国家可以拥有并直接管理和操作企业，将企业资源直接用于实现政府的就业、居民收入和其他经济或非经济目标。

（3）掠夺之手。

近些年来，越来越多的学者们注意到，国家在经济中发挥作用，并非总是出于善意——为了增加社会福利。国家也有自身利益，并会使用强制力来实现自身利益。国家这样做时，它就成为“掠夺之手”（grabbing hand）。

安德烈·施莱弗等学者认为，不能天真地假设国家的目标是使社会福利最大化。国家及掌握国家机器的人，都有自己的目标，有自身利益。要理解国家的种种行为，一定要理解掌握国家机器的人自身的利益和利己行为。施莱弗等通过研究英国王位继承的历史发现，实际上国家统治者的利益经常是不长远的。这里有王位继承中的斗争和不确定性的问题，也有统治者个人当前高消费需要的问题。统治者当前和短期利益的需要经常会驱使他们去过度掠夺。[②]

从现实和客观的角度来看，多数时候国家都同时扮演了三只“手”的角色。有时候在某些领域，市场自己运行良好，不需要国家过多介入，国家也甘当无为之手，没有过多介入。也有很多时候，国家采取了措施，促进了社会效益和社会福利的提高，起到“扶持之手”的作用。然而，历史和现实生活中，也不乏国家过分掠夺的例子。

国家在市场运作良好时充当无为之手，在市场失败时充当扶持之手，都有利于社会财富总量的增加，不会引起太大的争论和社会矛盾。但当国家成为掠夺之手时，对社会和经济来说是破坏性的，有时甚至是灾难性的。因此，如果国家仅是无为之手，它越小越好。如果国家仅是帮助之手，它越强大越好。如果国家仅是掠夺之手，对它的限制越多越好。

3. 国家的本质两难

关于国家的本质两难（fundamental dilemma）最早是由政治学家巴里·温加斯特这样表述的：“强大到足以保护产权和实施合同的政府也同样强大到足以剥夺公民的财产。市场繁荣不仅需要适当的产权制度和合同法，还需要一种能够限制国家剥夺公民财富的能力的政治基础。但导致政治制度发挥某种作用而不是另一些作用的条件还没弄清楚。”[③]也就是说，国家需要足够强大，才能具有足够的强制力去做它该做的事情，如执行合同和

---

① 这里的充当“扶持之手”的政府有点类似于经济学家们所津津乐道的“泛利性政府”。一般认为，“泛利性政府”具有这样一些特点：首先，它更关心国家的长远利益，而非短期政治收益；其次，它能有效抵御来自利益集团的压力，以国家的整体利益为标准来制定政策；最后，在改善人民生活水平方面，泛利性政府不受民粹主义的干扰，不追求给大众立竿见影的好处，而是给他们提供可持续性的收入增长。（姚洋．作为制度创新过程的经济改革．上海：格致出版社，上海人民出版社，2008：7.）

② 施莱弗，等．掠夺之手：政府病及其治疗．北京：中信出版社，2004：17－48.

③ 青木昌彦．比较制度分析．上海：上海远东出版社，2001：156.

保护产权；但国家又不能过分强大，否则它可以不受约束，滥用自己的强制力，任意侵犯公民的财产和权利。没有国家不行，有了国家又有许多麻烦。与温加斯特相一致，诺思也指出："国家的存在是经济增长的关键，然而国家又是人为的经济衰退的根源。"诺思的这一思想被我国的经济学者总结为"诺思悖论"。

所以，怎样解决国家的本质两难问题，是处理国家与经济绩效关系时最重要同时又是最棘手的问题。通过怎样的制度结构来有效约束政府的权力，新制度经济学关于宪政与承诺问题的研究为解决国家的本质两难提供了一个思路。另外，新制度经济学家巴泽尔认为可以通过建立集体行动机制解决"诺思悖论"。当集体行动机制能够有效控制保护者使用强制力时，国家将成为法治国家。只有当个体创建了控制统治者的机制后，才会配备统治者。虽然巴泽尔对利用集体行动机制来约束国家很有信心，但是由于集体行动天然存在着"搭便车"问题，因而集体行动机制可能无法达到预期效果。总之，对于国家本质两难问题或"诺思悖论"的解决方式的研究是新制度经济学最富挑战性的课题。

5.2 诺思的国家理论

诺思提出的国家理论是当前新制度经济学理论框架下最系统和最有说服力的国家理论，其不仅将经济学理论与方法引入国家理论的分析中，而且在福利和效用最大化的假设基础之上，将国家假定为一个具有很强色彩的经济人，把国家这个政治组织人格化，从而构建出了一个令人信服的国家理论。

5.2.1 静态新古典国家模型

1. 模型假设

诺思认为，具有一个福利或效用最大化的统治者的国家模型具有三个基本特征，而这三个基本特征也就是诺思在其所构建的新古典国家模型中的三个基本假设：

第一，统治者用保护和正义（包括产权和合约权的保护）等公共产品来交换收益（主要来自税收）。"由于提供这些服务存在着规模经济，因而作为一个专门从事这些服务的组织，它的社会总收入要高于每一个社会个体自己保护自己拥有的产权的收入。"在这里，国家与选民是一种交换关系，相当于选民用收入从国家那里购买保护和正义。

第二，统治者（国家）成为其选民的最高权威，有权为全社会设计产权结构，并因此而拥有强制力。国家"像一个带有歧视性的垄断者那样活动，为使国家收入最大化，它将选民分为各个集团，并为每一个集团设计产权"①。

第三，统治者面临约束。统治者并不能在国家内随心所欲地活动，统治者面临的约束大小取决于其选民在下面两个情况下所面临的困难：(1) 移民到另一个有较好生活条件的国家的成本（"退出"）；(2) 罢免现在的统治者，而推举另一个许诺给选民提供更好服务的竞争者上台（"发言权"）所需的成本。统治者总有潜在的竞争对手，这些人也能提供类似的

① 诺思．经济史中的结构和变迁．上海：上海三联书店，上海人民出版社，1994：23.

服务。

基于上述三个假设，诺思又进行了如下的深入解释①：

第一，国家（统治者）提供的基本服务在于宪法的形成和执行——不管它是成文的还是不成文的。宪法规定了选民的产权结构，其目标是最大化受政治和经济交易费用约束的统治者的租金（根据诺思的新古典原理）。为了达到这一点，它必须提供一系列的公共（或半公共）产品和服务，“以便降低作为经济交易基础的合约定义、谈判和执行的成本”。

第二，根据诺思的观点，国家规定产权的目的是最大化其垄断租金。从这个角度可以解释私有产权和公有产权的配置。为了征税，统治者需要征税者（即代理人）。委托—代理问题出现了，统治者的垄断租金在一定程度上被代理人挥霍，像民选国家中的官僚。

第三，因为总是存在竞争者，统治者要么同别的国家竞争要么同自己国家中的潜在对手竞争。“替代者越是势均力敌，统治者所拥有的自由度就越低，选民所保留的收入增长的份额也越大。不同的选民有其不同的机会成本，这种机会成本决定每一团体在界定产权和承受税负方面具有的谈判能力。机会成本同时也反映了统治者提供的服务的配置，这些服务在相当大的程度上并不纯粹是公共产品，而统治者要给那些势均力敌的对手比那些无威胁的人们以更多的服务。选民也许会以某种代价转向某个竞争的统治者（即另一个现存的政治—经济单位）或支持在现存国家中某个统治者的竞争者。前一种选择依赖于相竞争的政治单位的结构。当然，地理上较贴近的统治者具有优势。统治者争取选民的努力将取决于保护的供给曲线和从增加选民中所得到的边际收益。后一种选择取决于相竞争选民的相对暴力潜能。统治者自己的代理人也许会组织反对势力，并通过更好地分配现有租金来从选民中获得支持者。然而，其他能控制足够的资源来取得军事力量（或在封建社会贵族拥有现成的军事力量）的人也是潜在的对手。”②

在这里，选民变更政府或离开这个国家的机会成本起着重要作用。我们必须注意到，即使是在现代的西方社会，永久地离开某个国家的成本也是相当可观的。公民的专用性投资（沉没成本）一般高于一个企业中的雇员。在一个特定的国度里出生并长大的事实更加强化了这些投资。沉没成本包括他们在其祖国度过的青年阶段所掌握的语言、正式的和非正式的行为规则、宗教以及文化等等。而且，专用性投资是那些投入其家庭、朋友和业务关系中的成本。因而选民发现自己被祖国锁定，较之于企业中的雇员程度更深——这种状况可能诱致一个政府的机会主义行为，任何类型的政府都不例外。

2. 国家的目标及其约束

诺思认为，国家具有双重目标：一是规定竞争和合作的基本规则，以便为统治者的所得租金最大化提供一个产权结构（即规定产品和要素市场的所有权结构）；另外一个目标是在第一个目标的框架内，减少交易费用，以便促进社会产出的最大化，从而增加国家的

---

① 弗鲁博顿，芮切特. 新制度经济学：一个交易费用分析范式. 上海：上海三联书店，上海人民出版社，2006：535-537.

② 诺思. 经济史中的结构和变迁. 上海：上海三联书店，上海人民出版社，1994：27-28.

税收。从诺思对国家两个目标的定位中，国家的这两个目标的地位并不相等，而是有主次之分，追求垄断租金的最大化是统治者的首要目标，其次才是追求社会产出的最大化从而增加国家的税收。国家的这两个目标之间存在着此消彼长的矛盾关系（见图 5－1）。从历史上看，在使统治者的租金最大化的产权结构与降低交易费用从而增加社会产出的效率体制之间存在着持久的冲突，正是因为存在着这样的冲突，并进而导致政府与民众之间的矛盾乃至对抗性行为的出现，国家也由此而兴衰存亡。

从图 5－1 可知，统治者可在光滑的曲线上找到一个双重目标的均衡点，比如图中的 c 点，但在现实中，租金最大化与产出最大化的均衡点并不完全是由统治者的偏好决定，还取决于政治体制、社会经济发展水平、历史文化传统、外来的竞争压力等。特别是在当今经济全球化的背景下，外来的竞争压力迫使统治者不得不注重产出最大化。

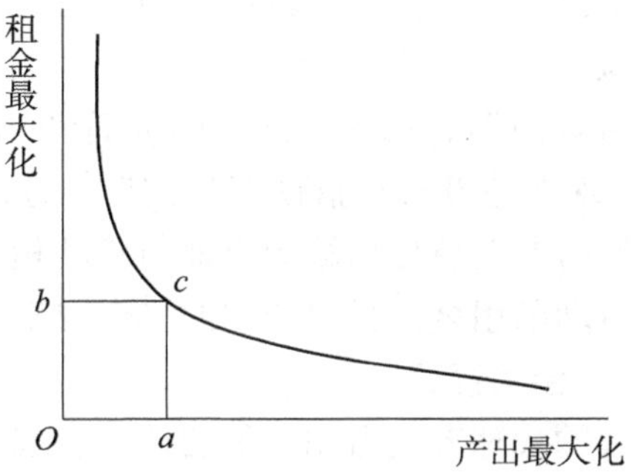

图 5－1　国家的目标及其冲突

诺思认为统治者要注意两类约束：竞争约束和交易费用约束。竞争约束是指统治者总是有竞争对手的，这里的竞争对手是指竞争的国家或者其国内可能成为统治者的人；交易费用约束是指国家检查、计量和征收各种税收的费用。这两种约束共同构成了统治者进行选择的可能。

根据统治者面临的双重矛盾目标以及两种不同约束，诺思得出了如下结论：国家的稳态趋向于构建一种低效率的产权制度。诺思的具体分析思路是：在两种约束之下，最大化社会产品的产权结构可能就不会最大化统治者的（长期）垄断租金。一般来说，统治者目标函数的最大化不必同选民的相符。诺思的看法是相当悲观的。他说统治者为了稳定其权力，不管对效率的影响如何，都将同意一个有利于某些集团的产权结构，因为这些集团最接近那些替代性的统治者。诺思这样分析道："在第一个约束下，统治者将避免触犯有势力的选民。如果势力接近候选统治者的集团的财富或收入受到产权的不利影响，那么统治者就会受到威胁，因而，统治者会同意一个有利于这些集团的产权结构而无视它对效率的影响。"① 同时，由于决定和征集税收有成本，收入最大化的统治者可能更喜欢一个相对无效率的产权结构。

导致无效率产权出现的又一个重要原因是人们"搭便车"行为的存在。按照诺思的论述，"搭便车"会妨碍对无效产权的调整，因为只有私人收益超过私人成本时，调整才会发生。"这种状况严重束缚了选民调整的意愿，它有助于解释无效率产权的存在，但当私

① 诺思. 经济史中的结构和变迁. 上海：上海三联书店，上海人民出版社，1994：28.

人收益微不足道成为负数时，它显然不能解释改变产权结构的大集团行动。”①

为了证明自己的理论，诺思举了西班牙历史早期“羊人团”的例子。为了社会产出的最大化就必然要废除“羊人团”的特权，从而建立一种有效率的产权；但是建立有效率的产权将在短期内“危及”国王的利益，于是“羊人团”的特例迟迟不能废除，也因此而导致曾经强大的西班牙在不知不觉中走向了衰落。

3. 诺思对其国家理论的总结

诺思的国家理论是十分丰富的，诺思的假定及其分析也是较符合实际历史演变的。诺思自己对他的国家理论进行总结，认为主要有如下四点②：

第一，虽然“搭便车”可能导致产权无效，但“搭便车”却解释了历史上国家的稳定性。诺思认为，抵触国家强制力的个人成本通常源于对国家规则的漠不关心与顺从，而与压制无关。当前许多民主制中出现的低投票的情形，与过去个人为阶级和大集团去推翻社会的行动的失败有历史的相似。

第二，制度创新来自统治者而不是选民，这是因为后者总是面临着“搭便车”问题。诺思写道：“对统治者来说，既然他没有‘搭便车’问题，他就要不断进行制度创新以适应相对价格的变化。因此，使得劳动更加稀缺的土地与劳动相对稀缺性的变化就会促使统治者变革制度以适当地增加劳动的租金。只要劳动的机会成本不变（即其他统治者的潜在竞争不存在变化），这些创新就会实行。”

第三，革命将是由统治者的代理人或由相竞争的统治者或少数精英集团发动的宫廷式革命。

第四，在统治者是一个集团或阶级代理人的地方，某些成功的规则要设计得使在统治者死后革命或巨变的机会最小。这是因为，正如第三点所述，倒台或革命绝大多数来自统治者的代理人。

虽然上述四点有助于解释历史上国家结构变迁及其稳定的大部分根源，但诺思认为，如果把分析仅仅局限于识别行动者的净私人收益（就狭窄的经济意义来说），就会给国家结构变迁的研究设置致命的障碍，因此，为解决“搭便车”难题，诺思认为，需要将意识形态理论引入进来，以便分析更加合理、科学。

5.2.2 诺思国家理论的新发展

诺思的新古典国家理论是在20世纪80年代初提出来的，虽然他的国家理论较为系统全面，但他忽略了国家权力等因素在国家理论中的重要影响。诺思后期将权力与可信承诺等因素引入到了自己的国家理论模型中，重点思考了如何约束统治者的掠夺行为，使其作出跨越时间和空间限制的可信承诺问题，由此推动了国家理论的进一步发展。

1. 新古典国家模型的拓展

在静态国家模型中，诺思认为统治者和选民之间是存在委托—代理关系的，他运用委托—代理框架对统治者与选民的关系进行了分析，但他的这个分析不仅不具体深刻，而且

① 诺思. 经济史中的结构和变迁. 上海：上海三联书店，上海人民出版社，1994：31.

② 同①32.

与政治生活中的实际相去甚远。在后来的研究中，诺思开始思考委托—代理关系中更为复杂的情形（如代议制政府形式），以更为准确地反映选民集团的利益和选民在与统治者谈判中的地位。诺思认为，统治者为获得更多收入，总是以向选民集团提供某些服务为条件，这样，代议制实际上便利了各方的交换。在统治者一方，会形成一个科层代理结构，出现专门的行政管理人员（或称之为官僚）。这时，王室和贵族的简单管理将让位于一个监督国王和选民间财富收入的官僚体系。

在转向现代代议民主时，多元利益集团也随之出现了。在相对谈判能力既定时，为便于各个利益集团之间的交换而设计的制度结构就更加复杂，因而刻画它的模型也更加复杂。①

多元利益集团之间的这种交换关系势必会形成一套复杂的制度结构，从而使政府的承诺可信，使跨期和跨地区交易成为可能，并降低交易费用。在典型的代议制政府中，这种复杂的制度结构包括三层委托—代理关系（即全体选民通过成文宪法授权给国家立法和行政机关、立法和行政机关组织内部的授权立法机关，或者政治领袖作为委托人授权给不同的分支机构），它们在很大程度上决定了公共政策的选择。诺思认为，借助于交易费用政治学可以恰到好处地分析这种复杂的政治结构，其分析的基准是政治科斯定理。具体而言，由于政治过程的核心是利益再分配，围绕这个过程就必然存在各利益集团相互之间的谈判，而谈判是有交易费用的。政治市场也是不完备的，这主要是因为政治家和选民应对复杂环境的心智模式不完备、委托人与代理人难以就可信承诺作出相应的制度安排、昂贵的信息费用以及单个选民获取信息而得不到相应的信息报酬（即单个选民收集信息不划算）等。因此，静态地看，政治市场不完备和交易费用昂贵，一方面需要建立复杂的制度结构以降低交易费用，另一方面又引起了政治市场的无效率。而动态地看，由于路径依赖的作用，即过去的制度和信念又会影响到现在的选择，所以，政治市场天生就不如经济市场有效率。诺思以政治交易费用作为核心范畴分析了政治交易过程中的相互关系和相应的制度结构以及交易费用、制度和效率之间的关系，逐渐形成了交易费用政治学的一般框架。这个一般框架的逻辑结构如图 5-2 所示。②

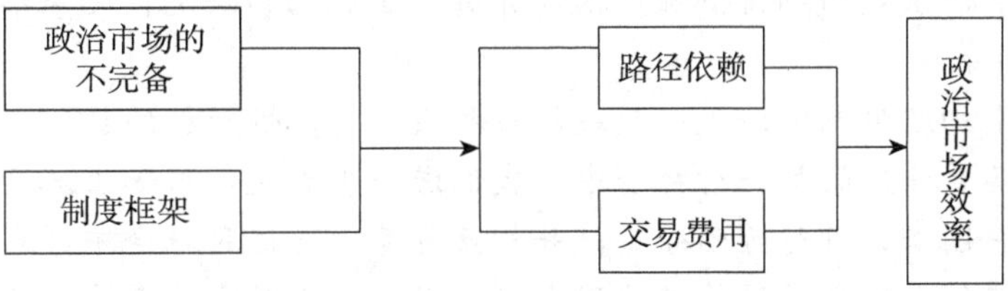

图 5-2　政治市场效率逻辑结构图

2. 对国家起源及其职能问题的新见解

20 世纪 90 年代之后，诺思对制度考察的重点转向了非正式制度及其实施机制。在谈及制度的实施特征时，他说："第三方实施意味着国家必须成为一种监督产权并有效实施

① North, "A Transaction Cost Approach to the Historical Development of Politics and Economics," *Journal of Institutional and Theoretical Economies*, December 1989.

② 周业安. 政策制定过程的新制度经济学视角——兼评迪克西特《经济政策的制定》. 管理世界，2005 (1).

契约的强制力量。但据我所知，目前还没有人知道如何创造出这样的一个实体"[①]。诺思的评论清楚地指出了国家的职能是有效监督产权和实施契约，而非设计和规划产权结构。这是诺思对新古典国家理论的部分修正，也与他对承诺问题的考察联系起来，因为承诺问题实际上就是契约实施的问题。后来，诺思对制度演化的认识进一步深入，他和合作者明确地区分了正式制度和非正式制度不同的形成机制，强调了统治者和选民之间经历了一个复杂的学习过程。同时，他们还指出从保护性机构向国家的转变也存在着不确定性。[②] 此外，诺思也认识到国家作为第三方实施机制经历了一个漫长的过程，他和合作者曾讨论过中世纪商会作为非政府组织在第三方实施机制中的作用，认为商会有可能解决非重复交易情形下的"囚徒困境"问题。从历史上看，私人仲裁机制最终让位于正式的第三方机制，即民族国家。[③] 当国家最终掌握了强制性权力，可以没收不履行裁决之人的财产或将其投入监狱时，惩罚犯规者的成本将大大减少；而且，国家实施全面税收制度代替个人对商法仲裁者付费，还能大幅降低第三方的组织成本。

总体而言，同诺思前期的国家理论相比，后期的国家理论引入了时间因素。对时间因素的重视，使诺思的制度变迁理论从新古典比较静态的均衡分析走向了动态演化的过程分析，使诺思从关注政府的承诺是否可信走向了关注产权和契约的实施与否及其对经济绩效的影响。

案例 5-4

政府与经济增长：拓宽生产可能性边界

实施产权要靠权力，而使用武力的规模经济通常赋予政府独断使用武力的法定权力。不过，产权与政治结构之间的关系是很复杂的，排他性产权可以和一系列不同的政治权力结构相并存。试看下面三种：

（1）一个既没有立法、司法和执法部门，又没有共同法规的社会。

（2）一个由共同法规明确排他性产权，并有立法机构和法院但无警察或军队，故由私人执法的社会。

（3）一个完全由政府制定法规、裁决纠纷和实施排他性产权的社会。

在私人实施各自法规的第一种社会中，我们进一步假定，诸如土地这类生产性资产是稀缺的，人们分户团居，进行劳动分工，并相互贸易。在这种社会中，我们可以毫不奇怪地发现每一户家庭的大部分资源将被迫用来保护大人、小孩和非人力资产，或花费在维护与他人的联谊上。这种社会的政治均衡很难达成，很可能滑向动乱和分裂，或转向权力集中和组建国家。

历史上曾出现过虽有公共法规但由私人执法的第二种社会。比如有人发现，从公元

① 诺思．制度、制度变迁与经济绩效．上海：格致出版社，上海三联书店，上海人民出版社，2008：83.

② 曼特扎维诺斯，诺斯，沙里克．学习、制度与经济绩效．经济社会体制比较，2005（3）．这里的诺斯是本书中其他地方所用的诺思的另一译法。

③ Milgrom, P. R., North, D. C., and Weingast, B. R., "The Role of Institutions in the Revival of Trade: The Law Merchant, Private Judges and the Champagne Fairs," *Economics and Politics*, Volume 2, March 1990.

930 年到 1262 年，冰岛共和时期就属于这种社会。这时，它的政治体制由宪法、立法议院和一连串法院组成，但是政府没有警察或军队等执法部门。由于实施产权要由私人负责，所以对于那些要与强大且残忍的敌手斗争才能保护产权的人们来说，成本自然很高。在冰岛共和时期，人们为了行使自己的权利（或侵犯别人的权利），不仅从亲朋好友处取得支持，还从对手的仇人那里借用势力。

在政府规定产权的基本结构、裁决纠纷和实施法规的第三种社会中，由于耗费相对很少的资源就维持了秩序，所以政府实际上将国家的生产可能性边界拓宽了。

资料来源：埃格特森. 经济行为与制度. 吴经邦，等译. 北京：商务印书馆，2004：58－59.

5.3 国家、宪政与制度变迁

国家作为在使用暴力上具有比较优势的组织，是制度供给的最大主体，在推动制度变迁上具有重要的作用，但是如何才能保证制度变迁朝着有利于社会福利增加的方向推进，而不是朝着增加统治者或部分利益集团福利的方向推进呢？宪政秩序则为有效地限制国家的权力，进而控制制度变迁的方向和方式提供了一个可能的解决方案。

5.3.1 国家、宪法与宪政

1. 国家与宪法

国家的基本职能之一就在于提供一套“游戏规则”，而最根本的“游戏规则”就是宪法。人们对于宪法概念的理解受到时代以及社会知识积累的制约，《美国百科全书》中的宪法条目这样写道：“宪法是治理国家的根本法和基本原则的总和”。《布莱克法律词典》中宪法的定义是：“一国的组织法和基本法，可以是成文的或不成文的；旨在规定政府的特征和组成，提出国家生活所必须遵循的基本原则，组织政府，调整分配和限定政府各部门的职能，以及规定主权行使的范围和方式”。《中国大百科全书·法学》对宪法的定义是：“宪法是国家的根本大法，是具有最高法律效力的法，是据以制定其他法的法律基础”。诺思指出，“宪法是基本法则，它的制定是用以界定国家的产权和控制的基本结构”①。宪法决定了基本的产权，并成为一个制度最基本的约束，国家通过界定产权及强制控制的基本结构使统治者的效用最大化。诺思认为宪法有三大目标：一是设立一个财富和收入分配方式；二是在竞争性世界中界定一个保护体制；三是为执行该体制设置一个框架以减少经济部门中的交易费用。

宪法可以根据形式分为成文宪法和不成文宪法，根据修改的难易程度分为刚性宪法和柔性宪法。当今世界，除英国、新西兰和以色列等极少数几个国家之外，几乎所有国家都有成文宪法，即经公布的宪法；不成文宪法是指没有统一集中规定国家组成和权力划分、国家与个人的关系以及公民权利等基本内容的专门正式的法律文书，而是通过宪法性文件、宪法惯例和法院判例等来体现国家的宪法规则。最典型的不成文宪法国家是

---

① 诺思. 经济史中的结构和变迁. 上海：上海三联书店，上海人民出版社，1994：227.

英国，虽然英国没有以国家名义公布的成文宪法，但英国却是典型的判例法国家，英国的宪法原则集中体现在大量的判例及宪法惯例中。刚性宪法是指由普通立法机关制定或修改但须经其他机关批准或全民公决，或由普通立法机关制定或修改但表决程序较普通法严格的宪法。而由普通立法机关按一般程序即可制定或修改的宪法为柔性宪法。布坎南认为，宪法原则是知识精英从传统中提炼出来的，处于制度这个立体结构的最上端，是制度中的重中之重。当宪法出问题时，其所造成的危害将远远超过一般性制度的危害。所以，布坎南心目中的一致同意规则是形成和改进宪法的程序性标准。一致同意意味着无人受损，但在现实中，达成一致同意的成本却高得离谱，所以，只能退而求其次，采取多数人规则。

随着政治经济环境的变化，作为“规则的规则”的宪法也会出现不适合社会环境的情况，因此，也要在适宜的时候对宪法进行必要的调整，宪法变迁可以根据变迁的程序分为显性变迁和隐性变迁两种，而根据合法与否分为合法性变迁与非法性变迁。① 显性变迁是指通过公开修订宪法文件而改变宪法的变迁方式；隐性变迁是指通过宪法的重新解释来改变宪法的方式。合法性变迁是指符合宪法意志的变迁，非法性变迁是指违背宪法意志的宪法变迁。

虽然宪法是根本大法，但它却不是天然之物，而是各个利益集团相互博弈均衡的结果。诺思认为，宪法的形成是与不同人的利益相关的，不同利益集团对宪法的形成及其变迁的影响是完全不一样的。

由于宪法是基本法则，所以，它不仅是一个国家和社会的根本大法，它还包含着高层次制度，它不可能像低层次制度那样被轻易改变，它也因此为低层次制度中不可能避免的调整提供了连续性和可预见性方面的框架。宪法包含着对基本的、不可剥夺的个人权利的肯定。这些权利不应该被低层次规则、民间公民的强力或各种政府机构所否定。个人主义的宪法既包括保护私人财产（因为私人财产为个人自治提供着物质基础），也包括坚持公民在选择其代表上的主导权，还包括关于权力分立的规定。宪法产生后，也就限制了一个社会一般性制度（或低层次制度）安排及其变迁的可能性边界。

2. 宪法与宪政

与宪法密切相关的概念是宪政。宪政的英文单词是“constitutionalism”，也译为立宪主义。所谓宪政，就是以宪法为最高准则来治理国家，既不是一党专政，也不是多党专政，更不是一人专政或几个人说了算。无论一党也好，多党也罢，必须遵照宪法来“执政”，这就是宪政。也就是真正的“依法治国”，而这个被依照的“法”，指的是宪法。

美国学者 C. H. 麦基文在《宪政古今》中指出，“宪政有着亘古不变的核心本质：它是对政府的法律限制；是对专政的反对；它的反面是专断，即恣意而非法律的统治”②。日本学者阿部照哉认为，“宪政是依据宪法进行政治的原理”③。我国学者张千帆认为，所谓宪政“是指一种使政治运作法律化的理念或理想状态。它要求政府所有的权力的行使都

① 王小卫. 宪政经济学——探索市场经济的游戏规则. 北京：立信会计出版社，2006：60.

② 麦基文. 宪政古今. 贵阳：贵州人民出版社，2004：16.

③ 王叔文. 市场经济与宪政建设. 北京：中国社会科学出版社，2001：1.

被纳入宪法的轨道并受宪法的制约”。“认真对待宪法，把宪法真正作为法——更高的法，并控制所有的政府权力——包括立法权力，国家就实现了宪政。”① 刘军宁则认为，“宪政的本质的确是而且必须是限政。在宪政主义看来，不论一个政府的组织形式如何，都不得存在不受限制的最高权力”②。从以上对宪政的论述可以看出，宪政的根本原则是限政（限制政府）与法治（依法行政），核心特征是对政府权力的法律限制。

宪法的不同，决定了各国不同的宪政体制。经济学家托尔斯腾·佩尔松通过实证研究指出：宪政安排不仅成为联系历史和推进经济增长政策的重要纽带，而且宪政对改进长期经济绩效的结构性政策有重要的影响。③

各国宪政体制的不同无非外在地表现为各国政治的民主或不民主。事实上，一般意义上的制定宪法，其最初的本意都是出于这样的假定：掌权者将滥用政治权力去促进特殊的利益。因此，为了避免这种情形的出现，需要制定宪法来加以约束。从这个角度来说，宪政的精髓就在于限制国家和政府的权力。④ 各国的历史证明，对掌权者滥用政治权力进行约束的最好的方法就是政治民主，所以，换一个角度而言，各国宪政的根本诉求应该是一致的——维护民主政治。

将管理集体行动的那些人置于特定约束之下的立宪政体，其效能有赖于选举制民主、法治的盛行、经济和社会向存在于政府之间和经济主体之间的外部竞争开放（见图 5-3）。这些条件构成了一张相互支撑的子秩序之网。这一子秩序之网巩固着个人自由。

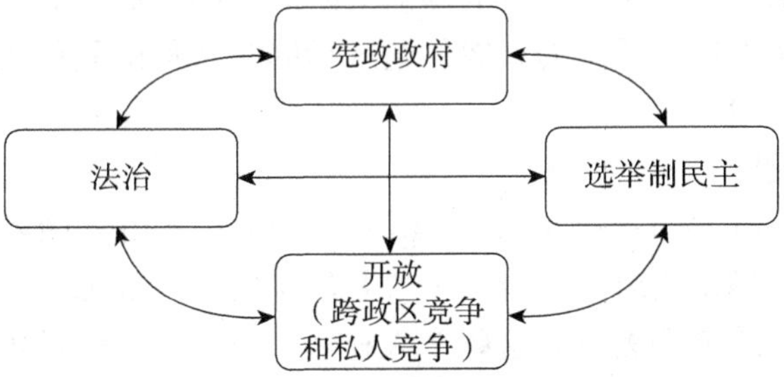

图 5-3　立宪主义：相互支持的制度系统之网

资料来源：柯武刚，史漫飞. 制度经济学. 韩朝华，译. 北京：商务印书馆，2000：407.

3. 宪政政府与强化市场型政府

（1）宪政政府。

为了能够保护社会中的每个人的经济自由以及利益不致因集体活动而受损，从理论上来讲，集体活动应该建立在人们一致同意的基础上，而通过一致同意规则所构建的集体活动赖以进行的制度结构就是宪法秩序。但是在现实社会中，一致同意规则却会导致高昂的决策成本，从而导致一致同意无法实现，所以往往只能退而求其次，采取“最优多数规

① 张千帆. 宪法学导论：原理与运用. 北京：法律出版社，2004：11.
② 刘军宁. 市场社会与公共秩序. 北京：生活·读书·新知三联书店，1996：39-43.
③ 佩尔松. 宪政的影响//吴敬琏. 比较：第 10 辑. 北京，中信出版社，2004：39.
④ 王焱. 宪政主义与现代国家. 北京：生活·读书·新知三联书店，2003：7.

则”。虽然现实中的宪法秩序可能无法通过一致同意规则建立，但是宪法秩序在很大程度上体现了以一致同意为基础所达成的互利条约的本质，即保证没有人的福利会因为其他人的行为而受到损害。

经济生活中的人们有建立宪法秩序的动机，同时也有破坏宪法秩序的动机。所以，为了维护宪政秩序，必须建立带有强制性质的政府以保证宪政秩序的运行。但问题就在于，当政府权力不加约束或无法约束时，政府本身可能也就成了破坏宪政秩序的根源。

为了对政府活动施加根本性的有效约束，宪政经济学提出了宪政政府的概念。宪政政府的中心思想是：制定宪法本身并非政府行为，宪法代表了不同阶层人民之间组建政府的协定；人民的人身与财产的自然权力是先于政府的；宪政政府是受到限制的政府。这就是说，人们在立宪阶段达成的宪法契约不仅应受到立宪后阶段所成立的政府的遵守，而且它还制约着政府的行为、指导着政治过程。所以，宪政政府的核心任务便是保护每个人不是通过暴力或欺骗手段而获得财产权和人身权，消除各种形式的掠夺。

对于如何约束政府，西方宪法中规定了两种根本性约束：程序约束与明文约束。程序约束是指通过对决策规则与立法程序的预先规定来影响经济政策的制定方式，进而限制决策后果。明文约束则是对政府行为的具体规定，规定政府可以做什么，不可以做什么。明文约束要求有一个外在权威机构执行契约任务，判定立法与行政是否有悖宪法精神，因而是一种外在约束。外在权威是最高法院，它是判断政府经济政策是否违宪的仲裁者。例如，在美国，程序约束的典型例子表现为参众两院的不同组成方式和议案决策方式：参议院按州选派，众议院按人口选派，而议案的通过须同时获得两院的批准。这种制度就同时保护了大州与小州的利益。

（2）强化市场型政府。

强化市场型政府（market-augmenting government）是由美国经济学家曼瑟·奥尔森提出来的。所谓强化市场型政府，是指一个“有足够的权力去创造和保护私有产权并去强制执行合约，而且受到约束不去剥夺这些个人权利”的政府。[①] 奥尔森认为，强化市场型政府的建立是一个国家经济成功的必要条件。这是因为，奥尔森通过研究发现经济的成功必须具备两个必要条件：一是存在可靠且明确界定的财产权利和公正的契约执行权利；二是不存在任何形式的巧取豪夺。[②] 而强化市场型政府实际上是奥尔森在对这两个必要条件进一步精炼的基础上提出来的。

民主与法治是建立强化市场型政府的基本前提条件。政府并不是抱着仁慈的态度去支持市场经济的发展，而是政府与社会具有共容利益。所以，强化市场型政府的产生条件就在于如何使政府或执政者具有共容利益的条件，也就是执政者的利益与社会中尽可能多的人的利益要相一致。奥尔森认为，民主政体，或者说至少是代议制政体，能够使执政者的利益与大多数人的利益相一致。奥尔森所谈论的民主，其核心或者本质不在于是否赋予了公民选举权，而在于它是否保证政府产生于公平和自由的政治竞争过程，从而确保拥有共容利益的精英掌握政治领导权。从理论上讲，与独裁政治不同，任何个人在民主政治中都

---

① 奥尔森. 权力与繁荣. 上海：上海世纪出版集团，2005：3.

② 同①151－152.

无权废除产权、取缔契约和掠夺资产，所以，民主政体中的政治领袖同样也无权镇压反对者、废除财产和契约，这样的结果就是：选民的财产和契约权利只依赖于民主政体本身是否能够延续，而与特定统治者的任期无关。

从实证角度讲，根据对产权保护的程度对政治体制进行排序，持续的民主最好，其次是独裁，最差的是持续期很短的民主。在此，我们需要注意的是，虽然持续期较短的民主制度的经济绩效表现差于独裁专制，但这主要是因为民主体制在初期对以往的制度安排进行大量重新调整耗费了巨额成本，而且民主政体发挥作用需要一个过程，建立起民众的信任需要时间，而不是因为民主本身没有效率。

另外，强化市场型政府还必须建立在法治化社会的基础上，法治意味着国家以及个人的行动都必须在法律允许的范围之内，个人的财产和契约权利受到法律的有效保护，政府的权力同时受到约束，使得一切个人和组织的行动有章可循，从而经济主体在从事经济活动时的不确定性大大降低，所以，法治既可以有效地保护产权，又可以大大降低契约执行的费用。而非法治国家经济落后的根源就在于交易费用远大于法治国家的交易费用。

强化市场型政府成功的秘诀就在于供给出了有利于实现社会经济活动利益最大化的法律体系和政治秩序（也就是前面所说的经济成功的两个必要条件）。“没有了这些制度安排，社会将无法有保障地获得市场的全部好处，无法有效地制造复杂的商品（因为这需要许多人在相当长的时期里的合作），也无法实现其他需要多方合作或长期安排才能得到的利益。”① 因此，一个国家要想实现经济繁荣，则必须建立强化市场型政府。奥尔森指出：“在最繁荣的国家，资本市场、保险以及衍生产品和期货贸易量是如此之大和重要，以及资本的密集性和大规模的公司生产是如此广泛，以致这些国家的政府必须创造更多的市场而不是压制或者取代市场。这些政府的全部影响显然在于增加从市场以及贸易中获益的范围。为什么一定要是政府呢？……有自由至上主义倾向的学者们有时认为合约可以在私人意义上得到强制执行。但是我们知道，实际上，通过引入竞争性的机构，通过私人手段来强制执行财产权利这样的办法会引起冲突。其实，依靠私人强制机构履行合约的经济甚至可能会失去使空间场所市场赖以存在的和平与秩序……繁荣的经济需要强化市场型政府的存在。”②

5.3.2 国家与制度变迁

林毅夫指出：“在社会所有制度安排中，政府是最重要的一个。”③ 这是因为国家（政府）作为一种在某个给定地区内可合法使用强制性手段的制度安排，具有强制性、垄断性以及规模经济的优势。所以，国家一旦形成就能利用其优势干预和推动制度变迁，对制度变迁发挥重要的作用。

国家在制度变迁中的优势主要有：第一，国家可以凭借自己垄断的强制力，以最短的

① 奥尔森. 权力与繁荣. 上海：上海世纪出版集团，2005：144.

② 同①3－4.

③ 科斯，等. 财产权利与制度变迁——产权学派与新制度学派译文集. 上海：上海三联书店，上海人民出版社，1994：374.

时间和最快的速度推进制度变迁；第二，国家可以通过制定强制性规则、意识形态控制、税收征管等手段减少或抑制“搭便车”现象，从而降低制度变迁的成本，加速制度变迁的进程；第三，国家可以凭借自己的暴力潜能和规模经济的优势，降低制度变迁的组织成本和实施成本。但是，由于受到统治者的偏好和有限理性、意识形态刚性、官僚机构问题、集团利益冲突和社会知识的局限性等因素的制约①，国家在制度变迁的过程中可能无法取得预期的效果。更糟糕的是，国家在某些时候会滥用自己手中的权力去推行只对自己或少数利益集团有利的制度变迁，在这种情况下，整个社会的福利就会受到损害。因此，这就需要利用宪政体制对国家的制度变迁实行有效的约束。

1. 国家与制度变迁的供求

国家在制度变迁中的作用可以从制度变迁的供求角度来分析。从制度变迁的需求上看，国家的作用表现为：

（1）国家可以通过引进或集中开发新技术来推动制度变迁。技术变化对制度变迁的影响主要有两个方面：一是技术变化通过改变生产要素的相对价格促进制度变迁；二是技术变化能够产生新的利益从而推动新制度的建立。因此，国家可以将国内有限的人力、物力资源集中起来进行研究攻关，更快地开发或引进某些新技术，以便激发制度变迁。

（2）国家可以通过改变产品和要素的相对价格比例来促进制度变迁。新制度经济学认为产品和要素相对价格的变化会产生新的盈利机会，从而改变人们之间的激励结构和讨价还价的能力，进而引发人们重新缔约、订立制度以获取和分配新利润的努力。产品和要素相对价格的变动是制度变迁的一个重要源泉。这在经济史中表现得尤为明显。在没有国家介入之前，产品和要素的相对价格比例的变化，往往是由自然规律决定的。然而一旦有了国家后，国家就可以有意识地采取某些措施，通过积累某种产品或要素、改变相对价格来影响制度变迁。

（3）国家可以通过修改宪法或制定法律、法规等促进制度变迁。宪法秩序的变化即政权的基本规则的变化，能深刻地影响创立新的制度安排的预期成本和收益，也对制度变迁的需求有着深刻的影响。修改宪法，对于普通的个人或团体来说是难以做到的，只有国家才能在其职权的范围内，按照一定的程序进行。国家通过修改法规，可以极大地减少交易成本，促进新的、有效率的制度的出现。

从制度变迁的供给上看，国家可以凭借自己的优势，既降低制度供给的成本，又增加相关制度的供给：

（1）国家可以通过改变宪法秩序促进制度变迁。宪法秩序既能对制度需求产生影响，也能对制度供给产生影响。首先，宪法秩序规定了制度创新可以选择的范围，并影响着制度变迁的方向和方式。其次，宪法秩序通过确认某种价值观或意识形态为社会的主导观念而鼓励或压制社会科学的研究与进步，进而影响知识的积累和制度创新的能力，以至最终扩大或削弱制度变迁的知识基础，影响社会的制度供给能力。最后，宪法秩序直接决定了利益主体参与政治过程的成本和难度。如果成本太大、难度太高，制度变迁就会受到限

---

① 科斯，等. 财产权利与制度变迁——产权学派与新制度学派译文集. 上海：上海三联书店，上海人民出版社，1994：397-400.

制，反之就有利于制度创新。不同的宪法内容会对制度创新产生不同的影响。

（2）国家可以通过加强知识存量的积累增加制度的供给能力。社会科学与相关知识的存量累积及其进步降低了制度变迁的成本，正如自然科学和工程知识的进步降低了技术变迁的成本一样。现有知识和社会科学的进步对降低制度变迁的成本、增加制度供给的影响主要表现在：第一，现有知识积累限制了制度创新可供选择的范围。第二，知识存量的增加有助于提高人们发现制度不均衡进而改变这种状况的能力。第三，在一个社会中占统治地位的知识体系一旦产生，它就会激发和加速该社会政治经济制度的重新安排。第四，知识的积累和教育体制的发展导致了知识和技术信息的广泛传播，以及与工商业和政府机构的发展密切相关的统计资料储备的增长，从而在很大程度上减少了与制度创新相联系的成本。因此，如果国家鼓励或直接参与科学研究以及对外交流学习，加强知识存量的积累，就能增加制度的供给能力并促进制度变迁。

（3）国家可以利用其强制性和规模经济的优势降低制度变迁的供给成本。制度供给是要付出成本的，这些成本至少包括规划设计的费用、清除旧制度的费用、实施新制度的预期成本以及随机成本。这些成本有时会大到使得一般的行为主体难以进行制度创新，而国家则可以发挥其强制性和规模经济优势，降低或弥补制度供给中的各项费用，使制度创新成为可能。

（4）国家干预有利于解决制度供给的持续性不足。制度供给的持续性不足是指由于制度变迁中客观存在的外部性和“搭便车”而引起的制度供给少于制度需求的现象。制度变迁中的外部性产生的原因是由于制度创新不能获得专利，制度变迁中的“搭便车”现象是因为制度安排是一种公共产品而产生的。当私人收益率低于社会收益率时，鼓励制度创新的激励将会不足，从而制度创新将少于作为整体的最佳量，进而导致制度供给的持续性不足或制度供给的短缺，在这种情况下，国家既可以通过建立并严格执行专利法来减少外部性，也可以通过税收政策等强制性手段，克服或减少“搭便车”现象，借以鼓励制度供给。

2. 国家与包容性制度、汲取性制度

在美国经济学家阿西莫格鲁与罗宾逊看来，国家的一个重要作用就在于在国家建立后的经济社会发展过程中能否供给出有利于经济增长的包容性制度。他们研究认为，凡是建立包容性制度（inclusive institutions）的国家和地区，经济都实现了长期的持续发展和人民生活的持续提高；凡是受汲取性（或攫取性）制度（extractive institutions）束缚的地方，要么长期陷入贫困落后状态，要么增长无法维持而出现大起大落。因此，究竟建立的是包容性制度抑或是汲取性制度，往往成为决定国家成败的基本原因。①

包容性制度由包容性经济制度和包容性政治制度组成。包容性经济制度（inclusive economic institutions）又包括很多方面，如产权保护、公正的法律体系、平等的竞争环境、新企业的进入自由，以及自由选择职业等。归结起来，包容性经济制度要容许和鼓励绝大多数人充分利用其天赋和技能，使个人能够作出他们希望的选择。其中，保护产权处于中

① Acemoglu，D.，Robinson，J.，*Why Nations Fail：The Origins of Power，Prosperity，and Poverty*，New York：Crown Publisher，2012.

心位置，因为产权受到保护的情况下人们才会愿意投资、提高技能和生产率。包容性政治制度（inclusive political institutions）是指满足以下两个要件的国家制度：一是足够的集中（sufficiently centralized）；二是足够的多元（sufficiently pluralistic）。其中，“足够的集中”条件沿用的是马克斯·韦伯的意见，韦伯曾将国家定义为“合法暴力的垄断者”（monopoly of legitimate violence）。如果没有这种合法暴力垄断，国家无法发挥实施法律和维持秩序的作用，更不要说提供公共服务和鼓励、规制经济活动。“足够的多元”条件要求政治权力的社会分布广泛，而不是控制在单个个人或小集团手中，并且权力运用受到约束。如果权力分布狭窄和不受约束，那么这类政治制度就是专制主义的。上述两个条件缺一不可。

与包容性制度一样，汲取性制度也由两部分构成：一是汲取性经济制度（extractive economic institutions），其主要服务于从民众那里汲取收入和财富来使权贵获益。汲取性经济制度有很多形式，但都导致了国家的失败，阻碍了社会的发展。比如缺乏产权保护，个人就不会投资于物质或人力资本，也缺乏采用新技术的积极性；没有市场机制，贸易收益就得不到利用，资源也将被扭曲配置等。二是汲取性政治制度（extractive political institutions），当满足“包容性政治制度”的两个条件缺少任何一个时，它就属于所谓的“汲取性政治制度”。

包容性经济制度如果得到包容性政治制度的支持，往往更加稳固；包容性政治和经济制度倾向于相互支持，形成了一种良性循环关系。而汲取性经济制度如果得到汲取性政治制度的支持，也会更难改变；汲取性政治和经济制度倾向于相互支持，造成了一种恶性循环关系。①

从福利最大化的角度出发，每个人都希望生活在由包容性制度构建的国家里。但是，一个国家究竟供给出来的是包容性制度还是汲取性制度，在某种程度上取决于一个国家能否较好地处理“诺思悖论”或国家“本质两难”问题。

3. 宪政体制下的制度变迁

国家在制度变迁中发挥着重要的作用，可是在国家权力缺少约束的情况下，国家运用自身力量进行的制度变迁却并非总是朝着有利于提升社会福利的方向进行，而是有可能偏向于某些特定的利益集团，无视制度变迁对效率的影响。而在宪政体制下，政府权力可以得到有效的约束，国家在有效的监督下，将无法肆无忌惮地利用手中的权力为自己攫取垄断租金。概括起来，宪政优化国家在制度变迁中的作用主要有以下三点：

第一，可以有效地限制政府权力。政府权力的过度扩张可能导致政府对选民利益的侵犯。在宪政体制下，政府必须按照宪政的要求实施权力，任何违反宪政的行为都会受到选民的严厉抵制并且相关行政人员要受到相应的惩罚，在这样的有效监督下，政府只能做人民要求它去做的事。

第二，为制度变迁规定可能性边界。宪政要求以宪法为最高准则来治理国家，宪法作为元规则，是产生规则的规则，所以，宪法以下的各项法律规范的制定与实施都必须在宪法允许的范围内才是有效的，这就为制度变迁规定了可能性边界。当然，随着时间的推移

① 范世涛. 包容性制度、汲取性制度和繁荣的可持续性. 经济社会体制比较，2013 (1).

和具体环境的改变，即使是最高法则宪法也有可能出现与现实不协调的情况，这时，对宪法也需要进行制度变迁，但是对宪法的制度变迁比普通的制度变迁要更加复杂和谨慎。

第三，提高选民对制度变迁的可置信度。依法治国是宪政的内在要求，而在法治化的环境下，选民对政府的行为有更高的置信度，而且也提高了选民对政府行为的可预期性，这就使得选民有激励去从事需要较长时间才能获得回报的投资。对于政府推出的各项政策，选民有理由相信，政府与选民两者的互信，可以有效地降低制度变迁的成本，促进新制度更快地产生效果。

5.4 国家、宪政与经济增长

国家对经济增长的影响主要通过两种方式来实现：一是国家自身作为一个经济实体参与到经济活动中去；二是国家通过供给出一套制度框架来影响一国之内的个人和组织的经济活动。

5.4.1 "诺思悖论"及宪政之解

1. "诺思悖论"求解

通过考察经济增长史，可以看到国家在经济增长中扮演了极其复杂的角色。对于经济增长，国家有时起着促进的作用，有时又起着阻碍的作用，用诺思的话来说就是："国家的存在是经济增长的关键，然而国家又是人为经济衰退的根源"①。国家在经济增长中的这种双重矛盾作用，被中国的一些经济学学者表述为所谓的"诺思悖论"。②

按照诺思的分析，国家在经济增长中的矛盾作用的根源在于国家的目的是双重的。国家的第一个目的是通过界定形成产权结构的竞争与合作的基本规则——在要素和产品市场上界定所有权结构——而使统治者的租金最大化；第二个目的是在第一个目的的框架中降低交易费用以使社会产出最大，从而使国家税收增加。这两个目的并不完全一致，第二个目的包含一套能使社会产出最大化而完全有效率的产权，而第一个目的是企图确立一套基本规则以保证统治者自己收入的最大化（或者，如果我们愿意放宽单一统治者的假设，那么就是使统治者所代表的集团或阶级的垄断租金最大化）。从历史上来看，使统治者（和他的集团）的租金最大化的所有权结构与降低交易费用和促进经济增长的效率体制之间，存在着持久的冲突。③

对于如何化解"诺思悖论"，以诺思为代表的新制度经济学家进行了有益的探索。诺思给出的答案有两个：一是运用传统方法，二是建立现代国家制度。所谓运用传统方法，就是指运用包括诸如国家之间的竞争、行会抵制、意识形态约束、交易费用约束以及重复博弈中的声誉机制约束等方法。然而，由于技术迅速进步所带来的人类经济社会生活的高

---

① 诺思．经济史中的结构与变迁．上海：上海三联书店，上海人民出版社，1994：20.

② 实际上，诺思自己都不知道有所谓的"诺思悖论"。1995 年 3 月 9 日，诺思在北京的一次演讲结束后回答听众提问时说："我自己都不知道有一个所谓的'诺思悖论'。"参见《经济学消息报》，1995－04－08，第 4 版。

③ 同①24－25.

度复杂化，运用传统方法来化解“诺思悖论”已显得力不从心。所以，诺思后来提出了要依靠建立现代国家制度，即通过确立承诺可信的宪政体制来解决“悖论”难题。而奥尔森提出的建立强化市场型政府理论也是对这一难题的积极探索。

国家在保护所有人并使他们免受其他人的强制和暴力方面是不可缺少的，但是一旦国家为了这个目的而成功地垄断了实施强制和暴力的权力，那么它就变成了威胁个人权利的首要因素，而对权力约束机制的探索就构成了对国家问题研究的核心。事实上，对国家权力的约束，是17—19世纪国家制度演化史上的重要内容。为解决国家权力的两难矛盾，理论家与实践家们发现了有效约束国家权力的宪政制度。在宪政体制下，政府的各种承诺变得可信，国家本身也进化到依靠制度来进行治理。在宪法规则下，私有产权有了坚实的法律基础，国家遵循理性程序对私有合同强制执行。可信的法律制度不仅大大降低了交易费用，而且也有效地约束了国家的机会主义行为。

以诺思为代表的新制度经济学家们认为，宪政秩序与经济发展的关系就像游戏规则与游戏的关系。没有有效的规则，就不可能产生有效率的“游戏”。宪政安排作为解开“诺思悖论”的一把钥匙，它所崇尚的人民主权、宪法至上、有限政府以及保障人权等法律精神，已经逐渐成为市场经济博弈规则中的“共同知识”，这也是确立宪政制度的知识基础。宪政使政府与市场之间找到了一种“微妙的平衡”，它使政府对经济自由和政治自由的承诺变得可信。它所包含的经济学意义是通过对政府权力的约束和对个人权利的保障确立市场经济正常运转的制度环境，保证经济的持续稳定增长，实现社会福利的不断提高。

2. 宪政与经济增长

在探讨国家和选民之间的交易费用为什么存在差异时，阿西莫格鲁明确地指出这一问题的核心就是承诺问题。① 按照阿马蒂亚·森的定义，“承诺”是指在特定社会状态或博弈情形中那些影响或决定一个人行为的原则、制度或社会准则。② 可信承诺需要宪政安排来保驾护航。这主要是因为无论经济交换还是政治交换，其本质上都是一种合约，而合约实际上就是权利交换的承诺，也就是产权交换的承诺。诺思等认为，在跨越时间和空间的政治交换中，政治市场充满了不确定性，存在高昂的交易费用，人们总是要面临未来的承诺如何履行的问题；要使政府的承诺可信，就必须设计一种制度安排，特别是宪政制度安排。政治制度构成了政治家合作的事前协议，它能够有效降低不确定性。也就是说，这种制度安排提高了政府背离承诺的成本，包括政府为履行承诺而作出的努力（直接成本）和在履行承诺时所放弃的其他收益（机会成本），或在不履行承诺的情形下可能承担的政治风险（风险成本）。

诺思通过对经济史的研究发现，独立之后的美国建立了一套鼓励经济增长的制度框架，它包括有限政府、保护私有财产和防范政府掠夺等条款。这些条款构成了美国的宪政框架。而这种宪政框架则确定了契约实施结构，创造了稳定的秩序，保护了私有产权，从而促进了美国经济增长。诺思也同样认为，英国在1688年光荣革命之后经济迅速发展的

---

① Acemoglu，Daron，“Why Not a Political Coase Theorem? Social Conflict，Commitment and Politics，” *Journal of Comparative Economics*，2003（31）.

② Sen，Amartya，“Rational Fools：A Critique of the Behavioral Foundations of Economic Theory，” *Philosophy and Public Affairs*，1977（6）.

前提就是革命者建立了实现可信承诺的宪政体制。

经济增长和市场发展极大地受到政治因素的影响，这些政治因素不仅包括与市场交易直接相关的各种规则，而且也包括执行和修改这些规则的制度。经济学家温加斯特明确指出，繁荣的市场不仅要有适宜的产权制度、不受干扰的价格机制和合同法，还要有安全的政治基础（即限制国家通过改变这些权利和制度来掠夺财富）。围绕着控制经济交换规则的关键因素是政治制度，或最高统治者对规则的遵从，或受其约束的程度，那些可以被统治者随意修改的规则与不能被修改的相同规则在影响经济绩效上的差异是完全不一样的，产权越容易被统治者按自己的利益而改变，投资的预期回报就越低，投资的激励也就越低。经济增长的一个必要条件就是统治者（或政府）在建立一套相关的产权制度后，要确保对产权的可信承诺。

在诺思等看来，一个国家的可信承诺的领域越少，则国家（或政府）掠夺的价值量就越大，公民用于防止被掠夺的资源就越多，整个社会的经济效益就会越低。换言之，太少的可信承诺将导致经济停滞，或整个社会陷入动荡和混乱（如内战、土匪横行等）。

案例 5 - 5

宪政对经济发展的作用

宪政对发达国家的积极作用是显而易见的。值得注意的是，美国联邦宪法的起源主要是为了促进北美地区的经济发展，以更有效地保证私有产权，防止各州政府破坏契约义务，并遏制贸易歧视和地方保护主义的倾向。历史事件表明，宪政体制的有效实施为美洲大陆保证了长达两个多世纪的和平、繁荣与稳定。通过纵横两个维度的分权，美国联邦宪法不但为政府权力提供了有效的法律控制，而且妥善化解了不同地区之间的潜在矛盾，从而在体制上保障了贯穿北美大陆的共同市场的建立与发展。美国最高法院通过解释州际贸易条款并赋予其“潜伏效应”，有效防止了形形色色的地方保护主义立法。如果没有联邦主义的宪政制度安排，这些成就是不可想象的。

西欧国家的战后经验也反映了同样的发展趋势。1957 年的《罗马条约》标志着经济共同体的建立，其主旨就是在以后不断扩大的成员国之间建立统一的共同市场。《共同体条约》建立了欧洲最高法院，它和美国联邦法院具有类似的作用。通过赋予共同体法律以最高地位和直接效力，欧洲法院有效遏制了各成员国的贸易歧视措施，促进了共同体的市场竞争和贸易自由。

就和法治一样，宪政对发展中国家的作用一直受到争议。诚然，一些后起国家的中央政府能通过集中权力、统一规划而加速本国经济发展的步伐。韩国与新加坡等亚太国家和中国台湾等地区的成功经验似乎表明，经济发展在宪政和法制不完善的环境下似乎也能实现。但这种观念是片面的。事实上，这些国家和地区在经济获得一定程度的发展后，本身也开始向宪政体制转变，从而保持了经济的稳定发展。相反，那些停留于个人专制或家族统治的国家（如亚洲金融风暴中的印度尼西亚），则难以避免因政府腐败和社会动乱引起的各种资源浪费。

日本是一个值得考察的例子。尽管日本现在是一个经济发达国家，在第二次世界大战之后其政治和经济可以说是从平地发展起来的。在这个过程中，日本不仅取得了令人羡慕的经济成就，而且相当成功地移植了美国的宪法制度。一项调查显示，日本是当今世界上最稳定的民主国家。日本战后宪政革命显示了一个国家如何能从专制国家主义向民主宪政主义过渡。

究竟是经济发展促进了宪政稳定，还是宪政制度促进了经济发展？有些人把日本民主的稳定性归功于其经济繁荣，而宪法问题只是日本社会和政治边缘的一方面。日本人民对宪法的承诺是微弱的，战后的和平与繁荣也使宪法更可容忍。随着经济繁荣的衰退和日本对安全问题失去耐心，宪法本身可能成为牺牲品。但也可以反过来认为，即日本的持续增长部分归功于宪政和法治社会的基础，其中包括定期民主选举、对私有产权和市场经济的保护、对众多党派和私人组织所代表的广泛意见的宽容以及对人权的充分关注。日本之所以能够成功，法治的成熟和媒体的发达发挥了一定的作用，但和经济发展或自由化并没有一定的关系。对于日本而言，经济成功对民主的作用有时受到夸大，而稳定的政治民主和法律对于繁荣的贡献却经常受到低估。正如一位日本学者所指出的，日本宪法的成就是巨大的，“没有宪政，日本就不可能实现现代化。在许多国家，统治精英试图以快速经济发展的名义为威权控制提供合法性。日本的经验表明，法治对经济发展是至关重要的”。

资料来源：张千帆．宪政、法治与经济发展．北京：北京大学出版社，2004：22-23.

5.4.2 国家与产权制度

国家影响经济绩效主要是通过界定和保护产权而形成的激励效应来实现的。如果国家界定并供给出一套能够激励所有社会成员进行投资与生产的产权结构，那么国家经济就会增长；反之，如果国家界定并供给出的产权结构只是为了维护特定利益集团的收益，那么就有可能挫伤社会成员进行投资和生产的积极性，造成国家经济的衰退。所以，国家与产权的结构关系是理解国家与经济增长关系必不可少的桥梁。

1. 国家在产权制度形成中的作用

产权形态在人类社会中以多种形式并存，由于国家性质的不同，产权形态的结构也呈现出不同的特点，主要表现为公有产权、排他性公有产权和排他性私有产权在社会中各自所占的比例。无论是资本主义国家，还是社会主义国家，这三种产权形态都是并存的。

产权制度与产权结构的形成是产权的利益相关者反复博弈的结果。在经济和非经济的各种组织大量出现后，特别是在国家出现之后，各种层次的产权形态依次形成，其中国家在产权形成中的作用最为重要。诺思说：“公正和实行所有权不过是政府提供的公共产品的又一范例。”① 也就是说，如果没有国家来供给产权制度，那么真正具有激励效应的、能够刺激经济增长的产权制度很可能就无法产生，因此，从这个角度来说，国家在经济增长中的作用将首先表现为国家在产权制度形成中的作用。具体而言，国家在产权制度形成中的重要作用表现如下②：

① 诺思，托马斯．西方世界的兴起．北京：华夏出版社，1999：12.

② 卢现祥．新制度经济学．武汉：武汉大学出版社，2004：218-219.

第一，国家凭借其暴力潜能和权威在全社会实现所有权。没有政府的权威，很难想象所有权会普遍地实现。尽管许多民间组织能够为其所有权提供小规模的保护，但是不能解决“搭便车”的问题。与各种民间组织相比，政府能以更低的成本确立和实行所有权，并且由此获得的好处要比经过扩大市场获得的好处明显得多。因此，各种经济组织和个人在政府严格确立和实行所有权的条件下，才愿意付出来自贸易的收入。从这个意义上看，司法和财产所有权的实现是由公众出资的公共产品。

第二，国家有利于降低产权界定和转让中的交易费用。产权的界定涉及一系列费用，如度量费用、信息费用等。度量费用非常高的东西将是一种共有财产和资源。投入与产出范围的考核成本将决定不同经济部门的不同产权结构，因而这种产权结构依赖于考核技术的水平。哪里资源测量成本高于收益，哪里就会存在公有产权。度量衡标准化的出现几乎同政府的历史一样悠久，并通过国家得以发展。国家的标准化有利于降低交易成本。在缺乏有组织的市场的情况下，人们将花很多时间与费用去搜寻信息。过高的交易费用往往限制了排他性产权制度的建立和产权的转让。而国家作为第三种当事人，能通过建立非人格化的立法和执法机构来降低交易费用。当交换的基本规则确立之后，只要存在法律机构，谈判和行使权利的费用会不断减少。

第三，国家在产权制度形成中的作用还取决于国家权力介入产权安排的方式和程度的差异。在历史与现实中，有的国家只为产权安排和产权变革提供“游戏规则”；有的国家不仅提供“游戏规则”，还直接参与甚至干预产权的安排与产权变革。国家权力介入产权安排的方式和程度的差异，会导致出现不同的产权制度，从而促进经济增长或引起经济衰落。总之，离开了国家，现代意义上的产权制度无法建立起来。

2. 有效率的产权促进经济增长

诺思指出，有效率的产权制度将促进经济长期增长，从而也使国家的收入最大化，因此，按理说，国家应选择一种最有效率的产权安排，然而，即使是对历史和当代世界最一般的考察，也可以清楚地看到无效率的产权是常态而不是偶然。原因在于：

（1）统治者面临着交易费用和竞争的严重约束。界定一套有效率的产权需要耗费一定的监督和检测费用，于是从短期来看，统治者的收入会减少。由于统治者的理性和生命都是有限的，因此，当统治者的短期利益与经济增长的长期利益相冲突时，统治者往往会注重眼前利益。竞争约束是指统治者总存在竞争对手，包括与之竞争的国家和本国内部的潜在统治者。在这种情况下，统治者将避免触犯有势力的选民集团。如果这些集团的势力达到威胁统治者利益的边界，统治者会同意一个有利于这些集团的产权结构而无视它对效率的影响。

（2）统治者偏好的多元性。产权的有效性主要视它对国民财富的影响而定。统治者可能是一个财富最大化者，但财富仅仅是被统治者所重视的许多效用中的一种，其他的效用还有威望、历史地位、国际影响等。随着财富的增加，财富的边际效用在降低，然而非财富的边际效用却在增加。在这种情况下，统治者就有可能界定一套有利于获得非财富效益却不利于财富增长的产权制度，从而导致经济增长的停滞。

（3）不同集团利益的冲突。国家在某种程度上讲是不同集团的集合体，而统治者就是这些不同集团利益的“均衡者”。制度安排（包括产权制度）的变迁经常在不同群选民中重新分配财富、权力和收入。如果在制度变迁中受损者得不到补偿，他们将明确地反对这一变迁。一个强有力的集团也可能促进那些有利于这个集团收入再分配的新制度安排，尽管这种变迁将损害经济的增长。显然，包括产权在内的各种制度安排并不完全取决于效率（或经济）原则，它们还取决于不同利益集团的规模、地位以及与统治者的关系。人类历史上无效率产权之所以成为“常态”的根源也在于此。

由于国家与产权的形成关系密切，并进而影响经济增长的效果，因此，为充分发挥国家在产权制度建设方面的积极作用而限制其消极影响。诺思指出：一是要明确国家在产权方面的基本职能。国家在产权方面的基本职能之一是为产权的运行提供一个公正、安全的制度环境。如果没有一个公正、安全的制度环境，任何产权都失去了意义与价值。国家在产权方面的另一项基本职能是为产权的运作提供“游戏规则”。如资产评估、产权的量度、产权交易契约的实行、产权市场的建立等都需要国家制定相应的法规。二是要利用法律和宪法制约利益集团通过国家重构产权实现财富和收入的再分配。为此，应该建立三道防线：一是健全有约束机制的政治体制和权力机制，使人们难以通过重构产权实现财富和收入的再分配；二是建立宪法秩序，使限制国家权力的一整套综合性规则体现在宪法结构中，并使之不因政治的需要和统治者的变动而变化；三是完善法律制度，使产权交易规范法律化，因为有效的产权制度的基本标志之一就是产权的交易能够法制化。这三道防线能够起作用的前提条件就是国家的宪政体制。

本章小结

本章主要探讨作为新制度经济学三大理论基石之一的国家理论，并融入了宪政秩序的思想。在全面分析诺思国家理论及其发展的基础上，探讨了国家、宪政与制度变迁和经济增长的关系。在新制度经济学家看来，国家的起源与生俱来地给国家贴上了“匪性”的标签，如何化解“诺思悖论”，不仅是国家理论要研究的重大问题，而且也是整个新制度经济学要研究的重大问题。因此，国家理论的核心就是研究如何利用宪政体制以最大限度地发挥国家在经济增长中的积极作用问题。

关键术语

国家契约理论　　匪帮论　　掠夺之手　　暴力潜能　　强化市场型政府　　宪政
可信承诺　　“诺思悖论”

复习思考题

1. 国家是怎样产生的？如何评价各种国家起源学说？
2. 如何评述国家在经济活动中的作用？
3. 简要叙述诺思国家理论的主要内容。
4. 什么是宪政？简述宪政在经济增长过程中的作用。

5. 比较宪政政府与强化市场型政府的异同。
6. 简述国家在制度变迁中的作用。
7. 何为“诺思悖论”？解决“诺思悖论”的可能途径有哪些？
8. 如何看待“无效率产权是常态而不是偶然”这一现象？

第6章

意识形态理论

本章要点

1. 意识形态的内涵及其特征。
2. 意识形态的作用。
3. 意识形态对经济增长的影响。
4. 社会资本的内涵及其作用。

新制度经济学对于制度含义的界定是非常广泛的，既包括了规则和秩序，也包含了组织本身；既有政治、经济、文化、技术等方面的正式的制度，也把意识形态、道德、社会资本等纳入了制度范畴。诺思认为，意识形态对于解释人类社会的长期发展和变迁具有重要的意义。本章共分四节：6.1节介绍了意识形态的内涵及其特征；6.2节详细阐述了意识形态与社会资本的关系；6.3节重点分析了意识形态与非正式制度的作用；6.4节分析了意识形态对经济增长的影响。

6.1 意识形态的内涵及其特征

6.1.1 意识形态的内涵

诺思在《制度、制度变迁与经济绩效》一书中指出，制度是由一系列正式约束、社会认可的非正式约束及其实施机制构成。正式约束又称正式制度，包括政治规则、经济规则和契约等，它由公共权威机构制定或由有关各方共同制定，具有强制力。非正式约束又称非正式制度，是人们在长期交往中无意识形成的、具有持久生命力并构成代代相传的文化的一部分，其主要包括价值信念、伦理规范、道德观念、风俗习惯、意识形态等因素。[①]其中意识形态处于核心地位，它甚至可以构成某种正式制度安排的"先验"模式。

那么，究竟什么是意识形态？其内涵如何定义？事实上，意识形态在整个社会科学中是最难以把握的概念，因为它探究的是我们最基本的观念的基础和正确性。长期以来，在不同的研究者的论著中存在着大量不同的甚至是对立的定义，尤其是哲学、社会学中的意识形态内涵与经济学中的概念有着较大的差别，从而造成了一定的理论混乱。

1. 哲学、社会学中的意识形态内涵

意识形态这个词最早起源于法国，并根植于一般的哲学问题之中。培根和霍布斯是最初探讨意识形态的先驱，但最早给意识形态作出定义的是法国大革命时代的哲学家特拉西，他在《意识形态原理》中写道，意识形态表示的是"思想的科学"或者"观念科学"，而这种观念科学是一切科学的基础。意识形态是对实际的理智过程的理论批判而形成的，与那些解释性的理论、体系和哲学等具有区别，是一种负有使命的科学；它的目标在于拯救人类和为人类服务，使人们摆脱偏见，为理性统治做好准备。

意识形态既有法国起源，也有其德国起源。当时，德国的浪漫主义认为，人类根据变化着的环境集体地或单独地创造着他们自己的现实。黑格尔试图把众多的思想统一起来，他认为，一个特定的时代的思想不能自称自身是绝对正确的，因为它们显然都是相对于变化着的历史情境而言的。黑格尔的这些思想对马克思产生了很大影响，1845—1846 年马克思和恩格斯合著了《德意志意识形态》，1929 年曼海姆出版了《意识形态和乌托邦》，随着这些著作的问世，意识形态这一概念重新兴起，使得该领域的社会学研究成为极为重要的学科。

许多学者认为，马克思并没有对意识形态给出一个统一的概念，也未形成一套系统的理论。不仅如此，他还经常在多个层面上指称意识形态，有时把它与社会意识、观念上层建筑等概念交叉使用或相提并论。但是，诺思认为，"马克思使'意识'依赖于一个人在生产过程中的地位，这种见解是对发展成'阶级意识'的一个重大贡献"[②]。马克思的意识形态理论在解释大集团行为时具有旺盛的生命力，意识形态在马克思那里也具有特定的内涵。有的学者将马克思的意识形态定义为"观念上的上层建筑"，阶级性、总体性和实践性是其重要特征。G. 马尔库斯的研究指出，马克思的意识形态有三种含义：一是对历史唯心主义的否定和揭示；二是一种对社会存在的解释，主要关心统治阶级的思想如何成为社会的统治思想；三是从总体上看，它是一类确定的文化，是社会存在的反映，受到社会存在的制约。[③]

卡尔·曼海姆把意识形态看成是一种思想方式，并据此区分了两种意识形态。一种是"特殊"意识形态，是指由于情况或真相不符合其利益，因此对某一社会情景真相进行掩饰或扭曲，包括有意识撒谎、半意识或者无意识的掩饰、有心欺骗或者自欺；另一种是

① 在本章中，基于意识形态在非正式制度中的地位，这里主要论述了意识形态，但在阐述中也交替使用了文化、道德等其他非正式制度。

② 诺思. 经济史中的结构与变迁. 上海：上海三联书店，上海人民出版社，1994：58.

③ 罗必良. 新制度经济学. 太原：山西经济出版社，2005：719.

"全面"的意识形态，指一种世界观或者对一种生活方式的彻底信奉。

马克斯·韦伯在论及统治合法性时提出，每一种真正的统治中都包含最起码的自愿服从的成分。但只有这一点还不足以构成真正的统治，必须要有对统治合法性的信仰，通过信仰体系把物质统治转化为真正合法统治。信仰体系指的是说明为什么某人或者某些人要服从某一统治的理论体系或者意识形态。

苏联1962年出版的《哲学百科全书》第2卷解释说，意识形态是"在或多或少系统化的理论形式下，反映人对周围现实世界的关系以及人和人的相互关系，并为社会关系的巩固或变革、发展而服务的思想和观念的总和"。一定的社会利益是意识形态反映现实的基础。在阶级社会中，意识形态总带有阶级性质，反映一定阶级在社会中的地位、各阶级之间的关系以及各阶级的利益。意识形态是以政治、法律、宗教、哲学、美学和论理等观念的形式出现的。

2. 意识形态的经济学含义

对意识形态与经济发展的关系，马克思在论述经济基础与上层建筑的关系时，指出意识形态对生产力与生产关系的作用及反作用关系，认为它可以在一定程度上推动经济发展，也可阻碍经济发展。德国经济学家弗里德里希·李斯特提出，在社会发展中，存在着两组力量：物质力量与精神力量、社会力量与个人力量。这两组力量之间互为因果，相互作用。而马克斯·韦伯对基督教在西方经济发展中的作用的强调和儒家思想对东方经济阻碍的论述，也揭示了意识形态与经济发展的关系。

罗伯特·索洛认为，与其他人一样，社会科学工作者也具有阶级利益、意识形态倾向和各种价值判断。然而，这些社会科学又不同于物理或化学，因为社会科学与阶级利益、意识形态和各种价值判断的关系非常密切。不管经济学工作者是否愿意，不论其是否觉察，也不论其是否回避，经济学研究者在其所研究主题的选择、所提的问题以及没有提出的问题、研究框架的构建、语言的运用方面，都很可能在某种程度上反映了他的（阶级）利益、意识形态和价值判断。①

阿罗在社会行为（包括伦理学行为）的准则中看到了社会为了平衡市场失灵所作出的反应，因为伦理学准则的有效性降低了经济合约的额外交易成本，因此使所有人的境遇都得到改善。科斯洛夫斯基则指出，事实上经济不是"脱离道德的"，经济不仅受经济规律的控制，而且也是由人来决定的，在人的意愿和选择里，总会受到期望、标准、观点以及道德等的影响。

诺思则认为，应使意识形态成为经济发展过程中的重要解释机制，要正确认识人类社会的长期发展，有必要扩展效用函数的自变量以解释意识形态的功能。诺思指出："理解经济变迁过程的关键在于促进制度发生变迁的参与者的意向性以及他们对问题的理解。""大多数经济学家都忽视了思想观念在决策中的作用。"② 他认为应把意识形态定义成相互关联、包罗万象的世界观，它必须解释现存的产权制度和交换条件如何成为现存体制合理

---

① Hausman, Daniel M., *The Philosophy of Economics: An Anthology*, Cambridge: Cambridge University Press, 1994: 243-244.

② 诺思. 理解经济变迁过程. 北京：中国人民大学出版社，2008：3，5.

的组成部分。意识形态是普遍存在的，但并不适用于任何阶级。它具有一定的制度功能。比如在中国古代，统治者大多积极宣传儒家思想，并用各种方式将儒家思想灌输给人们，其目的之一就是降低其统治的成本，巩固统治地位。

同时，诺思强调，意识形态是决定个人观念转化为行动的道德和伦理的信仰体系，它对人们的行为具备强有力的约束，它通过提供给人们一种世界观而使行为决策更为经济。在现实世界中，个人行为受习惯、准则和行为规范的协调。例如，如果每个人都相信私人家庭“神圣不可侵犯”，那么，人们就不必担心室内无人而门不闭户时，房屋会被毁或被盗。如果一个美丽的乡村被公认为是公共“产品”，个人就不会随意抛弃杂物去污染乡村。

上述分析表明，意识形态具有丰富的含义，虽然不同学派、不同流派对意识形态范畴的界定不同，但是有两点是共同的：一是把意识形态看成是一种认知体系，是人们对世界的认识；二是它与个人、集体行为有着密切的关系，是思想的行动前提，在一定程度上决定着个人和集体的行为。

关于第一个共同点，当一个领域的个体具有共识时，一致的意识形态就会出现，而歧异的意识形态起源于对现实感知的差异和矛盾。所以一致的意识形态可以代替规范性规则和服从程序。随着各种意识形态的出现，对于统治者来说，对使其他委托者和代理者相信制度的合理与合法性进行投资，从而降低服从费用，对他自身来说是有益的。进一步说，有着一致意识形态的可行的制度随着各种各样的意识形态的发展会变得不可行，因而考虑到检测和惩罚违法的费用，规则必须形式化，服从程序也必须进一步发展。正是宪法与相互关联的道德伦理的行为规范的结合，构成了制度稳定的基础并使其变迁减慢。

关于第二个共同点，在新制度经济学中，虽然意识形态的概念与社会学、哲学中的概念相关，但是并不完全等同。哲学中意识形态的“法律”等构件并不在我们的讨论之列，恰恰可以把法律等纳入正式制度安排的范畴。同时我们也不强调意识形态在阶级斗争方面的功能，而把它看作是集团成员共同拥有的认知、信仰、思想、价值、伦理、道德、习俗、精神状态等非正式制度安排。它为集团成员提供了价值取向和利益取向，为集团行为提供了合理性辩护，同时也为个人行为提供了一套约束机制。譬如，第二次世界大战以来频繁的经济危机，特别是 2008 年以来危害全球的金融危机本来就隐含着资本主义社会存在不可调和的经济矛盾和政治冲突，但通过主流经济学的统计和计算不断加以辩解和佐证，却使得它变成了一个技术问题。若只注重从技术的角度解决政治经济问题，而排除“价值问题”，政治经济等根本问题也就异化为单纯的“技术问题”了。①

因此，在新制度经济学中，作为非正式制度最重要的组成部分——意识形态，通常具有三个层次的含义：第一层次是世界观的总和，是人们对世界本质的认识，是节约信息成本的工具。这一层次是基本的哲学层面，与哲学和社会学中的意识形态内涵最为接近。第二层次是关于现存制度的认识，例如现存制度是否公平，分配制度是否合理，是一种价值判断。这一层次的意识形态通常由政府通过教育体制进行灌输，因为这也是一种“公共投资”，有利于维护现存的制度和政权。在这个意义上，诺思认为意识形态是需求社会稳定的灵丹妙药。第三层次是个人的道德准则。“内心的道德准则”被看作和“头顶的星空”

---

① 张谊浩，方先明. 西方经济学的意识形态反思. 马克思主义研究，2012 (2).

一样永恒。它是个人与其他人交往过程中的规范与原则，通过家庭教育和社会教育来获得。

虽然行为的道德伦理规范也是构成制度约束的一个主要方面，但它源自对现实的理解（意识形态）。因此，意识形态不完全等同于道德，尽管两者都是对世界总体认识的方法，并都起着节约信息费用的作用。意识形态是与对制度特别是对交换关系的正义和公平的判断相连的。

依据曼海姆的观点来看，每一个主流经济学工作者都是"特定意识形态"持有者，即个人会从自己的利益、心理和兴趣角度来看待问题，会对现实状况作故意的或者是不自觉的掩饰；同时，主流经济学工作者群体共同持有的则是一种所谓的"总体意识形态"，即"一个时代或者一个具体的历史—社会群体所具有的意识形态"，每一个主流经济学工作者个人的思想、话语和视角都受到特定社会历史团体和精神文化的影响，总体意识形态实际上就是表现在个人身上的群体意识形态，个人会从群体的共同的世界观和价值观来看待社会生活中的各种问题，特别是经济现象。①

6.1.2 意识形态的特征

1. 诺思论意识形态的特征

根据诺思等人对意识形态的阐释，经济学中的意识形态被定义为一组世界观或信仰，是人们关于周围世界的一种总体观点和判断，它们倾向于从道德上判定劳动分工、收入分配和社会现行制度结构，而关于现存制度公平及合法性的判断是其中最重要的组成部分。

具体而言，诺思认为，意识形态有三个基本特征：

（1）意识形态是个人与其环境达成协议的一种节约费用的工具，它以世界观的形式出现，从而使决策过程简化。

（2）意识形态是与个人对其所领会的关于世界公平的道德和伦理判断纠缠在一起的，因而可以在相互对立的理性和意识形态中进行选择。

（3）当个人的经验与他的意识形态不一致时，他会改变意识形态上的看法。当然，在他改变之前，必然有一个经验和意识形态不一致的积累过程。

诺思认为，人类社会常常面对两种不确定性：一种和自然环境有关，另一种则与日益复杂的人类社会有关。面对这些真实存在的不确定性，如果没有一个相对一致的意识形态，人类几乎寸步难行。然而，在经济社会发展演化进程中，一个社会或一个区域总会自觉或不自觉地形成各种各样的意识形态，而这些意识形态可以在人们应对不确定性时充当节约装置，从而有利于一个社会或一个区域采取某些行动（或进行制度变迁，或阻止制度变迁）。

案例 6-1

意识形态与中国改革历程

中国的改革历程起始于1978年的"真理标准问题大讨论"。这一讨论实际上是对"两

---

① 王晓升，等. 西方马克思主义意识形态理论. 北京：社会科学文献出版社，2009：88-92.

个凡是”的否定。在1978年12月闭幕的中共十一届三中全会上，“实践是检验真理的唯一标准”成为全党的共识，改革大门由此打开。

改革从农村开始，最初由农民和地方干部自下而上发起。1979—1981年间，中央和地方都发生过激烈的争论，地方经验和中央对意识形态的修正相继发生。从包产到组、包产到户，到包干到户，改革取得了显著成效，推动了进一步的地方经验，并使中央意识形态逐渐收敛到完全的家庭经营。

受到农村改革成功的鼓舞，党于1984年决定开展城市改革，主要目标有两个：一是降低经济计划的程度，二是在国有企业中引入激励机制。当时中国共产党的意识形态在官方文件中并无任何变化。到1987年10月党的十三大召开时，党的意识形态才通过“社会主义初级阶段”理论有了突破性的改变。这个理论的作用在于放弃了在中国现阶段建设共产主义的旧有想法。通过把经济建设确立为党的中心工作，党内形成了“增长共识”——把社会的每一股力量都凝聚到建设繁荣富强的中国这个目标上来。在很大程度上，“初级阶段”理论不过是承认了现实中已经发生的一切，农村改革以及刚刚起步的城市改革早已跨出了社会主义原有定义的边界。

到1992年春天邓小平南方谈话，新一轮改革的大门洞开。党的意识形态的又一次重大转变发生在1993年党的十四届三中全会上。在这次会议上，党宣布改革的目标在于建立社会主义市场经济。相较于“初级阶段”理论，这一新的理论不仅承认了现实，而且确定了20世纪90年代经济改革的方针路线。实际上，最困难的几项改革都发生在20世纪90年代，包括完全放弃计划经济、产业结构调整、国有企业转制改革、加入WTO以及社会保障体系改革等。90年代的改革加速了中国朝向混合所有制经济体制的发展，1999年和2002年相继修订了宪法和党章，改革的成果得到了认可。

意识形态的调整、宣传及与时俱进，使全社会逐渐形成改革共识，从而为一轮接一轮的改革扫除了意识形态上的障碍，使改革因之而变得顺畅、易行。

资料来源：姚洋．作为制度创新过程的经济改革．上海：格致出版社，上海人民出版社，2008：78-81.

2．意识形态的一般性特征

虽然学术界关于意识形态的内涵存在着较大的分歧，但这并不影响对意识形态一般特征作出抽象和概括。意识形态的一般特性可以归纳为如下几个方面①：

（1）现实性。意识形态是一种抽象的理论，但并不是纯粹空洞的东西。它有指向性，总是指向现实。无论是占统治地位的政治思想。还是居于非统治地位的思想、学说，要么是为了维护现存的政治制度，要么是为了批判现存的政治制度。这样看待意识形态，不仅可以解释为什么不同团体有不同的意识形态，也可以推断出一个国家的意识形态应当是全社会各个社会利益集团的社会共识。

（2）相对独立性。意识形态虽然由社会存在决定，但它有自身特有的发展规律，是相对独立的。因此，意识形态尽管从形式上看是与社会存在相对立的精神现象，但它对于某个特定的个人甚至特定的社会群体来讲，仍然是一种既得的社会力量，是他们所必须面对的广义的“社会存在”或广义社会结构（包括经济结构、政治结构和文化结构）的一个组

① 柳新元．意识形态与制度变迁．南京大学博士后研究报告，2003年9月．

成部分。[①] 这是因为只要有了人类社会，“不论我们上溯到过去多么远，不论我们所考察的民族多么原始，我们处处都只能遇到社会化了的意识”[②]。特别是在语言符号系统发明并完善之后，这种“社会化了的意识”（意识形态）的传承和复制就变得十分方便；而现代学校教育的发展则为它的传承与复制提供了新的更有效的途径和手段。正因为如此，意识形态已成为现代社会生活中普遍存在和不可避免的现象。由此也可以推知，在现代西方学术界（以丹尼尔·贝尔、弗朗西斯·福山等人为代表）出现的风靡一时的“意识形态的终结”（他们主要指马克思主义意识形态的终结或破产）的观点，其本身也不过是一种意识形态或一个意识形态陷阱而已。[③]

（3）依赖性。意识形态归根结底来源于社会存在。意识形态作为嵌入到社会结构当中的一个客观存在且变动不居的社会现象，并不是社会存在或社会经济与政治结构的消极分泌物。相反，意识形态作为社会结构当中的一个能动的结构性要素，作为整个社会有机体的一个子系统，既与社会存在共同依存，又具有自身的相对独立性或自我发展轨迹。正如我们所检验的事实一样，任何意识形态既是同时代的社会存在的反映，又是以前的意识形态的继承和发展；任何社会的意识形态的生产作为精神生产现象虽然必定与该社会的物质生产有某种对应关系，但任何社会的意识形态的生产都有其自身的发展规律。正因为这样，我们就不能采取简单的还原主义的态度，置意识形态与现实社会生活环境之间的异质性于不顾，单纯地从现实社会存在中寻找某种意识形态存在和发展的原因。相反，我们必须明确，大凡意识形态都带有“某种和现有的实践的意识不同的东西”（而这种不同的东西是来自文化符号系统遗传密码的复制，还是来自特定社会群体或阶级遮蔽性意图，则无关紧要）。明确了这一点，对于我们正确理解意识形态在社会结构中的功能及其对社会变迁的正向和负向作用具有至关重要的意义。那就是，在历史地研究意识形态与制度变迁的动态关系的过程中，任何机械联系的观点和绝对主义的态度，都必须予以剔除。

（4）工具性。意识形态在形式上总是以一种认知体系或融贯一致整体性世界观的面目出现，它整体地表征着某一群体对世界（包括自然界、人类社会和人类思维活动）的系统认识方式及其对这种系统认识方式正确性的信仰（不管这种系统认识方式是正确的还是歪曲的，但这一群体往往把它看成是通向真理的唯一道路），因而它也就成为该群体成员与外部世界之间联系的中介。[④] 任何意识形态（特别是现代意识形态）在哲学层面上总是以一种整体性世界观的形式存在，它包括本体论、认识论和方法论三个层面。其中本体论是根本性和基础的，它关涉到人的正确认识的本源或源泉的问题；有什么样的本体论，便有什么样的认识论（它们主要是关于人们获取知识的正确途径以及人的认识能力的限度的洞见）；而不同的世界观和认识论便有对同一研究对象（包括自然现象和社会现象）进行理论建构的不同方法论。正因为这样，不同的意识形态，往往提供的是不同的理解同一世界图示统一性的认知—思维模式；它们之间的差别则主要表现为同一学科领域内对同一研究对象的基于本体论和认识论根本不同的科学范式的差别。而且，这些认知—思维模式一旦

---

① 卢卡奇. 社会存在本体论导论. 北京：华夏出版社，1989：315－319.

② 布留尔. 原始思维. 北京：商务印书馆，1985：16.

③ 沈湘平. 合法性与意识形态建设. 天津社会科学，2002（1）.

④ 同③.

适时地被创造出来并逐步形成自洽的理论体系，往往会被它们各自所属的群体的绝大多数成员接受，直至成为人们普遍接受的具有相对稳定性的思维方式，并最终发挥着连接已归化为一个社会性组织或团体的人们与世界之间的认识和实践活动的中介或便捷的工具的作用。

(5) 阶级性。尽管意识形态在形式上或多或少地表现为一种认知—思维模式，但从其实质性内容以及它创设的最终目的来看，意识形态在本质上都是一组融贯一致的价值观念体系。这种价值观念体系一般具有“中心—外围”的结构特点，它往往要以一个或几个显然的价值观（如自由、平等、解放、民族纯粹性等）作为其核心价值观或系统的表征①；而且各个价值观之间是相互联系和内在统一的，以至人们提起其中一个或几个价值观，就能联想到它或它们的整个信念结构。意识形态具有鲜明的阶级功能。不同的社会集团和阶级由于其利益的差异有不同的意识形态，而不同的意识形态在社会中所处的地位，是由其所代表的阶级的地位决定的。正因为这样，历史上的历朝历代都竭力宣扬统治阶级所信奉的主义或思想。人们对各种各样被贴有主义标签的意识形态的甄别其实就表明了自己所持有的立场或所归属的阶级。

(6) 总体性。从社会意识形态（相对于社会经济结构和社会政治结构）的构成来看，意识形态是由各种具体的意识形成的政治思想、法律思想、经济思想、社会思想、教育、艺术、伦理、宗教、哲学等构成的有机的思想体系。但要看到，意识形态这一思想体系，不是社会意识的各种形式的简单加总，而是社会意识的诸形式相互作用、相互影响所组成的一个有机整体；与此同时，在社会意识的诸形式当中，又有许多具体内容不能还原到一个整体性特别是阶级性的世俗意识形态当中（无论是在文学和艺术领域，还是在道德和宗教领域，这种情况都很明显）。例如，虽然意识形态作为对一切社会性的制度安排的评价体系不可避免地包括道德，但道德毕竟不同于意识形态；道德规范中的家庭美德与社会公德并不能简单地还原于意识形态，意识形态中的道德理想也不可以当作现实社会生活中的普遍道德规范而强加于社会公众。明确了这一点，对于我们正确理解道德与意识形态的关系，正确区分道德与意识形态起作用的不同领域和机制，反对把一般意义上的道德之争上升为意识形态领域内的斗争的错误倾向，都有特别重要的意义。

6.2 意识形态与社会资本

6.2.1 意识形态的形成与变化

1. 意识形态的形成

最初的意识只是对直接的可感知的环境的一种意识，是对开始意识到自身的个人之外的其他人和其他物的狭隘联系的一种意识，同时也是对自然界的一种纯粹动物式的意识（自然宗教）。但是，随着分工的发展，特别是物质劳动与精神劳动这种真正的分工出现以后，意识才能摆脱世界而去构造“纯粹的”理论、神学、哲学、道德等等，即产生意识形

① 刘军宁，等. 经济民主与经济自由. 北京：生活·读书·新知三联书店，1997：346.

态。在劳动分工中包含矛盾的发展，于是便出现了私有制、阶级和国家。①

诺思认为，不同的意识形态起源于地理位置的分隔和职业的专门化。人群在地理位置上的分隔使人们的经验各异，这种各异的经验逐渐结合成语言、习惯、禁忌、神话和宗教，最终形成与其他人群相异的意识形态。职业的专门化也导致了与现实相异的经验和不同的乃至对立的观点（即相互冲突的意识形态）。

如前所述，意识形态有非常丰富的含义，可能含义不同的意识形态的来源也不相同。但是新制度经济学中注重的是道德准则和习俗等非正式的制度安排，因此，下面我们运用博弈论中的囚徒困境模型，主要探讨道德准则的起源及形成。

物品的交易可以概括为一种典型的一次性囚徒困境：双方能从相互诚实的交易中获益，但是如果任何一方欺骗对方，则可能带来更大的利益。所以，若不存在限制这种不诚实行为的机制，潜在的对双方有利的交易可能无法发生。

贝茨假设一个社会没有国家、只有两个大家庭（X 和 Y）的模型，每家都拥有同样的武力潜能和侵犯倾向，都拥有相当于 10 头牛的净财产。每家都有两种行为选择：侵犯对方行为 A，不侵犯对方行为 N。两个策略的收益与另一家的策略选择有关，因而就有四个可能的结果。表 6-1 就是一个假设的收益矩阵。

表 6-1　　囚徒困境模型

		家庭 X 的选择	
		A（侵犯）	N（不侵犯）
家庭 Y 的选择	A（侵犯）	（4，4）	（18，2）
	N（不侵犯）	（2，18）	（10，10）

X、Y 同时选择非侵犯策略 N 使财富总量达到 20 头牛并两家平分；如果双方同时选择侵犯策略 A 则消耗了资源，财富总量降为 8 头牛，也同样由两家平分。如果只有一方采用侵犯策略，则两家总财富不变，但从（10，10）的分配变成了（2，18）或（18，2）的分配。在不知道对方行动策略的情况下，要求每一方都作出不可更改的选择，就会导致囚徒困境。这时，不管对方采取什么策略，每一方选择侵犯策略可以使他的期望财富达到最大化，因为存在 4>2 或 18>10，于是，均衡的结果便为（A，A）。这就是说，双方采用非合作策略而不是选择合作策略的情况下，财富分配的结果是一种纳什均衡，即（4，4）。

要解决这个基本的社会困境，可以通过两个方法。一是让两个家庭反复博弈而不是一次性博弈；二是第三方实施机制。从长期来看，在一个多次往复的囚徒困境博弈中，当事人会发现，相互对抗的机会成本会远远大于合作的预期收益；单方的侵犯会招致对方的报复。只要博弈不是有限次的，那么理性的和追求财富最大化的家庭终会选择非暴力，这样，最优的结果（10，10）便可能会实现。

上述的囚徒困境博弈仍存在两个疑问：第一，博弈论的运用假定，个人采取某种策略，其中各种可能的事件的收益情况事先是可知的，遭到报复也是确知的。然而，实际上

① 罗必良. 新制度经济学. 太原：山西经济出版社，2005：720-721.

结果并不一定是可知的。第二，影响个人目的和目标的因素没有受到重视，特别是习惯、传统、观念等非经济因素被忽视了。所以，要解释社会的合作问题，就必须加上一些似乎天生的因素（如习俗等）和社会因素（如忠诚、声誉等，乃至整个意识形态）来限制个人行动。

可以设想，在一个无国家的社会里，被侵犯群体的出现增加了报复侵略者的倾向。于是这个社会可能在力量对比中形成一种补偿制度：为了避免报复，给予受损者一定的补偿以逃避惩罚，但赔偿过程可能面临高昂的谈判费用，于是可能会形成一种中立的仲裁制度；同时报复和赔偿对潜在的侵略者起到了威慑作用。惧怕报复威胁的心理成本与谈判的交易费用以及其他方面的代价，都会大大降低侵略行为的预期收益。假定侵略行为的全部机会成本为 9 头牛，则表 6－1 就变成了表 6－2 的矩阵。

表 6－2　　　　引入非经济因素的囚徒困境模型

		家庭 X 的选择：A（侵犯）	家庭 X 的选择：N（不侵犯）
家庭 Y 的选择	A（侵犯）	（－5，－5）	（9，2）
	N（不侵犯）	（2，9）	（10，10）

由于存在 2＞－5，10＞9，所以对任何一方来说，最佳策略都是 N（不侵犯），从而均衡产出（N，N）→（10，10）使总体和个体的财富均达到最大化。所以，社会联系的加强及意识形态的约束，增加了侵犯的成本，从而导致了合作。于是合作规则及其习惯、惯例便由此自发地产生。

总之，对于囚徒困境的解决的前提是建立习俗性产权的“元制度”（青木昌彦，2002）。习俗性产权制度一旦确立，尊重别人的产权将符合每个人的最大利益，只要他们预期其他人也会同等地对待他们。一方面，这种元制度会外化为具体的法律条文，另一方面，也会在每个人的头脑中内部化为道德判断，如“你不能侵犯别人的财产”，使每个人下意识地去遵从。这种道德判断既不是来自抽象的超自然的公理，也不是被外在的权威所强加，而是可能从习俗中演化出来的。只要违反了规则，都会在人们心目中自动产生消极的道德情感，如内疚感、羞耻感或者焦虑感。这种情形会增加人们消极道德情感的心理成本，从而对人的行为产生约束作用。

2. 意识形态的变化

意识形态是普遍存在的。社会中的任何团体，不管是正式的还是非正式的，都有一套自己的意识形态。这是因为世界是复杂的，而人的理性是有限的，当面对错综复杂的世界而无法迅速、准确和低费用地作出理性判断，以及现实生活的复杂程度超出理性边界时，人们便会借助于价值观念、伦理规范、道德规则、风俗习惯等相关的意识形态来走捷径。比如，在谈到习惯时，许多人都会举打字员使用打字机作为例子，借以说明习惯的作用——熟练性效率。“熟”需多次练习，但要生“巧”还是需要遵循一定的规律，如指法——有规则存在。因此，习惯是学习的结果，即包括实践经验的总结、知识的交流以及对规则的遵循与改进。进而，学习的过程，也就是意识形态形成与变迁的过程。

关于意识形态的形成与变迁，有以下三个方面的问题需要注意：

（1）意识形态形成及变迁的速度是学习速度的函数。最近300多年以来，经济的增长与加速扩张，不仅影响到市场规模，同时也促进了有关很多种类制度安排的知识的积累与传播，而学习速度的加快也推动了意识形态的加速变迁。如果承认制度变迁和技术进步之间有明显的相似性的话，那么学习速度的提高不仅可以促进技术进步，也可加速意识形态变迁。

（2）学习的差异是形成不同社会和文明的重要原因，从而也构成不同的意识形态背景。由此也可以理解：即使在具有相同自然禀赋和技术的两个国家（甚至是社区），也不可能会有相同的制度结构。而意识形态存量的不同又会进一步导致社会变迁的多样化与制度安排的多样化。

（3）我们假定个人总是最大化他的效用函数，那么，引起意识形态变迁的原因就有以下几种可能：一是产权的改变，即否定了个人对其过去一直拥有的资源的权利，而这些权利已被人们作为习惯或公正予以承认；二是在要素市场或产品市场上，交换的条件偏离了已为人们接受的公平交换的比率；三是在劳动力中，一个特殊的集团的相对收入状况发生了偏离；四是信息成本的降低，结果使人们相信不同的或更为优惠的交换条件可能在别处占优势。诺思强调，随着社会的专业化和分工的发展，与交易有关的测度、监督费用越来越大，因而越需要有效的伦理道德准则来约束各种机会主义行为。然而，职业的多样化也使得意识形态趋于多样化，制度变得更加不稳定。

由于意识形态被人们用于判断周围世界的公平性，因此当相对价格变化后，个人会改变对周围世界公平性的看法，因此，是否公平将成为人们意识形态是否变化的一个重要因素。诺思在对贝克尔和斯蒂格勒有关意识形态的研究进行评价时指出：贝克尔和斯蒂格勒利用新古典理论的概念和分析方法，通过对时间价值、人力资本以及相应决策影响的考虑，揭示了意识形态方面的大量变化。例如，根据严格的机会成本方面的条件，可以揭示出一个年轻人的意识形态与一个中年人会有很大的差别。“但贝克尔和斯蒂格勒的观点对于说明大多数的意识形态太有局限性了。这是由于两个基本原因：第一，对于人们所具备的大多数理性和理论而言，不存在任何决定性的检验，即通过这个检验来决定非此即彼的选择结果。根据贝克尔和斯蒂格勒的观点，个人的经验并没有提供明确的选择。因经验不同而立场不同的人们具有不同的理性和世界观，并且没有任何办法来肯定或否定这些不同的看法。第二，贝克尔和斯蒂格勒忽视了伦理和道德的评判，而这是一个意识形态构成的不可或缺的组成部分。每个人的意识形态的一个固有部分乃是关于‘制度’的公平或公正的评判。当这个评判超出个人所面临的交换的特定条件时，这些条件在评价这个制度的公平性方面就是至为关键的。”①

当然，不同层次的意识形态可能各自变化的原因、驱动力和变化路径也会不同。但是，一般说来，随着约束条件和偏好的改变，特别是当“知识”发生改变时，选择必定也会随之变动，因为约束条件不同了。既然意识形态变迁取决于现有的知识存量，那么现存的知识存量肯定会对意识形态变迁的时间因素起着重大影响。知识存量增长了，意识形态

① 诺思．经济史中的结构与变迁．上海：上海三联书店，上海人民出版社，1994：51.

变迁会相对提前；如果知识存量停止增长，则意识形态变迁会延迟。既然人们在“干中学”中会改变对机会与潜在利益的判断，从而改变收益—成本的核算结果，那么意识形态变迁的收益和成本相应地在时间维度上也可能会发生变化。

不过，需要说明的是，作为世界观和道德准则的意识形态，变化较为缓慢，而且前后具有延续性。例如，一个民族的优秀美德就可能会有几百年，甚至是上千年的历史。但是，关于制度公正性的判断的意识形态，却会随着制度的变更而发生改变。这种意识形态的变化与制度变化的速率一样。如果制度变革是渐进和缓慢的，意识形态也会呈现一种较慢的变化状态；但是如果制度变革是快速和断然的，意识形态也会发生剧烈的变革。

此外，一个社会从封闭走向开放，从专制走向民主，从思想禁锢变得自由，会改变意识形态的可选择集合，这也会促使人们摒弃原有的意识形态，选择符合现实的意识形态。

案例 6-2

非正式制度与中国乡村社会变迁

1949 年中华人民共和国成立后，国家权力（以正式制度的形式）不仅渗透到中国社会的最基层——村庄，而且扩展到社会生活的所有领域，以至在国家权力之外，民间社会组织的力量显得格外单薄。这一过程始于 20 世纪 50 年代初的土地改革运动，然后全面推行“互助组”制度，在短短几年内，便从初级的互助形态过渡到高度集体化的“政社合一”的人民公社制度。公社化造就了一套自上而下的经济控制与行政控制网络，使得国家权力对乡村社会的渗入与控制达到了前所未有的规模和深度。① 乡村社会固有的许多非正式制度（如习俗、信仰、观念、仪式等）和行为方式，被视为愚昧落后、陈旧过时的东西而遭到批判和禁止，结果导致了民间文化传统的大量灭失。② 于是，整个中国社会变成了铁板一块的“刚性结构”。换言之，中华人民共和国成立后至改革开放前的一段时间，我国乡村社会发展缓慢，因为那时的村庄是国家“金字塔”式大一统行政体系的一环，是高度集中计划经济条件下“总体生存”格局的一环，村庄被牢牢地束缚在这种体系与格局之中，既不存在独立选择生存发展方式的余地，也不存在独立生存发展的可支配资源。

1978 年实行改革开放后，中国社会进入了一个全面的社会转型和巨大变迁之中，乡村社会首先成为改革的前沿阵地和试验田。以家庭联产承包责任制为核心的体制改革拓宽了乡村社会活动的空间，启动了以经济发展为中心的乡村社会内生变迁过程。家庭联产承包责任制实际上就是把农民与农户从村社集体农业劳动的束缚中解脱出来，让农民与农户拥有直接自由使用土地与自身劳动力的权利，成为真正意义上的生产主体。也就是说，家庭联产承包责任制使农民重新获得了经营自主权和一定程度的择业自由。这一过程的进行是与国家对乡村社会管理模式的转变（有学者把这一现象称为国家权力从乡村社会的退缩或撤退）相辅相成的。具体地说，这一转变就是原来高度行政化的集权模式转变为分权模

① 黄宗智. 长江三角洲小农家庭与乡村发展. 北京：中华书局，1992：167.

② 王铭铭. 社区的历程：溪村汉人家族的个案研究. 天津：天津人民出版社，1997：103.

式，政社分开，人民公社制度让位于乡（镇）、村体制，原来具有行政职能的生产大队和生产小队被实行村民自治的“村”所取代。这样，在过去数十年间一直被国家政权作为压制、打击、禁止和消灭对象的风俗、习惯和信仰等“非正式制度”，在乡村社会得到了一定程度的恢复。于是，留给我们的问题是：非正式制度在乡村社会得以生存的社会基础和运行机制是什么？在中国社会全面奔向现代化的过程中，我们将如何对待乡村社会的非正式制度资源？

资料来源：李怀．非正式制度探析：乡村社会的视角．西北民族研究，2004（2）．

6.2.2 社会资本及其作用

1. 社会资本的内涵及其分类

“社会资本”概念最初是由经济学的“资本”演变而来的。在古典经济学中，资本和土地、劳动并称为三大生产要素，但对非物质因素在经济生活中的积极作用也早就有所发现，如斯密在《道德情操论》中提出市场需要某种道德情操，认为道德情操是保证经济在市场条件下良性运作、健康发展的重要因素。道德、情操、文化、信念等非物质因素被一些学者认为是意识形态或社会资本。在不少学者的眼中，意识形态与社会资本是画等号的。

实际上，在学术界，社会资本是一个存在广泛争议的概念。更多人认为，社会资本概念是由法国社会学家皮埃尔·布迪厄于20世纪80年代初首次提出的。自那以后，社会资本开始受到社会学、政治学和经济学等领域学者的广泛关注和研究。

不同学者从各自研究领域和研究对象出发，对社会资本给出了不同定义。归纳起来，这些概念主要形成了微观、中观和宏观等三个研究层面，有代表性的定义主要有下述四种：

首先是社会结构要素说。詹姆斯·科尔曼是社会结构要素说的代表。他认为：“社会资本是根据它们的功能来定义的。它们不是单独的实体，而是具有各种形式的不同实体。其共同特征有两个：它们由构成社会结构的各个要素组成；它们为结构内部的个人行动提供便利。和其他形式的资本一样，社会资本是生产性的，是否拥有社会资本，决定了人们是否可能实现某些既定目标。”①

其次是组织特征说。罗伯特·D. 普特南认为：“社会资本指的是社会组织的特征，如信任、规范，它们能够通过推动协调的行动来提高社会的效率。”②

再次是能力说。亚历山德罗·波茨关于社会资本的定义可以认为是能力说的代表。波茨认为：“社会资本指处在网络或更广泛的社会结构中的个人动员稀有资源的能力。”③

最后是关系（网络）资源说。皮埃尔·布迪厄是其重要代表。皮埃尔·布迪厄指出：“社会资本是实际的或潜在的资源的集合体，那些资源是同对某种持久的网络占有密不可分的。”④ 罗纳德·伯特则认为：“（社会资本指的是）朋友、同事和更普遍的联系，通过它

---

① 科尔曼．社会理论的基础：上册．北京：社会科学文献出版社，1991：345．

② 张文宏．社会资本：理解争辩与经验研究．社会学研究，2003（4）．

③ Portes，A.，Social Capital：Its Origins and Applications in Modern Sociology，in Lesser，Eric L.（ed.），*Knowledge and Social Capital*，Boston：Butterworth-Heinemann，2000：43－67.

④ Bourdieu，P.，“The Forms of Social Capital，” in *Handbook of Theory and Research for the Sociology of Education*，（ed.）by John G. Richardson，Westport，CT.：Greenwood Press，1986：248.

们你得到了使用（其他形式）资本的机会……企业内部和企业间的关系是社会资本……它是竞争成功最后的决定者。”①

综合以上不同学者对社会资本概念的界定，我们可以认为，社会资本是指个体或团体之间的关联——社会网络、互惠性规范和由此产生的信任，是人们在社会结构中所处的位置给他们带来的资源。

对社会资本的分类，既可以依据社会资本内涵本身，也可以依据社会资本承载主体和所要解决的问题层次来进行。② 根据社会资本是由个人还是由集团投资并占有的状况，可以将其分为个人社会资本和团体社会资本；根据社会资本的制度属性，可以将其分为政府社会资本和民间社会资本；根据社会资本的来源及表现，可以将其分为结构性社会资本和认知型社会资本；根据社会资本行动的基础，可以将其分为制度性社会资本和关系性社会资本；根据社会资本的结构特点，可以将其分为“网状”社会资本和“柱状”社会资本。

上述社会资本的分类代表了五种理论分析模型。这五种模型的分析角度各不相同。第一种模型提供了社会资本最一般的分析角度和方法，它澄清了科尔曼以来人们对于社会资本拥有者、存在形式的模糊认识，让人们可以分别对待属于个人的和属于团体的两种不同性质的社会资本。第二种模型建立在对社会资本不同来源和主体的分析基础上，帮助我们进一步理解了社会资本积累过程中分别来自政府和来自民间两个方面的责任，从而明确了扩大社会资本的两个主要方向。第三种和第四种模型有一定的相似性，它们的分析来自对社会资本性质、构成和功能的综合分析，让我们明白了社会资本的构成要素和呈现方式，以便更加细致地确定社会资本改造的工作内容。第五种模型建立在社会组织结构分析和社会资本实际效应分析的基础上，它的积极意义体现在两个方面：（1）扭转了以往人们对于社会资本的认识——以为社会资本只具有正面效应，从而平息了由此引发的学术争议；（2）使社会资本概念在解释现实和规划未来两种功能之间保持了一贯性和自然的衔接——垂直的联系会产生更多的“负社会资本”，而水平的联系会促成更多的“正社会资本”。

2. 社会资本的特点及其作用

尽管社会资本是无形的，而且其形式也各不相同，但它还是有着自己的显著特征。与物质资本、金融资本、人力资本相比，社会资本与它们具有很大的相似性，它们都能够促进经济发展，都有助于控制经济资源。然而，社会资本与上述各类资本相比却有更多的不同点，而这也正是社会资本的特点。其具体表现是：

首先，对于受益者来说，社会资本不仅仅具有私人资产的特质，而是更具有公共产品的性质，也就是说，社会资本更具有集体而不是个人的特性。社会资本具有公共产品的特性是社会资本与其他资本最基本的区别。虽然社会资本可以为个人所用，但这种资本形式并不完全受个人支配。社会资本不像金融资本那样容易转移，也不像人力资本那样具有流动性。当然，社会资本的所有者可能是个人，也可能是组织，甚至有可能是社会整体。但无论属于谁，社会资本都具有不可转让性或者说不可让渡性。每个人拥有的社会资本都是独特的。社会资本与拥有者共存，并有其使用范围。

---

① Burt，R. S.，*Structural Holes：The Social Structure of Competition*，New York：Harvard University Press，2009：9.

② 宋中英. 论社会资本概念的分类及其意义. 齐鲁学刊，2011（1）.

其次，社会资本被利用得越多，则其价值就越大。不同于物质资本，社会资本不会由于使用而减少，反而会由于不使用而枯竭。社会资本具有可再生性，是非短缺的。由于不断地消费和使用，社会资本会因之而增加其价值。虽然社会资本是随着时间的推移而“慢慢地”产生的，但它却可以很快地消失。一个人或者一次失误都会极大地浪费集体的信任资源和社会联系。

再次，社会资本是社会结构和社会关系的一种特性，社会资本的作用不仅体现在生产价值上，而且体现在有关方面可以共享收益上，体现在对利益共同体的维持和促进上。因此，较之其他形式的资本，社会资本更具有社会性，收益具有更大的扩散性。

最后，社会资本具有生产的不可模仿性。社会资本更多地表现为历史制度的沉淀，即人们共同遵守的行为准则、规范、情感等；它是社会大众或绝大多数人认可的价值观体系和文化资源，是一种“以人为本”的人文环境。这决定了社会资本的积累很难通过外部干预和主观努力而形成。

长期以来，经济学家们在分析经济增长的影响因素时，分析的无非是资源、劳动、资本（不包括社会资本）和技术（包括知识）等因素，至于社会资本则从来没有进入过他们的视野。事实上，社会资本对社区治理、公民社会和国家福利、经济增长都具有十分重要的意义。

青木昌彦认为，社会资本是人在一定的社会活动空间所形成的社会关系，它将随着人的位移而改变。① 斯蒂格利茨指出，一个社会发展经济时，其社会资本也必须调适，随着经济的发展，社会资本将逐渐被正式的制度代替。② 可以看出，斯蒂格利茨所理解的社会资本是某种非正式制度，随着社会经济的发展它将被正式制度取代。与斯蒂格利茨的认识有所不同，福山认为：“群体的形成依靠的是信任，而信任是由文化决定的，不同的文化有不同的自发的群体，而且自发的程度也不相同”③。福山按照文化特性区分了三种社会及其经济状况：高信任文化、低信任文化和全面缺乏信任文化的社会。在福山看来，社会资本是由社会或者社会的一部分普遍信任所产生的一种力量。社会资本的获得要求人们习惯于遵守群体的道德规范，并具有忠诚、诚实和可靠等美德。福山还指出：“在某些国家和地区（如中国和意大利的部分地区），家庭关系一般强于非血缘的社会关系，介于政府与个人（或家庭）之间的社团的规模和影响力相对较小。”④ 事实上，根据塔贝里尼（Tabellini，2010）的研究，当前欧洲各地区不同的一般信任水平决定了不同地区的人均收入水平。⑤

其实，对于20世纪60年代以来东亚经济的快速增长，经济学家们将其归因于物质资本存量变化和生产劳动时间变化的贡献，他们用两个因素解释了60年代以来东亚国家几乎所有的经济发展。虽然东亚国家被人们普遍认为拥有丰富的社会资本，它们也是有助于经济发展的，但经济学家则视而不见、熟视无睹。⑥

---

① 甘丹丽，朱巧玲. 公共文化服务与软实力的关系研究：一个社会资本变迁视角的解读. 改革与战略，2012（12）.

② 达斯古普特，撒拉格尔丁. 社会资本：一个多角度的观点. 北京：中国人民大学出版社，2005：74－81.

③ 福山. 信任：社会美德与创造经济繁荣. 海口：海南出版社，2001：336.

④ 同①230.

⑤ Tabellini，G.，“Culture and Institutions：Economic Development in the Regions of Europe，” *Journal of the European Economic Association*，2010，8（4）：677－716.

⑥ 同②486.

案例 6-3

社会资本与区域创新——河北清河的案例

河北省清河县具有羊绒、汽车配件（以密封条等小件为主）、摩托车拉线、耐火材料、合金刀具五大产业，这五大产业在国内具有很高的市场占有率，其中以羊绒产业为最，羊绒产业在当地财政收入中的比例超过 80%，其初加工环节（梳绒）占国内市场生产能力的 70%，在产量上占全国的 66%，占国际市场份额的 40%。英国某公司曾赞誉道："世界羊绒看中国，中国羊绒看清河。"在清河羊绒业的发展中，社会资本起到了重要作用。

清河具有优良的商业传统，这一传统在清河羊绒产业的发展中起到了重要的作用。不仅间接创造了短绒产业，还提供了最初的企业家群体。另外，良好的商业传统使得生产与商业行为在当地得到认可与尊重，从而有利于加快经济流量。而在传统商业中所形成的供销员网络为清河的羊绒业建立了有利的产业结构，实现了从起步阶段的初加工环节的起飞。总之，商业传统与供销员队伍的特质造就了清河的其他两个重要的特质：高度的信息流通机制与相互信任。

在 1949 年之后长期的计划经济时代，清河在整个国家主导的经济系统内培养了一大群供销员，这些供销员走南闯北，很大一部分是活跃在与纺织相关的产业之中；到 1975 年，清河有 1 479 家集体企业，分布于 90%的村庄中，从业人员超过 10 000 人，其中包括超过 1 980 名供销人员，虽然在 1975 年清河的集体经济受到了颠覆性的重创，但是商业传统作为一种无形的社会资本却为后来的重新振兴留下了种子。

在清河羊绒产业发展的初期，这种信息流通的机制主要来源于聚群中心区在地理上的高度紧密，更来源于当地的商业传统以及供销员、社队企业构成的运营主体，后来从社队企业分解出来的私营企业依然在一定程度上保持了原有的传播机制。现如今，保密的商业与技术行为不仅没有盛行，反而往往会被当成是另类，影响其合作关系。

在清河羊绒产业起飞之后，聚群作为一个整体，获得了很高的市场竞争优势与市场信誉，这种优势与信誉使社区的个体受益，因而在这一行业里，清河人逐步知道了"一荣俱荣、一损俱损"的道理，从而信息的流通作为一种长期的集体选择，被逐渐固化为一种社会惯例与社会规范，在决定清河的羊绒业发展格局中起到了重要的作用。

资料来源：薛澜. 社会资本与区域创新——河北清河的案例. 科学技术部网站，2003-12-16.

6.3 意识形态与非正式制度

6.3.1 意识形态的制度性作用

就制度安排的形式而言，意识形态属于一种非正式制度形式，它是"软性"的，具有较强的"渗透力"。它的影响弥漫在几乎所有的其他制度安排中，因此，许多人将之称为最重要的制度安排。综合来看，意识形态的制度性作用具体表现在如下几个方面[①]：

① 罗必良. 新制度经济学. 太原：山西经济出版社，2005：728-733.

第一，节约交易费用。意识形态是个人与环境达成“一致”的一种节约交易费用的工具，即人们通过在实践中形成的意识形态和习惯准则，达成一种个人与外部世界的确定关系，并以“世界观”的形式出现，从而减少了关于是与非、善与恶、美与丑等若干价值判断与行为判断并进而达成一致同意的信息费用与谈判费用，因而大大简化了人们认知和选择的过程，节约了信息费用。同时，它所包含的与公正相关的道德评价，有助于缩减人们在相互对立的理性之间进行选择时所耗费的时间和成本，节约交易费用。正如诺思所说：“意识形态是种节约机制，通过它，人们认识了他们所处的环境，并被一种‘世界观’导引，从而使决策过程简单明了。”①

基于此，大多数国家都努力通过多种途径对意识形态施加影响。譬如，通过大量灌输现存的社会制度合法性的价值观念，让人们从遵从现有规则中获得额外的收益，从违反规则中承受更多的成本；或者向人们宣扬现存制度的不合理性及某种新制度的合理性，让人们产生参与制度变革的额外激励。

第二，激励功能。一方面是激发起所有成员的信心与热情，坚定实现行动目标的决心；另一方面是使团体的长远目标对全体成员来说更具吸引力、说服力，以获得所有成员的支持，愿作出短期利益的牺牲。在经济生活中，任何团体采取的集体行动都不是盲目的、无意识的，而是受其意识形态影响并支配着。按照奥尔森的解释，集体行动存在明显的外部性，理性的个人将不愿承担集体行动的成本而使集体行动（尤其是大集体的活动）困难重重。但诺思指出，“日常的观察同样表明，在大量事实中，大集团活动确实存在，并是导致社会变迁的基本力量”。诺思认为，大集团活动产生的一个主要原因就是意识形态能约束理性个人对收益—成本计算的无限运用，使其自觉承担集体行动的成本。同理，各种道德共同体以其特有的一套价值观念广泛地影响其成员的行为，这就是为什么社会中会有许多利他行为及从事无明显报酬的自愿性活动。对团体成员而言，意识形态使之确信采取与集体一致的步骤和做法是合理的、应该的，由此实现团体内部成员间的团结协作。对其他团体以至整个社会来说，意识形态的作用在于使团体的行为披上代表全社会利益的外衣，表明其行为的合理性，减少其他团体的抵触，尽可能争取社会的认同与支持。对此，马克思和恩格斯论述说：每一个企图代替旧统治阶级的地位的新阶级，就是为了达到自己的目的而不得不把自己的利益说成是社会全体成员的共同利益。② 对于团体行动而言，这一经典论述至今仍有适用性。

比如，某个企业把巨额资金捐赠给希望工程，初看起来，这是在增进社会其他人员的福利，细究起来，这实质上是在利用比广告更好的方式塑造企业形象和进行市场营销，是一笔回报丰厚的投资。因此，从这一角度讲，任何一种意识形态都不公开表明本团体行为的自我效用，而是强调团体行为效用的普遍性能够促进社会福利水平的提高。

第三，约束功能。任何一个成功的意识形态都必须克服“搭便车”的问题，其基本目的在于促进一些群体不再按有关单一的或短期的成本与收益的简单的、享乐主义的和个人的计算来行事。意识形态通过约束团体成员的行为，减少或克服集体行动中的“搭便车”

① 诺思. 经济史中的结构与变迁. 上海：上海三联书店，上海人民出版社，1994：53.

② 马克思，恩格斯. 马克思恩格斯全集：第3卷. 中文1版. 北京：人民出版社，1960：54.

机会主义行为的出现。所谓“搭便车”，是指某些人在不付出任何代价的情况下从别人处获得好处的行为。“经济人”追求个人效用最大化的本性及组织对人的行为计量和约束的困难，必然造成人们“搭便车”，即不付成本去获取收益的倾向，产生偷懒、欺骗、偷盗等机会主义行为。要解决“搭便车”问题，主流经济学以传统“经济人”为假设的相关理论显得力不从心，诺思则用意识形态理论来弥补主流经济学的这一缺陷。意识形态能够修正个人行为，从而减少机会主义行为。成功的意识形态教育，有利于人们提高对诚实、信赖、忠诚、良心等的效用评价，从而使个人“搭便车”或违反规则的行为减少。当社会形成一种有效和积极的道德风尚，大多数人能够自觉地信奉某种意识形态所提倡的价值观念和伦理道德时，就可以有效地克服和抑制人与人交往中的各种机会主义行为倾向。意识形态无论在个人相互关系的微观层次上，还是在组织的意识形态的宏观层次上，都提供了关于过去和现存的整体性解释。正因为如此，意识形态能够纠正个人行为，减少“搭便车”现象。

案例 6-4

一个关于捡钱的试验

据悉，继 1996 年在欧洲和北美 10 多个城市进行“掉钱包”试验后，美国《读者文摘》杂志 1997 年又在亚洲如法炮制，将 140 个钱包故意“掉”在亚洲的 8 个大城市和 6 个普通城镇，每个钱包里都有人名、当地住址、电话号码、家庭照片、字条、优惠券，以及合 10～50 美元的当地货币。谁归还钱包，就把包里的钱送给谁作酬劳。

试验结果表明，在亚洲“掉”下的 140 个钱包中，被归还了 80 个，占 57%。这与曾在欧洲和北美做过的试验的结果几乎相同。但是在美国，只有 1 人谢绝接受包里的钱作为诚实的报酬；欧洲有超过 25%的人谢绝接受报酬；而亚洲有 72%的人坚决不接受任何报酬。整个试验过程反映出，归还钱包的人基本上都认为“拾到东西就应当归还”，“这是做人的本分”，“做人要诚实”。而绝大部分把钱包塞入口袋的人都鬼鬼祟祟，神色慌张地环顾四周。

从经济学角度看，上述试验结果表明，在多数人眼里，诚实是作为一种经济资源存在的，或者说人们往往是将诚实作为一种资源，来与其他资源（如金钱等）放在一起进行资源配置的。在另外一些故意丢失钱包的试验中还发现，随着钱包里的数额增加，拾获者的诚实行为显著下降。这说明人们有时候的确会将诚实与金钱放在一起进行权衡。

在我们这个社会中，可以说没有人不认为诚信是一种美德，但人们对诚信的偏好却是有差异的。有些人对诚信有着强烈的偏好，甚至认为诚信高贵无价（因而拒绝报酬）；有些人更偏好金钱或物品，当诚信与金钱二者必择其一时，诚信往往就作为机会成本而被放弃了。一般地，假设不诚实的代价一定，当不诚实的收益上升时，人们便会选择不诚实的行为。同样，当不诚实的收益一定时，随着不诚实的代价上升，不诚实的行为就会下降。

资料来源：罗必良. 新制度经济学. 太原：山西经济出版社，2005：741-742.

第四，保持团体内部团结和稳定。意识形态通常是以某个团体的意识形态存在的，是团体成员共有的。因为它是团体成员共同拥有的认识，所以它有助于团体成员彼此达成共识并采取一致的行动。在社会经济生活中，参加活动的个人要服从团体或社会的共同惯例与传统，也许对他们来说这些东西难以理解或不符合理性，但他们仍要服从，因此意识形态将使得人们能够和谐有效地在一起工作。此外，社会中存在着不同利益取向的团体，这些团体之间的关系在社会经济生活中或者是相互宽容、合作，或者是彼此对立、排斥。团体之间这种关系的形成有多种原因，但主要应归因于意识形态。作为认识和解释世界的工具，每个团体的意识形态都有一套符合团体利益的信念与价值。基于不同的信念和不同的利益取向所形成的各团体意识形态上的差异，反过来会进一步影响基于利益取向的团体关系。需要指出的是，意识形态对社会团体之间的规范不是最终决定性的，它只是第二性的。

第五，调节经济运行。成功的政治、经济单位总是与意识形态的发展相联系，这些意识形态会令人信服地使现有的产权结构和相应的收入分配合法化。传统理论认为，国家（或政府）与市场是调节经济运行的两种手段，但这种理论并不能完全解释人类整个经济史中的经济运行状况，即使在今天的农村地区，意识形态对经济运行的调节作用也是显而易见的。事实上，在原始社会早期，在既无国家，市场又极为脆弱的情况下，社会经济运行是靠什么调节的呢？在恩格斯看来，这主要靠意识形态，在研究易洛魁人的氏族时，他发现那里的“一切问题，都由当事人自己解决，在大多数情况下，历来的习俗就把一切调整好了”①。而习俗在当时来说，恰好是意识形态的主要表现形式。在市场出现、国家起源后，习俗在经济生活中的作用并未消除，只不过其调节经济的功能大大减弱。但在市场与国家都调节不到的地区或领域，按照习俗来调节经济运行依然起主导作用。意识形态对经济运行的调节作用在康芒斯那里也得到了较为系统的论述。

第六，降低正式制度的执行费用。一方面，意识形态教育能使人们强化遵纪守法的意识，从而能减少强制执行法律的费用以及实施其他制度的费用。正如诺思所说，意识形态是减少其他制度安排服务费用的最重要的制度安排，一定的意识形态的伦理道德提高了人们遵循正式制度安排的自觉性，从而大大地减少了实施时的摩擦与冲突及监管费用。从维持国家的稳定性方面看，成功的意识形态可以使社会成员相信这个制度是公平的，并促使人们自觉地不违反规则和不侵犯产权。另一方面，如果要推翻现有秩序，必须要有成功的“反”意识形态。成功的反意识形态不仅要使人们确信不公正是现行体制的一个不可或缺的部分，而且要使人们确信只有通过改变现行体制的活动，一个公正的体制才能到来。另外，意识形态在资源的非市场配置，如通过政治和司法程序进行的资源配置中具有重要作用。科斯认为，法院法官的判决活动与其说是在执行法律，倒不如说是在进行资源配置的活动，在这一活动中，当立法、协调和执行者面对众多选择时，意识形态便成为决定性因素。

在过去的十多年间，随着经济学分析方法特别是实证分析方法的进步和数据可得性的改善②，学者们对以文化、语言等意识形态的具体表现形式与经济增长的关系有了新的洞见。例如戴亦一等人从方言的视角，发现中国A股上市公司中，董事长和总经理的方言一

---

① 马克思，恩格斯．马克思恩格斯全集：第21卷．中文1版．北京：人民出版社，1965：111.

② 张川川，李涛．文化经济学研究的国际动态．经济学动态，2015（1）.

致性能够显著降低代理成本，而且一种方言的使用地域范围越窄，这种作用越显著。①

意识形态之所以具有以上制度性功能，是因为它是一种人力资本，它能帮助个人对他和其他人在劳动分工、收入分配和现行制度结构中的作用作出道德判断。而作为每个个体人力资本重要组成部分的意识形态，其又有区别于一般的、社会的意识形态的特点：

（1）较大的意识形态拥有量能够减少消费虔诚的影子价格，因此个人“搭便车”或违反规则的可能性较小，而他对周围的制度安排及制度结构是合乎道德的意识形态信念较强。

（2）个人的意识形态是相对稳定的。收入分配、劳动分工或其他制度安排的变迁，并不立即引起个人意识形态的变迁。这是因为个人不能立即说出这种变迁是暂时的还是永久的，对个人而言也需要时间以剥除旧的意识形态资本。

（3）如果发生永久性变迁，青年人会比老年人更快地投资来获得新的意识形态（即使他们的偏好相同），原因在于：一是一般而言老年人具有较多要剥除的意识形态资本，这需要时间和努力；二是老年人在投资方面的激励较少，因为剩下来积聚报酬的年数相对较少。

（4）对现行制度安排合乎义理性的意识形态信念能淡化机会主义行为。因此，意识形态还是能产生极大外部效果的人力资本。所以，任何政府都通过向意识形态教育投资来对个人意识形态资本积累进行补贴。

6.3.2 非正式制度及其作用

非正式制度是某一群体内的社会成员在长期日常生活交往中形成的一些约定俗成的行为规范，这些行为规范已经被群体内的社会成员所自觉遵守，甚至已经深入到他们的内心。正如诺思所说：“即使在最发达的经济体中，正式规则也只是决定行为选择的总体约束的小部分，大部分行为空间是由习惯、伦理等非正式规则来约束的。”②

这些行为规范主要包括某一地区的风俗习惯、约定俗成、道德规范、意识形态等等。非正式制度是与正式制度相对应的概念，非正式制度是在人们长期的交往中逐渐形成的，这个过程是长期的、渐进的，它是人们多次重复博弈的结果。在《充分理由》一书中，布罗姆利曾举了一个例子来说明观念的变化的作用。美国威斯康星州的一群农民拥有一块湿地，随着商业需求的增长，这块土地的商业价值增加，农民们就想把湿地里的水排干，然后进行商业开发。根据法律，他们必须向县政府提出申请，变更土地用途，但是，他们的申请遭到县政府的否决，理由是，毁掉沼泽会影响野生生物的生存环境。农民们不服，最后把官司打到威斯康星州最高法院，但是州最高法院的法官维持了县政府的决定，理由是，农民们当初购买的是沼泽，而不是商业用地，县里的决定并没有侵犯农民们的所有权。这似乎有点诡辩，但是，州最高法院的裁决反映了社会整体对环境和生态认知的变化，人们意识到，自然生态是一种稀缺资源，而且具有很强的外部效应。从这个例子我们可以得到一个结论：社会观念的变化是制度变迁的一个重要原因。这一点和诺思对意识形

① 戴亦一，肖金利，潘越. “乡音”能否降低公司代理成本？——基于方言视角的研究. 经济研究，2016（12）.

② 诺斯. 制度、制度变迁与经济绩效. 上海：上海三联书店，1994：49.

态在制度变迁中的角色的强调是一致的。①

因此，在正式制度确立之前，人们从自身利益出发，与他人进行不断的博弈，最终双方从自身效用最大化出发，选择了某种相互合作的结果，这种相互合作的方式如果成为人们的共识或是习惯，这时非正式制度就产生了。非正式制度由某些社会公众认可却是不成文的规范构成，虽然最初只是人们在社会交往中无意识产生的。也就是说，非正式制度根据其来源可以分为两类：一类是人们在长期的接触交往中通过互相模仿、选择而稳定下来的代代传承的理念，如风俗、文化和道德等；另一类并不是长期演化而来，是适应于短期的特定环境而产生的，它从产生到消亡可能时间很短，却大量存在于经济活动中，起着重要的作用，如惯例等。②

一些非正式制度，譬如道德基础体现了经济主体的社会性，甚至可以直接服务于社会功利目标，事实上，肯定道德基础对于促进经济发展的作用就是肯定经济主体的社会责任与经济责任的统一。德国经济伦理学家卡尔·霍曼认为，从道德上规范现代经济生活的重点在于设计这样一种经济体制：在这种经济体制中，所有经济主体都能履行其道德义务。只有这样个人良心才可抵消体制失灵，最终保证道德标准高的经济主体的利益得以实现。③ 这表明了认同并开发道德基础的价值对体现社会公平的特殊意义，强调了经济主体向其他社会主体的利益延伸。虽然自利行为公益化有时会使经济主体的利益有所减少，但从长期来看，却促进了其利益的增加。④

再譬如，随着对“东亚奇迹”探讨的深入，越来越多的学者认为东亚国家和地区的成功，除战略和政策因素之外，和谐的人际关系及儒家文化的道德规范相结合表现出来的社会资本，是东亚经济发展的特殊动力和深层原因。在探究“东亚奇迹”的根源时，许多研究者将考察的目光转向文化因素，认为东亚国家在文化方面具有如下共同特点⑤：

第一，具有共同的文化背景。东亚国家同属于儒家文化圈，深受儒家思想影响，重视人际关系，在现代化过程中，实现了“企业精神”与“儒家思想”的契合。

第二，具有稳定和谐的人际关系结构。由于历史上文化渊源的关系，东亚国家受儒教、道教文化影响较大，在人际关系中注重“和合”“和谐”“中庸”，强调矛盾的统一与均衡，避免和克服人际关系中的对立与冲突。

第三，具有稳固的家庭网络。东亚国家受儒家伦理观念的影响，以家庭为核心，强调孝、慈、敬等观念，把保持家庭和睦、人际友爱、社会和谐和国家稳定视为个人与社会的理想目标。

第四，具有强烈的国家认同。东亚国家通常采用高度中央集权的管理模式，国民对于政府权力具有较高的认同和忠诚，在政治观念中，强调国家与个人的一致性，个人服从国家，并能够为整体利益作出牺牲。

上述特点被认为是成就东亚国家和地区经济繁荣的重要因素：儒家思想重群体、重情

---

① 姚洋. 发展经济学. 北京：北京大学出版社，2013：342－343.

② 唐绍欣. 传统、习俗与非正式制度安排. 江苏社会科学，2003（5）.

③ 陈泽环. 功利、奉献、生态、文化. 上海：上海社会科学出版社，1999：13.

④ 任保平，王蓉. 经济增长质量道德基础构建. 当代经济研究，2013（1）.

⑤ 燕继荣. 投资社会资本：政治发展的一种新维度. 北京：北京大学出版社，2006：51－52.

意、重人际关系和谐的价值理念，正成为克服技术时代的物质主义、极端个人主义的对症良药；“家国一体”的儒家观念，更使国民能够在国家和民族遭遇危机时组织起来共赴国难；市场经济与儒家文化的结合，为全世界的现代化开创了新局面，树立了新样板。有人还进一步认为，东亚社会所共有的儒家伦理是：工作勤奋，敬业乐群，和睦关系，尊敬长上，强调配合、协调与合作，而不是突出个人或个人利益，等等。这些“新儒家文化”（neo-Confucian culture）提倡个人对组织的忠诚、奉献和责任，对现代社会和现代企业组织乃至经济增长大有裨益。习近平也认为，一个国家、一个民族的强盛，总是以文化兴盛为支撑的。①

那么，“新儒家文化”是如何转化为一种现实的经济动力而影响经济增长和经济发展的呢？有学者认为正是社会资本这个桥梁，完成了“新儒家文化”向经济增长和经济发展输送动力的功能。即新儒家文化→社会资本→经济增长与经济发展。在“新儒家文化”主导和影响下形成的东亚国家和地区特有的家庭组织、社会结构、人际关系网络作为一种“社会资本”，提高了人与人之间的信任程度，降低了社会交易费用，为实现合作创造了条件，为人们的经济行为提供了激励机制，从而促进了经济增长和经济发展。

而作为影响东亚地区社会资本形成的“新儒家文化”，其与社会资本一道实际上就构成了新制度经济学所谓的“非正式规则”的内容。正如斯蒂格利茨所说：“社会资本受到发展过程的影响，并影响发展过程。”②

案例 6-5

非正式制度与中国历史上商业资本向土地资本转化

中国历史上曾经出现过许多著名的商人和商帮，他们在商业流通领域纵横捭阖，赚取了巨额的商业利润，这些商业利润除了一小部分作为追加资本继续用于扩大商业经营之外，大部分却从流通领域中游离出来，不是不断地向产业资本转化，而是向土地资本转化并沉淀在土地中。这些商业资本为什么总是不断地向土地资本转化呢？就促进商业资本向土地资本不断转化而影响最显著的非正式制度而言，主要表现在：

首先是农本思想对商业资本向土地资本转化的影响。在中国古代历史上，历朝历代重农抑商制度的严厉执行，使轻商业、重农本逐渐成为整个社会的主导性意识，这自然也加强了人们对土地的认同，以致人们普遍认为“凡置产业，自当以田地为上，市廛次之，典当铺又次之”。因此，商人们即便获得了巨额的商业利润，也不肯放弃土地所能带来的微薄利益。而一旦商业上的收益不再丰厚或者不能稳定地获得利益，他们首先想到的还是回到土地去。土地在商人眼中是可靠的储备财产，是可以带来稳定收益的摇钱树，正所谓“以末致富，以本守之”。

其次是宗法观念对商业资本向土地资本转化的影响。中国的传统文化一贯注重集体的

---

① 民族伟大复兴要以中华文化发展繁荣为条件——学习领会习近平总书记在山东考察时重要讲话精神. 光明日报，2013-12-04.

② 曹荣湘. 走出囚徒困境：社会资本与制度分析. 北京：生活·读书·新知三联书店，2003：127.

发展，尤其儒家伦理文化从一开始就是以家庭宗族的血缘关系为本位的。个人的自由发展、开拓性的商业行为都被放到了次要的位置上。个性的被束缚使得这些商人只能从宗族那里找到精神上的动力，而无法通过个性的发展去促进自身的发展。在宗法制下，谁在“尊祖、敬宗、收族（或睦族）”活动中表现突出，谁死后就能入主祠堂，名垂宗谱，受到本族后辈的敬仰。为了适应宗法制的需要，商人们在经商致富后，在捐资修祠堂、族谱的同时，又大置祭田、祠田、义田、义家等作为宗族的公产。

再次是传统的义利观对商业资本向土地资本转化的影响。中国传统“义利观”主张重义轻利，“万事莫贵于义”，“义者正也”。认为天底下没有什么比“义”更重要的了，“义”代表着正义和公正。并提出了所谓“君子喻于义，小人喻于利”的君子、小人的区分标准。在整个社会重义轻利的氛围重压下，为了避免成为被社会所诟病的逐利“小人”，人们纷纷加速商业资本向土地资本的转化而“购田置宅”。

总之，根深蒂固的“农本”思想、宗法观念和“重义轻利”的价值观等非正式制度安排，从社会价值观上规定并局限了商人们行为的可能性边界，从而使得投资土地成为商人们必然的选择。

商人们将商业资本转化为土地资本的行为，给中国社会的发展及其进程所带来的影响是十分深远的。大量商业资本投资于土地，不仅大大削弱了工商业自身的资本积累，而且使商业资本与产业资本相结合受阻，直接影响了工业革命的发生，因此，从这个角度讲，如果没有来自外界的冲突，在中国的封建社会要像西方国家一样，单纯依靠商人阶层推动制度的变革则是根本不可能的。

资料来源：杨德才. 正式制度、非正式制度与商业资本转化. 福建师范大学学报，2006（6）.

6.4 意识形态与经济增长

在一个社会发展过程中，国家可以通过不断界定和明晰产权，引导社会意识形态，在国家、产权和意识形态三者之间建立良好的互动关系，进而有效地推动制度创新、促进经济增长。即意识形态内生于经济增长又反过来决定经济增长。[①]

事实上，在非正式制度影响经济发展的过程中，意识形态的作用非常重要。意识形态对经济增长和发展的作用是双重的，一种成功的意识形态能够通过交易费用的节约、克服“搭便车”等来促进经济的有效增长和发展；相反，失效的意识形态则成为经济增长和经济发展的绊脚石。成功的意识形态可以使社会成员相信现行制度是公平的，并促使人们自觉地不违反规则和产权，将大大减少对规则和产权的费用，从而维持现存制度的成本便会降低，人们的“搭便车”行为将大大减少。一个国家要维持相对稳定性，使公民不成为“搭便车”者，就要反复用灌输的方法使公民接受其意识形态，因此国家必须加大对意识形态的投资。

总而言之，意识形态与经济增长之间存在着双重作用：成功的意识形态可以促进经济

① 董直庆，王林辉. 政治制度对经济增长贡献的文献述评. 南方经济，2009（7）.

增长；相反，当现实经济发生变化，而原有的意识形态由于种种原因却变化滞后时，意识形态就会成为经济增长的绊脚石。

6.4.1 意识形态对经济增长的促进

国家的政治法律制度通过对经济自由度和个人行为特征的制约，作用于经济发展从而影响绩效。布坎南认为，人们所处的时代最重要的不是来自经济方面的挑战，而是政治和制度方面的挑战。良好的政治法律制度是经济发展的重要保障。意识形态对经济增长的促进主要表现在下面几个方面：

第一，以正式制度形式规范和激励经济活动。在经济学研究中，阿西莫格鲁在2005年的研究认为，经济体中只有实施制度激励，特别是政治制度激励，刺激社会投资和技术进步才能实现经济增长，经济增长从根本上依赖于政治制度。① 后来，罗德里克使用跨国数据进行了经验分析，结果发现政治制度对经济增长的作用非常显著，在使用了不同的计量方法之后，这些结果依然稳健。并且在控制了政治制度后，贸易对经济增长的影响是不显著的，地理位置也表现出相应的特征。②

但是，要了解意识形态对长期的经济增长的作用，这需要假定外部社会环境基本上保持稳定。更何况在长期内当权者会明白自己过去犯的错误。比如，阿西莫格鲁等人（2008）及在此后的研究中，发现政治制度对经济增长存在正反的双重效应，在一些发展阶段中，政治制度对经济增长有着显著的积极作用，而在一些发展阶段，政治制度对经济增长的影响却是负面的。③ 因此，政治制度与经济发展的关系应该联系不同的经济发展阶段来分析。在不同的经济发展阶段，政治制度对经济发展的影响是不一样的。

第二，以非正式制度形式约束经济活动。习俗、习惯、知识等形式的非正式规则对人们经济行动的约束，都是文化影响经济发展的一种表现。如前文所述，制度是为了进行个人行为约束而设计的，但这里的个人不是总在寻求自身经济利益最大化的独立“经济人”，而是具有多维性的社会人，个人选择是直接镶嵌到社会文化结构中的，那么，在经济发展过程中，意识形态的表现形式之一——文化的作用也日益凸显其重要性。当前，以研究文化对经济影响为主要内容的文化经济学，已经成为经济学领域中一个新兴的重要研究分支。④ 从国内外文献看，学者们主要从文化对宏观经济绩效与微观经济行为两个方面进行了理论与实证分析。

文化是解释经济增长的更深层次的力量。⑤ 事实上，文化不仅通过影响制度的生成而间接地影响经济发展，在某些情况下，文化甚至直接对经济发展起作用。才国伟和刘继楠（2016）认为文化是长期经济增长的源泉之一。⑥ 正如韦伯曾论述的那样，资本主义精神

---

① Acemoglu, D., Johnson, S., Robinson, J. A., “Institutions as a Fundamental Cause of Long-run Growth,” *Handbook of Economic Growth*, 2005 (1): 385-472.

② Rodrik, D., Subramanian, A., Trebbi, F., “Institutions Rule: The Primacy of Institutions over Geography and Integration in Economic Development,” *Journal of Economic Growth*, 2004, 9 (2): 131-165.

③ 董直庆，王林辉. 政治制度对经济增长贡献的文献述评. 南方经济，2009 (7).

④ 张川川，李涛. 文化经济学研究的国际动态. 经济学动态，2015 (1).

⑤ 徐现祥，刘毓芸，肖泽凯. 方言与经济增长. 经济学报，2015 (2).

⑥ 才国伟，刘继楠. 文化：经济增长的源泉. 中山大学学报（哲学社会科学版），2016 (5).

实质上是含义丰富的文化范畴。西方典型的精神观念，即时间就是金钱、信誉就是金钱、善于付给别人钱的人是别人钱袋的主人等，对人类行为具有强大的推动力，它不仅是取得经济成功的手段，也是一种特殊的伦理规范。他认为，正是这种道德观念使得西方形成了理性资本主义经济制度，建立了有规则的市场，使人们合法地追求利润或效用的最大化，从而造就了西方资本主义文明。而在印度等东方社会，具有资本主义理性的文化制度的缺乏导致资本主义萌芽未能得到发展。

Alesina and Giuliano（2015）在有关文化与制度之间的交互作用的文献综述中，认为不同的文化特征导致了不同的社会经济制度，并进而对宏观经济和微观行为主体的行为产生影响。① 在实践中，国家的制度选择确实是造成它们不同的经济表现的重要原因，而这恰恰是文化差异的反映。换言之，文化差异才是主要原因，即文化可以直接解释经济表现和经济发展，而根本不需要借助经济制度这个中间变量。② 非正式制度中的习俗惯例的形成与其产生的文化背景密切相关，知识、信息、价值观念及其他影响人们行为的因素通过"集体学习"代代相传，这个过程蕴含了大量非正规规则的形成和信息的传递，体现了文化与经济发展之间的动态关系。③

6.4.2 意识形态对经济增长的阻碍

由于意识形态是人们长期积累并世代相传的结果，新的意识形态与过去有一定的渊源和联系。每一种意识形态都会通过边际革命的方式逐渐变化，一旦一种意识形态的变迁跟不上现实世界的发展，或者说它不能对已经变化了的事实或经验给出一套更合理的解释，意识形态就表现出滞后性，从而沦为一种保守力量。结果意识形态与经济增长之间的缝隙越来越大。

除此之外，现实社会也并非一个同质社会，而是由许多利益集团构成。不同利润取向的集团往往意识形态不同，由此可能导致相互约束甚至损伤，增加社会动荡以及社会运行费用，影响经济发展的绩效。意识形态对经济增长的阻碍主要表现在下面几个方面：

第一，抑制创新。一方面，经济增长是制度创新和技术创新的结果，创新的实质是旧的制度、组织以及为之辩护的意识形态被打破，因此创新必定会遭到旧的利益集团的反对和压制。另一方面，新的制度安排会伤害统治者权威的合法性，统治者成为新的意识形态的主要反对者。欧洲中世纪宗教裁判对异端的迫害、中国历史上封建统治者对民众思想的禁锢都是压制创新的典型例证。

第二，破坏正在变革中的团体存在的合法性。意识形态一方面可以保证团体内部的稳定性，另一方面随着团体内部变革的进行，意识形态变化滞后，使之与正在出现的团体的新功能、新结构不相吻合，否定正在出现的新的制度和组织。

第三，造成团体成员的分裂，阻挠集体行动，增加经济运行的交易成本。意识形态变迁的滞后造成了新旧两种意识形态的斗争，使原来意识形态下的稳定关系出现裂痕，希望

---

① Alesina, A., Giuliano, P., Culture and Institutions, *Journal of Economic Literature*, 2015, 53 (4): 898-944.

② 菲尔普斯. 国家的经济繁荣：繁荣依赖于活力，活力取决于制度//吴敬琏. 比较：第41辑. 北京：中信出版社，2009.

③ 邹薇. 经济发展理论中的新古典政治经济学. 武汉：武汉大学出版社，2000：305.

保存既得利益的集团会借用原有的意识形态证明自己地位的合法性。而希望改变利益分配格局，通过改革获得利益增长的团体则会发展出一套新的意识形态，用以反对和替代原有的意识形态。新旧意识形态的斗争分裂了集团，阻挠了一致的集体行动，从而增加了交易费用，降低了经济效率。

本章小结

本章主要探讨作为新制度经济学三大理论基石之一的意识形态理论。6.1 节主要探讨意识形态的内涵及其基本特征。首先从哲学和经济学两个层面对意识形态的内涵进行了分析，其次从现实性、相对独立性、依赖性等方面详细阐释了意识形态的特征。6.2 节分析了意识形态与社会资本。首先分析了意识形态的形成与变化，其次分析了社会资本的内涵、分类、特点及作用。6.3 节就意识形态与非正式制度进行了详细分析。首先重点分析了意识形态的制度性作用，对意识形态在节约交易费用、激励和约束等方面的作用进行解释；接着分析了非正式制度的作用。6.4 节探讨了意识形态对经济增长的影响。主要解析了意识形态内生于经济增长又反过来决定经济增长的机制，并从促进与阻碍经济增长两个层面进行分析。

关键术语

意识形态　　囚徒困境　　搭便车　　非正式制度　　社会资本　　文化经济学

复习思考题

1. 简要分析意识形态的基本特征。
2. 以“囚徒困境”为例，分析意识形态是如何形成的。
3. 意识形态的制度性作用有哪些？社会的意识形态与作为个体的人力资本的意识形态有什么区别？
4. 如何分析意识形态对经济增长的影响？
5. 何为社会资本？社会资本的特征有哪些？
6. 简述社会资本的类型及各类型的区别。
7. 社会资本是如何影响经济增长及其绩效的？
8. 为什么政府重视意识形态教育？
9. 如何看待文化对经济增长的影响？

第7章

利益集团理论

本章要点

1. 了解利益集团的内涵及其分类。
2. 掌握利益集团对社会经济发展的影响。
3. 掌握利益集团与集体行动的相关理论。
4. 了解利益集团的投票、寻租对制度变迁的影响。
5. 了解利益集团与制度变迁的关系。

利益集团是社会政治经济体系中不可缺少的组成要素。利益集团能够对公共政策和制度变迁形成重要的影响。不同的集团有不同的目标，制度变迁的路径一般取决于相关利益集团博弈的结果。本章对利益集团的相关理论分析是分四节来进行的。7.1节介绍了利益集团的内涵及其重要性；7.2节集中分析了利益集团与集体行动的相关理论；7.3节分析了利益集团的投票和寻租对制度变迁的影响；7.4节则主要分析了利益集团成为推动制度变迁主导力量及导致制度均衡出现的原因。

7.1 什么是利益集团?

7.1.1 利益集团：内涵与分类

1. 利益集团的内涵

利益集团（interest groups）这一概念最早出现在西方政治学领域，是西方公共选择学派的一个理论分支。20 世纪 50 年代，美国学者戴维·杜鲁门在其著作《政府过程》(*The Governmental Process*) 一书中第一次使用了“利益集团”一词，此后，这个概念广播远扬。利益集团的概念涵盖面广，政治、经济、社会等学科皆对这一概念有所涉及，从已有的相关研究来看，派别（group)、游说集团（lobbying groups)、压力集团（pressure groups）等都在一定程度上阐明了利益集团的特征和作用。

广义的利益集团是指由于具有共同的利益从而产生了共同的价值观或态度的个人的集合体。它不仅包括正式组织，还包括那些没有正式的成员认证和组织体系，但拥有相当程度的群体认同的无形团体。其中，共同利益的体现是多元化的，共同的收入来源、大致相同的收入水平、生产生活的同一空间都可以产生广泛的共同利益。

狭义的利益集团是指在政治领域通过影响公共政策来追求某种特殊利益的个人所形成的组织。这种组织是由少数有共同利益特别是有共同经济利益的个人组成的。

利益集团能够有效地对个体进行资源性整合。如果给予各种利益集团表达利益的合理途径，那么就会提高法律和政策的社会认可度和执行度，因此，利益集团的本质是对利益多元、个人自主和社会博弈的反映，它是一种中性的概念。

利益集团的主要特点是：(1) 它是以共同利益为基础的自愿性组织。加入或退出利益集团往往不需要履行正式手续，只需要人们对利益形成一定的共识。(2) 利益集团活动的目标通常是参与政治决策来使自身利益在公共政策中得到实现。(3) 参与政治决策的手段是多元化的，主要表现为投票、寻租等。

各行业、各地区的工会就是常见的利益集团。工会起源于工业革命时期，当时，越来越多的农民成为产业工人，但是工资低廉且工作环境极为恶劣，工人们希望雇主提高工资、减少工作时间。当诸多单个工人的要求被拒绝后，他们发现结成一个团体与雇主进行谈判或罢工往往能达到目的，这就导致了维护一般工人利益的集团——工会组织的诞生。随着社会行业的发展，工会组织从产业工人领域扩展到诸如交通运输业、教育业的很多社会行业。

案例 7-1

英国大学与学院工会及 2018 年英国高校教师罢工

在英国的高等教育行业中，英国大学组织（Universities UK，UUK）负责制定高等教育政策，与政府或其他机构、部门进行联系，保持英国大学的世界领先优势是该组织的目标。其成员是各大院校的校长和副校长，代表着大学教职员工的雇主。英国大学与学院工会（UCU）代表着全英大学、学院和各类培训机构超过 110 000 名教职员工，于 2006 年 6 月 1 日由大学教师协会（AUT）和全国继续教育和高等教育教师协会（NATFHE）两个工会合并而成。UCU 麾下有超过 11 万名英国高校教师、职工、学者和研究生，也是迄今为止世界上最大的高等教育行业的公会性组织之一。

2017 年，英国大学组织向英国大学与学院工会提议，申请改革大学养老金计划（Universities Superannuation Scheme，USS)。在这项主要以解决 USS 赤字问题为目的的养老金改革提案中，UUK 建议将现有的养老金的固定受益计划改为养老金固定缴款计划。前者即每年固定养老金，后者是将教职工的退休金投入股票市场，由股市收益或亏损情况决定退休金的具体金额。这一提案的执行将对教职工的养老金有所影响：一方面表现在养老金的波动性给退休生活带来流动性风险；另一方面，就养老金金额而言，UCU 预估将使每一名退休教职工年均损失养老金约 1 万英镑。

因此，UCU 表示明确拒绝。主要理由是：（1）近年来大学机构高层管理人员收入持续上升，与教职员工的收入差距持续增大。例如，据 UCU 披露，负责 USS 计划的首席执行官加尔文 2017 年的收入增加了 17%，使得他的薪水从 48.4 万英镑涨到了 56.6 万英镑。（2）大学教师的实际收入持续下降，引发行业不满。2009—2017 年，英国教师的工资收入实际下降了 15%。（3）为了控制开支，在近 20 年间，英国增加了大量非全职性教师，例如兼职教师和研究生。这类从教人员在 2016 年已达到教师总人数的 25%，其所具有的保障水平更低。

经过长时间的谈判，UCU 与 UUK 无法达成协议，谈判破裂。2018 年 2 月，UCU 在致学校师生的公开信中，陈述了将罢工作为最后手段的必要性——如果没有一定水平的养老保障计划，高校教师行业将难以维持和吸引到高水平人才，高等教育将受到伤害。英国全国学生联合会（National Union of Students，NUS）表示支持教师的大罢工。学生组织支持教师大罢工的主要原因是担心教师福利受损，进而会影响教师的工作积极性以及影响到优秀教师的聘用。

2018 年 2 月 22 日，包括剑桥大学、牛津大学等知名学府在内的 60 多所英国高校约 40 000 名大学教师走上街头，举行罢工。该次罢工从 2 月 22 日开始，一直持续到 3 月 16 日。其时间安排是罢工开始后的第一周罢工 3 天，第二周罢工 4 天，第三周罢工 5 天。

资料来源：郭英剑. 英国高校教师为什么大罢工. 科学网，2018－04－03.

2. 利益集团的分类

在公共政策和制度变迁的决策过程中，不同类型的利益集团关注的重点、影响力的大小和作用机制也有所不同。根据研究视角的不同，可以从利益来源、社会角色、组织规模、组织性质等方面对利益集团进行分类。

（1）根据利益来源分类。

利益来源是指集团及其成员根据什么原则确定本集团的利益所在。在这一框架下，利益集团分为两类：部门利益集团和目标利益集团。①部门利益集团是以某种经济职能的运行为基础，代表某些属于特定专业、行业和职业的人员的利益。集团及其成员之所以追求这些利益，是由其所在的社会经济部门确定的，因此对这类集团统称为部门集团。这类集团可以包括机构性利益集团、公司性利益集团、劳工利益集团等。②目标利益集团是指那些以共同的立场或价值观为基础，以宣传某些信仰、立场和原则为目的组成的利益集团。集团成员之所以能形成具有共同目标的利益集团，是因为这些目标一旦实现，就能提高其效用，且收益范围并不限于单个社会经济部门。因此，这类集团也称为偏好利益集团。这类集团可以包括环境保护组织、国际事务利益集团等。

（2）根据社会角色分类。

集团所追求的具体利益体现了集团的社会角色，也构成了对利益集团进行分类的最常用方法。在此框架下，利益集团有多种分类方式，一种方式可以分为四类：经济利益集团、政治利益集团、公共利益集团、其他利益集团。①经济利益集团的主要目的是维护集团本身的经济利益。这是在利益集团总量中所占比重最大的一类，包括了企业利益集团、工会（即劳工利益集团）、行业利益集团和专门职业利益集团。这里的“专门职业”常见于专业性较强、技能要求水平较高的职业，例如教师、律师、医生和会计师等。在美国，教师、医生、律师、建筑师、会计师等协会在华盛顿和各州首府都有办事机构，专门从事院外活动。②政治利益集团所追求的利益是集团成员在政治领域的利益以及相应的社会地位。在社会规则不健全的情况下，这些利益也涉及了设租的机会和经济收入。现实中政治利益集团的例子也很多。美国的“全国有色人种促进会”就是为了提高有色人种的政治和社会地位而成立的集团；中华全国妇女联合会则是追求提高妇女地位、增强妇女政治经济权利。③公共利益集团是以寻求社会公共利益或集体利益为主要目的而成立的利益集团。公共利益集团的典型特征就是它所引导的公共政策变革和制度变迁具有很强的外溢效应，即变革的效益可被大部分社会公众在不同程度上享受到，其中也包括本集团成员。环境保护组织就是典型的公共利益集团。④其他利益集团则是以经济、政治、公共利益之外的利益为集团的目标。在这类利益集团中，比较突出的是以文化扩张为目标的集团，主要与宗教有关。其核心利益在于集团所代表的文化或宗教的地位。在政教分离的情况下，利益集团的行为较为简单；在政教合一的情况下，文化利益经常和政治利益形成密切联系。

（3）根据组织规模分类。

根据组织规模这一分类标准，利益集团可以分为大型、中型和小型利益集团。①大型利益集团又被称为潜在集团。这类集团的共同利益涉及面较大，因此通常还没有建立正式的组织。中国的农民阶层就可以视为一个大型集团。由于人数众多导致利益摊薄和较高的交易成本，大集团作为一个整体往往难以形成统一的行动。②中型利益集团又称为中间集团。中型集团的成员规模和行动力介于大型集团和小型集团之间，往往具有松散的组织形式，例如某行业工会。③小型利益集团成员数量很少。成员间的利益非常统一，因此形成统一行动的可能性最高。这类集团通常具有一定的组织形式，成员间联络程度较高，声誉机制在集团的运行中发挥巨大的作用。

（4）根据组织性质分类。

根据组织性质这一分类标准，利益集团可以分为公司性利益集团、机构性利益集团、社团性利益集团、行业联盟性利益集团、非组织化利益集团。①公司性利益集团是以公司为组织载体的集团，其利益主要与利润、市场份额、垄断地位、商业立法等相关。②机构性利益集团是指建立在产品和行业基础上、以正式机构为运行载体的利益集团。这里的机构也包括官僚机构。③社团性利益集团就是以社团为组织载体的利益集团。中国的妇女联合会、共青团等就是介于机构性利益集团和社团性利益集团之间的特殊团体。④行业联盟性利益集团的载体是某些企业基于自身的发展需要与本行业的共同利益诉求所形成的行业联盟，例如行业协会、商会等。⑤非组织化利益集团主要是潜在利益集团，其特征是成员数量巨大，没有形成具体的组织形式，例如金融危机时的失业者等。

（5）根据利益集团的外部关系分类。

利益集团的外部关系可以具体体现为利益集团与政府机构的关系、利益集团之间的关系。

首先，根据利益集团与政府机构的关系，利益集团分为内部集团和外部集团。①内部集团一般是指与政府联系密切的利益集团。内部集团具有三个特征：第一，在其行动计划中，充分运用媒体来强化政府的认可；第二，在很大程度上通过幕后活动与政府保持联系；第三，在利益集团这一方，由于某种原因——例如依赖政府援助或人事安排——与政府的关系一旦结成即难以脱离。内部集团在现实生活中比比皆是，且由于具有政府支持的优势，往往具有明确的组织形式，在公共政策的影响过程中也相对具有优势。②外部集团则是没有与政府建立起固定关系、无法建立这种联系或尚未得到政府认可的利益集团。根据成因，外部集团也可以细分为三类：第一，寻求获得“内部地位”而尚未成功的集团；第二，希望成为内部集团但由于缺乏政治技巧而不能实现这一目标的组织；第三，由于目标与政府的政治规范不一致，因而不能获得政府支出的利益集团。

其次，我们分析发现，在一个社会中，利益集团之间的关系也是错综复杂的。我们可以根据利益集团之间的关系，将利益集团分为相容性的利益集团和排他性的利益集团。当利益集团之间的利益是相互包容，即所谓的“一损俱损、一荣俱荣”的时，就将这些集团称为相容性的利益集团，这些集团间的博弈属于正和博弈。当利益集团之间的利益是相互排斥的时，就将这些集团称为排他性的利益集团，这些集团间的博弈往往是零和博弈。

7.1.2 利益集团的重要性

1. 利益集团的形成

利益集团的形成需要一定的条件。当这些条件成立时，人类社会的个体成员逐渐汇集成不同的利益集团。利益集团形成的基本条件包括共同利益、行动成本、选择性激励等因素。

第一，促使利益集团形成的最基本要素是共同利益的存在。共同利益构成了人们组成集团的最基本条件。利益可以体现为三类：一是经济利益（material benefits），即有形的、直接带来收入增加的利益；二是归属利益（solidary benefits），强调集团给成员带来的归属感和集团成员之间的相互依赖；三是观念利益（expressive benefits），通常是无形的、理念上的，例如“和平”“自由”等等。后两者统称为无形报偿。经济利益是最常见的利益形式。它可以是钱，也可以是物。无形报偿体现为凝聚力，成员在加入团体后能够获得认同感。例如，老年人加入老年大学后，其收益体现为与其他老人共享时光所得到的心理满足、老年旅行团的信息便利和优惠等。上述经济利益和无形报偿吸引着人们加入利益集团，也构成了利益集团形成的最基本条件之一，其中，经济利益发挥着最为重要的作用。此外，人们在考虑是否组成或加入一个利益集团时，还会考虑自己所要付出的成本，即进行预期收益和预期成本之间的分析。根据经济学的一般规律，预期边际成本递增，预期边际收益递减。这一经济规律也就预示着，在利益集团的形成过程中，利益集团的数量和规模不会无限地扩大。

第二，利益集团的凝聚机制促使利益集团形成。并不是个人之间共同利益足够大且他们均意识到这一点，便会自然地形成一个利益集团来为共同目标而行动。利益集团的形成还需要一定的凝聚机制，即集团成员为什么组成几个团体并形成集体行动。集体行动理论的代表人物曼瑟·奥尔森借助对集体行动的逻辑的分析，指出利益集团的凝聚机制主要体现为两个方面：一是人数较少，从而有利于统一目标和行动，有利于分配利益；二是存在着某种迫使或诱使个人努力为集体行动作出贡献的激励机制，奥尔森称之为“选择性激励”，即集团对个人的奖励与惩罚都有其针对性，从而有利于形成能够作出集体行动的利益集团。

第三，内部成员利益间的交换关系构成了一种合约形式，这种合约形式体现为利益集团的形成。20 世纪 70 年代末，赛利斯伯里采用交换理论从利益集团的内部组成及其关系多角度解释了利益集团的形成。[①] 在利益集团内部，成员也是不同质的，可以分为两类：第一类成员是集团的组织者（也称为第一行动者），第二类成员是普通成员。如果将利益集团视作一种商品，第一类成员类似于供给者，进行投资成立集团并进行定价，吸引他人加入；第二类成员则类似于消费者，在付出一定的成本（例如缴纳会费、保证参加集体活动）后，获得参加该集团的资格。加入集团后，第二类成员根据第一类成员的定价，可以获得集团利益。两类成员都根据自己的成本收益分析决定是否成立或加入该集团。集团内部也就形成了两者间的利益交换。

第四，经济制度关系中的干扰因素也影响着利益集团的形成。随着社会环境的变化，利益集团也会发生变化，或分化或产生新的利益集团。这些利益集团一旦产生又成为其他集团产生或分裂的干扰因素。[②] 从历史的角度来看，利益集团来源于社会分工引起的利益差别。由于人们从事不同工作、充当不同社会角色，于是出现了新的区别于以往以家庭为核心的社会组织，新的社会关系得以发展，追求不同价值的人群组成了不同的利益集团。随着经济周期、朝代更迭等经济政治因素的变化，利益分配结构也会相应变化，利益集团也会重新分化和组合，利益集团的存在呈现出动态的特征。利益集团的行动也可以视为对原有利益平衡遭受破坏的矫正——当社会中原有利益平衡被打破时，集团成员就会采取集体行动捍卫共同利益。

2. 利益集团的重要影响

利益集团对社会政治环境具有重要的影响。人类社会由两个市场组成，一个是经济市场，一个是政治市场。经济市场上体现的是消费者和厂商之间的供需关系，人们通过货币选票来选择能给他带来最大满足的私人产品。个人的偏好和选择对自身福利有着直接的关系。政治市场上则存在公共选择过程。在政治市场上，人们通过民主选票来选择能给他带来最大利益的公共产品、政治家、政策法案和法律制度。选民和利益集团是政治市场上的需求方，政治家和官员是政治市场上的供给方。交易的过程采用投票机制。在投票机制下，个人选择与制度设置、个人福利水平的关联要以利益集团为媒介。

利益集团在政治生活中发挥着重要的作用，影响着公共政策的制定和变迁。这一点在美国表现得最为明显。一般来说，利益集团的重要影响体现在四个方面：

第一，利益集团成为反映公众意愿的重要机制。在政治领域，个人的意愿表达往往是弱小且无序的，但当一定数量的个人结合成为利益集团时，他们的意愿表达则具有了有序性和集中性，这使得个体间较为集中的或强势的意愿能够被外界所感知。

第二，利益集团之间的竞争是社会矛盾的集中体现。由于具有不同的利益，利益集团之间多有竞争关系。利益集团通过游说、寻租等手段促成的公共政策，对于集团而言是一

---

① Salisbury, R., Overlapping Memberships, Organizational Interactions and Interest Group Theory, in Ronald J. Hrebenar, *Interest Group Politics in America*, New York: M. E. Sharp, Inc. 1982: 30.

② 杜鲁门. 政治过程. 天津：天津人民出版社，2005：64.

项公共产品，有利于集团内部个人福利水平的提高；对于社会而言，则是一项私人产品，有可能损害了其他利益集团甚至整个社会的福利。因此，社会矛盾往往集中地体现为相关利益集团间的竞争。

第三，利益集团影响着制度变迁。首先，利益集团关注与其利益相关的问题，并将其提上公共领域的关注范畴。其次，利益集团通过投票、游说、争取舆论等途径，直接作用于制度变迁过程。

第四，利益集团有可能导致政府俘获（state capture）。① 政府俘获是指利益集团通过各种手段影响政府决策，促成政府制定出有利于特定利益集团的法律、政策和规章的行为，会产生不作为或乱作为的消极腐败现象，或者产生政府预算外行政费用。

案例 7－2

关于中国退休年龄的争论

近年来，关于中国退休年龄，社会掀起了争论。在这场争论中，可以划分出几大主要利益集团：政府、不赞成延迟退休的劳动者、赞成延迟退休的劳动者。

1. 争论的起源

从比率上看，截至 2012 年年底，我国养老金储备规模占 GDP 总量的比例仅为 2%，而同期，日本约为 25%，美国约为 15%。2012 年 6 月发布的研究报告《化解国家资产负债中长期风险》预测，2013 年中国养老金缺口将达到 18.3 万亿元。出现这一困境的原因是复杂的，主要被提及的是中国养老金的增值方法——作为存款存入银行——使养老金数额跟不上物价水平上涨的速度。

由于解决养老金的供给缺口需要大量的资金和机制的变化，数年内难以实现，因此政府提出了延长退休年龄，以减少养老金的需求。2012 年 6 月 27 日，在《社会保障“十二五”规划纲要》中明确提出，中国在“十二五”期间将研究弹性延迟领取养老金年龄的政策。2012 年 7 月 1 日，人力资源和社会保障部社会保障研究所所长何平在“积极应对人口老龄化战略研讨会”上提出，我国从 2016 年起实行延长退休年龄的政策，并每两年延长 1 岁退休年龄。到 2045 年不论男女，退休年龄均为 65 岁。这一议案引起了社会的广泛争论。

2. 一项调查结论

2012 年 7 月的调查显示：①是否愿意延迟至 65 岁退休：95.84%的被调查者反对。②如何看待退休年龄延迟至 65 岁：共 93.76%的被调查者持否定态度（51.96%的被调查者认为会增大就业压力，妨碍人力资本更新，41.80%的被调查者认为不利于养老，仅 6.24%的被调查者持肯定和理解态度），2.85%的被调查者认为这有利于缓解养老金缺口，3.39%的被调查者认为这有利于老年人发挥“余热”。③心目中最理想的退休年龄：61.98%的被调查者选择“男 55 岁，女 50 岁”，33.26%的被调查者选择“男 60 岁，女 55 岁”，仅 3.27%和 1.49%的被调查者认同“男 65 岁，女 60 岁”和“男女均 65 岁”。

3. 三个利益集团及其利益所在

可见，在这场关于退休年龄的争论中，形成了三个利益集团：①政府：它的利益主要

---

① Banerjee, A. V., “A Theory of Misgovernance,” *The Quarterly Journal of Economics*, 1997, 112 (4): 1289－1332.

是弥补养老金的缺口，缩小养老金的支付人群。②不赞成延迟退休的劳动者：他们的利益体现于尽早地、更多地领取养老金，增加人生中的闲暇和总收入。这是此项博弈中规模最大的利益集团，其成员主要是普通劳动者，特别是以体力劳动为主的劳动者。③赞成延迟退休的劳动者：他们的利益与政府不同，但对公共政策的影响方向却是相同的。这部分劳动者主要是具有一定地位和权力的劳动者，他们的利益是更长的职务周期带来的隐性收入、社会地位、满足感等。

资料来源：马骏，等. 化解国家资产负债中长期风险. 财经，2012-06-12；65岁退休？人社部专家再探国人神经. 重庆商报，2012-07-03.

7.2 利益集团与集体行动

集体行动理论的开创者是曼瑟·奥尔森，其在《集体行动的逻辑》一书中从经济学的角度系统地分析了利益集团的组成、分类和运行机制。所谓集体行动，是指利益集团以获得集体利益最大化为目标的集团性的行动，通常包括游说、寻租等。利益集团的行动是一种公共产品，利益集团采取集体行动的过程也是一个公共选择的过程。集体行动的目标和意义就在于使参与这个集体的个体的利益得到实现，对于一个利益集团来说，如果实现了某个目标，那么由此带来的收益就可以为利益集团中的每个成员所共享。

7.2.1 集体行动的性质与分利集团

1. 集体行动的性质

(1) 集体行动的公共产品属性。

所谓公共产品是指那些为整个社会（或一部分人，即某集团、某组织内部人员）共同消费的产品，其效用不可分割地影响其所在的群体公众，而不管其中的群体成员是否愿意消费。公共产品具有非竞争性、非排他性、非分割性。利益集团的集体行动就属于集团内的公共产品，是一种集体物品。

集体行动具有非竞争性，每增加一个集体利益的消费者时，给集体行动的供给者即集团带来的边际成本和对其他消费者效应水平的抵扣可忽略不计。集体行动也具有非排他性，当利益集团的集体行动获得某项收益时，集团内的某些成员不能独自占用。如果制定规则要求一部分成员获得该收益而另一部分成员不能获得，那么就会使利益集团失去共同利益这一存在基础，有可能使利益集团出现新的分化。非分割性是纯公共产品的特性，是指该公共产品的消费在保持其完整性的前提下，由消费者共同享用。因为利益集团采取集体行动所得的收益可以采用一定的规则在集团成员内部之间进行分配，所以利益集团的集体行动并不具备完全的非分割性。例如，某城市建立新城区，在建成初期没有建立小学，导致新城区居民抱怨上学难，于是新城区居民要求在该地区新建小学，经过该地区居民的集体行动，政府在该地区中心位置建立了一所小学。按照效用水平来考虑，距离小学越近的居民，其效用水平越高。甚至当部分居民家庭距离中心小学位置足够远时，他们宁愿选择其他地区的小学入学。这就是自然形成的空间规则将集体利益进行了分配，并导致部分利益集团成员没有享受到收益。

(2) 集体理性与个体理性。

无论利益集团如何行动，它的行动都会带来集体收益和集体成本，而收益和成本是个人和组织行为的基本激励和约束，因此，集体行动的关键就是集体理性与个体理性的关系问题。集体理性追求集团运作的高效率、内部稳定和成员间的公平，是一个以群体利益为出发点的追求效用的行为。与集体理性相对应的概念是个体理性。个体理性是指个人将个人利益最大化作为行动目标。

个体理性与集体理性有一致性，这是集体行动存在的基础。不过，两者也有矛盾的一面。在公共选择学派看来，在大多数情况下，个体理性并不是集体理性的充分条件，而是集体理性的必要条件。其原因在于公共产品的外部效应以及成本分摊、收益分配问题。从结果来倒推，如果利益集团推动制度变迁的行动获得了成功，集体行动的这一结果为集团内的每个成员所分享，那么该利益集团内的个人没有理由不这样认为——即使自己不行动也能"搭便车"分享到这个成果，即得到不需要付出成本的收益，因此，个人的不作为肯定是符合个体理性的。然而，这种符合个体理性的思维方式对于利益集团来说，则无疑是灾难性的。如果集团内的每个人都是如此这般地"个体理性"，那么，集团的任何行动都将不会发生。产生这一悖论的原因就在于利益集团的行动是一种公共产品，在集团内部不具有排他性和竞争性，不能消灭一部分成员对另一部分成员的外部性，只要个人保留成员资格，即使他不参与行动，他也一样会分享到集团内其他人行动的成果。这一点恰似"公地悲剧"在集体行动中的体现。

交通堵塞就是集体理性、个体理性关系在日常生活中的一个极好案例。在交通堵塞中，个体理性是尽快地使自己通过堵塞路段，集体理性则是尽快地疏通道路。在疏通道路的过程中，可能需要一些车辆退让，这就使个体车辆在通行的成本和收益间没有实现均衡。现实生活中，往往需要交警作为有约束力的第三方来对个体的通行时间进行重新规划，并且使得各个方向的车辆都以相对公平的速率通过堵塞路段，而不是让一个方向的车辆通行完后再让另一个方向的车辆通过。在这一过程中，个体理性服从于集体理性，而集体理性在实现过程中也考虑到了个体理性。

因此，集体行动的焦点就变成了这样三个问题：如何使集体理性和个体理性协调起来？如何减少甚至克服"搭便车"的现象？如何协调组织成员之间、组织成员与组织之间的目标和利益？只有协调解决好这些问题，才能使每个组织成员为了实现集团的共同目标而去努力。换句话说，一个组织要想发生集体行动，则必须在组织内解决好个人理性走向集体理性的问题。

2. 分利集团

(1) 利益集团的排他性。

奥尔森将利益集团分为相容性的（inclusive）利益集团和排他性的（exclusive）利益集团两种。相容性的利益集团是指利益主体在追求利益时是相互包容的，允许共同利益的存在。例如处于不同行业但是都享受出口退税政策的公司，在它们向政府谋求更高的退税比例时，它们的利益就是相容的，就构成了相容性的关系。这时利益主体之间是正和博弈。排他性的利益集团又称为"分利集团"，是指利益集团在追求利益时是相互排斥的。

例如，政府在某一大宗采购中假定只需要一个品牌的空调，处于这一行业中的公司在谋求政府采购资格时，其利益就是互斥的。这时，利益主体之间的博弈就是零和博弈。① 两者相比，相容性利益集团有可能实现集体的共同利益。

奥尔森的排他性利益集团理论还可以用来解释很多社会现象，例如朝鲜半岛历史上的骨品制。假定作为统治阶层的收益是既定的，即主要是新罗的政权继承权和国内经济特权。如果将这些收益向更多的家庭分配，那么在国内经济特权中将会出现严重的竞争关系，每一个符合条件的家庭所获得的收益就更少。而且在古代的亚洲，鉴于多子多福和子孙延绵是共同的文化追求，那么每个家庭到第二代都可能会分化为两个或以上的家庭。这样下去若干代之后，特权代表的收益将变得极少。骨品制正是通过血缘关系来强化利益集团的排他性，以维持统治阶层的收益不被代际问题所困扰。

案例 7-3

利益集团的排他性：新罗的骨品制

骨品制的成立离不开新罗的开国史。新罗的开国史主要来自朝鲜半岛的《三国史记》《三国遗事》《帝王韵记》等书所记载的内容。新罗的前身是辰韩12国中的一个小国，叫斯卢国，而斯卢国由位于现庆州盆地的六个部落组成，六个部落各有首领，各自统领领地中的辰韩土著民。新罗（公元503—935年）作为一个国家，最初由辰韩朴氏家族的朴赫居世居西干创建，称为赫居世王。但是，相传新罗并非朴氏家族一族创建，而是由六部落首领拥立国王②；国王并非由一姓世袭，而是出现了朴、昔、金三姓交替为王的情况。

新罗贵族按血统确定等级身份及相应官阶，根据不同等级分别制定出担任官职的最高限度，达到一定骨品等级的，才可以授予一定的官职。不仅是社会地位，甚至居所的大小也由骨品决定。骨品世袭不变。朴、昔、金三家王族地位最高，称为"圣骨"，其他大小贵族依次分为"真骨"、六头品、五头品、四头品等四个等级。

即使都是贵族，各骨品之间也自我封闭，不同骨品之间不通婚。这就是从制度上对婚姻关系进行约束，使特权尽可能不外流。当然，历史长河中，不可避免地会出现少数不同等级的骨品之间的通婚，那么他们的后代将遵照较低层次的骨品等级，在"骨品制"下也就会失去一些特权。例如，在政权的继承权上，骨品制规定只有"圣骨"能够继承王位，后来，由于规定过于严格造成王位继承人危机，才逐渐放开，使"圣骨""真骨"贵族都有资格继承王位。

骨品制的实质是"最少人数的分利集团中的成员可以取得最大的收益"，反映了贵族特别是高级贵族利益集团的排他性，也反映了特权集团对控制本集团规模的努力。

（2）分利集团的影响。

第一，分利集团阻碍经济增长。在奥尔森看来，分利集团的活动会损害经济增长。对

---

① 奥尔森. 集体行动的逻辑. 上海：上海三联书店，上海人民出版社，1995：31.

② 根据朝鲜半岛《三国遗事》卷一记载："前汉地节元年壬子三月朔，六部祖各率子弟，俱会于阏川岸上，议曰：我辈上无君主临理烝民，民皆放逸，自从所欲，盍觅有德人，为之君主，立邦设都乎？"

于分利集团来讲，能够增加本集团收益的方法有两种：一种是通过促进整个社会生产率的提高来改善本利益集团的福利，另一种是通过尽可能为其成员争得社会生产总额中的更大份额来改善本利益集团的福利。分利集团一般选择后者，也就是说，分利集团采取集体行动的目标一般都是在既定的利益中争取更多的份额，而不是增加总的社会福利。一般而言，在不同的制度环境下，分利集团的影响是不一样的。在允许自由地建立各种组织而又长期没有动乱和入侵的国家，分利集团的势力较大，且更容易形成分利集团联盟，其经济增长受分利集团的阻碍或危害也就更严重；对于极权主义政府或其他分利集团势力较弱的国家，在建立了稳定或自由的法律秩序之后，其经济就会相当迅速地增长。

第二，分利集团导致政策效率低下。分利集团为了争取更多的利益份额，经常采用寻租的方式。当分利集团的寻租活动发展到一定程度时，就会影响国家政策的效率。寻租活动会使制定政策的时间变长，致使错失发展良机。当多个分利集团同时进行博弈时，政策的决策效率更低；当多个分利集团串谋时，利益集团对政策制定主体的影响将更大，并有可能使政策成为维护利益集团既得利益的工具，以致失去创新性而陷入制度僵化的陷阱。

第三，分利集团加剧社会矛盾。分利集团的博弈倾向于零和博弈。分利集团的目标是增加本集团的利益，那么就必然损害其他利益集团的利益。分利集团的存在必然加剧利益集团间和阶层间的矛盾，使它们对利益的争夺不断激化。当若干个分利集团势均力敌、激烈争锋而互不相让时，不仅社会矛盾持续加剧，而且更有可能导致社会动荡不安，甚至引起战争的发生。

7.2.2 集体行动的逻辑

集体行动是利益集团运作的基本方式。通过一定的集体行动，利益集团实现利益主体间的合作或斗争，从而形成公共秩序，决定政治权利的分配结构。这里我们以奥尔森的理论①为主，来说明集体行动的逻辑。

1. 集体行动的组织成本及其困境

（1）利益集团的组织成本。

利益集团的组织成本是指使组织得以运行的一组交易成本。奥尔森认为，利益集团可以分为小集团、中集团和大集团，组织成本会随着集团规模的变化而变化。

一是小集团的组织成本。规模很小的利益集团通常也被认为是特权集团。② 在这类集团中，单个成员往往获得总收益中的较大份额，即使单个成员承担集团全部的行动成本，也会出现收益大于成本。另外，小集团存在较强的自我约束机制，促使成员参与并提供集体物品。在一个足够小的集团中，如果某个人不再为自己享用的集体物品付费，集团中其他成员的负担就会明显增加；当负担大于他们的收益时，他们就会选择拒绝继续付费，集体物品也就不再存在了。当出现这样的结果时，始作俑者会意识到是他的行为导致了集体物品效用水平的变低；由于集团规模小，其他成员也会知道是谁首先引起这样的后果，并

---

① 奥尔森. 集体行动的逻辑. 上海：上海三联书店，上海人民出版社，1995：26.

② 这类集团的成员通常是影响力大的个体，因此集团成员数量有限，一方面，不会妨碍其对政策的影响力，另一方面，单个成员能够分享到集团的行动收益。

对始作俑者的声誉构成一定的影响。正是可以预期到这样的情形，所以，小集团的成员会存在较强的自我约束。这样，小集团的成员就会产生提供集体物品的激励和约束，甚至不需要进行个体间的协议。因此，小集团的激励是显著的，组织成本几乎为零，个体理性与集体理性是统一的。

二是中间集团的组织成本。中等规模的利益集团可称为中间集团，又称为中介集团。这类集团的成员数量比小集团略多。中间集团的规模决定了其特征，即如果一个成员提供或不提供集体物品，其他成员的收益和成本会发生变动，因此，不借助于某些集团内的协议、合作或组织，就不可能获得集体物品。由于谈判、协调等因素的影响，这类集团的组织成本大于特权集团。

三是大集团的组织成本。大集团有时被称为潜在集团。当称呼利益集团为潜在集团时，通常是强调它具有共同利益，但还没有正式建立组织群体。在大集团中，由于成员数量增加，每个成员在集体行动后得到的收益被进一步摊薄，其参与集体行动的激励更弱。当集团规模足够大时，没有某个人的贡献会对集团整体产生很大的影响或对集团中任何其他成员的负担和收益产生很大的影响。除非存在强制或外界因素引导成员为实现共同利益而奋斗，否则集体物品就不会被提供。在大集团内部进行协议、谈判的组织成本十分高昂，集体行动能否发生变得十分复杂。

可见，组织成本是利益集团中成员数量的单调递增函数，它取决于——当然并不仅仅取决于——集团中某些成员的个体行动对其他成员成本和收益的重要性。集团规模越大，交易成本也就越高。如果集团成员多到一定程度，其成员便会缺乏足够的激励去为集体产品的提供作出贡献，或以任何其他方式承担必要的集体行动的成本。因此，一般而言，人数少的利益集团总是处于有利地位，这主要是因为：一是小集团成员数量少，相互之间易于监督，而且个人的行动对实现集团收益影响明显，有利于克服“搭便车”行为；而大集团成本难以分摊，个人贡献难以监察，“搭便车”现象更为普遍，阻碍了集体行动的实现。二是成员人数少，相互联系紧密，社会激励与社会压力能有效控制“搭便车”行为。三是因为成员人数少，较之实现的集团总收益，集团的总成本更小，个人在集团收益中所占的份额可能大到足以弥补由他个人提供全部集团收益所付出的成本，从而激励他提供集团收益，走出集体行动的困境。因此，小集团比大集团更容易组织集体行动，存在“规模悖论”。

（2）集体行动的困境。

集体行动的困境是指集体行动的非有效性。古希腊学者亚里士多德指出：“凡是属于最多数人的公共事物常常是最少受人照顾的事物，人们关怀着自己的所有而忽视公共的事物，对于公共的一切，他至多只留心到对他个人多少有些相关的事物。”① 中国民间流传的“三个和尚没水喝”的故事讲的就是集体行动的困境。集体行动的困境主要表现为三个方面：

①集体行动往往难以实现。由于集体利益与个人利益经常不一致，集团制定决策的交易成本也通常要大于私人的双边选择交易成本，因此，形成集体决策就较为困难，要形成集体行动就更为不易。

②利益集团的影响力与集团规模不呈现正相关关系。在社会经济体系中，那些人数较

① 亚里士多德. 政治学. 北京：商务印书馆，1965：48.

少的利益集团很容易达成一致意见，其成员提供集体物品的激励较强，在社会利益的分配中往往处于有利的地位；而人数众多的大集团往往难以组织一致的集体行动，成员缺乏提供集体物品的激励和约束。这往往导致社会的制度安排并不是最佳选择，最大多数人的利益往往遭受到较少数人的损害。

③利益集团博弈的结果难以达到均衡。利益集团博弈的结果通常会强化特殊利益集团。为了保持和强化其利益，特殊利益集团往往会推动变革，通过变革带来这样的制度安排——变革后的制度能使其收益最大化，但是对于全社会来讲却不能实现收益最大化。

上述三个方面都与利益集团的规模有关。小集团更容易形成一致的行动，当该小集团是特权集团时，其行动的影响力更高；中介集团的集体行动往往是集团内成员间相互妥协、监督和允诺的产物，其集体行动可能是有力的，也可能对政策和制度的影响仅仅是微小“噪声”；潜在集团规模大，很难采取集体行动。

实际上，利益集团之所以会出现集体行动的困境，主要是由于利益集团中个体理性与集体理性的不统一、集团存在高昂的组织成本以及较为普遍的“搭便车”现象。其中最主要的原因就是“搭便车”。当集团中的每一成员都想“搭便车”时，就会导致集体行动的失败。因此，“搭便车”的普遍程度是集体行动是否成功的关键。集团规模越大，组织成本越高，集体物品的公共性程度也越高，集团成员“搭便车”的倾向就越强，集体行动越难达成，集体行动越是容易陷入困境。①

2. 集体行动困境的治理

针对集体行动的困境，学者们试图通过政治的、经济的、社会的视角，从第三方强制执行、社会资本动员机制、选择性激励机制和综合性的博弈规则机制等路径进行研究探索，试图找到治理集体行动困境的方法。②

（1）第三方强制执行。

第三方强制执行是由霍布斯提出的。霍布斯认为，“人对人是狼对狼”的关系，人们彼此猜忌、竞争和侵犯权益，希望保全自己或凌驾于对方之上，人与人之间的关系是完全自利化的、永不合作的关系，由人组成的利益集团也就走不出集体行动的困境，而第三方强制执行可以改变这种情况。第三方强制执行是指由一个具有执行力的第三方运用外部强制力，发挥“先发制人”的规则作用来保证合约双方的合作，而最合适作为第三方的主体就是所谓接受民众权力让渡的国家。国家之所以具有强制执行力，是由于公民把自己的权力全部让渡给了国家。同样，利益集团虽然本身难以行动，但一旦国家施加影响并推动时，利益集团就不得不行动了。

（2）社会资本动员机制。

美国学者帕特南在《让民主的政治运转起来》一书中提出动员社会资本来解决集体行动的困境。社会资本包括信任、互惠规范和公众参与网络。信任是解决集体行动困境的最为关键的因素，分为“厚信任”和“间接信任”。在小规模的集团中，人与人的交流多是

---

① 当集团的排他性利益涉及意识形态时，意识形态能够促使一些集体成员不再按照成本、收益比较或享乐主义行事，从而能够在一定程度上解决“搭便车”问题，使大集团也能够产生统一的集体行动。(North，D. C.，“Institutions and Economic Growth：A Historical Introduction，” *World Development*，1989，19（9）：1319－1332.）

② 陈毅. 走出集体行动困境的四种途径. 长白学刊，2007（1）.

直接的，更容易产生“厚信任”；在大规模的集团中，人与人的交流多是间接的，所以更容易产生“间接信任”，信任的程度较低。信任本身是社会体系自然产生的一种财富，个人之所以能够信任别人，是其行动所处的互惠规范和公众网络使然。

互惠规范包括均衡互惠规范和普遍化互惠规范。前者指人们同时交换价值相等的东西，后者指的是一种持续进行的交换关系。这种互惠一般在特定时间里是无报酬的和不均衡的，但它使人们产生对未来得到回报的期望。在社会中广泛地推动普遍化互惠规范可以有效地约束利益集团内的投机行为，减少“搭便车”，从而减轻集体行动的困境。公众参与网络是一种长期合作形式，可以拓宽集团成员的自我意识范畴，将“我”发展为“我们”，使自利和利他在一定程度上协调，鼓励社会信任与合作。公众参与网络中的不断互动使社会资本增值，逐渐生长出普遍化互惠的准则，促进了社会信任，推动利益集团的成员参与集体行动。当然，社会资本动员机制在不同的集团规模间效果是不同的。集团规模越小，越容易产生信任和网络互动，也就越容易使社会资本产生作用。

（3）选择性激励机制。

根据奥尔森的集体行动理论，要形成有效的集体行动需要满足两个条件：一是组成集团的人数足够少，二是存在“选择性激励”（selective incentives）。[①] 这种激励的选择性是指它对集团的成员，要根据成员所做的贡献予以区别对待，赏罚分明。作为一种激励机制，选择性激励也并不全是积极的，它也可以是消极的，既可以通过奖励那些为集体利益而出力的人来进行诱导，也可以通过惩罚那些没有承担集体行动成本的人来进行强制。选择性激励也不全然是经济激励，也可以是精神激励。除了安全需求和经济需求以外，人们也会希望获得友谊、声望和尊敬等社会和心理目标。多元化的选择性激励是使更多的利益集团成员参与集体行动的重要条件。选择性激励机制同样是在规模较小的集团中更为有效。在大集团中，难以得到关于每个成员行动的信息，社会有效的考核机制也殊为不易。这就导致集团规模越大，实施选择性激励的成本也就越大。

（4）综合性的博弈规则机制。

即通过在集体行动的博弈过程中让每个人通过参与博弈规则的制定来走出困境。这是因为如果每个人都参与制定博弈规则，那么个人利益与集体利益的统一性就会较高，集体中的规则就会是自我实施的，各项治理的实施成本就会降低，集体行动的困境就能得到有效解决。追求博弈规则自我履行，也并不排除外在强制力的运用。因为外在强制力能够提供一种让所有利益相关者参与博弈的机制，保障所有人在规则面前平等及规则对所有人都适用从而得以真正落实。

7.3 利益集团的投票与寻租

7.3.1 利益集团的投票

投票既是一个政治现象，也是一个经济现象。投票人根据利益最大化原则，将选票投

① 奥尔森. 集体行动的逻辑. 上海：上海三联书店，上海人民出版社，1995：41.

给最有利于自己的政治代表。投票无疑是利益集团影响制度变迁的一项重要手段。一方面，利益集团成员之间具有共同的利益，他们在投票时也就具有一定的自发的一致性。另一方面，某些有组织的利益集团有时也会对其成员进行一定的指引，使本集团的投票相对集中，从而凸显本集团的政治重要性。例如，在美国大选中，竞选政党对少数族裔的选票日益重视，一方面是因为少数族裔的人口份额逐渐增加，其中长期定居者和定居第二代的收入份额也在逐渐增加；另一方面也是因为少数族裔成立了同乡会等团体，这些团体通过社区联系、广告等方式使本族裔的政治呼声放大。投票作为利益集团博弈的一种重要方式，也应遵循一定的规则。制度变迁的结果与投票的规则息息相关。

1. *若干投票规则及绩效*

投票规则来自公共选择理论，其规则主要有：一致同意规则、多数通过规则、加权投票规则、否决投票规则。在不同的规则下，利益集团间的博弈特点也有所差别。

（1）一致同意规则。

一致同意规则是指一项备选议案必须经全体参与方同意或至少没有人反对才能付诸实施。在一致同意规则的约束下，每位投票人都有权提交备选议案，也都拥有一票否决权。所以，一致同意规则所表达的政治过程是一个持续的讨论和协调的过程。在一致同意规则下，常使用“拍卖机制”。首先确定一个拍卖人或主持人，该拍卖人或主持人主持一轮又一轮的投票，不断搜集当事人信息，按既定规则处理这些信息修改议案，并把它们反馈到下一轮投票中，直到大家都投票赞成。一致同意规则最明显的例子就是联合国安理会的决议要付诸实施，需要常任理事国一致同意，至少要不投反对票。如果其中任何一国表示不同意，决议就不能获得通过。由于任何一方都具有否决权，因此当利益集团应用一致同意规则来影响制度变迁时，制度变迁必然要考虑所有利益集团的要求，制度变迁的效率也最低。

利益集团的博弈使用一致同意规则也会带来一定的缺陷。第一，一致同意规则导致利益集团之间的议价成本过高，尤其是在利益集团多元化的大型社会中。当利益集团付出的成本大于其所得时，它们可能退出博弈或要求建立其他规则，使博弈过程过于拉长或制度问题无法解决。第二，一致同意规则鼓励了利益集团的策略性行为①，一致同意规则意味着每个利益集团都拥有一票否决权，利益集团不得不相互试探对方的底线，造成更多的沉没成本。

（2）多数通过规则。

由于一致同意规则成本高昂，人们更愿意采用多数通过规则。所谓多数通过规则，是指一项制度安排不需要所有利益集团都投赞成票，而是只要其中多数利益集团投票支持就能成立。多数票制分为两种：简单多数制和比例制。当取舍标准是过半数时，称为简单多数制，又称为过半数规则；当取舍标准是过半数以上的一个固定比例，如58%时，称为比例制。

---

① A通过影响竞争对手B对A行动的预期，使竞争对手B在预期的基础上作出对A有利的决策行为，就称为策略性行为。绝大多数公共选择经济学家对于策略性行为都有抵触，因为策略性行为意味着要付出多余的讨价还价成本，也就存在着帕累托改进的余地。

多数通过规则使利益集团之间的博弈过程相对简化，议价成本相对较低。但是，多数通过规则也使制度变迁有可能对拥有较多票数的利益集团有利，却无法保障拥有较少票数的集团的利益，从而出现多数人通过投票强迫少数人的情况。

（3）加权投票规则。

加权投票规则是对多数通过规则的发展。一人一票制，意味着在投票之初投票人之间的权利是平等的，但在某些场合，这种初始的平等并没有存在的土壤。因为有些情况下，投票人之间的力量存在巨大的不同，权数的区别正是对这种现实差别的反映。加权投票规则就是将一人一票制改为加权制，再按一定的比例或票数核准通过。在加权投票规则中，重要的是对权数的确定。

利益集团为了争取更多的话语权，在权数体系的设置过程中就会开始博弈。所以，加权投票规则在一定程度上增加了利益集团博弈的环节。更为重要的是，加权投票规则对规模较小但成员投票权数大的集团更为有利。它和多数通过规则一样，也无法避免一部分人强迫另一部分人的情况，只是这种强迫的能力不仅要考虑利益集团能动员的票数，还要看利益集团所动员投票人的“质量”，即所对应的权数。

（4）否决投票规则。

否决投票规则相当于反方向的一致同意规则，是将所有参与者自己提出的可供选择的方案加以汇总，每位参与者从汇总的所有方案中挑出自己最不喜欢的方案。具体来说，利益集团间实现否决投票规则的过程是：第一步，权力机构提出一个初始议案，每个利益集团也提出一项议案；第二步，由一个随机过程来确定利益集团投票的顺序；第三步，参与投票的利益集团按上一步中确定的顺序就议案总表中的一个议案投否决票，并将被选中的议案去除——这样，当只剩下最后一个议案时，该议案就是否决投票规则的结果，可以视为所有参加投票的集团都能接受的议案。

在否决投票规则下，利益集团有两次决策：一是本集团议案内容的选择，二是议案的否决。这样的投票规则使利益集团必须重视其他集团的要求和权力机构所提出的初始议案的内容，力图使本集团选中的而未被否决的议案，对任何一个集团而言，都不是对它们利益损害最大的。

不同的投票规则会对利益集团对制度变迁的影响力产生不同的作用。一致同意规则的特点是非常明显的。每个利益集团之间对制度选择权是平等的，一致同意规则不仅使得所有参与投票的利益集团的福利都会因这个决策的实施有所改进或不变，而且也可以很好地避免“搭便车”行为。因此，一致同意规则下产生的新制度一般来说会产生帕累托改进。但是，一致同意规则使得制度变迁的成本非常昂贵。另外，利益集团还可能采取策略性行为，以不诚实的态度对待投票，尽可能地减少其他利益集团的获益而增加自己的获益。因此，一致同意规则在制度变迁的投票中很少使用。多数通过规则削弱了单个利益集团在制度变迁决策中的作用。一个利益集团对制度变迁持何种态度，投何种票，在大多数情况下对最终的决策结果并不起决定性的作用。一项制度变迁的方案能否达成，只取决于能否得到某一多数比例的集团的支持，最终的集体决策结果所体现的只是社会中利益集团中的多数派的利益，这导致制度变迁的结果使多数派集团将自己的意愿强加到少数派集团头上。

加权投票规则更多地考虑了特权利益集团的要求。特权利益集团虽然规模小、人数少，但是其能够动员的政治和经济力量更强，能够争取更多的权数，从而对制度变迁的影响更大。否决投票规则的信息传递机制要求更高。利益集团为了使自己的议案不被否决，需要掌握政府和其他集团的更为完善的信息。

无论采用何种投票规则，利益集团的投票行为都对制度变迁特别是制度供给具有重要的影响。利益集团在投票过程中考虑的是成本和收益的比较。其中收益是预期制度变迁给本集团带来的收益，成本包括信息收集成本和外部沟通成本、内部成员间的协调成本等。投票结果即预期的收益是不确定的，但利益集团就此付出的成本却是实实在在的，于是产生了利益集团投票行为的机会主义和“搭便车”现象。如果某利益集团预期其他利益集团投票选择的结果符合自己的利益，该集团就可以主动放弃进入投票程序或将投票权转让给其他利益集团，从而为该集团节省一部分成本。这也意味着其他利益集团也可以用极小的代价购买到若干选票以左右制度变迁的决策结果。众多利益集团的“搭便车”行为，将有可能使制度的供给偏离最优路径，只增进少数方的利益。

2. 博弈论分析

信息机制在利益集团的投票博弈过程中非常重要。利益集团间的博弈都是在不完全信息的环境下进行的。这里采用博弈论对这一过程进行分析。假定制度变迁的参与机制如下：参与决策的利益集团的投票行为能够决定制度的供给，相当于决定公共产品的提供，如果该集团赞成制度变迁，便投赞成票，如果该集团不赞成，便不作为；这种制度的变迁假定必然能给供给的决策方带来收益，但如果决策方赞成制度变迁，也需要付出一定的“表达成本”。现在我们就利用不完全信息条件下公共产品提供的博弈论模型①，来解释机会主义情况下制度的变迁和利益集团在其中所扮演的角色。

首先，我们将参与方的数目简化，假定只有两个参与方，用 i 表示，$i=1$，2，两个利益集团同时作出自己的决定，即是否改变制度——提供公共产品。用 a_i 表示行动，每个参与方面临的是 0—1 决策问题，即赞成制度变迁（$a_i=1$）和不赞成制度变迁（$a_i=0$）。如果一方或双方赞成，每方都可得到 1 单位的好处；如果没有一方赞成，每方得到 0 单位的好处。参与集团 i 作出赞成决策的成本是 c_i，表 7-1 给出了这个博弈的支付矩阵。

表示支付的方框中前者是参与集团 1 的支付，后者是参与集团 2 的支付。假定制度变迁带来的支付（每个集团 1 单位）是共同知识，但每个利益集团参与投票的“表达成本”只有自己知道，在此，成本 c 是指表达的成本，如路费、电话费等，c_i 是参与集团 i 的类型。进一步，假定 c_1 和 c_2 具有相同的、独立的定义在 $[\underline{c}, \bar{c}]$ 上的分布函数 $P(\cdot)$，其中，$\underline{c}<1<\bar{c}$、[因此 $P(\underline{c})=0$，$P(\bar{c})=1$]，$P(\cdot)$ 是共同知识。这个博弈中的一个纯策略 $a_i(c_i)$ 是从 $[\underline{c}, \bar{c}]$ 到 $\{0, 1\}$ 的一个函数，其中 0 表示不赞成，1 表示赞成。参与集团 i 的支付函数为：

$$u_i(a_i, a_j, c_i)=\max(a_1, a_2)-a_i c_i$$

① 张维迎. 博弈论与信息经济学. 上海：上海三联书店，上海人民出版社，1996：255.

表 7-1　　　　　　　　　　　　制度供给的博弈

		参与集团 2 赞成	参与集团 2 不赞成
参与集团 1	赞成	$1-c_1$，$1-c_2$	$1-c_1$，1
	不赞成	1，$1-c_2$	0，0

比如说，如果 j 赞成，i 不赞成，i 的支付是 $u_i(0,\ 1,\ c_i)=\max(0,\ 1)-0c_i=1$；如果 j 不赞成，i 赞成，i 的支付是 $u_i(1,\ 0,\ c_i)=\max(1,\ 0)-1c_i=1-c_i$。

博弈论中的贝叶斯均衡是一组策略组合（$a_1^*(\cdot)$，$a_2^*(\cdot)$），使得对于每一个 i 和每一个可能的 c_i，策略 $a_i^*(\cdot)$ 最大化参与集团 i 的期望效用函数。其中，期望效用函数为：

$$Ec_j u_i(a_i,\ a_j^*(c_j),\ c_i)$$

令 $z_j=\text{Prob}(s_j^*(c_j)=1)$ 为均衡状态下参与集团 j 赞成制度变迁的概率。最大化行为意味着，只有当参与集团 i 预期集团 j 不赞成时，集团 i 才会考虑本集团是否作出有成本的赞成表达。因为参与集团 j 不赞成的概率是（$1-z_j$），所以集团 i 赞成制度变迁的预期收益是

$$1\cdot(1-z_j)$$

因此只有当 $c_i<1-z_j$ 时，集团 i 才会赞成。即：

如果 $c_i<1-z_j$，$a_i^*(c_i)=1$

如果 $c_i>1-z_j$，$a_i^*(c_i)=0$

这一点意味着，存在一个分割点 c_i^*，使得只有当 $c_i\in[\underline{c},\ c_i^*]$ 时，集团 i 才会赞成制度变迁。类似地，存在一个 c_j^*，使得只有当 $c_j\in[\underline{c},\ c_j^*]$ 时，集团 j 才会赞成变迁。

因为 $z_j=\text{Prob}(\bar{c}\leqslant c_j\leqslant c_j^*)=P(c_j^*)$，均衡分割点 c_j^* 必须满足 $c_j^*=1-P(c_j^*)$。因此，c_i^* 和 c_j^* 都必须满足方程 $c^*=1-P[1-P(c^*)]$。假定存在唯一的 c^*，解这个方程，下列条件一定成立：

$$c_i^*=c^*=1-P(c^*)$$

比如说，如果 $P(\cdot)$ 是定义在 [0，2] 上的均匀分布，那么，c^* 是唯一的，等于 2/3。贝叶斯均衡是：如果 $c_i\leqslant 2/3$，集团 i 赞成；否则，不赞成。当 $c_i\in(2/3,\ 1)$ 时，集团 i 将不作出赞成的表达，尽管有 $1-P(c^*)=2/3$ 的可能性，集团 j 也不赞成。但是，如果两个参与的利益集团的成本都小于 2/3，两个集团会同时赞成。

以上是不完全信息下的博弈结果，下面与完全信息条件下的结果作一对比。在完全信息下，表 7-1 所表示的博弈可能是斗鸡博弈，也可能是智猪博弈，或者是囚徒困境博弈。在斗鸡博弈下，纳什均衡有两个：一个是（赞成，不赞成），即参与集团 1 赞成，参与集团 2 不赞成，支付向量是（$1-c_1$，1）；另一个是（不赞成，赞成），即参与集团 1 不赞成，参与集团 2 赞成，支付向量是（1，$1-c_2$）。在智猪博弈下，纳什均衡也有两个：一个是（赞成，不赞成），支付向量是（$1-c_1$，1）；另一个是（不赞成，赞成），支付向量是（1，$1-c_2$）。在囚徒困境博弈下，唯一的纳什均衡是（不赞成，不赞成），支付向量是

(0，0)。图 7－1 直观地描述了完全信息博弈与不完全信息博弈的不同结果，其中深色阴影区域是不完全信息下制度变迁的供给区域，这部分再加上浅色阴影区域是完全信息下的供给区域。从图 7－1 中我们可以看出，完全信息下制度变迁的供给区域大于不完全信息下的供给区域。

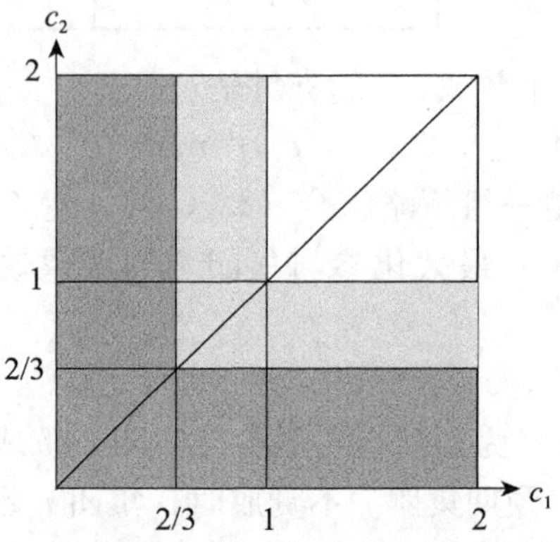

图 7－1　制度的供给：完全信息与不完全信息的比较

从上述分析可以看到，参与推动制度变迁的利益集团相互猜测其他利益集团的决策方向，它们之间存在的是不完全信息。不完全信息机制加剧了利益集团的机会主义倾向，使利益集团都希望在投票中“搭便车”，导致了集团推动制度变迁的决策水平低于均衡水平。在这种机制下，制度变迁的结果很可能是制度创新的供给量相对不足，制度变迁由此出现一定的惰性。

7.3.2　利益集团的寻租

1. 寻租与设租

经济学上的“租”是指一种生产要素的所有者在其凭借垄断地位而获得的收入中，超过该要素的机会成本的剩余。它根源于资源的稀缺性，可以视为一种垄断地位和管制权力带来的溢价，是超过机会成本的收入，包括自然型租金和社会型租金。① 自然型租金是指由资源的天赋有限性而带来的租金；社会型租金是指由人为因素，例如管制造成的稀缺性而带来的租金。例如，政府允许国家投资的电信公司专营某项电信业务，该公司能够免除市场竞争而获得高于机会成本的收益，于是通过红利、资本回报等方式向政府上交一部分收益。这部分收益就可以理解为向政府所支付的“租”。

寻租活动起因于租金的存在，而租金又滥觞于管制、限制或政府（国家）垄断。由于制度安排是一种公共产品，生产的成本由制造者承担而制度变迁的后果则由社会整体享受，符合经济人假设的利益集团从自身利益出发，导致“搭便车”成为制度变迁中不可避免的问题，因此在制度变迁中普遍存在着制度的供给不足，由此而产生了制度租金和对制度的寻租。寻租是生产者千方百计地通过政府管制等措施排斥竞争以将消费者剩余转变成

① 卢现祥. 寻租经济学导论. 北京：中国财政经济出版社，2000：16.

生产者剩余的一种合谋得以实现的工具。

巴格瓦蒂等根据寻租活动对市场条件的扭曲程度，将其分为四类：(1) 在该活动发生前后，市场条件都是扭曲的，因此这类寻租没有对市场扭曲进行质的纠正；(2) 在该活动发生前市场条件是扭曲的，该寻租活动的结果是对市场扭曲的矫正，例如一些希望企业结成利益集团游说管制机构废除限制市场竞争的政策；(3) 这类寻租活动在发生前后都不会增加或减少对市场活动的行政法律限制；(4) 在寻租前，市场是非扭曲的，而在寻租后，市场却发生了扭曲，这类寻租是形成市场扭曲的直接原因，例如某些企业要求地方政府加大区域间商品市场的壁垒。[①] 布坎南以一个城市的出租车牌照制度为例，对寻租的层次进行了研究。寻租可分为三种：(1) 为获得垄断权利而进行的寻租，例如争取政府对本行业设置高的进入壁垒进行保护。(2) 为维持已获得的垄断利益而进行的寻租，例如出租车行业为维持高收益率限制竞争，进行活动以谋求政府不增加既有的牌照许可证数量，这种寻租又被称为“护租”。(3) 为防止他人寻租有可能对自己的利益造成伤害而进行的寻租，例如不同的出租车公司为了保证本公司持有的许可证在整个行业中所占的比例不因其他公司可能的寻租行为而减少，必然也会对相关的制度制定者进行游说。这实际上是一种反寻租，可以将其称为“避租”。[②]

为了在已有社会利益中争取更大的份额，利益集团会以寻租作为一种重要的影响制度安排的方式。寻租活动作为一种“直接非生产性寻利活动”，其利益集团运作寻租的对象主要是管制机构（或权力部门），因此，利益集团的寻租总是以管制机构的设租为基础。

在现实中，管制机构的设租是随处可见的。这些管制机构可以是税务部门，也可以是贸易部门、财政部门。管制机构设租的方式也是多样的，体现为发放专卖许可、设置关税和进出口配额、政府订货等。

正是和管制机构的设租结合起来，利益集团才能通过公共权力谋求本集团的利益。一个集团为了使本集团利益最大化，可能会通过游说、贿赂、政治捐款等来使社会运行规则、产权等发生有利于本集团的变化。

利益集团的游说在美国政坛中体现得较为充分，可以分为直接游说、法院诉讼、抗议示威等。游说必需的条件是，要向具有投票权的议员们展示，一旦他们支持该议案，他们将获得什么收益。贿赂也是利益集团寻租的重要形式。利益集团的贿赂主要分为直接贿赂和间接贿赂两种。直接贿赂是利益集团通过政治捐款、个人灰色收入等方法与管制机构或官员结成寻租联盟；间接贿赂是利益集团以上述方法拉拢立法机构及其官员，以控制立法为途径来控制政策结果。

具体采用何种寻租方式受到制度环境的影响。例如，在立法机关主导政策过程的政体中，利益集团的行动更加透明和集中，采用贿赂的概率就相对较低；而在内阁或政党主导政策过程的政体中，许多政策的制定过程透明度不高，利益集团的寻租活动将更多地针对

---

① Bhagwati, J., “Directly Unproductive Profit Seeking (DUP) Activities,” *Journal of Political Economy*, 1982 (90), 988-1002.

② 文建东. 公共选择学派. 武汉：武汉出版社，1995：80.

具有决策权的政治家来进行。

案例 7-4

美国商会针对特朗普政府钢铁关税的游说

美国的商会团体是相关利益集团的代表。商会团体一般由主要企业的 CEO 和专家学者等组成，为成员组织会议、讲座等交流，制定行业普适性规定和产业规划等，通过各种手段影响美国的经济政策、产业政策和对外经贸关系等。

依照美国宪法，美国国会具有贸易政策的最高管理权，总统在国会授权下推进相关贸易政策的实施。2017 年 1 月，特朗普（Donald Trump）当选为美国总统。根据其施政方针，特朗普表示将扩大美国制造业就业机会作为首要任务，因此在相关贸易问题上实施极端贸易保护主义政策，频繁使用关税和进口配额解决贸易争端，例如，对钢铁进口征收 25%的关税。

对此，美国最大的商业组织之一——美国商会会长托马斯·多诺霍（Thomas Donohue）向美国商会董事会提交了一份备忘录。CNN 旗下财经网站 CNNMoney 获得了这份备忘录的副本。在备忘录中，多诺霍表示，长远来看，对钢铁征收贸易关税并不能有效地增加就业机会，甚至可能导致相关行业的工作机会受到影响。这是因为，对钢铁行业征收关税可能对其前向、后向产业带来不利影响；被增加关税的国家也可能采取贸易反制措施。

资料来源：钢铝关税之后，特朗普欲提高汽车关税　15.7 万个工作岗位受威胁. 一牛财经，2018-06-03.

2. 寻租活动下制度变迁的效率

新制度经济学理论认为，利益集团是推动制度变迁的主导力量，而制度变迁是影响经济增长的重要因素；反过来，经济增长又会影响制度变迁。与此同时，新产生的社会总利益也会影响利益集团的行为。因此，这些影响的路径并不是单向的，而是三角螺旋形的（见图 7-2）。①

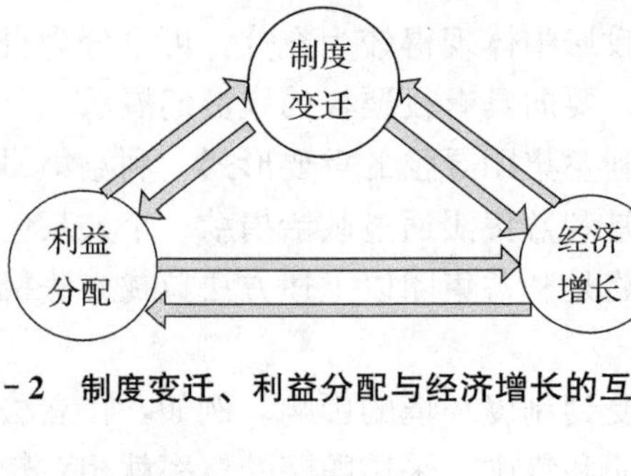

图 7-2　制度变迁、利益分配与经济增长的互动关系

因此，判断制度变迁的效率也落脚于两个方面：一个是制度变迁方向的价值，一个是制度本身的变化速度（即对外在形势的反馈速率）。

制度变迁作为制度的替代、转换与交易过程，从根本上说，也是一个通过管制机构重

① 刘铭. 制度变迁、经济增长与利益分配. 东岳论丛，2009（3）.

新确认游戏规则的利益分配过程。制度变迁实际上是获胜的利益集团委托管制机构重新制定产权合约。寻租正是利益集团影响管制机构及其官员的一种重要方式。寻租的制度变迁效应受到竞争强度、利益集团规模等因素的影响。

如果针对某项制度变迁，参与博弈的利益集团很少，例如只有两个，其中只有一个利益集团对管制机构进行寻租，另一个集团不寻租，那么相比之下，管制机构及其官员能够更快地判断哪种变迁能够带来更大的利益。在这种情况下，利益集团的寻租能在一定程度上加快制度朝寻租集团有利的方向变化。如果针对某项制度变迁，参与博弈的利益集团很多，其中采用寻租作为博弈方式的集团也很多，管制机构及其官员就会难以识别自身利益最大化的来源——因为利益集团的寻租是动态化的，类似于拍卖机制中的竞拍，租金在竞争性博弈中会不断提高。在这种情况下，利益集团的寻租反而会减慢制度变迁的速率。总的来说，现实生活中发生后一种情况的可能性相对较大。

根据集体行动的逻辑，利益集团的规模不同，对制度变迁的影响作用也有差别。小集团具有行动优势，特别是一些特权集团，虽然集团规模小，但是其成员拥有的权力很大，更有条件进行寻租，因此小集团特别是特权集团往往能够形成更为有效地推动制度变迁的力量。相比而言，大集团经常陷于集体行动的困境中，在寻租活动中，租金的支付更是容易出现机会主义和“搭便车”，因此，难以有效地寻租和推动制度变迁。

若要评价制度变迁方向的价值，则主要看制度变迁是否能够有效地促进经济增长。奥尔森认为，特权集团在寻租博弈中占据优势地位，它们通过支付更多的租金，使制度变迁持续地倾向于特权集团，所以，这种寻租会给制度变迁带来约束，会减慢经济增长率。一般而言，如果一个国家不经历战争等突发事件而长期处于和平时期，就很难摆脱特权集团对制度变迁控制的优势地位，经济增长将会变得越来越慢，制度变迁的方向也就越来越偏离社会总体最优的路径。

诺思专门研究了寻租对某些特定的制度变迁的影响。他假定政府有两个基本的目标：一是界定产权的基本规则，使统治者的利益最大化；二是在第一个目标的框架下降低交易费用并使社会的产出最大化，从而增加政府的税收。政府双重目标决定了寻租产生的必然性，利益集团在寻租过程中相互冲突、相互对抗，在此消彼长的利益集团寻租过程中，制度变迁的方向会出现波动。当出现制度陷阱且长期得不到修正时，国家将就此由盛而衰。

可见，在利益集团寻租的影响下，制度变迁过程会相对更为复杂，制度变迁的方向会出现波动，且制度变迁的结果不会使社会效益最大化，而是对付出租金的利益集团更为有利，使制度变迁过程偏离社会总体最优的方向，拉低经济增长速度。所以，利益集团的寻租通常会降低制度变迁方向的价值。

制度变迁能约束和制约利益集团的寻租行为吗？在新制度经济学的研究中，制度变迁和寻租实际上是一种相互制约、相互影响的关系。如果有明确的制度规则制约着利益集团的行动，集团间进行政治博弈的交易成本很低，利益集团会发现，推动增进社会产出的生产性制度比在非生产性制度领域进行寻租能使本集团获得更多的利益，有效的制度变迁就会产生。另外，如果对政府职能进行“正面清单管理”，即“非授权不可为”，这样就能约束掌握实权的政府官员在非生产性领域设租，从而也就大大缩小了利益集团寻租的空间。

总的来说，利益集团采用寻租来影响制度变迁，意在使制度朝着有利于它们自己的方向变迁，并且这种行为的后果是非生产性的，耗费在寻租活动上的资源即使使得某个利益集团的目标得到实现，也并没有使社会的剩余得到增加，反而很可能使社会稀缺的资源遭到更加严重的浪费。例如，缪尔达尔所分析的“南亚病”就是一个典型的例子。

所谓“南亚病”就是政府对市场进行管制，市场秩序被扭曲，正式制度被腐败等社会习俗所覆盖，产生了这样一种制度：对企业的管制制度扩大了官员决策权的范围，官员的贪污蔓延，反过来又使官员保持这项权力有直接的收益，寻租和设租进入一个有因果关系的循环圈。[①]“南亚病”表现在工业、农业、外贸、就业等各个方面，企业面临着政府花样繁多的控制。一家企业如果没有得到政府对它的技术可行性的认可，就不能进入它的目标产业；如果它和政府没有搞好关系，即使它的项目得到了监管部门的批准，但是购买原材料和机器的成本也会比其他许多企业高；如果这些原材料和机器是国内能够生产的，这家企业就不能得到进口同种优质替代品的许可证，因此产生了方方面面的寻租活动。成本低、效率高的企业反而竞争不过成本高、效率低的企业，成功的企业家并不是靠技术和组织创新来竞争的企业家，而是获得最大量政府许可证的企业家，企业都是在许可证的获取上展开寻租竞争。[②] 实际上，“南亚病”的实质是将腐败制度化了。这种腐败的寻租环境给予不诚实的官员巨大的腐败收益，行政官员和政治家及其机构有兴趣保留并建立新的相机抉择控制机制，使他们有自肥的机会，从而强化了政府对经济实体进行相机抉择的机制，并固化这种低效的制度，使制度不能沿着增进社会生产力水平的方向变迁。

7.4 利益集团与制度变迁

7.4.1 利益集团推动制度变迁

垄断组织对经济体系的控制、不完全理性和不完全信息的存在，使得我们无论是从现象还是从理论上，都能理解下列命题：现代社会经济已不是原子式经济，利益集团数量众多，并对制度变迁具有重要的影响。

1. 制度非中性和制度变迁的内生性

“非中性”这一概念来自货币经济学对货币发行量的经济效应的描述。“货币中性”是指货币发行量的增加仅仅影响价格总水平；与之相反，“货币非中性”则是指货币发行量的变化会对不同商品的价格具有不同的影响，而且会波及实体经济。借鉴货币经济学的论述，对制度非中性也就容易理解了。所谓“制度非中性”是指同一项制度对不同的个体、利益集团具有不同的影响，使得那些已经从既定制度中或可能从未来某种制度安排中获益的利益集团会竭力地维护现有制度或争取相关制度向有利于本集团的方向演进。

制度的非中性也就必然带来了制度变迁的内生性。在内生化的制度变迁过程中，利益集团起着重要的作用。假设经济体系中有 A、B 两个利益集团，制度变迁的起点如 K 制度变化，是有利于 A 集团的。A 集团获得了利益优势，例如得到了物质收益、培养了更多

---

① 缪尔达尔．南亚腐败因果谈．社会经济体制比较，1989（3）．

② 卢现祥．寻租经济学导论．北京：中国财政经济出版社，2000：129．

的政治代言人、得到了更多的选票和威望等。在下一个制度变迁周期到来前，两个利益集团都认识到制度变迁的非中性和对本集团利益的重要性，因此开始为下一阶段的制度变迁方向和结构展开博弈。由于 A 集团在第一阶段取得了优势，在博弈过程中，A 集团拥有更多的话语权，在一定程度上对制度变迁的方向和结构施加影响，从而维持或扩大本集团的优势。因此，在进入下一阶段后，制度变迁的结果也更多地反映了 A 集团的利益。上一阶段的制度会对下一阶段的制度产生影响，即存在路径依赖。

当然，路径依赖只是制度变迁内生性的一个方面，制度变迁的内生性还体现在变迁的负反馈上。负反馈导致制度变迁过程出现方向性的变化或直接构成转换关口的一部分。例如，一个国家进入国际竞争体系的制度安排就会导致负反馈。假设某国原经济政策实行进口替代战略，由于外生性因素的变化，该国转变为出口导向战略，积极加入世界市场和分工体系，这项制度安排就会破坏原利益集团间的势力对比关系，使出口部门获得权利优势，从而使出口部门在下一阶段的制度竞争中能够取得更多的支持，出现更多有利于出口部门的政策。

2. 利益集团——推动制度变迁的主导性组织力量

新制度经济学认为，制度演进的方向是与一个社会中利益集团之间的博弈过程及其博弈结果相联系的。一方面，制度变迁通常反映社会中处于强势地位的集团的利益要求；另一方面，当社会中的利益集团多元化时，各利益集团之间的博弈往往能够减少政府决策的偏颇与随意性，提高制度变迁的公平性。然而，在新制度经济学看来，不论是哪一个博弈的结果，都清晰地显示出利益集团是推动制度变迁的重要角色。

利益集团能够成为推进制度变迁的主导力量的原因有：第一，制度变迁的发生是由于利益需要的推动，而利益集团的产生正是基于一部分社会成员对利益的一致要求，因此，利益集团对于制度规则的改变是符合其“理性人”利益最大化偏好的。这也是利益集团推动制度变迁的根本原因与根本动力之所在。第二，就市场中的组织形态——如家庭、企业这类小型利益集团——而言，虽然它们也对制度变迁产生影响，但是要实现整个制度规则的根本性的变化，对于那些规模较小的集团来说，不具备规模效应，所以，它们更多的是组成一些所属成员在利益上能够相互协调的大集团，以取得制度变迁的规模经济效益。利益集团相对于国家而言，是更接近于市场型的组织；国家相对于利益集团来说，则是一个强制性的组织。对制度变迁来说，国家更大的意义在于它的中间性，即充当裁判的角色，而不具有利益集团对制度变迁的主动性。

诺思认为，利益集团有可能通过自下而上的机制带来制度创新。首先，社会中形成“初级行动团体”，它们具有强烈的创新欲望。“初级行动团体”认识到通过某些安排的改变，其成员有可能获得一定的收入增量，于是“初级行动团体”启动安排创新的进程，以利益最大化为原则，从若干可供选择的制度创新方案中选择它们认为最优的方案予以实施。实际上这个集团已经取得了新制度的各项预期优势，扮演了制度的设计师的角色。然后，社会中形成“次级行动团体”，即在制度创新过程中助“初级行动团体”一臂之力的人和机构。在诺思的研究中，“次级行动团体”主要是指国家。也就是说，某一集团的制度方案要获得国家的许可之后，才可能成为现实中的制度。最后，初级行动团体和次级行动团体一道努力促进制度创新。在制度创新实施后，两集团就所获得的收益进行再分配。诺思的研究提出了制度变迁发生的组织力量，即“行动集团”，当然还包括在制度变迁中潜在的或没有发挥主导作用的行动集团，这里的行动集团也就是奥尔森所说的利益集团。

可见，在制度变迁中，利益集团有着重要的影响。这种影响是利益集团通过各种活动施加的。在西方的政治实践中，利益集团通过投票、游说、寻租等行动方式，力争通过有利于自己的立法或政策来改变规模化的制度。显然，对于利益集团而言，游说结果是一项公共产品，有利于集团内的所有成员；对于社会而言，游说则是一个私人产品，只有利于该集团。利益集团的触角伸展到制度变迁的各个环节，它们可以鼓动选民，因为它们在有些方面具有信息优势；它们可以劝说官员，因为它们具有技术优势和信息优势；它们可以诱惑官员，因为它们有强有力的经济支持（可以寻租）；它们还可在投票中采取多种策略性行为，进行投票交易。

正如诺思所描述的，制度变迁的实质是在组织的作用下改变社会游戏规则并将其程序化。在制度变迁过程中，一种新的制度之所以能够代替旧的制度，不仅在制度所带来的利益上要有优势，而且在实施成本上的也要有优势。社会游戏规则虽然最终会影响到个人收益的最大化，但是社会规则的改变必然是一种集体行动的结果，个人无法承担这样巨大的集体行动的成本。利益集团采取选择性刺激手段，以某种强制方式来形成集体行动，以替代个人而成为制度变迁的主导性组织力量，因此，利益集团作为具有集体行动力量的团体，可以有效地降低制度实施中的交易成本，使其在推动制度变迁过程中的组织优势充分展现出来。

7.4.2 利益集团博弈下的制度均衡

1. 制度均衡的状态描述

在制度变迁中，个体的作用几乎可以忽略不计。个体对制度变迁的作用就体现在利益相同或相似的社会个体结成利益集团，并从利益集团的角度进行成本收益比较，然后决定是否推动制度变迁以增进自己的福利。制度均衡是一段时期以来制度变迁的结果。从公共选择的角度来分析，制度变迁及制度均衡更是利益集团博弈的结果。

制度存在供求双方，供求双方进行制度交易，制度交易引发制度竞争，制度竞争决定了制度存在供求均衡的关系，因而制度的变迁与稳定可以纳入均衡分析框架中。一项新制度安排的收益大于原有制度安排的收益，是制度变迁的前提。另外，制度变迁还受到实施成本的制约，如果实施成本过高，制度变迁也不会发生。总之，当制度变迁的过程达到一种常态时就形成了制度均衡。制度均衡可以指制度供给等于制度需求，任何一项制度安排都不是随意决定的，而是利益集团从自身角度出发，根据对成本收益的比较分析而相互之间进行博弈的结果。制度均衡也可以理解为一种行为均衡，也就是维持现有制度的行为主体的集合力量超过了不愿意维持现有制度行为主体的集合力量所出现的一种状态。也可以表述为“由利益集团所共同同意，利益又能为利益集团所分享的一种新的基础制度规则确立的阶段”①。正如一般均衡概念所描述的，支持该状态的力量大于反对该状态的力量，该状态成为一种没有变迁动力的均衡状态。②

① 程虹．制度变迁的周期．北京：人民出版社，2000：179.

② 同①174.

另外要说明的是，这里所说的制度均衡是指仅为一个集团所有的制度演变为大多数利益集团所有的制度公共产品，而不管其是自愿还是非自愿；或者表述为某项局部的制度安排逐步演变成为具有一般性的基础制度规则，如法律、法规等，对各利益集团而言，是制度的收益为各集团所共同分享，即制度的收益在各集团间有一个均衡的分配，而不是被少数集团独占。

2. 利益集团与均衡形成的过程

在制度均衡的讨论中，国家更多地扮演的是裁判的角色，执行法律的制定和监督的职能，或者通过法律政策的形式将非正式制度转变为正式制度。突变式的制度变迁使利益集团无法适应资源产权的突然变更，集团分享不到制度变迁的利益。在这个意义上，制度均衡状态的形成在很大程度上表现为利益集团的博弈而引发的自然演变的过程，而不是国家强制性实施的过程。对本节制度均衡的分析而言，渐进的诱致性制度变迁具有一般性的意义。制度变迁是逐步的、演进的，其过程可以被描述为以下几个过程所衔接的周期：僵滞阶段、创新阶段和均衡阶段。

制度的僵滞和创新阶段是制度达到均衡状态的必要准备和必经阶段。既然本节讨论的制度主要是渐进的诱致性制度变迁，那么一项制度变迁之所以发生往往都源于这一制度本身对社会产值的分配不均衡。利益集团为增进自身的收益，在诸多争取新增利益的选择中选择最经济的——从现有制度的总收益中争得更大的分配份额，利益集团间的博弈打破了原有的平衡，制度的收益已经不足以弥补维持这一制度的成本支出。这样一个状态称为制度变迁的起点——制度变迁的僵滞阶段。如果不将时间段划分得过长，我们可以发现这个阶段仍能够持续一段时间，因为虽然制度不合理，但独占型利益集团尤其是特权集团与国家规则制定者结盟，分割了制度收益的大部分，既得利益集团维持这一制度的巨大能动性①和合法外衣的保护使得僵滞阶段得以延续。②

正如上文所述，当既有制度的收益和维持成本相差越来越大时，既有制度走向深重的危机，资源要素相对价格产生变化，既得利益集团不得不改变原有的产权合约形式。创新集团将原来由既得利益集团所独享的资源驱入市场，既得利益集团原有的对资源的独占产权逐步瓦解，既得利益集团不得不与创新集团以“合资”的方式分享产权的收益。在反复交易中，创新集团的产权得到越来越大范围的承认，促进了制度创新能力的加强，制度变迁进入制度创新阶段，经济也随之进入延续的增长时期。③ 这个过程也就是制度变迁的创新阶段。制度创新是制度僵滞合乎逻辑的发展阶段，也是制度变迁中最重要的一个阶段，它是新制度替代旧制度并得到日益广泛的认可的过程。没有制度创新，制度变迁就不可能有实质性的演进。

制度创新阶段的发展使制度变迁到达了一个周期的终点——制度均衡。产权作为一种公共产品，当它只是利益集团之间的交易时，它虽然能带来收益，但仍带有不确定性。创新集团下一步的行动应该是使之受到政府法律法规的保护，变成一种确定的社会正式制度，以保障其效力。由于创新集团促进了产权的重新分配，分得了部分原属于既得利益集

① 独占型利益集团面对新的制度竞争，为保持既有制度的合法外衣和正统地位，往往降低本集团的收益水平，以阻止进行制度创新的利益集团获得预期收益。

② 程虹. 制度变迁的周期. 北京：人民出版社，2000：209.

③ 同②211.

团的收益，加之产权形式的创新又创造了一部分新增产值，它们可以将部分收益交给国家，从而获得国家的保护。这种保护即政府将利益集团间博弈的非正式制度正式化，使之为全社会所接受，争取这种保护是新的正式制度形成的重要过程。这个步骤可以表述为创新集团以“投票”“寻租”“赎买”等方式获得正式制度制定者的承认。

但是，创新集团的这项活动不是一帆风顺的，也会受到其他利益集团①的制约。其他利益集团对一项新制度能否接受，关键是考虑本集团的既得利益是否受到巨大影响或能分得多少制度变迁的收益。所以，制度变迁能否达成均衡，关键取决于创新集团是否愿意将本集团的收益拿出一部分与其他利益集团分享，从而使其他利益集团接受该项制度创新，这时的创新集团也可称为“分享型利益集团”。一旦利益集团间就制度的收益达成均势，制度变迁也就达到了制度的均衡，制度均衡阶段是一个制度变迁周期的完成阶段。制度变迁的均衡总是以某种形式尤其是法律法规的形式表现出对上一阶段——制度创新——的社会认可。制度均衡时，制度处于帕累托最优状态，但集团间在利益的分配上形成均势，再加上“搭便车”的作用，各分享集团都没有动力从事新的制度创新。

需要明确的是，制度变迁是一个周而复始的过程，当期的制度均衡也必然预示了下一个制度变迁循环圈的开始。正如上文所述，在制度均衡阶段，各个利益集团都不愿从事新的制度变迁，因此新的利益就只能在现有制度下从其他利益集团的口袋里攫取。分享型利益集团将逐渐演变成为独占型利益集团，社会中将崛起新的创新集团来改变现有的制度。

本章小结

本章从利益集团的概念内涵及其分类入手，重点探讨了利益集团的集体行动及其制度变迁的影响等。利益集团是指由于具有共同的利益从而产生了共同的价值观或态度的个人的集合体。共同利益是利益集团产生的基础和集体行动的基本驱动因素。由于集体理性与个体理性的差异，利益集团的集体行动中必然存在机会主义和“搭便车”，这使得利益集团——特别是大集团——经常陷入集体行动的困境。即使有集体行动困境存在，利益集团也是制度变迁的重要推动力量。集团与个人相比，更能有效地通过组织投票和寻租来影响公共政策和制度变迁。由于在博弈中，利益集团关注的是本集团的利益，因此，利益集团影响下的制度变迁过程会存在一定的低效性。

关键术语

利益集团　分利集团　集体行动的困境　寻租　制度非中性　选择性激励　否决投票规则　第三方强制执行

① 这里所说的其他利益集团不仅是指既得利益集团，还包括其他“搭便车”的利益集团，它们虽然缺乏进行制度创新的动力，但是如果没有它们的同意，正式制度的形成仍然要大费周折。

复习思考题

1. 什么是利益集团？利益集团是如何形成的？
2. 简述利益集团对社会经济发展的重要影响。
3. 什么是集体行动的困境？集体行动的困境有哪些表现？
4. 形成集体行动困境的原因有哪些？如何治理集体行动的困境？
5. 简述主要投票规则有哪些？分析不同投票规则下利益集团对制度变迁的影响。
6. 利益集团的寻租对制度变迁有什么影响？
7. 为什么说利益集团是推动制度变迁的主导力量？

第8章

路径依赖理论

本章要点

1. 了解路径依赖的内涵。
2. 了解诺思的路径依赖理论。
3. 了解格雷夫的路径依赖理论。
4. 了解对路径依赖的突破与路径创造。

道格拉斯·诺思和罗伯特·托马斯在《西方世界的兴起》一书的开篇写到“有效率的经济组织是经济增长的关键”，可问题是：为什么会有许许多多无效率的经济组织和经济制度出现并长期持续存在呢？依据经济理性主义假定，社会经济制度或经济组织的创建者通过比较、计算和权衡后，才会选择最优的经济制度。即使由于信息不完全、计算能力缺陷，也不至于出现如此多的恶劣的经济制度和经济组织。恶劣的经济制度和经济组织数量如此之多，使有效率的经济组织显得更为稀少。阿夫纳·格雷夫甚至认为有效率的经济制度的出现很多时候只是一种巧合。为什么会这样呢？这里提供一个制度分析的工具——“路径依赖”理论来进行分析。道格拉斯·诺思将路径依赖描述为：你的起点与你所走过的道路，将决定你未来的选择。① 简言之，有效率的经济制度或经济组织的构建可能是一个非常狭窄的选择序列组成的一个系统，有很多很多的选择我们的祖先已经选错了或者我们自己无意识地选择了不利的方向，现在想重建一个完美的制度框架已经变得非常困难了。在已经陷入无效率经济制度的路径依赖时，我们是否可以通过各种努力摆脱这种不利选择？这需要我们去探索经济系统是怎样陷入路径依赖的，而路

① 张军. 书里书外的经济学. 上海：上海三联书店，2002：128.

径依赖又是通过怎样的机制将经济系统"锁定"在既定的轨道上。只有明了了这些，才可以去探讨如何摆脱的问题。

8.1 路径依赖理论的起源

"路径依赖"这一概念最早是由生物学家和物理学家提出来的。布莱恩·阿瑟在一篇经典文献中用它来描述竞争性技术选择，这被认为是第一篇规范地使用经济学研究方法研究路径依赖的开山之作。保罗·戴维则在另一篇经典文献中最早用路径依赖概念研究社会历史问题，这一研究使得路径依赖名声大振。

8.1.1 技术的路径依赖

1. 阿瑟之问与报酬递增

布莱恩·阿瑟在1989年的经典文献《竞争性技术、报酬递增与历史事件的锁定》篇首提出了一个问题：两种备选技术在市场上竞争，是否最有效率的技术笑到最后呢？答案竟然是否定的。[①]

这貌似是个不符合我们直觉的答案。按照一般的想象，应该是美好的东西占据社会的主流，但是现实确实如此残酷，很多时候流行在世界上的竟然不是最好的技术。我们可以举出很多很多这样的例子，全世界90%以上的个人电脑安装的操作系统是微软公司的Windows操作系统，这个系统是否为最好的操作系统呢？计算机专业人士会告诉我们它的性能与苹果的Mac OS X操作系统差距很大，甚至安全性还不如开放源代码的Linux系统，更为可恨的是它还要我们花费很多钱去购买而Linux系统则是免费的。消费者为什么还要如此执着地选择Windows呢？许多学者还列举了其他的例子。例如在19世纪90年代，汽车可以使用蒸汽、汽油和电池作为动力，核能可以由轻水、重水、气冷或者纳冷反应堆来产生，录像机可以按照Betamax或者VHS制式来进行制造。最终被选择的技术是否都是最有效率的呢？答案当然也是否定的。这样的例子我们还可以举出很多很多。那么，该如何来回答"阿瑟之问"呢？

布莱恩·阿瑟在研究中发现，大多数技术都具有一个叫做"报酬递增"的特征，即一种技术使用的人越多、被使用的频率越高，人们对其进行的改进可能也就越大，从而一项并不具有优势的技术被改进得更容易使用。我们来看一个例子。世界上第一台电子计算机于1946年2月14日问世，它由17 468个电子管、60 000多个电阻器、10 000多个电容器和6 000多个开关组成，重达30吨，占地160平方米，耗电174千瓦，耗资45万美元。这台计算机每秒只能运行5 000次加法运算，仅相当于一个电子数字积分计算器。那么，为什么现在的电子计算机变得越来越小巧、轻便和灵活，运算速度如此迅捷，而且已经便宜到大多数家庭都买得起的地步？显然这是报酬递增的结果。

---

① Arthur, W. B., "Competing Technology, Increasing Returns, and Lock-in by Historical Events," *The Economic Journal*, 1989 (99): 116-131.

我们假设有一种和电子计算机同时代的技术，或者可以和电子计算机相互竞争的设想，其也可以制造出迅速运算的机器。虽然这种技术或者这个设想比电子计算机还要好，但是我们现在却不可能去使用那种技术或设想了。因为在过去的几十年间使用电子计算机的人越来越多，而且计算机被每个人使用的频率越来越高，所以越来越多的资源被投入来改进计算机，计算机变得更加轻便、灵活。因为使用了更好的材料，计算机的运算速度变得更快甚至远远超出最初发展者的想象，而且规模化的生产和销售系统的建立让我们可以更加廉价地获得这种产品，一切的一切让这种技术越来越流行。那么人们最初为什么选择了这种技术而不是另外一种呢？这其中的原因可能是十分偶然的。在选择的时候，由于人们计算的误差、信息不完全而可能导致的小错误，最终造成了巨大的差异。例如，为什么人们最先要使用 Windows 操作系统而不是其他的操作系统呢？因为当时最为流行的计算机是 IBM 的 PC 机器，它预装的是微软公司开发的 DOS 系统。为什么 IBM 不自己开发操作系统呢？因为当时的管理者认为这是个很小的市场，自己做不太合算，就外包给一个大学肄业生（指微软创始者比尔·盖茨）创办的小公司。如果当时 IBM 的管理者没有犯下这个小小的错误，世界可能会大大地不同。

阿瑟认为，由于存在报酬递增的机制，一个微小的外部冲击导致的非效率结果可能会被一步步“锁定”在特定的路径上，进而形成一种非效率或者低效率的竞争性技术变得流行起来的结果。不幸的是，在现实生活中，经济系统中人们的选择可能不能够抵御外部冲击，例如信息搜集不完全、决策过程中的失误，甚至可能是决策者个人的偏好，都可能导致非效率结果被纳入技术演进的主导路径，越来越多的社会资源和人力资本被投入来改进这种非效率的竞争性技术。这种技术的路径依赖现象也被许多学者使用另一个术语来进行描述，即“蝴蝶效应”。蝴蝶效应本是混沌学理论中的一个概念，它是指对初始条件敏感性的一种依赖现象：输入端微小的差别会迅速放大到输出端。北美大陆一场巨大风暴的源头可能是在南美丛林里一只小蝴蝶拍了拍翅膀，蝴蝶翅膀的扇动改变了周围的气流，周围的气流又相互作用于更远的气流……如此三番，到北美就演变成了一场巨大风暴。中国人所说的“大风起于青萍之末”也是这个道理。

2. 报酬递增的机制及其结果

报酬递增的具体成因是什么呢？有哪些机制导致了越来越多的资源被投入到既定的路径上来？布莱恩·阿瑟总结了四种，分别是：

（1）平均成本递减。新技术投入之初往往需要投入大量的初始成本或固定成本；而随着产品产量的不断增加，固定成本的大量分摊导致平均单位成本不断下降。转换技术路径可能需要新的固定成本投入，除非竞争性技术相比于现有技术优势非常巨大，以至可弥补双重规模初始成本投入，技术转换才可能发生。

（2）学习效应。伴随一项技术的推广和流行，人们会在使用和推广过程中不断地对这种技术进行完善与改进。这种完善与改进可能在一定程度上缓解现有技术相比于竞争性技术的弱点，甚至可能在其他方面强化其优点从而使得其远远优于竞争性技术。例如在电子计算机的例子中，电子计算机体积更小、更便宜和运算更快，原有技术缺陷逐渐被修补且在许多方面显示出其优越性。

（3）协调效应。伴随一项技术的采用和推广，会产生一系列相关的技术和产品（或称互补性的技术和产品)，也会产生相关部门的合作效应。互补性的技术和产品是基于现有技术平台的，如果消费者想使用互补性的产品和服务，就必须使用现有技术而不是竞争性技术。现有技术平台上的互补性产品提供的规模越大，影响越广泛，回到竞争性技术的概率就会越小。仍然以电子计算机为例，在电子计算机运行基础上的操作系统和系列软件，甚至互联网和各种其他服务蓬勃发展，使得电子计算机的技术优势更加显眼，越来越多的人都来学习使用电子计算机。

(4) 适应性预期。越流行的技术和产品，越容易产生该技术和产品将来会更流行的预期，这会强化消费者沿着现有技术轨道的习惯。以电子计算机为例，由于它已经很流行，我们进入学校就被告知如果不懂电子计算机就是新时代的文盲，所以对电子计算机的学习、熟悉从很早就开始了。

上述报酬递增的四种机制，实际上就是技术在路径依赖上的自我强化。这种路径依赖的自我强化放大了最初的偶然事件的冲击力，使得微小的事件导致了巨大的后果。因此，阿瑟在分析了报酬递增的机制后，接着就分析了报酬递增的结果。

阿瑟认为，报酬递增的结果有四个：第一，由于存在技术的报酬递增特征，技术演进的路径就不再是唯一确定的，会出现很多结果，这些结果中的每一个可能都是稳定均衡状态，这被称为“多重均衡”。如果当年 IBM 没有选择预装微软公司的操作系统，可能也会产生新的操作系统，然后在新的技术平台上可能会发生很多我们现在无法想象的事情。第二，由于技术报酬递增特征的存在，原有技术路径会不断得到强化，选择的结果不一定是最优的。选择过程本身可能是有失偏颇的，导致选择了并非最优的结果；或者选择时是最优的结果，但从长期来看却不是最好的技术选择。由于报酬递增的存在，使得转变技术路径十分困难，所以，很多时候我们不得不将错就错，直到错误不得不被纠正为止。第三，技术报酬递增特征的存在导致了技术发展的固化，选择一项技术很容易但想放弃它却很难。例如，数十年来我们一直在吵吵嚷嚷地讨论放弃燃油汽车的计划，结果却是燃油汽车不仅没有减少，反而增加得更多。第四，偶然事件的冲击被报酬递增的机制放大，以致形成一种不可忽视的轨迹依赖现象。我们去研究一下为什么铁道的宽度刚好是这么多，能不能进行改进和更新呢？显然铁路系统的很多安全性能、铁路机车转弯和速度控制可能都与这个有关，随意更改这一宽度是非常危险的。

案例 8-1

铁轨宽度的由来

经济学中有个名词“路径依赖”，它类似于物理学中的“惯性”，一旦选择进入某一路径（无论是“好”的还是“坏”的），就可能对这种路径产生依赖。以下美国铁轨的故事也许有助于我们理解这一概念，并且加深对其可能产生的后果的印象。美国铁路的两条铁轨之间的标准距离是 4.85 英尺。这是一个很奇怪的标准，究竟从何而来？原来这是英国的铁路标准，因为美国的铁路最早是由英国人设计建造的。那么，为什么英国人用这个标准呢？原来英国的铁路是由建电车轨道的人设计的，而这个 4.85 英尺正是电车所用的标准。电车轨标准又是从哪里来的呢？原来最先造电车的人以前是造马车的。而他们是用马车的轮距宽度做标准。好了，那么马车为什么要用这样的轮距标准呢？因为如果那时候的马车用任何其他轮距的话，马车的轮子很快会在英国的老马路上被撞坏。为什么？因为这些路上的辙迹的宽度都是4.85英尺。那么这些辙迹宽度又是从何而来的呢？答案是古罗马人定的，4.85英尺正是罗马战车的宽度。如果任何人用不同的轮距宽度在这些路上行车的话，他的轮子的寿命都不会长。我们再问：罗马人为什么用4.85英尺作为战车的轮距宽度呢？原因很简单，这是两匹拉战车的马的屁股的宽度！

故事到此应该完结了，但事实上还没有完。下次你在电视上看到美国航天飞机立在发射台上的雄姿时，请你留意看，在它的燃料箱的两旁有两个火箭推进器，这些推进器是由设在犹他州的工厂提供的。如果可能的话，这家工厂的工程师希望把这些推进器造得再胖一些，这样容量就会大一些，但是他们不可以，为什么？因为这些推进器造好后，要用火车从工厂运到发射点，路上要通过一些隧道，而这些隧道的宽度只比火车轨道的宽度宽了一点点，然而我们不要忘记火车轨道的宽度是由马的屁股的宽度决定的。从铁轨标准宽度确定的发展历程可以看出，对事物最初的选择往往决定着其今后的发展方向，并且惯性的力量会使这一选择不断地自我强化，使其很难改变。

资料来源：郭成刚，王勇．有感于铁轨宽度的确定．中国国防报，2006-06-01.

8.1.2 历史的路径依赖

1. 戴维疑问与键盘的路径依赖

保罗·戴维1985年提出了一个疑问：经济史中为什么糟糕的事情总是衔尾相随不期而至?[①] 戴维认为，很多时候试图按照逻辑的或者非逻辑的结构来解释我们周边的世界似乎总是不可能的，除非我们真正了解它是怎么运行的。戴维认为，经济变迁中的路径依赖是影响事件发生最终结果的最重要因素之一。在很多时候，是偶然事件而不是系统力量冲击所产生的影响在最终结果的形成中发挥了更为重要的作用。随机过程并不总是固定地收敛于结果分布的一个点，这叫做“非遍历性”[②]。在这一系统结构中历史的偶然事件既不能够被忽视，也不能出于经济分析的目的被完整地分离出来，经济动态表现出一种连续的历史特征。戴维使用“QWERTY”键盘的例子并非简单地表明世界的运行方式就是如此，而只是阐述经济学家分析时原有工具可能会出现的一些偏差和改进方式。

在提到“电脑”这个词时，许多人脑海中都会形成某种概念化的印象：一台显示器、一个机箱、一架键盘以及拖着一根长线的鼠标。键盘作为计算机文字输入的标准设备之一，已经伴随着计算机的发展走过了数十年的历程。然而，现在所广泛使用的、键位排序成“QWERTY”的键盘出现的时间却并不长。

在18世纪早期，人们就开始研制打字机，以期获得更清晰的文字和更快的书写速度。目前可以查证到的最早的打字机专利，是1714年的英国人亨利·米尔申请的，当时他的打字机只能打出大写字母。直到19世纪中后期，打字机才慢慢地流行起来。也就是在那个时期，各种各样的打字机开始充斥市场。

---

① David, P., “Clio and the Economics of QWERTY,” *American Economic Reviews*, 1985, 72 (2): 332-337.

② 非遍历性（non-ergodicity）是指在一个动态的经济系统中，不同的历史事件及其发展次序无法以百分之百的概率实现同一种市场结果。

键盘的输入方式和传统的手工输入方式存在着巨大的差别，人们在学习使用打字机时，需要付出一定的努力和时间来记熟键位布局，从而提高打字速度，这也就是所谓的“学习成本”。对于打字员来说，对某种键位布局越熟悉，转换到其他不同键位布局的转换成本也就越高。对于简单的键盘来说可能并不太明显，例如现在手机键盘和计算机数字小键盘的数字排列顺序是上下相反的，但是很少有人因为这种排列方式的不同而觉得不适应。但是对于复杂的拥有 26 个字母和接近十种符号的打字机键盘来说，这种转换成本就会变得比较可观。这样看来，为了使打字机的用户在不同键位布局之间的转换成本尽可能减少，无非有两条路：使打字机的键位排列标准化；或者生产可以任意更改键盘排列顺序的打字机。相对而言，前者可能会更容易些。

1868 年，美国排字工克里斯托夫·拉森·肖尔斯获得了打字机模型专利，并取得了经营权。他于几年后设计出了通用至今的键盘布局方案，即“QWERTY”键盘。这种键盘的基本原理是通过按键驱动一根长杆，长杆上带着一个字锤，字锤隔着色带敲击在纸上，从而留下深色的字母印，像是在纸上盖章一样。在刚开始的时候，肖尔斯是把键盘字母键的顺序按照字母表顺序安装的，也就是说，键盘左上角的字母顺序是“ABCDEF”。但是他很快发现，当打字员的打字速度稍快一些的时候，相邻两个字母的长杆和字锤可能会卡在一起，从而发生“卡键”的故障。据说为了解决这个难题，肖尔斯去请他的妹夫——一名数学家和学校教师帮忙。这位数学家建议他把键盘上那些英文字母中最常用的、连在一起的字母分开，以此来避免故障的发生。肖尔斯很乐意地采纳了他的妹夫的解决办法，将字母杂乱无章地排列，最终形成了我们现在看到的“QWERTY”的布局。而肖尔斯告诉公众的却是：打字机键盘上字母顺序这样排列是最科学的，可以加快打字速度。

但是，现在英国打字机发展史方面的权威人士认为这是“有史以来最大的欺骗活动之一”。英国打字机博物馆馆长、《打字机世纪》一书的作者威尔弗雷德·A. 比彻声称，“这种所谓‘科学安排’以减少手指移动距离的说法，是彻头彻尾的谎言。”“对字母的任何一种随机性的安排，都会比现在这种安排合理。”

1873 年，雷明顿公司购得了肖尔斯的这项专利，并开始了打字机的商业生产。由于 19 世纪 70 年代的经济不景气，这种价格为 125 美元的办公设备上市的时机并不好。1878 年，当雷明顿公司推出这种打字机的改进Ⅱ型时，企业已经处于破产的边缘。虽然Ⅱ型打字机的销售开始缓慢上升，到 1881 年时打字机的年产量增加到 1 200 台，但“QWERTY”布局的打字机在其早期发展远没有获得稳固的市场地位。19 世纪 80 年代的 10 年间，美国的“QWERTY”布局打字机的总拥有量不超过 5 000 台，其中还包括了一些通过更换字锤而改造成的“QWERTY”布局打字机。克兰德尔在 1879 年发明的打字机把字锤安放在圆柱套上，从而完全避免了卡键问题。后来出现的 Blickensderfer 打字机在键盘的排列上更为用心，他们推出的“Ideal”键盘把构成 70%英语单词的字母按照“DHIATENSOR”的顺序放在打字机的基准行上（就是三行字母键的中间行）。

19 世纪 80 年代，打字机市场开始繁荣起来，出现了很多键盘与“QWERTY”键盘竞争。然而，就在“QWERTY”布局的技术原理优势要被打字机工程学的进步取代时，美国的打字机产业迅速倒向“QWERTY”布局，使之成为打字机的“通用键盘”。在这一过程中，被认为起关键作用的事件是 1888 年 7 月 25 日在美国辛辛那提举行的一场打字比赛。比赛中，一个来自盐湖城的法庭速记员麦古瑞，使用“QWERTY”布局打字机和盲打方法，以绝对的优势获得冠军和500美元的奖金。麦古瑞显然是第一个熟记这种键盘并盲打的人。这一事件确立了雷明顿打字机在技术上更先进的看法。麦古瑞选择雷明顿打字机可能是随意的，却为这种标准的确立作出了贡献。历史的偶然性就这样决定了键盘的布局。打字机的键盘布局被继承到了计算机键盘上，成了我们今天还在广泛使用的标准键盘布局。

然而，“QWERTY”的布局方式的确是效率不高的。对于英文输入来说，大多数打字员惯用右手，但使用“QWERTY”布局键盘，左手却负担了57%的工作。两小指及左无名指是最没力气的指头，却频频要使用它们。排在中列的字母，其使用率仅占整个打字工作的30%左右，因此，为了打一个单词，时常要上上下下移动指头。对于中文来说，这种问题同样存在。

1936年，奥古斯特·德沃拉克为使左右手能交替击打更多的单词，又发明了一种新的键盘布局（即DSK布局），即“德沃拉克简化键盘”，并申请了专利。他声称这种键位布局可缩短训练周期并大幅提高打字速度。DSK布局原则有三项：尽量左右手交替击打，避免单手连击；越排击键平均移动距离最小；排在导键（即双手食指放置的键）位置的应是最常用的字母。尽管存在上述优势，但直到1975年德沃拉克去世，DSK键盘也没有被市场接受。虽然不久后，苹果Ⅱ型计算机从“QWERTY”布局转向DSK布局，并且通过商业广告劝说人们放弃“QWERTY”键盘，但这种做法显然没有产生效果。

除此之外，理连·莫尔特还发明了以自己名字命名的MALT键盘，使拇指得到更多使用，而不仅仅用来敲击“空格”(Space)键。这种键盘使“后退键”(Backspace)及其他原本远离键盘中心的键更容易触到。但这种键盘和DSK键盘一样，也没有得到广泛应用。

案例8-2

美国官方语言差点是德语

1794年1月9日，生活在弗吉尼亚州的一些德国移民确实曾向美国众议院提交过一项动议，建议将所有法律文件均翻译成德语，以便生活在美国但不懂英语的德国人能尽快熟悉该国的法律。但这一申请最终以42：41票遭到否决。众议员弗里德里克·米伦贝格投了弃权票，他事后阐述的理由是，此动议妨碍了德国人尽快成为美国人的进程。当然不容忽视的是，他本人同时掌握着德、英两种语言。1828年美国宾夕法尼亚州举行全民公决，议题即是否将德语作为该州的第二种官方语言。这一动议最终依然因一票之差遭到否决，而这张关键的否决票竟然又出自当时任该州议会发言人的米伦贝格之手！很搞笑的是这位弗里德里克·米伦贝格议员是德裔。

那么，你也许会说：“美国选什么语言对世界和历史有什么影响呢?”当然有影响，而且影响非常之大。想想看吧，如果世界上存在一个讲德语的美国，从人的语言归属上大多数美国人将会同情德国，那么两次世界大战的结局也许会发生本质的变化。

资料来源：参见璞木的《路径依赖原理的四个典型案例》，改编自2008年8月16日豆瓣网同名文章。

2. 路径依赖与互补性机制

与前文技术的路径依赖相比较，历史的路径依赖显然与之有着诸多的相似，历史的路径依赖更为奇特的是偶然事件在其中所产生的巨大冲击。首先，历史的路径依赖显然也存在着诸多的报酬递增机制，这主要表现为互补性机制（或事件）的存在及相互加强。以“QWERTY”键盘为例，它的流行使得能熟练操作这一键盘成为劳动力市场上大多数打字员都必须掌握的一项基本技能。也就是说，只有掌握了这种技能，才能成为大家都认可的合格的打字员。当然，打字员可以通过再培训去熟悉其他键盘，但那要付出额外的成本。而担任打字员工作的在那个时代大多是女性，一般认为她们不会有在外长期工作的积极性，雇主承担其培训费用的激励就很小，打字员原有技能持续存在的理由是十分坚定的。电脑时代来临之后，早期电脑的使用很大程度是替代打字机的功能，劳动力市场仍然是历史遗留的打字员队伍，因此，大多数人学习电脑时就是从使用这种布局键盘开始的。而随着时间的流逝，越来越多的人越来越习惯使用这一键盘布局，甚至我们的盲打技术都是基于这种键盘布局。如果换一种新的电脑键盘，我们会感觉到非常不适应，降低了打字和写作的速度，这很显然会导致消费者的反感。因而，这种已经没有继续存在下去的理由的键盘布局却仍然在新的时代获得了顽强的生命力。

尽管人们完全可以为计算机键盘设计出多种更为简捷、更为合理的键盘布局，尽管人们都在抱怨 Alt、Ctrl 和 Esc 等键的布局缺乏一致性，可大多数人仍然在不改初衷地使用着“QWERTY”键盘。互补性机制显然还包括打字机推广载体的不断强大。保罗·戴维认为，使“QWERTY”布局键盘能够打败其他竞争对手在市场中取胜的主要原因，并不完全在于它的先进设计，还在于雷明顿公司在打字机市场上的支配地位。随着雷明顿公司在打字机市场上的市场份额越来越大，这必然使得消费者能够接触到的键盘布局主要就是这种“QWERTY”键盘布局，这样消费者打字习惯的形成必然就是基于这一平台。这一系列的因素导致今天——电子计算机极其普遍应用而打字机早就退出历史舞台的今天——这种打字机布局键盘仍然存在而且具有强大的生命力。这显然是技术发展史上最为奇特的现象之一。

历史的路径依赖的一个更为有趣的地方是更强调偶然冲击的巨大放大作用，也就是经济动态系统所表现出的历史特征。经济系统可能并不像新古典经济学所描述的那样会不断地形成稳定的均衡状态，最终形成一个全社会最有效率的一般均衡。这种完美主义的一般均衡模型显然基于一个确定论和机械决定论的世界，而这种世界观很显然将忽视历史的作用。通过历史的路径依赖分析将不难发现，现实的经济系统并不是这样一个系统，而是一个相互依存的、出现许多互补性现象的、非确定性的和多重均衡型的世界。历史的路径依赖也印证了“新经济史学革命”中的一个共识：“历史是重要的”。

8.2 诺思的路径依赖理论

在布莱恩·阿瑟和保罗·戴维开创性研究的基础上，道格拉斯·诺思将路径依赖理论引入制度变迁分析框架，构建了制度变迁的路径依赖理论。[①]

8.2.1 制度变迁中的路径依赖

1. 诺思之问

诺思对制度变迁的路径依赖问题的关注，源自对一个核心问题的思考：为什么历史会选择那些经济绩效较差的经济制度并使其长期存在？这个问题是传统理论不曾思考也无法解释的。自 20 世纪 50 年代以来，经济学文献中渗透着这样一种观念："在历史进程中，无效的制度会被扬弃，有效的制度会存活下来，因此，更为有效的经济、政治与社会组织形式是逐渐演进来的"[②]。这种充斥着乐观主义精神的社会达尔文主义论调深深地影响着社会科学研究者们，但与之大相径庭，诺思发现在历史现实中却存在大量的无效经济制度和经济组织，甚至很多时候有效率经济制度和经济组织的出现是十分偶然的。这种历史现实与理论构建之间的巨大差异困扰着道格拉斯·诺思。那么，究竟是什么妨碍了历史对更有效制度的选择呢？为什么相对无效的经济制度和经济组织会得以持续呢？在对这些问题思考的基础上，诺思认为"路径依赖性是分析和理解长期经济变迁的关键"[③]。

2. 制度变迁乐观主义建构

诺思早期的制度变迁理论正是一种典型的乐观主义建构。诺思认为，相对价格的变化是制度变迁的重要源泉，因为相对价格的变动改变了个人在人们相互关系中的激励。这里所说的相对价格变化主要包括：要素价格比率的变化（如土地与劳动、劳动与资本或土地与资本的相对价格的变动），信息成本的变化，技术的变化（包括十分重要的军事技术）。这些相对价格的变化有些是外生的（如人口与土地的比例变化是由瘟疫等因素引起的），但其中大部分是内生的。诺思认为，谈判力量的相对变化很多时候会决定相对价格的变动。因此，政治、经济和军事方面的"企业家"，将通过改变可观察到的衡量成本或实际成本来改变相对价格，从而诱致制度变迁。诺思认为，从一个更加严格的角度来说，人们在决策中考虑的不完全是相对价格的变化，还有预期的相对价格的变化。

举一个例子，诺思和托马斯认为，人口对稀缺的资源禀赋产生的巨大压力，会导致那些支配产权规则的制度发生变迁。在 1978 年之前的年代里，中国推进的现代分工体系不仅不能反哺农业，反而主要依赖于对农业的长期掠夺。由于农业本身剩余很少，这种长期的掠夺最终会使得农业人口面临巨大的生存压力，到了一定的临界值时，改变具有支配地位的产权制度规则就成为内在自发选择。改革以前"包产到户"在很多地方就屡禁不止。在严酷的经济现实导致人们对这种发展方式产生极大怀疑的时候，在受到生存压力最大的贫困的农村地区，诸如安徽和四川，就最先点燃了改革的火炬。这种自发性的产权制度和经营制度改变很大程度上来自农民对相对价格的感知，当遇到巨大生存压力时，制度变革的收益远大于成本，所以才会出现小岗村农民联合起来率先推进土地制度变迁。

3. 制度变迁的路径依赖

然而，简单使用相对价格体系来解释复杂的制度变迁是过于简化了。诺思说道："相

---

① 韩毅. 历史的制度分析. 沈阳：辽宁大学出版社，2002：147-154.

② 诺斯. 制度、制度变迁与经济绩效. 上海：上海三联书店，1994：124.

③ 同②150.

对价格的变化通过事先存在的精神构想来进行过滤，从而构成了我们对这些价格变化的理解。很显然，思想以及它们所赖以存在的方式在这里是起作用的……一个重要之点是，制度通过降低我们向我们的信念支付的价格，使得观念、教义以及意识形态成为制度变迁的重要来源。”① 然而，直到今天，“我们在一定程度上仍然不能以非常准确的词来定义相对价格的变化同形成人们观念的思想和意识形态之间的相互作用，以及这两者在诱致制度变迁中所起的作用”②。这段话的核心意思是指，决定制度变迁的实质上并非是相对价格体系而是预期的相对价格体系，社会的制度安排或者意识形态会让人们在相同的社会环境下感知到完全不同的相对成本结构，从而推动完全不同的制度变迁。这样，原有的制度结构就对新的制度变迁形成了影响，制度变迁在某种程度上表现出路径依赖特征。

这里也以一个例子来说明之，这个例子是杨德才教授在《中国经济史新论（1949—2009）》一书中关于“文化大革命”的成因的论述。③ 中华人民共和国成立之后的制度变迁强调了“触及人们灵魂深处的大革命”，大量意识形态投资使人们几乎一致确信：资本主义制度是万恶的，社会主义制度是极其优越的，它可以使中国人民拥有一个非常美好的未来。意识形态强化的制度迷信大大增加了人们对于未来制度收益的预期，对相对价格体系的扭曲理解加快了制度变迁的推进，才出现了社会主义总路线、“大跃进”和人民公社等“三面红旗”迅速推广。三年困难时期严酷的经济现实使以刘少奇为首的一批共产党人确信可能是制度变迁的相对价格体系出了问题，制度变迁的挫折使这些人对调整未来制度向原有制度回归的预期收益增加，所以他们就开始推动经济调整工作。但一方面由于前期的意识形态投资，许多人认为这次调整是资本主义的回归，而资本主义是万恶的，由此意识形态形成的巨大的社会阻力使这种制度回归的变迁成本极其高昂。另一方面，由于顺应大多数人思路的社会主义制度存在规模报酬递增的效应，这种路径依赖最终导致了“文化大革命”的爆发。

8.2.2 路径依赖的作用与影响

1. 路径依赖的制度机制

由前文不难看出，制度变迁所依赖的预期相对价格体系可能是人们文化、信念、知识和经验等非正式制度塑造的意识形态。诺思认为，虽然规则相同，但由于实施机制、实施方式、行为规范和行为者的主观模式都不一样，于是真正的激励结构和被认知的政策后果就不同。我们这里构建这样一个双层框架：非正式制度→预期的相对价格体系；正式制度→相对价格体系。非正式制度的演化与正式制度的变迁相比，不仅有先和后、源和流、主和次的区别，而且存在着替代和被替代的关系。正式制度有时会被用于否定和替代现存的那些不再适应新结构的非正式制度。在制度的稳定时期，习俗和准则等非正式制度经常会发生变化，以补充和固定已存在的正式制度；但在变迁时期，非正式制度却常常被正式制度推翻。只有当由非正式制度决定的预期相对价格体系与正式制度决定的相对价格体系

① 诺斯. 制度、制度变迁与经济绩效. 上海：上海三联书店，1994：113.

② 同①115.

③ 杨德才. 中国经济史新论（1949—2009）：上册. 北京：经济科学出版社，2009：221-226.

较为一致时，才会出现有效的制度变迁。

有关非正式制度制约制度变迁实际效果的例子在历史发展中屡见不鲜，因为预期的相对价格体系与相对价格体系是不一致的。唐德刚教授在《袁氏当国》中讲到了中国政治制度变迁的核心内容，虽然辛亥革命创建了亚洲第一个共和国，构建了一整套改变相对价格体系的民主政治规则，但是，赶走了朝廷里的皇帝，而单位里的皇帝和家庭中的皇帝的清除却远没有到位，国家缺乏稳定的权力交接制度，同时赢家缺乏宽容而输家又难以愿赌服输，即中国社会缺乏非正式的民主制度文化构建。[①] 在这种制度变迁背景下，“王纲解纽”带来的权力碎片化和群雄逐鹿的效率远不如皇帝时代的权力交接制度和独裁统治下的“寡头政治”阶段，所以辛亥革命成功没多久袁世凯就开始考虑复辟帝制，而之后中国社会仍然难以摆脱“没有皇帝的帝制国家”的思想约束。只有民主政治社会文化基础建构下清晰的权力转移机制和社会规则才能降低社会的交易成本，才能真正解决帝制时代的经济和社会无效率，但是没有这样的社会文化基础建构，权力交接没有规则的时代还不如皇帝制度下清晰的社会建构有效率。由非正式制度决定的预期相对价格体系似乎支持原有制度的延续，所以，路径依赖的阴影一直笼罩着中国近现代历史。

2. 路径依赖与报酬递增

回顾前文布莱恩·阿瑟的技术路径依赖研究，其中有一个非常重要的概念叫做报酬递增。诺思认为，在制度变迁中，同样存在着报酬递增和自我强化机制。这种机制使得制度变迁一旦走上某条路径，它的既定方向就会在以后的发展中得到自我强化，从而形成对制度变迁轨迹的路径依赖。诺思指出，“在存在报酬递增时，制度是重要的，阿瑟的所有四个自我强化的机制是适用的，尽管它们在某些方面具有不同的特征”[②]。制度变迁的自我强化机制被诺思表述为：“当制度的创立如美国 1787 年的宪法一样开始的时候，初始建立的成本很高，由制度框架所提供的机会集合会产生显著的组织学习效应，其结果，组织将演进到考虑游说框架所确立的机会。与其他组织的合约会产生直接的协作效应，通过政治团体的互补性活动会间接诱致投资。更为重要的是，正式规则将导致大量非正规制约的创立，它们会被用来修正正规规则，以及将它们延伸到具体的运用。还会产生适应性预期，因为随着基于某一制度的合约不断居于支配地位，会诱致关于该规则永久性的不确定性。”[③]

结合诺思的上述论述，可以看出，制度变迁极易陷入路径依赖。究其原因，主要有：首先，初始制度建设的固定投入或沉设投入很大，例如一项根本性制度的建立需要大量的人力物力，这将导致背离这一制度设定的成本是十分高昂的。例如，皇帝制度的建立及其完善跨越了上百年甚至数百年的时间，包括对皇帝制度之前旧制度的清理、新建立的郡县制度、三纲五常礼仪文化建设等，所有这些建设的投入导致了改变皇帝制度是十分困难的。其次，随着一种制度构建深入人心，制度体系内部的人们在专业化分工的框架内不断自我学习和完善，从而形成了更好的制度运用和使用能力，甚至能修补原有制度的缺陷。例如，汉代就是吸取了秦代帝制实践中的经验教训而采取了相当多的改革，清代在皇子的教育、立储制度等

---

① 唐德刚. 袁氏当国. 桂林：广西师范大学出版社，2004：90－100.

② 诺斯. 制度、制度变迁与经济绩效. 上海：上海三联书店，1994：12.

③ 同②127－128.

方面也有很多改革，这些制度变革与完善使得原有制度实施更加有效。再次，原有制度构建基础上大量互补性的制度和设施投入导致交易成本不断降低，而交易成本降低又会引致更大范围的交易深入。仍然以皇帝制度为例，这一制度建立之后在社会文化内部构建了“君君臣臣父父子子”的社会秩序观念、三纲五常的社会价值体系，这些制度文化和大量的设施建设推动沿袭原有制度的交易成本大幅度下降。最后是适应性预期。当这一制度长期存在时人们形成了一种稳定的预期，“乱臣贼子人人得而诛之”正是这种皇权垄断的一种适应性预期，同时人们对传统的尊重都使得每一个王朝的灭亡似乎都十分困难。

简言之，一种制度矩阵的相互依赖构造会产生巨大的报酬递增，而递增的报酬又会使特定的制度轨迹保持下去，从而决定经济长期运行的轨迹。诺思指出，“路径依赖仍然起着作用，这也就是说我们的社会演化到今天，我们的文化传统，我们的信仰体系，这一切都是根本性的制约因素，我们必须仍然考虑这些制约因素。也就是说，我们必须非常敏感地注意到这一点：你过去是怎么走过来的，你的过渡是怎样进行的。我们必须非常了解这一切。这样才能很清楚未来面对的制约因素，选择我们有哪些机会”①。

案例 8-3

中国经济发展正在陷入“转型陷阱”?

对于中国目前所面对的困境，现在流行的有两种解释：一种是从发展角度提出的解释，即所谓“中等收入陷阱”；另一种是从改革或制度角度提出的解释，即认为改革处于停滞甚至是倒退状态。现在人们担心的是，在中国已经进入中等收入阶段之后，会不会陷入这种所谓的中等收入陷阱？这里我们可以非常明确地回答，我们现在最需要警惕的既不是中等收入陷阱，也不是简单的改革停滞或倒退，尽管这两个问题也是存在而且需要加以关注的，我们现在真正需要警惕的是另一种可能性，即陷入转型陷阱。

转型陷阱指的是，在改革和转型过程中形成的既得利益格局阻止进一步变革的过程，要求维持现状，希望将某些具有过渡性特征的体制因素定型化，形成最有利于其利益最大化的“混合型体制”，并由此导致经济社会发展的畸形化和经济社会问题的不断积累。中等收入陷阱的突出表现是原有支撑经济发展的有利因素耗尽而形成的经济停滞，而转型陷阱的主要表现则是经济与社会发展的畸形化。转型陷阱概念提醒我们的是，我们现在所处的状态既不是改革处于胶着状态，不是改革受挫，也不是改革处于停滞状态，更不是向旧体制倒退，而是将转型中某一特殊“过渡形态”定型化，形成以维护既得利益为主要目标的混合型体制。现在中国问题的关键是要打破转型陷阱的逻辑，在公平正义的基础上重新凝聚改革共识，坚定不移地走向现代主流文明。

回首过去，改革和社会转型既是中国过去 40 年社会变革的主线，也是过去 40 年经济和社会发展的最主要的动力源泉。然而，过去我们看这个转型过程时，往往有一个基本的假设：这个过程有一个起点即计划经济或权力支配一切的体制，还有一个终点就是市场经济以及民主和法治，转型的过程就是从起点到终点的转变过程。但在这个时候，人们往往

---

① 北京大学中国经济研究中心. 经济学与中国经济改革. 上海：上海人民出版社，1995：8-9.

忽略了一种可能性，即在转型的过程中会形成一种由改革或转型过程本身造就的既得利益集团，到了一定的时候，这个既得利益集团会阻止进一步变革过程的发生；在转型中形成的那些“过渡性制度因素”，也会在其主导下，随时可能定型化。这就如同在一个烂尾的大楼中，修建大楼的人们将其简单装修一下，就搭灶做饭，娶妻生子，也俨然成为了一片天地，成为一种格局一样。

在现实中，我们已经可以发现种种值得警惕的迹象：尽管经济在惯性的推动之下仍处于高速增长的过程中，甚至具有经济“大跃进”的表象，但这种发展已经越来越畸形化，并开始显露出明显的疲态，步履越来越沉重；作为40年发展动力源泉的体制变革基本止步不前，甚至出现某种回归的迹象，一些“过渡性的现象”正在固化；最有利于短期快速发展的资源和优势已经基本耗尽，而“大跃进”式发展导致的副作用则在不断显现，社会生活中的张力越来越大；社会的活力和生机在不断丧失，发展与改革中形成的既得利益集团将维持现状作为优先选项。

资料来源：孙立平. 走出转型陷阱. 经济观察报，2012-02-24.

3. 路径依赖与不完全市场

诺思认为，决定制度变迁路径依赖轨迹的另一个重要因素是由显著交易成本所确定的不完全市场。在报酬递增的前提下，如果相应的市场是竞争性的，或者是大致接近零交易成本模型的，制度变迁的长期轨迹将是有效的。而如果市场是不完全的，信息的反馈又是分割的，且交易成本也是十分显著的，那么，在路径的分叉中，不良的绩效可能居于支配地位。根据科斯定理，“只要交易成本为零，财产的法定权利的配置不影响经济运行的效率”。也就是说，如果市场是完全竞争的且交易成本为零，制度设置导致的最初资源分配状况是无关效率的，那么接下来所有的制度选择也都是如此，在一系列无关性假设组成的制度序列中，制度变迁的长期轨迹必然是有效率的，无论是否存在路径依赖现象都是一样的。但是，根据科斯定理的延伸，如果交易成本不为零，那么初始制度的产权分配状况将是影响效率的，这样在一系列制度组成的序列中只要出现一个无效制度且存在着路径依赖现象，那么，制度变迁的结果极可能就是无效率的。

尽管制度变迁过程中存在着严重的路径依赖现象，但也并不意味着人们在路径选择中就将无所作为。因为沿着特定演进方向的每一个阶段都存在着不同的选择（政治的和经济的），而且这是真实的、实际的选择。路径依赖是一种使选择集合变窄的过程，它将不同时期的决策联结起来。从过去能清晰预言未来这一点来看，它不是一个无法避免的过程。概括地说，路径依赖性来自报酬递增机制，它会进一步增强曾经给出的路径的方向；而路径的交替则来自选择的无法预期的结果、外部效应以及那些外生于分析框架的力量；路径的逆转（从停滞到增长，或反之），则可能来自上面描述的路径交替的原因，但它一般是由政治团体的变迁导致的。

案例 8-4

路径依赖与经济增长——复旦大学张军与诺思对话录

张军：我猜测您所担心的是，尽管经济发展了，但进一步的经济发展则涉及了您提出的有关“路径依赖”的问题。现在，亚洲经济在一定程度上出现了一些问题。我们也反复强调，中国经济一定要防止出现“亚洲病”。根据我的理解，这个“亚洲病”在很大程度上是这些经济今天越来越难以摆脱过去的问题而形成的，它是一个“锁定”的结果。现在看起来，防止经济发展中的“路径依赖”现象是很要紧的。您这样看吗?

诺思：路径依赖是一个很重要的问题。一般来说，制度在形成以后会相对地稳定。但有的制度比较容易变化，而有的则很难变化。可是，我们不知道哪一种制度容易变迁以及它们在什么时候难以变迁。从你的起点遵循你已经走过的历程，路径依赖严格限定了你将来的选择。但是我们知道这正是现在日本经济衰退的原因。日本经济在体制上的路径依赖正是源于它固有的财政和金融体系，它们今天正在杀伤着日本的经济。日本经济已经衰退了十多年，这不能简单地归因于它的文化，而是体制的问题，路径依赖的问题。它的经济体制建立在它的政治结构内，逐步形成了非常固定的既得利益的结构，要摧毁这个利益的格局，打破这个死锁的状态是非常困难的。相反，美国经济200年来之所以富有朝气，就是因为它的体制不允许在经济层面上形成既得利益的牢固结构。在美国，市场经济之所以运行有效，就是因为不能容忍垄断的企图，进入市场（不管是产品市场还是要素市场）在美国就成为非常容易的事。只有进入变得非常容易，竞争才能真正存在。这个问题解决了，就不会出现严重的“路径依赖”现象，既得利益就难以形成足够的能力来阻碍经济的发展。在中国，一些腐败现象表明“路径依赖”问题需要引起你们足够的注意。

资料来源：张军. 书里书外的经济学. 上海：上海三联书店，2002：128.

8.3 路径依赖的格雷夫革命

阿夫纳·格雷夫是斯坦福大学经济学教授、斯坦福国际研究中心高级研究员，主要研究方向是市场共同发展的历史比较制度研究，也是博弈论学会和新制度经济学国际学会的发起人之一。格雷夫最先使用博弈论方法研究路径依赖的成因和机理，其将路径依赖的研究和当代主流经济学最重要方法论的成功结合大大加快了这一研究融入主流经济学的进程，也极大地增强了新制度经济学的解释力度，因此被称为“格雷夫革命”。格雷夫对路径依赖理论作出了三个方面的重要贡献：一是他把博弈论与路径依赖分析方法结合起来，开辟了进行制度变迁与选择研究的新领域和新视角；二是他强调并证明了制度变迁的路径依赖是政治、经济、文化和社会因素综合作用的结果；三是他在理论和经验上论证了文化信仰在制度变迁轨迹中的决定性作用。[①]

8.3.1 路径依赖的博弈论分析

1. 博弈论促进了制度分析

在格雷夫看来，虽然可以用博弈论的均衡分析来研究制度，但制度却不是博弈均衡，

① 韩毅. 历史的制度分析. 沈阳：辽宁大学出版社，2002：154-165.

博弈也不是制度分析的基本单元，而且博弈论也不能提供一种制度理论。博弈论的作用在于，通过它可以促进制度分析。①

经典博弈论认为，要想在演化模型中得到一个唯一的均衡，需要对各种可能行为、理性以及随机过程作出一些限制性假设，这些可能行为、理性以及随机过程构成了试错、学习与变迁的基础。经典博弈论表明，多重均衡以及制度是可以自我实施的。即使博弈论假设人们是高度理性的、博弈规则是众所周知的，在重复博弈这一制度分析的关键领域，多重均衡也是常态，而不是例外。这实际上意味着，即使在同一环境中，自我实施的信念和规范也可以有很多种。在制度中可观察的部分（规则和组织）和不可观察的部分（信念与规范）之间，不存在一一对应的关系，即具有相同规则和组织的制度可以有不同的信念和规范。② 因此，我们不能用归纳的方法来研究制度；而如果运用博弈论方法，则能更深入更真实地研究制度。

而路径依赖式的新制度属于制度变迁过程中多重博弈均衡中的一种，但这重博弈均衡却有着很强的“历史路径”烙印。“新制度将反映过去的制度要素的影响。从过去传承下来的信念、规范与组织将构成新制度产生过程的部分初始条件。不论这个产生过程是否得到协调，过去的制度要素都会对选择技术上可行的制度产生影响。浓缩在制度要素中的历史引导着制度变迁，引导着各个社会沿着不同的制度路径发展。”③

从博弈论的分析框架来看，制度变迁的路径依赖呈现这样一个轨迹：在制度影响行为发生的情况下，信念会引导行为，可观察到的行为又反过来进一步加强了对这些信念的确认。两者相结合，使得自我实施的（而且不断复制的）信念和行为都处于一个稳定的均衡状态：可观察到的行为之所以会复制产生行为的信念，是因为该行为确认了每一个人相信别人会以特定方式行动的信念，并且在这些信念既定的情况下，每个人按这样的方式行动就是最优的。④ 博弈论通过研究制度—行为—信念之间的相互关系，揭示出在既定环境下，哪些信念和行为会自我实施、哪些外生变化会引起目前的行为不再自我实施，从而从博弈论的视角强调了制度变迁可能的界限。

从格雷夫已有的研究来看，博弈论方法的运用不仅大大促进了制度分析的深入，而且也促进了人们对路径依赖理论的理解。

2. 博弈论与历史的路径依赖

格雷夫说：“也许关于制度的路径依赖的最引人注目的考察，是发现了制度与博弈之间联系的相关性，即在博弈规则下对外生变化的反应与制度在其中内生地发生变化的组织演化进程相关。”⑤

格雷夫能够把博弈论同制度变迁的路径依赖结合起来，关键在于他把历史上的制度变

---

① 格雷夫. 大裂变：中世纪贸易制度比较和西方的兴起. 北京：中信出版社，2008：13.

② 同①14.

③ 同①12.

④ 同①115.

⑤ Greif，A.，Micro Theory and Recent Developments in the Study of Institutions Through Economic History，in David M. Kreps and Kenneth F. Wallis，eds.，*Advances in Economic Theory*，Vol. 11，Cambridge：Cambridge University Press，1997：99.

迁看作是从一个制度均衡向另一个制度均衡过渡的过程。而在向新的制度均衡转变的过程中，历史所提供的制度选择不是唯一的，也不是确定的。在面对多重均衡时，历史不断地进行着选择。不同的国家和社会在不同的历史条件下作出了不同的选择，这连续的、不同的选择，便构成了某个国家和社会不同于其他国家和社会的特殊的制度变迁轨迹和社会发展道路。那么，当特定国家或地区在特定的历史时期面临着多重的均衡选择时，它是怎样以及为什么作出这种选择而放弃了其他的呢？似乎这只有在博弈论的框架中才能予以更好的说明。或者说，博弈论为制度变迁的路径依赖提供了十分有力的分析框架和研究工具。

格雷夫把博弈论同路径依赖理论相结合的另一个重要之处，在于他发现了历史上制度均衡之间的联系和相关性。而这种联系和相关性，恰恰反映了制度变迁的路径依赖性质。而在这一点上，格雷夫在博弈论和路径依赖理论两个方面实现了突破与创新。

如前所述，古典博弈论是一种静态分析，它只关心一个特定时段上是否存在着一个均衡，这一均衡如何能够达到，需要满足哪些条件。因此，它很少关注一个博弈与另一个博弈之间、一个均衡与另一个均衡之间的联系。只有在一个组织的建立可能会给某些能够创建它的博弈者带来利益的时候，博弈者才会采取创建的行动。或者说，在博弈规则中，只有随着预期到的变化而采取的行动，才是初始均衡策略组合的一部分。而在博弈中随着意外的变化而选择的均衡与变化之前占优势的均衡之间并无什么直接的关系。

然而，格雷夫却发现，在博弈中随着一种意外的变化而选择的均衡，显示出了其与变化之前占优势的均衡之间的密切关系。进一步说，在制度变化之前占优势地位的均衡与历史上随后发生的组织演变有着一定的联系。特别地，与过去的均衡相联系的预期，是在随后发生的外生变化中占优势的预期的最好预言者。在某种程度上，这些预期会从原来的博弈中超越出来，上升为"文化信仰"或者制度产生的初始社会结构，为历史的战略选择提供最初的条件。显然，这是对传统博弈论的一个突破和发展。而对热那亚国家创建过程的描述，则深刻地揭示了从以前遗留下来的初始的社会结构如何影响热那亚的国家创立过程。

比较马格里布和热那亚这两个集团对外生性变化所作出的反应即可表明，在博弈规则下伴随着意外变化而选择的均衡已经显示了它与变化前占优势地位的均衡之间的关系。在从旧均衡向新均衡转变的动态调整过程中，文化信仰提供了初始的条件。另外，初始的均衡以可预计到的方式与随后的历史的组织创新相联系。作为对所产生的激励的反应，两个集团间组织创新的差异可用组织变化之后的预期加以说明，而原有的文化信仰依然不变。

案例 8－5

热那亚商人为什么成功？

在 11 世纪热那亚、威尼斯等城邦兴起初期，地中海的商业霸权被马格里布商人牢牢把持着。但相对于马格里布商人以诚信和声誉为基础建立起来的远程贸易代理机制，热那亚商人建立的以利益为基础的个人主义商业机制展现了更加强大的生命力。

在 11 世纪地中海商业活动中，贸易是自由、私营和竞争的，在地中海范围内的人口迁移或原材料、制成品、资金的流动很少受到官方的限制。在每个贸易中心，商业交易是竞争性的，但是由于价格、航行的时间、海上安全、货到时的状况以及储存成本等一些因素而表现出不确定性。为了应付贸易的不确定性和复杂性，于是出现了最初的贸易代理人，马格里布商人通过海外代理人进行操作。海外代理人是能够为商业冒险提供服务的人，并与位于另一个贸易中心的商人分担和分享资本或利润。

马格里布商人从事远距离贸易的特点是：依靠移民各地的马格里布商人作为贸易代理人，非马格里布商人几乎没有可能进入马格里布商圈，这形成了一种封闭的"联盟"。代理人为商人提供了很多与贸易相关的服务，包括保管货物，支付关税、贿赂和运输费用，装卸货物，把货物运到市场以及决定在何时、如何、以何价、在何信用条件下卖给何人。通过分散化更好地配置风险、代理人的专业化操作以及在贸易地点、商品品种和时间上交替安排，这种代理关系使马格里布商人能降低贸易的成本。同时这种代理关系使得商人能像坐商一样运作，这样就免去了海上航行的风险和成本，也使得商人在他们离开时能把业务交给代理人打理。

维系马格里布商人与代理人之间合约执行的机制并不是合同与契约，而是根据地缘、亲缘形成的"多边惩罚机制"，一旦有某个贸易代理商出现欺诈行为，整个马格里布商人联盟将集体对他作出永久而且彻底的惩罚。在这种情况下，商人联盟只会雇用自己的成员作为代理人，而且会给代理人足够的回报来保证他的诚实。同时所有的联盟商人都被要求绝不雇用曾经欺骗过其他联盟成员的代理人。在这种以声誉为基础的商业关系中，马格里布商人成功地把握住了地中海的商业霸权。这主要是因为马格里布商人建立商业网络的速度非常快，而且极为有效，其交易成本非常低。

同时期在地中海北岸的热那亚商人却建立了另外一种商业模式，他们建立商业网络的成本非常高且缓慢，但是这种耗时耗力建成的网络边际成本却非常低，具有很强的复制性与扩张性。热那亚商人并不排斥与非热那亚人合作从事贸易活动。但中世纪后期信仰的崩塌导致了一定程度上道德危机的出现，对欧洲商人来说，似乎少有人可以信赖。于是通过创立合约与法庭来维系与陌生人之间的交易合约的执行成了热那亚商人的选择。

在这种情况下，商业行会出现了。商业行会为商人提供了协调行动所需要的领导力和信息传递机制。行会决定何时强化以及何时取消贸易禁运。当行会成员和贸易中心当局，或是成员与其他商人之间发生争执时，行会的作用就更加明显。商业行会与异地贸易中心的政府达成的安全协定对贸易扩展起着至关重要的作用。1286 年，加泰罗尼亚商人在西西里获得了特别待遇，并拥有了建立领事馆的权利，结果便是他们的贸易在短期内就得到了大幅扩展。德国商人在布鲁日获得特别待遇以及拥有建立 Kontor（会社或营业所）的权利之后，贸易也得到了扩张。在被允许建立被称为 nations 的地方组织后，意大利商人与弗兰德斯的贸易也繁荣起来。

热那亚人与北非的贸易，说明了在贸易扩张中安全协定的重要性。1161 年，热那亚总督 Otobonus d'Albericis 和北非当地的统治者 Abd alMumin 签订了一份为期 15 年的协议，该协议旨在保护热那亚人的产权。在协议签订之后，贸易得到了扩展。1160 年前，热那亚人与北非每年的贸易额从未超过 500 里拉，但在协议签订之后却翻了一倍多，达到每年 1 057 里拉，并且一直保持在这个水平上。欧洲商人的行会更加注重为内部商人在贸易中的安全提供保障，通过统一的内部协作对政府施加压力，使商人在远程贸易中更少受到政府的压迫。而其开放性的交易则通过创立合约与法庭来维系。最终这一商业习惯催生了近代资本主义制度，使得欧洲在远程商业活动上取得了巨大成功。

资料来源：沈时伯，彭峰. 热那亚商人为什么成功?. 新世纪周刊，2008（31）.

8.3.2 多因素作用与路径依赖

1. 路径依赖与政治、经济和文化因素的综合作用

同诺思的观点不同，格雷夫始终认为非正式的自我实施制度是制度变迁的主体，并且认为对自我实施制度的选择受到历史的（包括经济的、政治的、文化的和社会的）综合因素的制约与影响。

政治因素对制度选择的影响，在格雷夫关于欧洲历史上的商人协会的分析中得到了一定的体现。① 据推断，意大利的政治经济发展进程使得每一个城邦都能像商人协会那样发挥作用，促进贸易的扩大。在德国，城市产生所经历的政治进程导致了较小规模城市的出现。因此，只是在经历了一个长时期的组织发展后，才出现了汉萨同盟这样一种城市间的支配德国商人与外国统治者之间关系的联盟。最后，在近代初期更为集权化国家的出现，导致了地方商人联盟的衰落。与此相似，农业信用合作社的性质和效率，以及在爱尔兰支配地主与佃农关系的私人安排的制度，在一定程度上都受到国家发行证券和实施特殊法律的影响。

文化和社会因素也同样影响制度选择，格雷夫在《制度与通往现代经济的道路》的第三章以及其 1994 年的经典论文中所讨论的马格里布商人与热那亚商人的例子很好地揭示了这一点。不同的文化提供了不同的均衡点，而不同的社会进程提供了马格里布和热那亚商人中间最初传递信息的不同网络，而这导致了在相同的基本环境下产生出了不同的制度选择。马格里布的文化遗产使得与集体惩罚相伴的均衡成为一个均衡点。与此相反，中世纪时期的基督教徒把个人而不是他的社会团体置于其宗教信仰制度的中心，因此，热那亚的文化遗产并没有使集体惩罚成为均衡点。进一步地，临近 12 世纪末期令热那亚商人的数量急剧增长的原因是政治方面的，因为一个外在策略参与人改变了热那亚的政治结构（雇佣执政官）。与此同时，热那亚经历了高水平的经济迁移。在缺少信息传递的相应社会网络的情况下，集体惩罚就不大可能出现了。的确，历史资料显示，热那亚人并没有实行集体惩罚，但实行了“个人式”的惩罚，每个商人仅仅惩罚曾欺骗过他的代理人。热那亚的法律制度通常只是附带地限制一下代理人从事机会主义行为的能力。不同的社会和文化设计在基本的环境相同的情况下，导致了不同的制度。

格雷夫还将政治、经济、文化和社会因素放在一起，从它们之间相互影响、相互作用的复杂关系出发，论证了它们对制度选择和制度变迁的综合作用。他指出，“历史的制度分析揭示了一个社会内部经济、文化、社会特征之间关系的复杂性。例如，支配热那亚和马格里布人代理关系的不同的制度，在很大程度上归结于他们不同的社会和文化特征，而这些特征又反过来进一步强化了其经济制度。在马格里布人中间，集体主义的文化信仰和与此相联系

① Greif, A., Milgrom, P. and Weingast, B., “Coordination, Commitment, and Enforcement: The Case of the Merchant Gild,” *Journal of Political Economy*, 102 (4) (August 1994): 912-950.

的经济上的自我实施的集体惩罚，导致了一种水平式的社会结构（即商人身兼商人和代理人二职）、社会的封闭和集体的社会信息通信网。在热那亚人中间，个人主义的文化信仰，则导致了具有一种垂直并融合的社会结构以及相对比较低水平的信息联络的个人主义的社会。在一定程度上一个人是用所持的随时间不断变化的价值去判断经济和社会的行为方式，这些不同的经济社会体制可能也会导致不同的价值”①。中国历史上的两大商帮，徽商和晋商也存在类似的由于文化基础的差异而导致的内部治理机制、均衡存在及维护方式的不同。

格雷夫总结道：“一个社会的制度是一个复杂的混合体，在其中非正式的隐匿的制度特征与正式的显明的特征相互作用，形成了一个有机的整体。这种相互作用指导着制度的变迁，使这个制度混合体的变迁会不同于它的各构成部分在独立状态中所发生的那种变迁。因此，这个制度的混合体并不是对经济需要所做的静止的最佳的回应。相反，它是对历史进程的反应，在这之中，过去的经济、政治、社会和文化特征相互作用，对社会制度的经济内涵产生持久的影响。”或者说，“制度是历史进程的产物。在这一历史进程中，过去的制度、经济、政治、社会和文化的特征相互作用，定型了现行制度和其演进。”②

2. 文化传统与制度变迁的路径依赖

格雷夫在博弈论的框架下，对文化与制度变迁的路径依赖之间的关系进行了比较历史分析。他的研究侧重于两个方面：一是文化在制度变迁中的地位与作用，二是文化是以何种方式影响了制度变迁而形成路径依赖的。而实际上，格雷夫通过他的研究回答了制度经济史学最核心的问题：不同国家和社会的历史发展道路或者说制度变迁的轨迹为何如此不同？制度变迁的路径依赖究竟是如何形成的？

在对马格里布和热那亚人的文化传统与他们作出的制度选择之间的关系进行了理论和经验的考察后，他得出了如下结论：在影响社会制度选择和变迁的诸多因素中，文化不但重要，而且是至关重要的，因为政治、经济和社会方面的种种差异，都可以从独特的文化遗产和文化传统中找到根源。

在中世纪晚期的商业革命中，热那亚和马格里布的社会历史进程已经使它们形成了迥异的文化传统。具体说，热那亚形成了以个人主义文化为核心的社会结构，而马格里布则发展成为一个典型的具有集体主义文化特征的社会。这两种不同的文化传统对两个社会经济、政治制度的选择和社会经济发展产生了深刻而持久的影响。

在中世纪晚期诸多事关未来经济长期增长的制度安排上，热那亚和马格里布人都作出了截然不同的选择。例如，在面对海外贸易代理关系中的代理商“承诺问题”时，热那亚商人和马格里布商人选择了不同的制度安排：热那亚商人实行了以个人主义惩罚机制为基础的“第二方实施制度”，而马格里布人却选择了以集体主义的惩罚机制为基础的“第三方实施制度”。在海外贸易扩张的过程中，热那亚商人采取了无社区限制的“开放”的方式扩大海外贸易代理关系，而马格里布商人则采取了仅限社区内的“封闭”的方式来扩大

---

① Greif, A., Micro Theory and Recent Developments in the Study of Institutions Through Economic History, in David M. Kreps and Kenneth F. Wallis, eds., *Advances in Economic Theory*, Vol. 11, Cambridge: Cambridge University Press, 1997: 104.

② Greif, A., *Genoa and the Maghribi Traders: Historical and Comparative Institutional Analysis*, Cambridge: Cambridge University Press, 1998: 82.

海外贸易代理关系。随着海外贸易的扩大和经济的繁荣，热那亚逐渐孕育并建立了许多与现代市场经济体制相配套的制度安排，如提货单制度，保险制度，具有无限连带责任和永久合伙制性质的家族企业形式，等等；而马格里布虽然也经历了相似的经济贸易繁荣，却并没有建立起类似的制度。在经济贸易发展的过程中，热那亚建立了一整套比较完善的法律体系来规范经济行为，人们也习惯于通过法庭来解决争议和纠纷，而马格里布的政府和法律却很少能对经济行为提供有效的约束，商人们也习惯于非正式地签署契约和解决争端。这些完全不同的制度选择和制度安排表明，在中世纪晚期的商业革命中，热那亚逐渐地建立起了一套足以支持经济长期增长的市场制度、相应的法律体系和保障体制，而马格里布却没有建立类似的制度安排。而由这种文化差异导致的不同的制度选择，就是导致两个社会经济的长期发展走上不同道路的深层次原因之所在。

那么，文化传统又是以何种方式影响了社会对制度的选择呢？格雷夫的回答是：文化传统作为桥梁和纽带把历史上前后两个制度连接起来，从而决定了社会对多重均衡中某一特定结果的选择，形成了制度变迁的路径依赖性。

马格里布和热那亚人中独特的文化遗产导致了商人与代理商博弈中独特的均衡选择。马格里布达到了含有集体惩罚的“集体主义的均衡”，而热那亚人则形成了建立在双边惩罚基础上的个人主义的均衡。使人惊奇的是，博弈分析和经验分析都表明，一旦与这些策略相联系的有关代理关系的独特预期得以形成，它们就会上升为“文化信仰”而超越它们在其中得以形成的原有均衡，变成了连接两个博弈和两个均衡之间关系的纽带。

格雷夫指出，在历史的制度博弈中，随着策略局势的变化而选择的均衡鲜明地显示出它与变化之前占优势的均衡之间的密切联系。这种联系是以博弈者的文化信仰和对未来局势的预期为纽带建立起来的。具体说，一个博弈均衡的选择在很大程度上取决于博弈者的预期，而博弈者的预期又深受其文化信仰的影响，博弈者的文化信仰又是在历史的制度选择与以往的制度均衡中逐渐形成的。当博弈者根据当前的策略局势对未来的博弈作出预期和相关决策时，他在以前（历史上）的博弈中所形成的文化信仰就会深刻地影响其当前的预期和决策。这样，文化信仰作为链条和纽带，就在历史上不同的博弈和均衡之间建立了内在联系和承继关系。格雷夫经过对中世纪晚期热那亚和马格里布商人在海外贸易扩张中对代理关系不同模式的选择的研究发现，在制度变迁的博弈过程中，人们对一种制度均衡的选择，“就已经预示了其与变迁之前占优势的均衡之间的关系。进一步说，在制度变迁之前占优势地位的均衡与历史上随后发生的组织演变的预先状态有着一定的联系。特别地，与过去的均衡相联系的预期，是博弈中随后发生的外生变化中占优势的预期的最好预言者。在某种意义上，这些预期成为文化信仰，随着它们从原来在其中得以具体化的博弈中超越出来，提供了在其他历史结果的策略局势中选择一种策略的最初环境……马格里布和热那亚人的经历表明，与变化前均衡相联系的预期超越了原来博弈的界限，为一种新均衡的选择提供了关键支点。换句话说，这些预期并不是这一博弈的特征而是人的特征。它们成为最基本的文化信仰，为达到新的均衡所处的动态调整过程提供了最初的环境”①。

① Greif，A.，Trading Institution and Commercial Revolution in Medieval Europe，in Abel Aganbegyan，Oleg Bogomolov，and Micheal Kaser，eds.，*Economics in a Changing World*，Vol. 1. London：Macmillan，1994：115－125.

从格雷夫的论述中可以总结出如下的观点和思想：（1）一个社会的历史发展或制度变迁，是其从一个制度均衡向另一个制度均衡转变的连续过程；（2）社会在向新的制度均衡过渡时其面对的选择不是唯一确定的，而是面临着多重的选择；（3）文化因素在社会的制度选择中占据着至关重要甚至是决定性的作用；（4）一个社会独特的文化信仰或文化传统影响并决定了制度博弈者的预期和行为方式，决定了其对制度均衡的选择，也决定了其制度变迁的特殊轨迹和历史的路径依赖。

对热那亚和马格里布的比较分析表明，每一个体制都具有不同的效率含义。集体主义体制在支持经济内代理关系方面更有效率，它只要求成本较低的正式组织（如法庭），而且可能具有相对有效的集团内道德与社会实施机制。然而，它限制了有效的经济间代理关系，而且更一般地，它限制了个人的主动性以及通过适当的组织（如企业和法庭）的发展而进行的“非个人”交换的发展。个人主义体制并不限制经济间的代理关系，而且更一般地，它推动了支持无个性特征交换的组织的发展，但在支持经济内代理关系方面是低效率的，要求有成本高昂的正式组织，并且不太可能建立有效的集团内道德与社会实施机制。

上面的分析同样表明：制度变迁的轨迹是路径依赖的。特别是它表明有三种因素阻碍了社会对制度的成功选择，造成了制度结构的路径依赖。首先，经济制度是由两个相互影响的部分组成：文化信仰与组织。前者是个人对其他人在各种偶然情况下所采取行为的预期方式；而后者是内生的人类建构，它会改变被非技术地决定的游戏规则，而且无论何时发挥作用，都一定会处于均衡。由于文化信仰是一种不易调整的预期，经济制度的变迁就是其历史的函数，这意味着一个社会使用的组织很难适用于另一个社会。其次，导致路径依赖的第二个原因是，组织的发展自身是一个历史过程。在这一过程中，现存组织与制度影响了个人与社会对外生变化的反应，而且决定了引入新组织的激励，这也就是前文所讲的历史上的社会结构对制度变迁的影响。因此，过去的组织引导着未来的制度与组织的发展。最后，制度结构显示路径依赖，因为过去的行为、文化信仰、社会结构和组织影响着价值观与社会实施机制的发展，它们抑制了背离过去行为模式的灵活性。

需要强调指出的是，马格里布人的制度结构与当代发展中国家的制度结构相类似，而热那亚人的社会组织与当代西方发达国家的社会组织相类似。这表明，制度的路径依赖在这些社会的经济发展中发挥了重要作用。继而，历史地看，中世纪拉丁个人主义社会或许已播下“西方世界兴起”的种子。尽管这一推测有待于进一步的研究，但本书的分析使我们能够推测个人主义体制的可能的长期收益。从分工是长期、稳定的经济增长的必要条件的意义上说，支持非个人交换的正式实施制度有助于经济发展。个人主义文化信仰推动了这些制度的发展，因而使社会可以获取这些效率利得。此外，个人主义社会承受较少的遵从社会行为规范的社会压力，所以会推进主动进取精神与创造性。①

---

① Greif, A., “On the Interrelations and Economic Implications of Economic, Social, Political, and Normative Factors: Reflections from Two Late Medieval Societies,” in Drohak, ed., *The Frontiers of the New Institutional Economics*, New York: Emerald Group, 1997: 88-89.

8.4 路径依赖的突破与路径创造

根据路径依赖理论，如果初始制度选择碰巧选择了一个好制度，那么，沿着既有的路径，经济和政治制度的变迁可能进入良性循环的轨道并迅速优化（这被称为诺思路径依赖Ⅰ）；反之，则也可能沿着原来的错误路径往下滑，陷入一种无效率的制度恶性循环中（这被称为诺思路径依赖Ⅱ）。路径依赖导致的问题可能会使一个经济体深陷于无效率的制度均衡之中，这种现象在历史上屡见不鲜。欧洲有过漫长黑暗的中世纪，中国在鸦片战争后的一百多年里都无法找到摆脱贫穷、落后的制度均衡途径，甚至时至今日，很多非洲国家依然深陷于无效率的制度困境之中。因此，理论上探索如何冲破无效率的制度锁定是一件十分重要的事情，但根据路径依赖理论，不同的无效率制度均衡形成的原因不同，而这些不同的形成原因可能导致无效率的制度均衡有的易于摆脱，有的却很难。

8.4.1 冲破路径依赖的两种力量

1. 冲破路径依赖的外生力量

根据路径依赖理论，让制度得以持续存在下去的原因是它能够自我再生。当那些促使、引导和激励个人行为的规则和信念，与观察到的行为或结果不相矛盾时，一种制度就能自我再生了。也就是说，观察到的行为和结果又反过来确认了促使、引导、激励最初行为发生的规则和信念。有什么样的制度结构就产生什么样的个人行为，而行为是自我实施的，所以，这种行为又再生出制度结构。只有当新的情况破坏或者摧毁此前产生了现有行为的制度结构时，才会发生制度变迁。这里的“新的情况”在有些时候就是一个外生冲击（或外生力量）。“这些外生冲击能够导致与制度有关的信念和行为发生变化，进而影响制度自身的变迁。”①

经济系统陷入路径依赖的另一个基础是制度互补性，现有制度体系阻碍摧毁现有制度基础的技术或制度的产生和扩展。制度互补形成的内部系统阻碍原有制度破坏型技术（制度）的扩展，使得这种技术（制度）无法通过规模经济和学习效应实现效率改进，因此，无法完全体现出技术（制度）效率优势。但在外部系统成长起来的扩展技术（制度），倘若相对于现有技术（制度）具有极大的效率优势，必将摧毁现有互补技术（制度）并使得原有制度的支持力量失去，从而冲破路径依赖就得以迅速推进。

以传统农业社会的改造为例，传统农业社会是经济发展的起点，也是工业革命前人类社会的状态。西奥多·舒尔茨在《改造传统农业》一书中认为，传统农业社会是农业生产完全以长期存在的传统生产要素为基础的经济社会，收入来源是增加传统生产要素的数量。但这一社会增加收入流的价格是比较高的，以致对农业要素进行投资是毫无激励的，“促使这些人去做更多的工作的刺激是微弱的，因为劳动的边际生产率非常低；促使这些人进行更多储蓄的刺激同样也是微弱的，因为资本的边际生产率也是非常低的”。

---

① 格雷夫. 大裂变：中世纪贸易制度比较和西方的兴起. 北京：中信出版社，2008：122.

传统农业社会各种要素的低回报率是一种十分重要的技术特征，它直接导致了各种要素积累的困难，从而引发了经济发展的困难。由于传统农业社会经济发展的困难，难以实现“现代经济增长”，即无法实现人均收入的增长，经济活动就主要被限制在农业生产上，这导致了技术进步产生和发展速度十分缓慢，同时农民还有抵御新技术进入的倾向，故而技术进步在传统农业社会的传播也十分困难。传统农业社会的上述一系列技术特征进一步导致了熟人社会、人口低流动性等社会制度构造，而这造就了一种简单的合约环境，导致了博弈的长期化、嵌入化。传统农业社会技术特征与制度特征环环相扣，低下的技术水平导致了人们对社区和家族的依赖，进而需要人口的低流动性和熟人社会，而人口低流动性必然导致技术传播和创造的速度下降，因为缺乏必要的社会交流机制，这些制度特征与技术特征相互支持构筑了传统农业社会。

传统农业社会稳定的技术特征和制度特征构建使得其成为一种稳定的路径依赖制度均衡，试图使得其内部力量冲破这一路径依赖显然是十分困难的，这时外部力量的作用就值得关注。而舒尔茨给出的“改造传统农业”的关键方法则正是依靠外部力量（政府或者市场）来向传统农业注入新的生产要素，并借此来打破其路径依赖的制度均衡陷阱。

实际上，复杂的经济系统时时刻刻在接受着内部力量和外部力量的冲击，路径依赖的形成机制最重要的部分都属于内部力量。各种内部力量的相互作用蔓生出支持原有制度构建的社会制度建设，这样会使得原有社会构建更加丰富有效从而降低社会的交易成本，这是社会理性的一种典型反映。但这种制度构建可能在长期并非最优的，因为蔓生出的新的制度构建必然导致大量的社会资源和利益产生出来，围绕这些社会资源和利益形成的团体不愿意失去已经获得的既得利益。而这一利益集团的利益可能与社会整体的发展利益是不一致的，这种不一致要求改革原有制度构建，但这种原有制度构建的改变必然涉及大量利益和社会资源归属的改变，这会带来严重的困难。而外部冲击可能提供一种改善内部困境的力量，外部威胁改变了既得利益从现有制度构建中获取利益的预期，所以，可能会推动原有制度路径依赖的冲破，外部力量还可以摧毁制度构建互补性中的某些链条或者制度基础，从而使得路径依赖基础松动。

2. 冲破路径依赖的内生力量

外部冲击（或外生力量）能够对原有的信念产生冲击，进而引致路径依赖的突破。同样，来自制度均衡陷阱下的内生力量，也能对路径依赖产生冲击并进而冲破其约束。

格雷夫指出：“内生制度变迁的关键是自我实施的信念及相关行为的动态变化。信念在某方面的改变构成了制度变迁；当相关行为不再是自我实施的时，制度变迁就发生了，这又导致人们不会按照能够再生原有信息的行为方式采取行动。制度的削弱过程导致了此前自我实施的行为不再发生，进而引发制度变迁。内生制度变迁的充分条件是制度的影响一直在削弱相关的行为。相反，制度随着时间变化要得以保持的必要条件是相关行为自我实施的情景范围不会随时间流逝而缩小，也就是说，制度对行为的影响至少能微弱地增强制度。因此，除非制度是自我增强的，否则与制度相关的行为就不会自我实施，内生制度变迁也不会发生。”① 从格雷夫的这段论述可以看出，原有制度影响的不断弱化是产生

① 格雷夫. 大裂变：中世纪贸易制度比较和西方的兴起. 北京：中信出版社，2008：122.

"内生变革力量"的前提。那么，原有制度的影响在什么条件下会不断弱化呢？从经济史来看，这个条件就是人们关注自己的利益并想改善、增进自己的利益。

这里就以改革开放前后中国社会的"两个均衡"为例进行分析。这两个均衡是：一个是以"弱势群体"为主导的社会决策均衡；另一个是以"强势群体"为主导的社会决策均衡。需要强调的是，我们简单地将社会划分为两个群体，仅仅是为了研究的方便。将社会上参与经济决策的人们分为两类：一类我们称之为"弱势群体"，这类社会决策者并非是社会弱势者，而是由于在现有社会条件内由于制度或者其他原因获得了在竞争更激烈条件下不可能获得的收益（政治的和经济的），所以这使得他们厌恶竞争规则的改进。这些人为了维持现有地位宁愿放弃一部分经济利益，因为他们从维持现有制度中可以获得较多的政治收益。相对的另一类社会决策人我们称之为"强势群体"，他们更偏好竞争规则，因为在竞争更激烈的条件下他们会比现有制度条件下获得更多。他们存在强烈的推动竞争规则加强的冲动与激励。

但是，这里并不是一种简单的两分法，因为社会上还存在着非决策群体以及其他的属于对于竞争规则偏好中性的社会决策人。一方面，为了研究的便利，假定不考虑这些其他的因素。另一方面，这两个群体并不是两个实体，我们只是假设他们存在着由于利益上一致而共同行动的逻辑，这可以被看作代表性的行为者的加总。这两个群体我们假定是不可转化的，只是两者可能在控制社会决策机构的社会决策结构构成上表现出转变。

改革前，由于革命的路径依赖，大量的工人、农民进入了社会决策机构，他们获得前所未有的政治与社会地位，但是如果加大竞争，他们的地位可能不保，所以他们就非常符合我们前面所定义的"弱势群体"。另一些诸如企业家、管理者等被斥责为"剥削阶级"，他们的政治与社会地位远远低于他们在竞争条件下应该获得的，所以他们渴望竞争规则的回归。改革以后，竞争规则逐渐成为社会政策的核心，社会上企业家、管理者等人获得了足够的尊重；而原有的"弱势群体"地位下降，社会政治、经济境况朝不保夕。与之对应的是社会经济绩效的鲜明对比，改革前为缓慢与无效率的增长，改革后则出现了快速增长，导致出现了"中国奇迹"。

这种简单的对比可以得出结论，我们应当更倾向于"强势群体"全面占优的社会决策均衡。但是这里需要强调的是它必须是一个社会的均衡，因为社会决策完全由哪一个群体占据可能都不属于均衡所能涵盖的参数序列。而且更有启示意义的是，如果陷入不利的均衡，自动走出均衡是否为必然的？或者如果可以有所作为，我们应当如何有所作为？我们来分析"弱势群体"主导的社会决策均衡下的情况。

我们可以证明，在一般的函数假设下，由于弱势群体的生产能力的局限，这一在动态条件下以波动形式实现的"弱势群体"主导的决策均衡是发散的，只要存在着最低的生存约束线，这一均衡就会自动结束，因为这一均衡本身是不稳定的，也就是非收敛的。在这一例子中，中国社会之所以能够迅速地摆脱制度的无效率锁定，是因为制度均衡本身是自我破坏性的。这种自我破坏使得随着时间的流逝，这一均衡会从内部自发地寻找到内生的冲破这一无效均衡的力量。

进一步的分析告诉我们一些极其令人兴奋的结论，也就是以"弱势群体"为主导的决策结构本身是自我破坏的，其动态性会导致这种结构本身自己走向结束。而我们又从直觉上认为它是无效率的，也就是任何一个社会都不会永远陷在这个无效率的均衡中，等待外生力量的拯救。而与之对应的是一个有效率的均衡，这一均衡本身是自我实施的，即使有外力使得社会偏离这一均衡，社会也会自己回归到这一均衡。但是某一个社会处于哪一种均衡似乎很难界定，而且即使可以确定，它所可以承受的参数序列有多大也是一个难以估算的问题。

如前文所讲，中国改革前后的历史经验就非常巧合地为我们提供了两种均衡的对比。对于为什么后一种均衡是一种有效率的均衡，而前一种均衡是一种无效率的均衡，现实已经论证了很多。但是我们从直觉上讲，社会更多的资源的使用让更具有生产率的人来决定的确是一种福音。但是同时在一定程度内保持社会的稳定对于发展也是必要的。

"弱势群体"的经济与政治利益之间的替代导致的经济生产水平的波动，可能就是由总是存在过度调整导致的。过度调整的原因可能是偏好的不可测性、信息的不对称、调整缺乏有效的工具等等。但是关于这个均衡性质的更加关键的问题就是，这种波动是发散的。所以，弱势群体与强势群体不会形成一种均衡，一个社会可以自我摆脱这种弱势群体控制社会决策的局面，长期的经济发展能力必然受到保证。因为这个均衡的波动是发散的，由于存在着社会生存的经济发展的最低界限，这一波动的均衡就有可能为生存压力所导致的制度变迁结束。这种临界水平存在的意义可能就如物理学中存在的对于物体运动的障碍那样，可以改变物体运动的状态，从而需要一种新的规律。中国改革的内生性不言而喻，由于生存压力导致的农民推动改革得以进行正是这一均衡波动的结果。①

8.4.2 路径创造与路径依赖的突破

传统的路径依赖理论认为，行为主体被锁定在由自我强化机制作用的路径中，路径变迁是由偶发事件决定的。一旦进入这一"锁定"路径，除非有外部冲击发生，否则行为主体将无法"解锁"。这种观点忽视了行为主体在路径发展过程中的主观能动作用。② 路径依赖理论认为非遍历性随机动态过程对初始条件非常敏感，并特别强调偶然性对于触发路径的关键作用，这实际上是排除了行动者的意图和有意识的策略行为创造路径的可能性。随机性和不可完全控制的选择是路径依赖理论的核心；由于初始阶段的偶然性，不可能完全预见行动者的行为。但是，除了随机的微小事件外，行动者的策略意图和行动也可能会决定路径和路径依赖的形成，即行为主体可以进行"路径创造"。

1. 技术发展的路径创造

凯姆普等人总结了三种不同的"构造理想路径"的方式：(1) 通过蛮横的力量来构造路径，也就是通过设计新的系统和克服实现理想路径的障碍来构造理想路径；(2) 通过使用经济奖励和惩罚来影响路径发展过程，以使一些路径更有吸引力和更可行；(3) 通过共同演化的过程和调整来构造理想路径。最终究竟会采取哪种方式来构造理想路径，取决于环境以及处于领导地位的行为主体的状况。为了更好地阐明如何通过共同演化的过程来构造理想路径，他们提出了一种构造理想路径的新方法：战略利基管理。战略利基管理是一

---

① 杨德才. 新制度经济学. 南京：南京大学出版社，2007：440－442.

② 刘汉民，谷志文，康丽群. 国外路径依赖理论研究新进展. 经济学动态，2012 (4).

种通过为理想技术营造保护空间来创造新路径的工具。尽管构造中的路径并不一定能成为理想路径，但战略利基管理对于路径转型的发生是重要的。在他们看来，战略利基管理是建立新的技术体制和有意识地向理想技术体制变迁的工具。① 从凯姆普等人的观点可以看出，他们已开始将人的因素纳入技术路径的转型中，暗含了“路径创造”的思想。技术发展“路径创造”的实质是利用人们的判断，通过路径发展起始条件的改变，使得技术选择有目的地进行。也就是利用人的主观能动性来突破路径依赖陷阱的约束，并创造出新路径。

电子合成器的发明就是表达技术发展“路径创造”的一个很好的例子。在 20 世纪 60 年代初期，出于某些音乐家和先锋派的激情，电子合成器最初的设想是产生出电子音乐，其操作是通过程序，后来是通过一对控制杆之间的各种各样的手势来进行的，之后又把电子合成器设计成不同于以前的操作方式。在设计过程中，鲍勃·莫格首先将产品销售目标锁定在大众市场；其次，他在摇滚音乐家面前展示电子合成器的未来发展前景，这些音乐家在对合成器了解之后表达了自己的需求，希望合成器的输入装置变成键盘式。最终，莫格反映了顾客需求，设计出键盘输入形式，把电子合成器从那些深奥的使用中变更出来。电子合成器的发展改进历程就是一个典型的技术发展的“路径创造”，由于莫格作为创新主体发挥了主观能动作用，在创新过程中体现了创新主体与环境（需求方）的相互作用，作为结果导致了另外一条创新路径的产生。在创造这一技术路径的过程中，技术发展的企业家通过发挥社会制度和社会认知的作用在其中选择了一条有益于需求方的技术路径。

2. 熊彼特式企业家的路径创造

格鲁德等人将熊彼特的企业家“创造性毁灭”理论引入到“路径创造”的研究中，强调企业家在“路径创造”过程中的重要作用。② 他们在研究中提出，尽管企业家认识到对现有结构有意识的偏离可能会带来当前无效率的结果，但是为了发展新路径，企业家仍会这样做，因为他们明白这些有意识的偏离过程对于创造新的未来是重要的。在格鲁德等人看来，企业家是知识渊博并能够思考和行动的行为主体，具备对时间、关联结构以及目标进行判断和选择的能力。企业家嵌入于现有结构中，必须通过有意识的偏离过程来创造新的路径。从他们的观点可以看出，行为主体有意识的偏离过程是“路径创造”思想的核心，意味着行为主体必须脱离他们所嵌入的结构来创造新的路径。由此可见，“路径创造”的成功，不仅需要外部环境和恰当的时机，更需要企业家创造性地整合各种资源。

格鲁德等人在随后的研究中提出了技术企业家精神的概念，通过丹麦和美国风力涡轮机发展模式的比较对这一概念进行了说明。技术企业家精神是分布在不同行为主体中的将新的因素引入现有结构的能力，由许多行为主体共同努力塑造而成。在他们看来，企业家将新的因素引入现有结构的能力分布在多个行为主体中，行为主体参与到技术的发展过程中，对技术路径投入的积累会产生限制和促使他们后期活动的动力。丹麦和美国风力涡轮机发展采取了两种不同的模式，分别是“拼装”和“突破”。“拼装”模式是

---

① Kemp, R., Rip, A. and Schot, J., "Constructing Transition Paths through the Management of Niches," in Garud, R. and Karnoe, P. (eds.), *Path Dependence and Creation*, Mahwah, NJ: Lawrence Erlbaum Publishers, 2001.

② Garud, R. and Karnoe, P., *Path Dependence and Creation*, Mahwah, NJ: Lawrence Erlbaum Publishers, 2001.

由偶然出现的技术路径与行为主体的行为共同塑造而成，而“突破”模式则是行为主体企图产生突破性进展所采取的方式。“突破”模式的缺点在于：企图产生突破性的进展会抑制对于新路径产生所需要的微观层面的学习过程。“拼装”模式通过不同行为主体的投入和他们之间的互动产生了一种学习环路，这种学习环路能够逐步地将技术路径发展到更高的层次。

在格鲁德等人之后，一些学者发展了他们提出的路径创造思想。斯钦斯托克区分了路径创造过程中相互作用的五大要素，分别是：(1) 存在与新的技术组织范例相联系的获得“新机会的窗户”。这是刺激新路径创造的关键因素。(2) 新的商业前景与市场前景。新的技术或组织机会并不会自动地引发主要的转变过程，新的商业前景和市场前景是经济行为主体从事新知识的创造、扩散和利用的重要诱因。(3) 来自外部社会经济因素的压力。由于路径创造过程需要较高的技术并面临着市场的不确定性，因而外部的社会经济压力对路径创造过程的开始具有重要作用。(4) 关键的变迁事件。日益增长的创新竞争往往使根本的创新与传统的发展路径难以相容，因而常常需要重要变迁事件（如经济危机或政治混乱）所引发的额外压力来促使创新的发生。(5) 人们有意愿作出改变。[①] 新路径的创造不仅需要一些客观因素，还需要人的主观意愿。从斯钦斯托克的分析可以看出，路径创造过程是由客观因素和主观因素共同作用而成。事实上，路径创造是一个有意识的偏离过程，行为主体与路径创造过程是密不可分的。

本章小结

8.1 节介绍的是布莱恩·阿瑟开创的技术变迁的路径依赖问题，其形成机制是报酬递增的自我强化机制；然后介绍的是将这一机制应用于分析历史路径依赖问题的保罗·戴维的相关研究与理论。8.2 节讨论了诺思的路径依赖理论，探讨了制度变迁的路径依赖形成机制及其影响。8.3 节介绍了阿夫纳·格雷夫将博弈论引入制度变迁路径依赖的范式革命，在这一框架内重构了制度变迁的路径依赖理论。8.4 节介绍了冲破无效率的路径依赖的机制，包括外生力量、内生力量。在考虑行为主体能动性条件下，可以实现打破路径依赖陷阱的路径创造。

关键术语

路径依赖　　报酬递增　　互补性制度　　路径创造

复习思考题

1. 什么是路径依赖？试举例说明之。
2. 技术变迁路径依赖产生的报酬递增机制有哪些？

---

① Schienstock，G.，“Path Dependence and Path Creation，” *Journal of Futures Studies*，2011，15 (4)：63 - 76.

3. 何为诺思路径依赖Ⅰ和诺思路径依赖Ⅱ？
4. 文化信仰如何影响历史演进的方向？
5. 外部力量如何冲破无效率的路径依赖？
6. 简述影响制度变迁过程中路径创造的相关因素。

第 9 章

制度变迁理论

本章要点

1. 什么是制度与制度变迁?
2. 了解制度变迁发生的原因。
3. 影响制度供求的因素是什么?
4. 制度变迁过程中的阶段划分与时滞现象。
5. 制度变迁的方式及其组合。

从时间维度考察，制度会呈现出一个动态变化的过程，包括新制度的产生、旧制度的消亡以及从旧制度向新制度的变迁。旧的制度为什么会消亡? 新的制度是如何产生的? 新的制度对旧的制度的替代过程是怎样的? 制度变迁的方式有何特点? 本章将围绕制度变迁的动因、制度变迁的过程以及制度变迁的方式展开分析。9.1 节介绍了制度与制度变迁的内涵以及制度发生变迁的动因；9.2 节分别从供求视角和博弈论视角分析了制度变迁的影响因素与基本特征；9.3 节介绍了制度变迁的过程，重点分析了制度变迁的阶段划分以及制度变迁的时滞问题；9.4 节通过对制度变迁方式的分类，侧重比较分析了诱致性制度变迁与强制性制度变迁的异同以及制度变迁方式的相机结合模式。

9.1　制度变迁：内涵与动因

9.1.1　制度与制度变迁

1. 制度

究竟什么是制度？经济学家们的认知显然是存在很大差异的。虽然本书第 1 章已涉及什么是制度的问题，但这里依然有必要系统地回顾经济学家们对“制度”内涵的阐释。

凡勃伦认为，“制度实质上就是个人或社会对有关的某些关系或某些作用的一般思想习惯……人们是生活在制度——也就是说，思想习惯——的指导下”①。在凡勃伦看来，制度更偏重于道德观念以及风俗习惯等。而康芒斯则认为，“如果我们要找出一种普遍的规则，适用于一切所谓制度的行为，我们可以把制度解释为集体行动控制个体行动。集体行动的种类和范围很广，从无组织的习俗到许多有组织的所谓运行中的机构，比如家庭、公司、控股公司、同业协会、工会、联邦储备银行以及国家，大家所共有的原则或多或少是个体行动受集体行动的控制”②。由此可见，康芒斯认为的制度除了凡勃伦的思想习惯以外，还强调了各种组织的正式行为规则。舒尔茨的定义与康芒斯的定义颇为类似，舒尔茨说：“我将一种制度定义为一种行为规则，这些规则涉及社会、政治与经济行为。”③ 柯武刚和史漫飞认为，“制度是广为人知的、由人创立的规则，它们的用途是抑制人的机会主义行为。它们总是带有某些针对违规行为的惩罚措施”④。

在格雷夫看来，制度既包括“社会中的博弈规则”，又包括“正式或非正式组织（社会组织）”；既包括“有关他人行为或我们周围世界的信念以及行动与结果之间的关系”，又包括“内化的行为规范”，还包括“行为秩序或有规则、不断重复的社会实践，包括体现在组织（入企业）中的合同秩序”⑤。诺思所阐释的制度内涵是：“制度是一系列被制定出来的规则、守法程序和行为的道德伦理规范，它旨在约束追求主体福利或效用最大化的个人行为。”⑥ 也就是说，制度是一系列对人施加约束的正式或非正式的规则的集合，它为行为主体设定了一个特定的成本收益结构，并为行为主体提供了稳定的预期。

总之，在制度经济学家看来，制度大致可以定义为规范和约束个人行为的各种正式或非正式的规则。而对于制度的深层次理解，还可以分为制度环境、制度安排和制度结构三个层次来进行。

（1）制度环境。“制度环境是一系列用来建立生产、交换和分配基础的基本的政治、

---

① 凡勃伦. 有闲阶级论. 北京：商务印书馆，1964：139－140.

② 康芒斯. 制度经济学. 北京：商务印书馆，1962：87－89.

③ 科斯，等. 财产权利与制度变迁——产权学派与新制度学派译文集. 上海：上海三联书店，上海人民出版社，1994：253.

④ 柯武刚，史漫飞. 制度经济学. 北京：商务印书馆，2000：116.

⑤ 格雷夫. 大裂变：中世纪贸易制度比较和西方的兴起. 北京：中信出版社，2008：29.

⑥ 诺思. 经济史中的结构与变迁. 上海：上海三联书店，上海人民出版社，1994：225－226.

社会和法律基础规则。"① 制度环境是一个社会中所有制度安排的总和，其中最重要的是宪法和法律结构。制度环境虽然会因宪法和法律的修正或公众偏好的改变等原因而发生变化，但是它改变得相对缓慢，因此，在分析制度变迁时，一般都是假设制度环境是不变的，将其视为一个外生变量。

（2）制度安排。制度安排是支配经济单位之间可能合作与竞争的方式的一种安排，制度安排是最接近于"制度"一词的最通常使用的含义了。制度安排可能是正式的，也可能是非正式的，可能是暂时的，也可能是长久的。

任何一项制度安排都是在一定的制度环境中形成的，它定义和限制了可用于经济行动者切实可行的组织形式。一般来说，制度环境决定着制度安排的性质、范围和进程等方面；同时，制度安排也可以反作用于制度环境，每一个制度安排都作为制度环境的一部分而影响着下一个新制度安排的出现，一系列制度变迁使得制度环境不断完善。制度安排相对于制度环境来说容易改变，本章出现的制度变迁即指制度安排的变迁。

（3）制度结构。所谓制度结构就是指各种制度安排的总和以及它们之间的相互关系。制度结构中的各种制度安排并非处于同等的地位，比如宪法和其他法律就不在同一层次上。制度结构同时强调各种正式制度与非正式制度之间的耦合。制度之间的耦合可以理解为在经济不同领域个人策略之间所产生的类似于一般均衡的反馈作用，这样，经济作为一个整体可以被看作是相互依赖的制度之间稳固而连贯的整体性安排。

案例 9-1

印第安人的和平之烟

北美的两个印第安部落，由于争夺某一河心岛的狩猎权发生争执。按照惯例，双方诉诸武力似乎是必然的选择。但是，这两个部落的首领都饱经沧桑，而且厌恶战争。他们不同寻常地决定用和谈的方式来解决争端。多年的争斗使他们在会面时局促不安，又略带傲慢和挑衅的态度。在当时，甚至在今天，人类都有这样一种传统，即极有可能把和解的愿望误解为懦弱。因此，两位首领在初次见面时都以保持沉默为策略。在这种多少令人有点尴尬的情况下，如果当事人着手去做第三件与两个冲突动机无关的事，无疑会有一种放松作用。碰巧，其中一位酋长点起烟管，另一位随后也点燃了自己的烟管（或许两位酋长还就抽烟这一话题谈了点经验或体会）。他们平静下来，逐渐进入谈判，最终顺利地达成和解。第二次会面时，可能其中的一位立刻点烟，另一位马上应和。久而久之，抽烟便成了寻求和解的必要仪式或习惯，这一"和平之烟"的制度就产生了，点燃"和平之烟"对于双方就意味着禁止相互攻击，这一制度对于双方都有约束力。

资料来源：张宇燕. 经济发展与制度选择. 北京：中国人民大学出版社，1992：146.

2. 制度变迁

制度变迁是指制度的创立、变更，以及随着时间变化而出现的渐变（或被打破、被替

---

① 科斯，等. 财产权利与制度变迁——产权学派与新制度学派译文集. 上海：上海三联书店，上海人民出版社，1994：270.

代）。从历史的角度来看，制度不是一成不变的，而是一个产生、发展、消亡的过程（即制度变迁）。一般而言，制度变迁有两重含义：一是制度创新问题，即新的制度安排如何产生的问题；二是如何从旧制度安排过渡到新的制度安排，即新旧制度如何转轨的问题。

制度变迁的实质是高效率制度的出现或者是效率更高的制度对原有制度的替代。一般而言，制度变迁会在以下四种意义上发生：（1）旧制度完全消亡，新制度产生；（2）在原有的制度基础上产生新的制度安排，整个社会的制度结构增加了新的因素；（3）原来的制度安排演变为新的制度安排，或许还有旧制度的某些特征，但与原来的制度已有质的差异；（4）在原有的制度结构中，各种制度安排的性质、种类不变，但是相对地位发生了变化。

按照新制度经济学的论述，制度是否能发生变迁，关键在于是否能出现推动制度发生变迁的行动主体。按照在制度变迁过程中发挥作用的先后顺序，制度变迁主体一般分为两个行动团体：其一是初级行动团体。初级行动团体是制度变迁的一个决策单位，其构成可以是个人和团体组织，初级行动团体的成员能够发现在现有制度安排中不能实现的潜在收入并能意识到通过改变现有制度可以获取这些收入。任何一个初级行动团体的成员都应该是熊彼特意义上的企业家，勇于创新并敢于承担风险。当然，制度创新在可以获得潜在收入的同时还要承担创新成本和风险，这些成员一旦发现潜在利润大于潜在成本，就会启动制度创新的进程。其二是次级行动团体。次级行动团体也是制度变迁的一个决策单位，用来帮助初级行动团体获取新收入而进行一些制度变迁。次级行动团体可以作出一些能够获取收入的策略性决定，但一般不能增加收入总量，还可能会使初级行动团体的一部分潜在收入转入到他们手中。另外，并不是所有的制度变迁中都会出现次级行动团体，初级行动团体才是制度变迁的主力军。

从对制度变迁主体所做的区分可以看出，初级行动团体和次级行动团体都是制度变迁中的决策单位；初级行动团体发现制度变迁的机会并发起制度变迁，是制度变迁的创新者、策划者和推动者，并且在实现制度变迁的过程中创造新的收入；次级行动团体只是制度变迁的实施者，不能创造收入，只参加收入的再分配过程。但是，只有两个行动主体前赴后继、前呼后应地相互策动，制度变迁才会发生并持续下去。

9.1.2 制度变迁的动因

1. 制度的均衡与非均衡

诺思认为，制度变迁是制度不均衡时人们追求潜在获利机会的过程。按照诺思的了解，制度变迁是对制度非均衡的反应，从非均衡到均衡的制度结构的演变过程就是制度变迁的过程。因而对制度变迁动因的说明就是对制度非均衡的说明，对制度非均衡的理解建立在制度均衡这一重要概念之上，因而下文着重分析制度均衡与制度非均衡。

制度均衡“即指这样一种状态，在给定的一般条件下，现存制度安排的任何改变都不能给经济中任何个人或任何个人的团体带来额外的收入”①。即假定在既定的制度安排下，出现以下情况时，该制度结构都处于均衡状态：（1）已获取了各种要素资源所取得的全部利润，此时不存在不能获得的潜在利润；（2）虽然潜在利润存在于现存的制度安排，但由

① 科斯，等. 财产权利与制度变迁——产权学派与新制度学派译文集. 上海：上海三联书店，上海人民出版社，1994：297.

于实施制度变迁的成本高于潜在利润，制度变迁无法进行，仍然保持原来的制度安排；（3）存在潜在利润，但是如果制度环境不发生改变，制度变迁也无法展开。也就是说，在制度均衡的状态下，要么在现存制度安排下不存在潜在利润，要么尽管存在潜在利润，但由于变迁成本或制度环境等原因也无法获得（即它的任何改变都不能为经济中的任何个人和团体带来额外收入）。

制度非均衡则指在存在潜在利润并且潜在利润大于制度变迁成本的情况下，人们对现存制度不满而意欲改变现有制度安排的状态。一般而言，制度非均衡之所以出现，其根本原因在于出现了一个新的盈利机会，而这种盈利机会（或潜在利润）在召唤着人们产生新的制度需求、变革现有的制度安排。

制度供需均衡是制度变迁中的偶然现象，制度均衡实质上是指制度达到了帕累托最优，制度的非均衡是常态，“不均衡—均衡—不均衡”反复构成制度变迁的过程，制度变迁在某种程度上讲，是一个帕累托改进的过程。

案例 9-2

为什么人们会选择对自己不利的制度安排？

制度均衡可以理解为人们对现存制度很满意而没有改变现有制度安排的愿望，但是现实中经常看到人们生活在一个对大多数人都不利的制度结构下，这些现象提出了理论上的挑战：作为理性的经济人及其组成的社会会选择对自己不利的制度吗？会作出对自己不利的事情吗？

经济学假设每个人都是有理性的经济人，他们会自动地选择对自己最有利的方案。由于社会是由多人组成的，所以一个人的利益最大化目标最初可能会与另一个人的相冲突。但以损害他人利益为结果的利益最大化不是真正的利益最大化，因为被损害者总会报复或采取其他对策，从而导致损害制造者的利益损失。所以在社会中，一个人的利益最大化是以不损害别人的利益最大化为条件的。制度安排就是在解决人与人的利益最大化目标的冲突中诞生和发展起来的。由于人们总是会赞同别人的有利于自己的行动，而反对和抵抗别人的不利于自己的行动，在长期的互动过程中，在多次重复的博弈之后，就会形成对大家都有利或至少不损害任何人的制度安排。所以制度可以被理解为是所有人之间的集体最佳稳定对策。如果制度最初形成时的情境发生变化，如果人们发现了更有效率的导致制度形成的交易方式，又会出现新的一轮人与人之间的互动过程，从而使新的制度安排从旧的制度安排中脱颖而出。这就是制度变迁。

这种对制度形成和变迁的解释导致了这样一种看法，即：自然形成的制度是最好的制度，制度存在本身就包含了它的合理性；制度变迁总是意味着制度从效率较低的形式走向效率较高的形式。从长时间的历史过程来看，这样的看法是无懈可击的。因为任何存在弊端的制度或制度中的弊端总是要被淘汰的。但这样的看法还是不能解释一切。它不能解释，在人类历史的某些时期，人们确实生活在一个对大多数人都不利的制度结构下。无论这种制度是怎样产生的，它的存在并不必然说明它的合理性。并且这种效率较低的制度未必不是从效率较高的制度中演变过来的。例如蛮族入侵所导致的文明衰落，中国魏晋之后的制度结构相对于汉代的退步（从自耕农、地主—佃农制度到庄园制，从货币经济到实物经济），德国国家社会主义对于市场制度的替代，以及苏联的集体农庄所带来的农业生产效率的下降，等等。

对于每个有理性的经济人来说，追求更少成本、更大收益是自然而然的事情。在公共选择领域中，这种每个个人的理性可以合成为有效率的公共决策或制度安排，也可能合成为对每个人都不利的公共决策或制度安排。导致这种结果的一个重要方面，是人们不恰当地将公共选择过程运用于市场领域或私人产品交换领域中。然而，在公共产品领域和私人产品领域之间的分界并不十分清楚，也没有一个自动约束的机制阻止人们跨越这一界限。所以，从短期看，人们选择对自己不利的制度安排也是自然发生的。这与“自然发生的制度是最好的制度”的信念相悖。当然，在“对自己不利的制度”与“最好的制度”之间有两点区别。第一，尽管在投票过程中，人们是“自然”选择的，但投票产生的公共决策却是要强制执行的，因而，“对自己不利的制度”最终表现为是被强加的，尽管是被自己强加的。这种结果也说明，“自然的选择”和“强加的选择”没有表面上看来的那么势不两立。人们可以自然地选择强制性。第二，从长期看，“对自己不利的制度”最终是要被淘汰的。只要时间足够长，只要“对自己不利的制度”出现的次数足够多，人们就会逐渐把公共选择过程中的弊端和“对自己不利的制度”联系起来。和这样长的时间相比，每个人的寿命是相当短的，不足以使大多数人在自己有生之年内明白这样的联系。这就需要历史的记忆和思考，需要有跨越世代、前赴后继的知识分子群来承担这一使命。但是知识分子只是全部人口中的很小一部分，因此除了在观念上影响其他人以外，除了在民主制度中设立增加知识分子权重的安排（如参议院、政协等）以外，在公共选择过程的基本逻辑中，他们不可能也不应该起决定性作用。所以，历史也许是这样的：从长期看，人们总会淘汰对自己不利的制度；但不能保证阻止在任何短期内通过大家自己的选择滑向这样的制度。

人们之所以会选择对自己不利的制度安排，与在公共选择领域中个人理性和集体理性的对立有关。这种对立表现为一部分人对另一部分人的利益的损害。事实和逻辑都告诉我们，损害一部分人就会损害全体的人。人与人之间的任何利益均衡被打破以后，都会产生对所有人都不利的后果。损害他人就是损害自己。损害的基本形式，就是把别人不同意的方案强加于人。在市场规则下，这种情况不会发生，因为人们可以运用“不同意”的手段退出市场以避免损害，而在公共选择过程中，这种情况就有可能发生，因为人们已经不能运用“不同意”来避免损失了。个人理性只有将追求更少成本、更大收益与损害他人就是损害自己联系起来，才能与集体理性相一致。

资料来源：盛洪．为什么人们会选择对自己不利的制度安排?．中国社会科学季刊（香港），1995（春季卷）．

2．制度变迁的外部收益

“在一种给定的环境下，可能存在可以获取的外部潜在利润，但一种新的制度安排只有在下述两种情形下才会发生：一种情形是创新改变了潜在的利润，另一种情形是创新成本的降低使制度的变迁变得合算了。”① 也就是说，客观存在的外部收益（即外部潜在利

① 科斯，等．财产权利与制度变迁——产权学派与新制度学派译文集．上海：上海三联书店，上海人民出版社，1994：296．

润）是诱致制度发生变迁的根本性原因。那么，现实中究竟有哪些外部收益在诱致人们去努力改变现有制度安排呢？从理论上讲，有许多外部事件能导致外部收益的形成，但在现有制度安排下，这些外部收益却是无法获得的。一般来讲，规模经济、外部性、风险和交易费用四个因素会影响外部收益状况。如果一种新的制度安排能够有效克服这些因素的负面影响而成功地将外部收益内部化，那么总收入就会增加，创新者就会在不损害任何人利益的情况下获取收益。①

（1）规模经济。生产中的规模经济是一种技术现象，它所反映的一个事实是，最有效（单位成本最低）的产出可能需要企业达到某一规模，一个企业在任何时刻都可能面临着这种技术的制约。而获得规模经济的好处并不是仅仅取决于生产技术水平的高低，还受到制度因素的影响。例如企业采用的组织形式对融资的可得性就有着至关重要的影响。如果所有企业都能够等额地增加资本和技术，就无法预言哪些企业将发展，哪些企业将衰亡。而在现实世界中，即使假定每个企业的技术水平并不存在多大差异，但并不是所有企业都能等额地得到资本，如企业自身的组织形式可能会成为它的可得资本供给量的很好的决定性要素，那么企业的发展也将会是不同的。业主所有和合伙制的特征是有限的寿命和无限的责任，则这类企业的长期外部融资的供给常常会受到很大限制，因为这类投资附着无限责任，等额融资一般是较少见的。而具有无限寿命和有限责任的公司的组织形式创新解决了规模扩张面临的资本受到限制的问题，创新者能够获取内含于规模经济中的利润，可见企业组织形式这一制度创新在实现规模经济中所起到的作用。

（2）外部性——外部成本与收益的变化。“外部性”一词是指有些成本或收益对于决策单位是外在的事实，如果潜在利润（或增加产出的成本）不是由作出产出决策的单位来获取（或承担）的，也就是说，如果私人收益（或成本）和社会收益（或成本）不相等，那么，无论这些外部成本和收益何时存在，它们都无助于市场产生最有效的结果。外部性会导致市场失灵，如果情况确实如此，那么那些允许对所有成本与收益进行计算（即将外部成本和收益内部化以消除外部性）的新的制度安排将会增加社会的总收益。

外部性是外部利润的一个重要来源，制度创新从某种程度上讲就是将外部性逐步内部化的过程。制度的创新旨在内部化外部性，使一些团体获取潜在利润成为可能，但在此过程中，当排他很困难时或当一个联合体的任何潜在成员具有一个潜在的垄断投票权时，要组织私人方面的市场以将外部性有效地内部化是有成本的。而这类成本常常使得私人的再组织不经济。这时通过组织私人方面的市场以追求潜在利润、推动制度创新就是不可能的。现实中，这种情况一旦真的发生，那么，制度的变迁可能发生于市场外部，即通过政府的干预来完成。但是制度的再安排一旦包括一些政府行动，就不能保证新的安排比旧有的安排优越，它可能正好是相反的。

（3）克服对风险的厌恶。风险的盛行是另一个削减经济活动的因素，有些风险在未来的交易中是不可能预测到的，而制度有一个功能就是降低风险和减少不确定性。现实中，大多数人都是厌恶风险的，人们偏好于有更为确定的结果的活动而倾向于避开那些报酬变

① 科斯，等. 财产权利与制度变迁——产权学派与新制度学派译文集. 上海：上海三联书店，上海人民出版社，1994：277-291.

化很大的活动。很显然，在那些没有人从事的高变异活动中，利润的预期值要高于低变异活动。如果有些能够克服厌恶风险倾向的机制被创新（如一些机制可以将厌恶风险的人的风险集中于不厌恶风险的人），总利润就可能增加，或使得风险的结果相对于所能获取的收益来说表现得更为确定。例如，可以通过发展远期市场、利率互换市场、期权市场等一些专门的市场来实现，也可以通过保险以分散或降低风险来实现。虽然并不是所有的风险都能保险，但一旦它们能保险时，旨在创新一些保险方案的制度创新常常能使总利润增加，降低市场经济中的交易成本。

(4) 市场失败和不完善市场的发展。传统经济学家关于所有市场都是完全的假定，排除了由市场运作失败所引起的任何可能的潜在损失。然而完全的市场在现实中并不存在，市场经济中存在着交易费用，其主要表现为信息的获得和使用都是有成本的。信息成本的存在会减少经济活动甚至使经济活动无法进行。因此，相关的经济信息流的组织与增进(交易费用的许多形式之一) 可能是安排创新的主要领域。一般来说，信息不仅是有成本的，而且是报酬递增的，即人们常常必须支付信息，但成本不会有很大变化，而不管这一信息是被用于影响一种、一百种还是一千种交易。如果信息成本十分大，而且它们是属于成本递减的，则人们从使不确定性降低的信息流的递增中可能会获取巨额利润。最为经济的安排创新可能是一种专门化的企业，因为它不仅供给了信息，而且也实现了潜在的规模经济。

9.2 不同视角下的制度变迁

9.2.1 制度变迁：供求视角

最早对制度进行供求分析的经济学家是舒尔茨，他在《制度与人的经济价值的不断提高》一文中明确提出了制度需求、制度供给等概念。之后，戴维斯、诺思和拉坦等对制度需求和制度供给的影响因素进行了进一步的分析。戴维·菲尼更是对制度变迁的供求分析框架进行了系统的总结。

1. 制度需求及其影响因素

人们对制度变迁的需求就是对效率更高的新制度的需求。人们会在什么情况下产生对新制度的需求呢？戴维·菲尼认为：“按照现有的制度安排，无法获得某些潜在的利益。行为者认识到，改变现有的制度安排，他们能够获得在原有制度安排下得不到的利益，这时就会产生改变现有制度安排的需求。”① 影响制度需求的因素有很多，按照戴维·菲尼的概括，影响制度需求的主要因素有：产品和要素相对价格、宪法秩序、技术和市场规模。②

(1) 产品和要素相对价格。价格的变化改变了人们之间的激励结构，同时也改变了人们讨价还价的能力。而讨价还价能力的改变导致了重新缔约的可能，因而，产品和要素相对价格的改变是制度变迁的源泉。在历史的长河中这一点体现得更为明显。

诺思和托马斯通过对欧洲发展历史的考察，得出了制度变迁是对劳动力—土地价格率

① 奥斯特罗姆，等. 制度分析与发展的反思. 北京：商务印书馆，1992：138.

② 同①139.

变化的回应的结论；经济学家在对当代发展中国家的调查报告中也得出了同样的结果。在许多发展中国家，更为集约的农作制度的使用已导致水的经济价值增加，这一增加的价值已诱致了更明确的灌溉产权的出现，以及更多地使用市场机制分配水资源。舒尔茨则验证了在经济发展的进程中，人的经济价值的上升是制度变迁的主要原因。

(2) 宪法秩序。宪法是一个政治、经济体制最基本的组织约束，其目的是通过界定产权及强权控制的基本结构使统治者的效用最大化。它们是在下述目标下建立的：建立一个财富和收入分配方式；在竞争性世界中界定一个保护体制；为执行法律体制设置一个框架以减少经济部门中的交易费用。① 所以，宪法是一套最基本的规则，其变化会导致产权和强权控制的基本结构的变化，这会深刻影响建立新制度的预期收益和成本，从而影响对制度的需求。②

(3) 技术。关于技术与制度变迁之间的相互关系，在研究领域内存在两种对立的观点：一种观点是技术决定论，认为制度变迁依赖于技术变迁；另一种观点则是制度决定论。暂且不去讨论这两种观点，现实中技术变迁所释放的新的收入流确实是对制度变迁需求的一个重要原因。技术变化对制度需求的影响是多方面的，既可能是改变了潜在利润从而提高了对制度变迁的激励，也可能是降低了制度变迁费用使得原本因费用过高而不起作用的制度安排变得可行。此外，技术变迁和它带来的新收入流的分割还可能导致与制度绩效的增进相联系的效率收益，这是进行进一步制度变迁的一个主要激励。技术的进步可能会调动个人对其资源进行重新配置的积极性，也调动了为重新界定产权以实现新收入流的分割而组织和引进集体行动的积极性。

(4) 市场规模。首先，在制度变迁的需求中，固定成本是一个障碍，而市场规模的扩大会使单位成本降低，缩短收回固定成本的时间，这样就会增加对制度的需求。其次，市场规模的扩大加深了分工的程度，分工细化使得交易费用上升。交易费用的增加要求有可以降低交易费用的新的制度安排出现，从而转化为对制度的需求。最后，市场规模的扩大使一些与规模经济相适应的制度安排得以创新，如股份公司制度、跨国公司制度等。

以上分别说明了各个因素变化产生的影响，而在现实中，每一个制度变迁需求的实例则涉及一个或多个因素，只不过，不同的实例中有着各不相同的突出影响因素而已。

案例 9-3

制度变迁需求：中国收入分配改革呼声日益高涨

经过多年的改革开放，中国的经济实力明显增强，人民生活水平显著提高，较之改革初期，普通民众的收入已大幅增长，物质生活条件今非昔比。不过，随着财富的增加，中国城乡、地区、行业乃至不同人群之间也存在着收入差距逐步扩大的问题。

西南财经大学中国家庭金融调查与研究中心在北京发布的一份报告显示，2010 年中国家庭的基尼系数为 0.61，大大高于 0.44 的全球平均水平。该中心主任甘犁表示，数据

① 诺思. 经济史中的结构与变迁. 上海：上海三联书店，上海人民出版社，1994：229.

② 奥斯特罗姆，等. 制度分析与发展的反思. 北京：商务印书馆，1992：141.

显示，中国收入差距悬殊，不过，从各国经济的发展历程来看，高基尼系数是经济高速发展过程中的常见现象，是市场有效配置资源的自然结果。“0.61 确实很高，所以这反映了中国家庭收入极度不均，这是事实。但其实它也不是一件特别坏的事情，因为在改革开放之前，大家都是吃‘大锅饭’，那个时候基尼系数很低，改革开放以后，随着市场经济的发展，你拥有的生产要素不一样，你得到的回报也不一样，所以改革开放以后基尼系数的上升应该是必然的。从世界各国来看，当经济高速发展的时候，基尼系数都有一个上升的过程。”

改革开放初，时任中国领导人邓小平提出，一部分地区、一部分人可以先富起来，带动和帮助其他地区、其他的人，逐步达到共同富裕。对此，财经作家吴晓波表示，随着改革的深入，一部分人已经富了起来，现在，应该更多地关注那些还没有富起来的人。“我们早期说让一部分人先富起来，发展是硬道理，那么到今天来讲，每个人都在问，哪部分人先富起来，那部分人包不包括我。对此，我们提出科学发展观，提出公平问题、效率问题。中国应该说改革到了将近 20 年以后，就已经爆发出这样的问题了。”随着收入差距的逐步扩大，近年，收入分配制度改革呼声日益高涨。蛋糕大了，如何能够公平地“切好蛋糕”成为政府乃至整个社会关注的问题。

资料来源：卜卫军. 收入分配改革呼声日益高涨. 人民网，2013 - 01 - 09.

2. 制度供给及其影响因素

在微观经济学中，一种商品的供给是指生产者在一定时期内在各种可能的价格下愿意并且能够提供的商品的数量。生产者之所以愿意供给这种商品，原因在于供给它的收益大于成本。以此类推，制度供给可以界定为：一种新制度的供给者在制度变迁收益大于成本的情形下推动的制度变迁的活动，它是制度变迁的供给者供给愿望和供给能力的统一。

制度变迁的主体是经济人，只有当制度变迁的收益大于或等于制度变迁的成本时，制度变迁主体才会供给或推动某一项制度变迁，制度变迁供给的成本与收益，比一般经济活动的成本与收益分析要复杂得多，原因在于制度变迁供给的成本与收益有些是无法计量的，除了经济方面的考虑，还涉及政治和文化方面的考虑。经济学家张曙光尝试对制度变迁的供给成本进行了分析，他认为制度变迁的供给成本包括以下五个方面①：

（1）规划设计、组织实施的费用。制度是人们交换活动的方式和规则，制度变迁是用新的活动方式和规则代替现行的活动方式和规则，因而需要对新的活动方式和规则及其代替旧方式和规则的过程进行规划和设计，并按照一定的程序组织实施，使之获得通过和正式建立起来，并开始投入运行。这是一个立规矩的过程，这个过程中直接发生的一切费用，都构成制度变迁成本。

（2）清除旧制度的费用。工程建设需要清理现场，拆除旧的建筑物，需要开通道路，实现畅通，为此所花费的费用，都要计入工程成本。同样，制度建设和制度变迁也需要清理“场地”，开通“道路”，还需要对旧制度进行拆除和清理，这也需要一定的费用。

（3）消除变迁阻力的费用。工程建设一般不会遇到人为的反对，至于它所产生的负外部效应，很多也难以内部消化而进入工程成本，制度建设和制度变迁则不同，它往往会遇

---

① 盛洪. 现代制度经济学：下卷. 北京：北京大学出版社，2003：249 - 250.

到人为的阻力，招致一部分人甚至大部分人的反对。这是因为，制度变迁总要改变权力和财富的分配。如果制度变迁使一部分人受益、一部分人受损，受损者就会起来反对；如果制度变迁使获利机会在团体或社会成员间分配不均，有的受益较大，有的受益较小，受益较小者就会感到自己吃了亏，就会认为变革破坏了公平原则，因而表示异议或消极对抗。为了消除制度变迁的阻力，就需要付出一定的代价，包括对反对者实行强制措施和引诱手段所花费的成本，包括对变革受损者的补偿措施。这是制度变迁成本的重要组成部分。

（4）制度变迁造成的损失。由于制度建设和制度变迁直接涉及人们之间的利益关系，经常引起一部分人的反对和阻挠，虽然变革者可以采取办法予以缓解，但由此引起的破坏和损失则是不可避免的。特别是一些大的制度变迁，其破坏和损失更是经常发生的。这种损失也是制度变迁中需要考虑的重要问题。

（5）随机成本。由于制度变迁具有较大的不确定性，特别是制度变迁可能发生某些随机事件，尤其是政治事件，会使变迁的风险突然大增，从而加大变革成本，甚至使制度变迁的成本达到极限，使制度变迁无法进行。这也是制度变迁的经济分析中不可忽视的问题。从以上分析可以看出，制度变迁成本不仅包含一般成本的共同内容，而且包含一般成本构成所不具备的一些特殊内容，同时，各项成本的水平及其在总成本中的地位作用具有很大的不确定性。

在经济学家戴维·菲尼看来，影响制度供给的因素主要有：宪法秩序、制度设计成本、实施制度安排的预期成本、社会科学知识的积累和进步、现存的制度安排、规范性行为准则和上层决策者的净利益等。①

（1）宪法秩序。宪法秩序不但影响制度需求，而且从四个方面影响制度供给。第一，宪法秩序可能有助于自由调查和社会实验，或者可能起根本性的抑制作用。就后者而言，制度变化所依赖的知识基础将受到削弱，变化将受到扭曲和阻碍。如果宪法秩序从根本上抑制了自由调查和社会实验，就会削弱制度变化所依赖的社会知识的积累，从而减少制度供给。第二，宪法秩序直接影响进入政治体系的成本和建立新制度的立法基础的难易程度。如果在现有宪法秩序下，利益主体无法承受进入政治体系的成本或既得利益格局对新的立法阻力过大，都将有可能限制制度创新。第三，宪法秩序影响到公共权力运用的方式，因而影响到由公共政策引入经济的扭曲的类型。如果这些扭曲很大，则市场便会显示出引入的制度变化将发生方向性错误。宪法秩序还规定了制度安排的选择空间并影响着制度变迁的进程和方式，如宪法通过对政体和基本的经济制度的明确规定来界定制度创新的方式和形式。第四，一种稳定而有活力的宪法秩序会给政治经济引入一种文明秩序的意识——一种关于解决冲突的基本价值和程序上的一致性，这种意识会大大降低创新的成本或风险。② 总之，宪法秩序对经济的影响是通过一套多样化的市场制度规则、个人选择与宪法秩序的相互作用来实现的。

（2）制度设计成本。每一项新制度安排的设计都是有成本的，其成本取决于用于新的制度安排的人力资源和其他资源的要素价格。新制度的设计成本越低，制度变迁就越容易

① 奥斯特罗姆，等. 制度分析与发展的反思. 北京：商务印书馆，1992：144-152.

② 同①12-13.

进行。如果设计某一制度需要更多的高度熟练和尖端的劳动投入或需要更多的昂贵资源的投入，那么这种制度的设计成本就会很大，在其他条件相同的情况下，这种制度就会因耗费大而被淘汰。

(3) 实施新制度安排的预期成本。设计出来的每个制度在现实中能否顺利实施，主要取决于预期实施成本的高低。实施成本影响到了制度安排的选择及其利用程度，预期实施成本越高，制度安排越容易被搁浅。

(4) 社会科学知识的积累和进步。当科学和技术知识进步时，技术变迁的供给曲线会右移，假定制度变迁的供给与技术变迁的供给之间相类似，那么当社会科学知识和有关的商业、计划、法律和社会服务专业的知识进步时，制度变迁的供给曲线也会右移。对此，我们可以从目前的知识基础和在此基础上的知识创新这两方面来理解。现在拥有的知识储备越多，人们对问题的认知水平越高，学习和创新的能力越强，制度安排选择集合的可选择空间也越大，那么在识别潜在利润、设计和实施制度安排过程中的成本和时滞大大降低，制度变迁更容易进行。因此，在现有知识存量的基础上，社会科学知识的进步必然促进制度供给的增加。

现实中，制度变迁并不完全依赖于对社会科学和有关专业的新知识的正规研究，制度变迁也可能是源于政治家、官僚、企业家及其他人指导他们的日常活动时所实施的创新努力。他们的实践应用提高了资源配置的效率，同时可以积累与制度变迁相联系的实践经验，所有这些都可以作为对新知识正规研究的一些有益补充。

(5) 现存的制度安排。现存的制度安排会对以后新制度的供给产生影响，这是因为在制度变迁中存在“路径依赖”、存在自我强化机制。首先，最初的制度安排具有惯性，会制约或促进新制度的出现并影响制度变迁的路径和方式。其次，初始的制度安排是作为制度创新所处的制度环境的一部分发挥作用的，任何一次制度变迁都是在现有的制度环境下进行的，同时作为之后制度变迁的前提条件而存在，其影响是长期的。

(6) 规范性行为准则。文化背景、社会习俗、意识形态、公众态度等非正式制度也是制度环境的构成部分，这些规范性行为规则也会深刻地影响对制度安排的看法和选择。制度安排要和社会行为规范、文化准则等相和谐，我们常常会发现，在一种文化中运行良好的制度安排在另一种文化中可能是无效的。制度供给必须考虑与规范性行为准则协调、相容的问题，否则，即使有制度供给，那也将是无效供给。

(7) 上层决策者的净利益。上层决策者如何在个人利益和社会利益之间选择也会影响制度变化的供给。如果上层决策者是个利他主义者，真正“先天下之忧而忧，后天下之乐而乐”，以人民的福祉增进为己任，则任何有利于增进社会利益的制度供给都将轻而易举；反之，则将困难重重。而按照经济学的假设，上层决策者也是经济人，因而，他不可能是一个社会利益最大化者，因此，从这个角度而言，上层决策者的净利益大小在某种程度上将成为制度能否供给的决定性因素。

综上所述，对制度变迁的需求是制度服务接受者对制度的需求或社会需求，是在社会成本和社会收益分析的基础上确定的。只要原有的制度安排的社会净收益不再是制度选择集合中最大的一个，就产生了制度非均衡和对新制度服务的需求以及制度的潜在供给。制度需求是由制度的净收益决定的，和制度接受者的非均衡相联系，而不论潜在的制度供给能否变成实际的制度供给以满足制度需求。与制度变迁的需求不同，制度供给一般指的是制度决定者的供给，由制度决定者提供。制度供给虽然也是在制度成本和效益分析的基础上决定的，但它也是在对制度变革的成本和效益进行比较分析的基础上决定的。

9.2.2 制度变迁：博弈论视角

1. 博弈论视角下制度的特征

青木昌彦认为，制度是一种社会建构，在同一域还可能存在其他社会建构的情况下，它代表了参与人内生的、自我实施的行动决策规则的基本特征，因而治理着参与人在重复博弈中的策略互动。① 所以，博弈论视角下的制度可以定义为“博弈的均衡”。②

在博弈论中，纳什均衡很好地反映了制度形成这个概念。它一方面强调了参与人之间的相互作用，另一方面强调了理性决策者之间的策略性最优。决策规则在静态条件下表现为一个纳什均衡，而在序贯博弈中表现为一个子博弈精炼均衡。在这些情况下，任何参与人想单方面偏离既定的策略都是不合算的，因而被选择的行动决策就会是自我实施的。同样，这一均衡规定了未来所有可能状态下每个参与人将采取的行动。③

不过，古典博弈论在推演子博弈精炼均衡概念的时候，总是假定参与人是完全理性的，而更贴近现实的假设是参与人是有限理性的。“进化博弈论”就明确地引入参与人有限理性的因素。这一理论分析框架假定参与人的行动集合是相同的，博弈从无限远的过去开始并重复进行。在每一期，参与人根据以往的经验和前一期行动组合的结果知道哪种行动决策导致的平均报酬最高。这里的平均报酬指的是某种相应行动决策的“适应性”。给定关于后果函数的信息的有限性，给定关于其他参与人一般都遵守前一期行动决策的静态预期，则参与人会作出有限理性的行动决策，并通过模仿最适合的行为来实现收益最大化。而任何超出这个有限理性规则的行为决策都将被认为是随机事件——变异、错误、试验。

在参与人的所有决策中，由于博弈的长期性，必定有一个决策规则会使得参与人获得更高的平均报酬，也就是有一个更具适应性的决策规则。只要有超过临界规模的参与人在有限理性决策规则下认识到这一点并选择这一规则，那么这一决策规则就会形成一个渐近稳定的动态均衡，这一均衡也被称为“进化均衡”。如果初始条件下，参与人的初始分布邻近该均衡的话，进化均衡的参与人分布随时间的推移就会很快实现最终收敛的行动。而且这一均衡一旦实现就很难被摧毁。进化均衡总是纳什均衡。④

在初始的历史起点上，其动态过程是不稳定的，一些引入决策的随机因素可能会导致另一种类型的均衡演化。假定每一期与进化选择相容的行动组合中，任何个人行动决策都以一个很小的概率发生扰动，偏离进化选择，当扰动比例很小时，在长期内的概率分布总是收敛于特定的概率分布。这种极限分布我们称之为随机稳定的。但是当变异的

---

① 青木昌彦. 比较制度分析. 上海：上海远东出版社，2001：187.

② 同①2.

③ 同①192.

④ 同①195.

进化动态系统经历无限长的时间，在小概率变异和参与人有限的条件下，变异和进化选择兼容时，我们就不难预期，唯有以组织多样性为特征的最优均衡是随机稳定的进化均衡。

一般认为，古典博弈论更适合于分析诸如规范、合同和治理结构之类的制度。这些制度需要明确的实施机制，包括强制性惩罚和规范性预期。遵从这些制度规则的基础更多地来自自利的参与人对违规行为的可能后果的理性信念。进化博弈论更适合于分析以惯例和习俗形式体现的制度。因为在这一类制度中，遵从隐含规则的基础是由参与人的“天然特性”（如价值观、偏好和才能）提供的，人们的特性经长期演化，最终与这些制度相适合而形成。制度和个人特性的共同演化可以更好地用进化博弈论模型加以解释，因为这一模型设定了相对较少的外在参数。

无论是古典博弈论还是进化博弈论，从博弈均衡理论来看，制度实际上就是个体参与人竞争博弈而形成的一种可以自我维持与再生的均衡状态。在博弈竞争中，每个个体参与人都拥有制度的信息浓缩和个人的少量私人信息，根据这两种信息，个体参与人能发现或预期到如果它采取某种行为将会遭受到的后果，这时他就会作出最适合自身利益的决策。

青木昌彦认为，制度具有五个特征：内生性、信息浓缩、能够经受环境连续变化和参与人微小偏离的耐久性、与所有参与人相关的普遍性以及均衡的多重性。

制度的内生性是指，制度本身是社会上各种具有不同参数的参与人之间相互作用的一种均衡结果，这种参数本身取决于所要决定的制度结果，也不外乎参与人的偏好（影响博弈论中的后果函数）和技术（影响博弈论中的技术可行集）等，因而，这种制度本身就是信息的一种浓缩结果，每一个社会参与人通过这一制度的形成过程传递自己对于这一事件或者这一决策的个人信息，而社会制度形成又传递着整个社会的参数信息，从而形成一种社会参与人的内在信念。参与人在进行决策的过程中，不必要也不可能预期别人所决定的每一个细节。参与人的决策在很大程度上又受到既定制度的指导和约束，这也表明制度是浓缩信息的载体，这些信息涉及参与人在一些重要场合行动决策的许多基本特征。这种均衡与其他均衡一样，存在着一种耐久性，它对于环境的变化有一定的抵御能力，当然，制度本身内在的互补性关系也深深地影响着这一点。

制度形成中的个人作用是比较微小的，这是制度耐久性的一个原因。个人行为的变异与偏离并不能显著地改变制度均衡，但是所有参与人信念的转变就会推动制度的变迁。其实只要社会制度信念的变异者达到一定的临界规模，制度变迁可能就难以避免了。也就是它能够经受环境的连续变化，但是当环境的变化超过某个临界值，或者当域内动态过程（积累）的后果导致了危机或者困局时，这种制度就要面临性质上的考验。正如我们观察到的这个丰富多彩的世界一样，制度的均衡也是多重均衡并存的，这一方面可能取决于外在参数分布的不一致性，另一方面则是因为制度的互补性（包括在空间上的互补性和时间上的互补性）。

基于博弈论视角下制度的基本特征，对制度的理解主要包括四个方面：第一，制度是在一定域内生地产生的，而不是外在给定的。第二，参与人在做决策的过程中，不可能也不必要预期别人所做决定的每一个细节。参与人的决策在很大程度上受到既定制度的指导和约束，这表明制度是浓缩信息的载体，这些信息涉及参与人在一些重要场合行动决策的基本特征。换言之，可以把制度的一个重要作用归结为扼要代表了经济内在运行的一些基本特征，因而降低了有关他人决策的不确定性。第三，和通常理解的“制度”相关的一个性质是它的耐久性和稳定性，它能够经受住环境的连续变化，但当环境变化超过某个临界值或者当域内动态过程（积累）的后果导致了危机或困局时，该性质将要面临考验。因此，一种制度不能简单地等同于某个特定时刻上亚经济的特定（均衡）状态。它应该被看作是环境和内部变化在一定边界内相对不变的东西。而且，对制度的诠释还应该强调制度对参与人微小偏离行动决策的隐含规则的承受力。第四，制度是人为的秩序。制度本身不是唯一由经济域的技术和生态环境决定的自然秩序。在同一技术和生态环境之下可以建立多种制度方式。

2. 主观博弈模型下的制度变迁

如前所述，制度存在一些耐久性，但是制度变迁总是要发生的。制度变迁的机制究竟是怎样的呢？根据博弈论的观点，制度变迁可以理解为从一种博弈均衡（序列）到另一种博弈均衡（序列）的移动过程，其中伴随着参与人行动决策规则和他们对于制度共同认知信念的系统性变化。由于参与人对他们进行的博弈拥有一种主观认识，这里将这种认知模型称为主观博弈模型。

主观博弈模型假定，个体参与人不可能具备关于由技术决定的博弈规则的完备知识，也不可能对其他人的策略决策和环境状态作出完备的推断。相反，关于博弈结构每个参与人只拥有有限的主观认知，这些认知来自过去的经验，只有在环境发生重大改变时或者认知出现内部危机时才被修改。同时假定每个参与人技术可行的策略决策的客观集合，由一个无限维的空间代表，但是由于每一个参与人本身认知的局限，他们只是启用了这一空间的一个子集，我们称这一子集为“启用子集”。这一子集的启用范围取决于历史经验与环境的状态。如果外在环境发生重大的变化，原有的博弈规则启用子集将出现重大的认知危机，也就是其后果函数出现重大扭曲，这时参与人就会转向未启用子集进行试验或者探索以寻求新的更为适应的最优反应决策规则。

需要强调的是，参与人的主观博弈模型与其他参与人的主观博弈模型之间是互动的、相互协调的。如果一个博弈参与人与其他人的主观博弈模型不同，可能就会获得不同的博弈后果函数，这种结果惩罚会使得社会上的主观博弈模型收敛于一个“认知均衡”。因此，主观博弈均衡是所有的博弈参与人以类似的方式建构和认知的制度的一个组成部分。主观博弈均衡是一个纳什均衡，它所描述的情况是，所有的参与人都把制度现象看作是相关的约束，并相应地采取行动，其结果是使得制度被不断地确认和再生，就形成了一种均衡。

主观博弈模型是一个新的一般均衡框架，这个分析框架建立的基础是制度依赖于社会博弈参与人对于博弈规则主观认知的启用子集，这种启用子集在博弈参与人之间是相互验证、相互作用的，最终会形成一种主观博弈模型的认知均衡，这种认知均衡下的博弈规则启用子集构成了制度的决定因素。

当现行的决策规则相对于人们所希望的来说并不能产生令人满意的结果时，参与人将会较大幅度地修改或者重设规则系统，尤其是开始搜寻和试验涉及扩大策略启用子集维度的新决策规则。可是，理想与现实的差距即所谓的“认知危机”在什么时候达到临界规模呢？一种可能的答案是，这可能在环境发生巨大变化、连同客观博弈结构的内部均衡结果的影响积累到一定阶段的时候。

关于诱发性环境变化，青木昌彦列举了以下的一些例子：（1）新技术创新发生了，使得新的行动成为可能（策略未启用维度可以被启用）；（2）以前封闭的经济交换域开始与外界扩展的市场交换域接触；（3）外部冲击如战争时期，人们普遍意识到本国在生产率和创新方面与外国竞争者存在明显的差距，或者长期衰退迫使参与人感觉到有必要提高生产率或者其他绩效指标；（4）在具有强大的制度互补性的邻域（包括国际域）出现大规模制度变迁；（5）后果函数的政策参数发生了巨大变化。

关于相关域内部累积性影响，青木昌彦也列举了两个例子：（1）在一定的外生和内生规则下重复博弈的累积性后果已经导致了资产、权利和社会角色分配的不平等，这些规则的合法性在域内受到普遍的质疑，并超过了临界规模（例如中国改革开放后不断累积的社会财富分配不平等）；（2）对于现存制度安排属于中性或略微缺乏效率的变异者数目以及变异者能力在域内部已经积累到显著的程度。

青木昌彦认为，外生冲击本身也许不足以引发制度变迁的过程。一方面，在缺乏类似于上述所列的变化因素的内生性积累的情况下，相关域的参与人为了对外部冲击作出反应，可能只是在边际上更新其主观博弈模型，而无须改变行为决策规则的基本特征。另一方面，如果相关域的经济绩效令人满意，社会参与人并没有感到这种理想与现实之间的距离，则创新性变异的影响也是十分有限的。一般而言，正是上述外部和内部因素的结合导致了参与人的主观博弈模型出现普遍认知的严重失衡，引发了参与人开始重新定位新的主观博弈模型。原来在稳定的外部环境和内部状态下无利可图的变异（偏离性）决策现在可能变得有利可图，或者预期将会有利可图。这时，参与人开始重新审视过去决策启用子集的有效性，力图“发现”新的决策机会；或是试图对不同域的现有行动集合进行重新捆绑，扩大原有的决策启用子集。如果变异决策和新决策被证明是成功的，人们就会去竞相模仿。搜寻和模仿在解决问题的激励下受到鼓舞，其结果又对搜寻和模仿过程有反馈作用。诱发性条件和反馈机制有利于消除搜寻和模仿的随机性。

一旦许多参与人开始同时修改其决策启用子集，系统实施新决策，那么，现存制度在新出现的决策组合下不再是有效的，因而不再有助于降低参与人预期的不确定性，也就不再成为个人决策的有用指导和约束了，青木昌彦把这种情况称为制度危机。旧制度所隐含的一些“理所当然”的假定现在就变成可疑的了。参与人现在需要处理的信息量比在旧制度下大得多。他们尤其需要认识其他参与人的新的决策模式，并对此形成预期，该认识正确与否直接影响到参与人自己的报酬。与此相关联，参与人还不得不修改自己关于推断、预测和决策的各种规则。总之，参与人需要重建包括更多维度的主观博弈模型。

在制度危机下寻求新的出路的过程中，参与人可以利用各种预示未来博弈规则的信息。例如，他们可以模仿在其他域已经成功的做法，从国外先进经验中触类旁通、吸取经验。如果新实验与现存制度之间存在某种互补性，那么新实验决策就会更富有成效。由于这些和其他一些原因，至多只有几个主要的预测性和规范性信念系统有可能逐渐演化出来，相互竞争。究竟哪一种信念系统最终会成为预期收敛的聚焦点，进而成为一种新制度，主要取决于学习、模仿、适应和惰性如何在相关域之间相互作用，最终趋于稳定。伴随着新制度的确立，制度变迁过程得以完成。

9.3　制度变迁的过程

9.3.1　制度变迁过程中的阶段划分

1. 国外学者对制度变迁的阶段划分

根据戴维斯和诺思的分析，制度变迁需要经历五个阶段。① 第一阶段：形成初级行动团体。由于相对价格及要素价格变化、市场规模变动、技术进步等原因，若干个人及其团体从制度非均衡中预见到潜在利润的存在，从而形成制度变迁的初级行动团体。初级行动团体是一个决策单位，它们的决策是制度创新的起点，初级行动团体的成员被称为熊彼特意义上的制度创新企业家。第二阶段：初级行动团体提出制度变迁方案。新的方案可能来自其他经济体在类似活动方面的制度安排，也可能来自社会科学研究已取得的发明，还可能来自局部实践和探索所取得的经验。第三阶段：在有了可供选择的制度变迁方案之后，初级行动团体对预期纯收益为正的几种制度变迁方案进行比较和选择，选择的标准就是利润最大化原则。第四阶段：形成次级行动团体。次级行动团体是指制度变迁中为帮助初级行动团体获得预期纯收益而形成的决策单位，初级行动团体可以通过选举、贿赂、收买等手段建立次级行动团体，或在现有的制度结构中自动形成次级行动团体，次级行动团体可能是个人、社会团体或者政府部门。第五阶段：初级行动团体和次级行动团体一起努力使新的制度方案得以通过并付诸实施。当某项制度变迁实现以后，初级行动团体和次级行动团体之间可能就制度变迁的收益进行再分配。

2. 国内学者对制度变迁的阶段划分

国内学者对制度变迁过程的分析也有独到见解，认为制度变迁可分为六个阶段②：第一，认识变迁条件，发现变迁机会。这是制度变迁的启动或开始。制度非均衡以潜在利润的存在和变迁机会的出现为前提，但这并不意味着制度变迁的机会必然为人们认识或发现，需要人们去搜寻。特别是当这种机会并非特别明显、变迁的潜在利润还不易确定时，这种认识和发现机会的能力更难能可贵，需要相应主体具备一定的知识积累及灵感。第二，组织变迁集团。政府、团体都需要必要的组织，才能形成合力，转化为制度变迁的驱动主体。第三，确定制度变迁的目标。也就是确定制度向何种方向变迁的问题，制度变迁目标的确定是制度变迁主体有意识的行为，是一个收集各种信息、加工、发明和创造的过程。第四，设计和选择变迁方案或路径。在确定了制度变迁的目标之后，达到这个制度目标会有若干个制度变迁的方案，因为制度变迁的主体需要选择一条最优的变迁路径，需要对各种变迁的方案进行成本收益的综合考虑，最终作出选择。第五，实施制度变迁。选择了制度变迁方案之后，就是按照既定方案实施制度变迁，进入了制度变迁的实际操作阶

---

① 科斯，等. 财产权利与制度变迁——产权学派与新制度学派译文集. 上海：上海三联书店，上海人民出版社，1994：271-274.

② 黄少安. 产权经济学导论. 济南：山东人民出版社，1995：363-365.

段，虽然是对已有制度变迁方案的实施，但是实际操作过程中还会遇到相应问题，还需要不断修正和完善制度实施的过程。第六，完成、检验变迁和完善新制度。这是制度变迁的最后一个阶段。按照既定的方案实施制度变迁，能达到预期的制度目标，最后还需要对新制度进行检验、评价，看是否完善，是否与其他的现有制度冲突，能否正常运转等，也涉及新制度的完善等。

9.3.2　制度变迁过程中的时滞现象

时滞就是一种时间差，它是指某项活动从计划开始到产生实际效果之间的一项时间间隔，是经济学中的一个重要概念。新制度经济学关于制度变迁中时滞问题的研究，对于我们认识制度演变规律是颇有启发意义的。从认知和组织制度变迁到启动制度变迁有一个过程，这个过程就是制度变迁中的时滞。诺思认为，可以把制度变迁中的总时滞分成四部分。需要注意的是总时滞并不必然是各部分的加总，时滞长短应在分析问题时根据实际情况具体对待。

1. 认知与组织时滞

这个时滞是指从辨识外部利润到组织初、次级行动团体所需要的时间。这个时滞的长短受到以下几个因素的影响：(1) 一种安排创新得到的潜在利润越大，时滞越短。如果收益越大并且越接近于时点，所获知的预期成本和预期收益的确定性程度也越高，则这些利润越大。(2) 已知的合法安排选择单子越长，制度环境排斥的潜在安排选择越少，时滞越短。因为选择单子越长，某种创新获取利润的可能性越大，加速行动团体的组织起来的理由也就越多。(3) 组成有关行动团体的成员越少，时滞将越短。因为组织是既费成本又耗时间的，组织人数越多，达成一致所需要的时间就越长。(4) 如果组成有关行动团体成员的原型组织已经存在，时滞将较短。如果这一团体存在，不仅进行重组的代价不会很大，而且它也可能比从头组织一个相同团体的时间更少。(5) 通信和交通条件越好，时滞越短。在其他条件相同的情况下，交通和通信的条件越好，组织就能进行得越快。

2. 发明时滞

这里的发明不是指技术发明，而是指一种新的制度安排设计。任何新制度安排设计总是需要一定时间的，并且新制度的设计不像技术发明那样可以通过获得专利来从中获取全部利润，制度安排的模仿会出现“搭便车”行为。影响发明时滞长短的因素有：(1) 假定安排的发明者也是利润最大化者，从新安排中能够实现的利润越大越确定，发明时滞就越短。(2) 可被借用的其他行业或经济中的完整形式或修正形式的相似安排数目越多，时滞越短。(3) 基于法律和政治环境的经济安排越可靠，能为将来安排的广延性提供基础的现存安排数目越多，发明的时滞就越短。(4) 经济环境对可选择方案的制约越少，时滞就越短。

3. 菜单选择时滞

它是搜寻已知的可替换菜单和从中选定一个能满足初、次级行动团体利润最大化的安排所需要的时间。影响这一时滞的主要因素有：(1) 已知菜单上可行的安排选择数目越多，时滞就越长，众多的合法安排会增加对可选菜单的评估进而延长作出选择的时间。(2) 显现在菜单上的选择方案的现值分布越大，各方案优劣差异越大，时滞将越短。(3) 对外部利润内部化至少能起部分作用的现存安排的总成本中固定成本部分越大，时滞就越长。只有当旧安排运作的可变成本大于新安排的总成本时，更有效率的安排对现存安排的替代才可能发生。

4. *启动时滞*

启动时滞是指可选择的最佳安排与旨在获取外部利润的实际行动之间存在着的时间间隔。在不同的制度安排层次上，对启动时滞的决定因素也不完全相同。(1) 不管在哪个制度安排层次上，潜在利润越大越确定，启动时间就越短。利润越大，行动团体花时间来解决新安排创新中的疑难问题就越值得。(2) 在自愿合作安排中，初级行动团体的成员规模越小，成员间的意见一致程度越高，而且成员间对潜在利润的分配越公允，启动时间越短。成员越少，意见一致程度越高，在意见分歧的条件下进行谈判达到某种协调的时间就越少。(3) 在政府性安排层次中，选举频率越高，时滞越短；相互对立的政治联盟的力量越平衡，时滞则越长。

在影响制度变迁时滞的诸多因素中，诺思认为影响时间长短的主要因素可以归结为现有制度安排的状态，具体表现为：第一，它掩盖了制度安排的演变范围，如宪法秩序往往规定了具体制度安排的可行性空间；第二，现有安排制度还有存在价值，残存价值越大，制度更新的时滞越大；第三，发现和发明是一个艰难的过程，如果没有现成的制度可以借鉴，那么新的制度的产生需要不断摸索，制度变迁的时滞拉长；第四，制度创新是个利益调整过程，各个利益主体之间的矛盾和摩擦必然构成制度变迁的阻力，会延迟制度创新。

总体而言，个人安排的总时滞应该小于自愿合作安排的总时滞，而个人安排与自愿合作安排的总时滞又要小于政府性替代安排的总时滞。任何增大潜在利润规模或确定性的行动都将减少总时滞；而任何扩大相应行动团体规模的行动都有可能产生一个较长的总时滞。

9.4 制度变迁的方式

所谓的制度变迁方式，是指“制度创新主体为实现一定的目标所采取的制度变迁形式、速度、突破口、时间路径等的总和”①。诺思认为，制度变迁是制度不均衡时追求潜在获利机会的自发交替过程，而现实中制度变迁方式的选择主要受制于一个社会的利益集团之间的权力结构和社会的偏好结构。从不同的角度看，制度变迁方式有不同的分类。②而在一个社会制度变迁过程中，各种不同的制度变迁方式可以相机组合，组合成各种具体的制度变迁类型，以寻找到最贴近现实需要的制度变迁方式。

9.4.1 制度变迁方式分类与比较

1. 制度变迁方式的分类

(1) 根据制度变迁的规模划分：整体制度变迁与局部制度变迁。

整体制度变迁是一个国家或者一个地区制度体系的改革，这种制度变迁涉及几乎所有的制度，这又可被称为宏观制度变迁。在整体制度变迁的背景下，各种制度变迁交叉推

① 杨瑞龙. 论我国制度变迁方式与制度选择目标的冲突及其协调. 经济研究，1994 (5).

② 卢现祥. 新制度经济学. 武汉：武汉大学出版社，2004：175－180.

进。如由计划经济制度向市场经济制度变迁，或者由市场经济制度向计划经济制度变迁。局部制度变迁是同一轨迹的单个制度变迁。如粮食流通制度变迁、土地制度变迁、社会保障制度变迁等等。当然，局部制度变迁也可以与整体制度变迁同时进行，因为整体制度变迁就是由同一轨迹的单个制度变迁加总组成的。

（2）根据制度变迁的速度划分：渐进式制度变迁与激进式制度变迁。

渐进式制度变迁是指在制度变迁过程中相对平稳、新旧制度之间衔接的轨迹平滑、未引起大的社会震荡的变迁方式。其改革的特征可以概括为：改革是先试点后推广：一般选择双轨制改革方案；是自上而下的强制性制度变迁的过程；是一种倾斜式的改革方式，即选择那些旧体制影响较小又有建立新体制条件的地区作为改革的突破口；是一种增量改革，即在保留、改革旧体制的同时，不断引入新的体制。

激进式制度变迁，又被喻为“休克疗法”或“震荡疗法”（shock therapy），是一种大爆炸式（big bang）的跳跃性的制度变迁方式，其特点是在较短时间内完成大规模的整体性制度变革，一般是较迅速地废除或破坏旧的制度，制定和实施新的制度。

俄罗斯和东欧国家为迅速实现体制的转变，向市场经济转轨，选择了激进的方式，即休克疗法。这种方式强调转轨是一种涉及制度、体制和机制转变的全面改革，认为局部的、零碎的改革是不起作用的，甚至会起反作用。转轨的过程是利益重新分配的过程，也是规则再造的过程，这两个过程宜短不宜长。因此，改革的速度、力度成为至关重要的因素。在俄罗斯和东欧国家的实践表明，休克疗法在宏观经济管理方面的特征主要是“三化”，即稳定化、自由化和私有化。具体表现是通过财政信贷双紧政策以达到经济稳定化；实行一次性放开价格和废除对外贸易国家垄断制，以价格和外贸自由化来启动市场配置资源的机制：对国有企业实行私有化改造，以达到市场主体的多元化，启动竞争机制。

（3）根据制度变迁的主体划分：诱致性制度变迁与强制性制度变迁。

诱致性制度变迁是指现行制度安排的变更或替代，或者是新制度安排的创造，它由个人或一群人，在响应获利机会时自发倡导、组织和实行。诱致性制度变迁必须由某种在原有制度安排下无法得到的获利机会引起。其特点可以概括为：改革的主体来自基层；改革的程序自下而上；在改革成本的分摊上向后推移。尤其在改革的初始阶段，那些影响较大、会迅速产生巨大成本、减少私人净收益的改革措施，要么被化整为零，通过分步实施向未来分摊巨额成本，要么向后推移，推迟到以后阶段，等到实施的阻力显著下降，或者大多数社会成员积累的改革收益远远超过这些成本时再进行。在改革的顺序上，先易后难，先试点后推广，先经济体制改革后政治体制改革；改革的路径是渐进的，最显著的特点就是采取非暴力、非突发式，根据制度的需求和决策的安排逐步地推进，以避免社会产生巨大的震荡。

强制性制度变迁是由政府命令和法律引入实现的。强制性制度变迁的主体是国家政府，国家在制度供给上不仅具有规模经济的优势，而且在制度的实施及其组织成本方面也具有优势。强制性制度变迁的特点有：政府为制度变迁的主体；改革程序是自上而下的；具有激进的性质，制度一出台就一步到位；强制性制度变迁能从核心制度开始进行改革，而不必像诱致性制度变迁那样先从核心的外围开始。虽然强制性制度变迁是以政府为主体的一种制度变迁形式，但在具体的运用过程中又有不少类型，而且各种类型具有不同的功能和不同的运用环境。从强制性制度变迁的主体来看，可以分为两种，即以中央政府为主体的制度变迁和以地方政府为主体的制度变迁。从对制度需求的回应来看，也可分为两种，即需求回应性的强制性制度变迁和没有需求的强制性制度变迁。从制度变迁的暴力性质来看，可分为暴力性质的强制性制度变迁和非暴力性质的强制性制度变迁。

2. 诱致性制度变迁与强制性制度变迁比较

诱致性制度变迁必须由某种在原有制度安排下无法得到的获利机会引起，其变迁的主体是一个人、一群人或一个团体，即初级行动团体。他们认识到了在现存安排下无法取得潜在利润，从而愿意改变现状。从这个角度而言，他们都是熊彼特意义上的企业家，对获利机会予以响应，他们不但是制度的创新者，还是制度变迁风险的勇于承担者。这是因为获利机会的出现并不一定必然引起进行制度变迁的行动，革新成本过高或风险过大都可能成为制度变迁的障碍。总之，诱致性制度变迁是对原有制度安排下外在利润的响应，潜在利润和制度革新成本的相对大小决定着制度变迁可否进行。

诱致性制度变迁的主要依据是一致性原则和经济原则，其特点主要有三个：第一，具有盈利性。变迁主体是为了追求潜在收益，在变革之前会将这一收益与制度变迁的预期成本进行比较。第二，具有自发性。自发性反应的诱因是外在利润的存在，像我国的家庭联产承包责任制就是由安徽农村自发发起的。第三，具有渐进性。诱致性制度变迁是一个自下而上、由局部到整体的过程，不是在短期内就可以完成制度替代的。

案例 9-4

诱致性制度变迁：家庭联产承包责任制

以包产到户为内容的家庭联产承包责任制是农业管理体制的一场重大改革。1958 年的人民公社化运动曾使中国农民在劳动和分配上都实行绝对的平均主义，甚至饭都是大伙一块儿吃。“大锅饭”的结果是饭越吃越少、人越过越穷。

到了 20 世纪 70 年代末，安徽省部分农民冒着“割资本主义尾巴”的危险，偷偷摸摸地把一些麦田、油菜田承包到自己家里去种，搞起了“包产到户”，凤阳县小岗村便是这项改革的发源地。结果，包产到户加快了生产进度，提高了产量。1979 年 10 月，小岗村包产到户见成效，粮食总产量 6.6 万公斤，第一次向国家交了公粮，还了贷款。1980 年，小岗村产粮 6.95 万公斤。1980 年初，时任中共安徽省委书记的万里来到小岗村，逐户慰问村民，正式肯定了村民的做法。这便是“家庭联产承包责任制”的雏形。

1980 年 1 月 11 日至 2 月 2 日，国家农委在北京召开了全国农村人民公社经营管理会议。安徽省农委副主任周日礼在全体大会上做了题为《联系产量责任制的强大生命力》的发言，主要介绍了安徽省实行联系产量责任制的情况。一石激起千层浪。在大会分组讨论时，周日礼的发言引起了一场激烈的争论。有的同志说，联系产量责任制是半社会主义性质的，包产到户实质上是分田单干，它与社会主义沾不上边，是资本主义性质的。有的说，包产到户调动的是农民个体的生产积极性，不符合社会主义方向。中央 49 号文件明确规定，不许分田单干，也不要包产到户，安徽的这个搞法，既违反了中央文件的规定，也违反了宪法规定。针对这一情况，1980 年 5 月 31 日，邓小平在同中央负责工作人员谈话时，旗帜鲜明地支持了家庭联产承包责任制这一重大改革。他明确指出："农村政策放宽以后，一些适宜搞包产到户的地方搞了包产到户，效果很好，变化很快。安徽肥西县绝大多数生产队搞了包产到户，增产幅度很大。'凤阳花鼓'中唱的那个凤阳县，绝大多数生产队搞了大包干，也是一年翻身，改变面貌。有的同志担心，这样搞会不会影响集体经济。我看这种担心是不必要的。我们总的方向是发展集体经济。实行包产到户的地方，经济的主体现在也还是生产队。这些地方将来会怎么样呢？可以肯定，只要生产发展了，农村的社会分工和商品经济发展了，低水平的集体化就会发展到高水平的集体化，集体经济不巩固的也会巩固起来。关键是发展生产力，要在这方面为集体化的进一步发展创造条件。"①

1980年9月，中共中央发出当时著名的75号文件，对包产到户的形式予以肯定。交够国家的，留足集体的，剩下全是自己的。由于"包产到户"从根本上打破了农业生产经营和分配上的"大锅饭"，使农民有了真正的自主权，因此受到中国各地农民的广泛欢迎。到1981年，家庭联产承包责任制已经在中国农村绝大部分地区推广。

1982年1月1日，中共中央批转的《全国农村工作会议纪要》，对全国农村已有90%以上的生产队建立了不同形式的农业生产责任制做了初步总结。其中指出："目前实行的各种责任制……都是社会主义集体经济的生产责任制。"1982年12月31日，中共中央政治局讨论通过的《当前农村经济政策的若干问题》对联产承包责任制给予了高度评价。1984年1月1日，中共中央《关于1984年农村工作的通知》再次强调："继续稳定和完善联产承包责任制，帮助农民在家庭经营的基础上扩大生产规模，提高经济效益。"

资料来源：李占才. 当代中国经济思想史. 郑州：河南大学出版社，1999：503-507.

由于强制性制度变迁是由政府命令、法律引入和实行而导致的制度变迁，所以强制性制度变迁不完全是对成本—收益变动的自发反应。强制性变迁的主体是国家，国家作为一个合法使用强制力的垄断者，可以扩张它的影响范围，在使用强制力时具有很大的规模经济。另外，这种强制力可以降低组织成本和实施成本，不需要经过每个参与者的一致性同意，所有参与者都受制于政府的强制性权力，无论是否满意某方案都不可能退出，正如穆勒所说，政府有权力"决定什么样的制度将存在"。所以，政府利用其强制力可能实现一个由自愿谈判无法实现的方案，产生极高的收益。但另一方面，因为强制性变迁不需要每个参与者的同意，违反了一致性同意原则，这个原则在某种意义上是经济效率的基础，如果有些人不按照制度规则规范自己的行为，也就很难保证这个制度本身的效率。

当经济增长时会出现制度不均衡，由于私人和社会在收益、费用之间存在分歧，这种不均衡将会继续存在下去。统治者要强制推行一种新制度安排，其预计边际收益至少要等于统治者预计的边际费用，只要统治者的预期收益高于其强制推行制度变迁的预期费用，他就将采取行动来消除制度不均衡。但是国家的基本功能是提供法律和秩序，并保护产权以换取税收。统治者进行制度变迁的诱因往往是按税收净收入、政治支持以及其他进入统治者效用函数的商品或效用来衡量的，如果制度变迁会降低统治者可获得的效用或威胁到统治者的生存，那么国家可能仍然会维持某种无效率的不均衡。所以，国家是站在统治者

① 邓小平. 邓小平文选：第2卷. 2版. 北京：人民出版社，1994：315.

效用而不是从社会福利角度来考虑的，没有人可以保证效用最大化的统治者会有激励去履行那些增进制度安排供给的政策，以达到整体的社会财富最大化。

虽然诱致性制度变迁和强制性制度变迁有着明显的差异，但在现实中它们却又是相互联系、相互补充、相互制约的。一方面，当诱致性制度变迁因为组织成本过高等原因而不能满足社会对制度需求的时候，强制性制度变迁可以缓解制度短缺，弥补制度供给不足。另一方面，制度作为一种公共产品，本身也具有层次性、差异性和特殊性，有些制度变迁（如法律秩序等）最好或只能由国家来实施，即使有巨额的潜在利润，自发性团体也无法通过制度变迁获取；但有些制度变迁却又最好或只能由市场或民间自发供给。

诱致性制度变迁和强制性制度变迁都是对制度不均衡的反应，两者都遵循成本收益比较的基本原则。但是由于两种制度变迁的主体和诱因不同，其变迁过程中也呈现出不同的特点，主要表现在四个方面：

一是制度变迁主体和诱因不同。诱致性制度变迁来自微观主体对潜在利润的追求，其变迁主体是一个人或一群人，程序为自下而上。而强制性制度变迁是国家在追求租金和产出最大化的目标下，通过政策法令实施的，它是以政府为制度变迁主体的，程序是自上而下的。另外，诱致性制度变迁主体的形成主要依据共同的利益和经济原则，而国家进行制度变迁的诱因则比竞争性组织更复杂。

二是组织和谈判成本不同。诱致性制度变迁的主体是一群人或一个团体，且每个人都是有限理性的，所以，具有不同经验和在结构中具有不同作用的个人对制度不均衡的程度和原因的认知也不同，他们还要协商寻求分割变迁收益的方式，在这种情况下，要使一套新的行为规则或规范被接纳或采用，个人之间需要经过长期的讨价还价谈判才能达成一致的意见，谈判成本非常高，往往使一些诱致性制度变迁无法产生。而强制性制度变迁是国家使用具有规模经济的强制力进行制度变迁，可以降低组织成本和实施成本，以比其他竞争性组织低得多的费用提供制度性服务。

三是新制度安排的效率不同。诱致性制度变迁是基于一致性原则和成本收益比较原则而发生的，一旦诱致性制度变迁成为新的制度安排，它往往具有很高的效率。强制性制度变迁是政府通过命令和法律引入实现的，虽然其强制力降低了制度变迁成本，能以最短的时间和最快的速度推进制度变迁，但它违背了一致性同意原则，在某种意义上损害了经济效率，由此形成的制度安排可能是低效率的甚至是无效的。

四是所面临的问题不同。诱致性制度变迁是自下而上、从局部到整体的制度变迁过程，制度的转换、替代、扩散都需要时间，从外在利润的发现到将其内部化需要经过许多复杂的环节，仅仅是达成团体内部一致就是一个旷日持久的过程，非正式制度变迁的时间则更长。并且，制度安排的外部性和变迁过程中可能出现的“搭便车”问题往往是诱致性制度变迁不能得以进行的主要障碍。而强制性制度变迁主要面临着有限理性、意识形态刚性、官僚政治、集团利益冲突等问题的困扰。

从两者之间的比较可以看出：诱致性制度变迁的主体是一个人或一群人，诱因是外在利润的存在；强制性制度变迁的主体是政府，诱因除了获取潜在利润，也有可能纯粹是不同选民集团为了对现有收入进行再分配。也正是由于这些不同，在制度安排革新过程中它们都有各自的特点。

一方面，诱致性制度变迁具有盈利性、自发性和渐进性，具有内在的优化演进机制和广泛的举措修正机制，降低了决策失误率，并且激励机制持久起作用，保证了源源不断的改革动力；强制性制度变迁则体现出自上而下的强制性，节约了组织成本和实施成本，但违反了一致性同意原则。另一方面，这两种制度变迁方式都有自己的比较优势，它们之间相互联系、相互制约，共同推动了制度安排的变迁。制度安排是一种公共产品，其外部性问题和制度变迁过程中的“搭便车”行为使得仅仅通过诱致性变迁不能够达到社会需要的最优量，会造成制度不均衡和制度短缺。强制性制度变迁依靠政府的强制力可以缓解制度短缺加以补救，特别是有一些制度变迁只能由国家完成。但是，强制性制度变迁本身也存在一些问题，国家设立的制度安排的有效性受到多个因素的制约。如政府主导的制度变迁不以一致性为原则，而是通过国家的强制力自上而下地予以落实，很难适用于所有地方和所有领域。若违背一些地方利益，可能会产生“上有政策，下有对策”的现象；政府主导的制度变迁方式还有可能抑制个人自愿合作的制度变迁的产生；另外，如果政府在制度变迁中拥有的权力过大，会导致制度寻租现象的产生。

9.4.2 制度变迁的相机结合模式

强制性制度变迁既可以与激进方式相结合，也可以与渐进方式相结合；反过来，诱致性制度变迁也同样可以如此。在一个社会进行制度变迁的过程中，要根据具体情况和具体需要来选择组合模式、转换组合模式。①

1. 制度变迁的四种组合模式

组合模式一：强制性制度变迁方式＋激进方式的变迁模式，简称激进式强制性制度变迁组合模式。这种模式是一种“暴风骤雨”似的变革方式，在实践中也称为“休克疗法”。它是由美国哈佛大学的萨克斯首先倡导的，该种方法本来是用来治理通货膨胀的，但是后来被用来进行制度变迁。其主要特点是以政府为主导，政府是制度变迁的主体，变迁程序是自上而下的，变迁时间较短，可以在比较短的时间内实现制度结构的大变革。这种组合模式最大的特点：一是制度安排的速度快。可以保证看准了的制度迅速安排好并有效地发挥作用，从而节省变迁时间，减少制度“阵痛”时间；二是正因为速度快，可以减少利益集团制度寻租的机会，节约制度实施成本；三是变迁的力度大，核心制度易于被摧毁而让位于新制度。其主要缺点：一是有很大的破坏性，可以引起社会大的震荡，一旦安排的制度如果缺少制度需求，也不符合制度变迁的方向，则会使制度跌入供给陷阱，即前一种制度的法理基础被破坏，而安排的新制度却因制度环境不成熟和制度执行者经验不足等原因而难以有效发挥作用，制度变迁风险大，稍不注意就可能会出现政权易位。这种方式一般很少用。二是制度变迁具有不可逆性，缺乏弹性的修正的合理时滞。三是切断了与原有制度的联系，损失了信息存量。苏联和东欧的计划经济体制向市场经济体制的转变就是这种模式的最集中的体现。

组合模式二：强制性制度变迁方式＋渐进方式的模式，简称渐进式强制性制度变迁组合模式。这种制度变迁的组合模式是指在一段较长的制度体系变革中，从整体上来讲，占

---

① 邓大才. 论制度变迁的组合模式. 北京行政学院学报，2002（4）.

主导地位的制度变迁方式是以政府为主的强制性制度变迁，但是有渐进因素：一是在单一制度的变迁轨迹上又具有一定的渐进性质；二是核心制度和配套制度在安排上有先有后，还有一定的时滞；三是注意交替使用强制性制度供给满足制度累增的需要。这种制度变迁组合模式较之组合模式一相对温和，有些制度也给制度需求主体一定的内生需求时间和空间，制度安排有一定的调整余地，避免制度震荡和破坏性，制度作用对象也有一定的时间来适应，可以减少制度作用对象对新制度的抵制，制度安排的摩擦成本较组合模式一要低。这种制度变迁组合模式的主要缺点：一是由于强制性制度作用的时间比较长，利益集团寻租的可能增强和各种“搭便车”的现象不可避免；二是由于是渐进的强制性制度变迁，就可能会出现制度变迁的强度不够的现象；三是制度的内生诱导仍然不够。在这种制度变迁模式下关键要处理好两个问题：一方面是制度变迁的强度，另一方面是要及时根据制度需求的累积情况，安排好强制性供给的时机。我国改革开放以来的国有企业制度变迁就属于这种模式。

组合模式三：诱致性制度变迁方式＋激进方式的组合模式，简称激进式诱致性制度变迁组合模式。这种组合模式就是从整体看，制度的变迁采取的是诱致性制度变迁方式，但是在单个制度的安排上有激进性质体现。这些单个制度主要是核心制度，因为如果核心制度不出台，即使有再多的配套制度也不会提高制度结构效率。但是这与核心制度的安排具有内生需求并不相悖，而且核心制度在安排前也具有充分的制度需求累计。在核心制度采取激进的方式安排后，制度体系的其他配套制度就采取诱致性制度来逐步完善。这种制度变迁的组合模式有许多优点：因为有充足的内生需求，制度安排一般符合社会发展规律的要求，制度实施的阻力小，实施成本低；制度安排成功的概率相当高；制度供给较及时，可以较大地缩小制度供需缺口；制度安排的可逆性大，便于制度修正和调整，是一种较为理想的制度变迁组合模式。其主要缺点：一是这种类型导致核心制度更替脱节，正因为这是一种较为理想的制度变迁组合模式，制度设计和安排者就有可能盲目乐观，从而忽视核心制度的再创新，反过来又加大制度供需缺口，使制度跌入供给陷阱；二是制度变迁的时间较长；三是制度变迁成本向后累计推移，从而使矛盾和问题积累起来。这种制度变迁的组合模式关键也是要处理好制度强度问题，要保证核心制度按时出台。我国 1978 年以来的农地制度变迁正是这种模式。

组合模式四：诱致性制度变迁＋渐进方式的组合模式，简称渐进式诱致性制度变迁组合模式。这种制度变迁的组合模式就是以市场微观主体为制度变迁的主体，通过微观主体的内生制度需求，来渐进地、缓慢地推动制度变迁，其制度变迁的大背景是需求诱致性的，在强度较小的大背景下，变迁的速度也较慢。这种制度变迁的主要优点：一是社会震荡小；二是制度内生需求充分，能够较准确地把握制度变迁的方向；三是制度安排成功概率高。其主要缺点：一是变迁时间长，“搭便车”的多，利益集团的寻租多；二是变迁强度不够，不能很好地把握制度变迁的好时机；三是制度供需缺口大，制度跌入供给陷阱的概率极高；四是制度变迁成本高，越往后，成本越高，改革的前期风险较低，但是如果不能很好地把握改革时机，风险也会逐渐积累。我国在 1978 年在家庭联产承包责任制确定以后的农业制度变迁属于此种类型。

2. 制度变迁组合模式要适时转换

上述四种制度变迁组合模式之间没有绝对的好坏、优劣之分，其效果主要看组合模式是否与实际相符，是否能解决该阶段的改革任务。因此，制度变迁过程中究竟选择什么样的组合模式，要结合以下六方面来考虑。

（1）因地制宜用好组合模式。由于制度变迁组合模式较多，各种不同制度变迁方式组合产生的效果也迥异，而且各地的、各国的条件和环境各不相同，这就要求在应用制度变迁的组合上因地制宜、灵活运用，用好制度创新方式和制度演进方式的“组合拳”。这也就要求制度变迁不能生搬硬套，一定要结合本地的实际，充分考虑制度需求状况、制度初始条件、预期制度与制度环境的兼容性。一般而言，对于整体性制度变迁最好不要使用激进式强制性制度变迁组合模式，也就是说，激进式强制性制度变迁最好只用于局部制度变迁。其他的既可适用于整体制度变迁，也可适用于局部制度变迁。

（2）把握模式的转换时机。由于需求诱致性制度变迁的推动力相对较弱，路径选择的传统依赖性强以及制度供给与需求主体利益博弈的非均衡性，决定了这种制度变迁方式不能完全解决制度的供给问题，特别是涉及既存利益集团或者决策者利益的制度安排尤其如此。这就必须要求强制性制度供给与之相配合。但是强制性制度供给存在低效性、内在隐含的破坏性、利益集团的“搭便车”性和制度设计安排者的“寻租”企图，这就要求选准强制性制度出台的时机，尽量避免超前出现，但是也要尽可能地缩短制度供给滞后的时滞，避免使制度供给跌入陷阱（即核心制度供给滞后，其他配套制度供给边际为零甚至为负的状态）。因此，把握制度转换的时机是降低制度变迁成本、提高制度效益的关键。

（3）各种组合模式互补搭配。由于制度创新方式和制度演进方式在变迁中力度有强有弱、速度有快有慢，必须充分考虑两者的优势和劣势，尽量形成互补优势。

（4）把握好制度变迁的强度。对于强制性制度变迁而言，要能保证预期制度及时安排到位，强度过大，变迁成本太高，可能会引起微观主体的不满。强度不足，预期制度就可能不能及时安排，增加双轨体制运行的时间和摩擦成本，直到跌入制度供给陷阱。诱致性制度变迁的强度主要是在诱导需求达到极点后，决策者安排新制度的强度要适宜，不能因为是诱致性制度变迁就拒绝使用一定的行政力量。

（5）把握好制度变迁的时间长度。激进式强制性制度变迁时间不能太长，其限度是以预期制度安排到位为准，长了不便于检验制度的正确性，也不便于对制度进行动态修正。

（6）要考虑制度需求累增效应，及时推动制度升级和完善。这要把握两个方面：一是各种模式都要尽量培养内生诱致性制度需求；二是要把握好制度累积的临界点，达到临界点后，要及时调整制度变迁模式。

本章小结

本章系统地介绍了制度变迁理论，通过对制度变迁内涵、制度变迁方式的界定，分别从供求视角和博弈论视角分析了制度变迁的一般性特征。制度变迁发生的根本动因在于制度变迁主体对潜在外部收益（或潜在利润）的追逐。在潜在利润的诱致下，会相继产生推动制度变迁的初级、次级行动团体。制度变迁的方式有多种，但究竟选择什么样的变迁方式（或组合模式），则要根据一个社会的具体情况而定。

关键术语

制度　制度变迁　制度均衡　制度非均衡　制度需求　制度供给
初级行动团体　次级行动团体　强制性制度变迁　诱致性制度变迁

复习思考题

1. 什么是制度变迁？制度为什么会发生变迁？
2. 试述影响制度需求与制度供给的因素。
3. 如何理解博弈论框架下的制度及制度变迁？
4. 简述制度变迁时滞的类型及其内容。
5. 强制性制度变迁与诱致性制度变迁有何不同？
6. 制度变迁的组合方式有哪几种？每一种组合方式有何优缺点？

第 10 章

制度绩效理论

本章要点

1. 了解传统经济增长理论及新制度经济学的反思与批判。
2. 掌握诺思制度绩效理论的核心观点与具体构架。
3. 掌握格雷夫制度绩效理论的主要特征、具体内容。
4. 了解新制度经济学家关于“李约瑟之谜”的探讨。
5. 了解新制度经济学对中国改革进程及其绩效的解读。

根据道格拉斯·诺思的分析，所谓“绩效”，是指“经济学家所关心的、有代表性的事物，如生产多少、成本和收益的分配或生产的稳定性。在解释绩效时，最初强调的是总产量、人均产量和社会收入分配”①。本章所要介绍的制度绩效理论，实际上就是探讨新制度经济学家们是如何通过对经济史的重新解读而发现决定经济绩效的制度因素的，也就是探讨经济增长史中的制度是如何影响经济增长实绩的。

10.1　对传统经济增长理论的反思

经济增长及其绩效是经济学家们很早就关注的一个重要话题，亚当·斯密于 1776 年出版的《国富论》一书中就包含了大量的国民财富积累与经济增长的思想。他明确提出，

① 诺思. 经济史上的结构和变革. 北京：商务印书馆，1992：5.

“每一个国家政治经济学的目的，在于增加该国的财富的威力”①。为了有别于新制度经济学派的制度绩效理论，我们将此前有关经济增长绩效的研究统称为传统经济增长理论，以便于探寻两者之间的差异。

10.1.1 传统经济增长理论

经济学家在研究中发现，现实中的经济增长率往往要高于要素投入增长率，也就是说，经济增长会存在一个余值。为什么会出现这种情形呢？具体有哪些因素影响了经济增长的绩效呢？在影响经济增长绩效的各种因素中什么才是主导性的或决定性的因素呢？在新制度经济学产生之前，经济学家们已经对此进行了深入考察并提出了各自的主张，概括起来有分工深化决定论、物质资本决定论、技术进步决定论、人力资本决定论等四种主要观点。

1. 分工深化决定论

亚当·斯密第一次系统提出了分工与经济增长之间的关系，他“通过系统地考察专业化和分工对于经济发展和繁荣的含义使公众注意到专业化和分工在经济分析中的中心作用”②。亚当·斯密在《国富论》中探究了两大基本问题：财富的本质是什么？国民财富究竟从哪里来？对后一问题的回答形成了作为古典经济学核心思想的“斯密定理”，该定理认为国民财富来源于分工对经济增长的推动。也就是说，分工是经济增长的源泉，经济增长是劳动分工的不断深化带来的结果，由于分工的深化导致技术进步和劳动生产率提高。③

在分工的基础上，亚当·斯密还创立了绝对优势理论。他认为，“劳动生产力上最大的增进，以及运用劳动时间所表现的更大的熟练、技巧和判断力，似乎都是分工的结果”④。各国应根据其劳动生产率在某方面的绝对优势安排生产和国际贸易，应多生产并出口本国的绝对优势产品，多进口本国非绝对优势产品以替代国内的生产，这样，各国均可通过国际分工极大地促进经济增长和财富增加。在1817年出版的《政治经济学及赋税原理》一书中，大卫·李嘉图又在绝对优势理论的基础上提出了比较优势理论。李嘉图从生产成本的相对差别出发，认为在资本和劳动不能在国家间自由转移和流动的前提条件下，各个国家应专门生产它们在生产成本上相对优势最大或相对劣势最小的商品，通过参与国际分工和进行国际贸易，能够节省资本和劳动，从而能够使本国获得经济增长。

美国著名管理学家彼得·德鲁克也认同分工对于经济增长的重要作用，认为正是由于技术进步和专业分工，“各种新兴的工作为个人提供了多得多的机会”⑤。著名华人经济学家杨小凯提出了分工驱动经济增长的思想，并将分工与增长模型化。杨小凯的分工理论得到了西方主流经济学界的认可。⑥

---

① 季德，李斯特. 经济学说史：上册. 北京：商务印书馆，1986：36.

② 杨小凯. 发展经济学——超边际与边际分析. 北京：社会科学文献出版社，2003：62.

③ 杨小凯. 贸易理论与增长理论的重新思考及产权经济学//汤敏，茅于轼. 现代经济学前沿专题：第1集. 北京：商务印书馆，1989：110-119.

④ 斯密. 国民财富的性质和原因的研究：上册. 北京：商务印书馆，1972：5.

⑤ 德鲁克. 社会的管理. 上海：上海财经大学出版社，2003：57.

⑥ 李勇坚. 内生增长理论的最新进展. 经济学动态，2002（10）.

2. 物质资本决定论

20 世纪 40 年代，研究增长理论的英国经济学家哈罗德和波兰裔美国经济学家多马分别提出了各自的经济增长模型，因其基本思想一致而被合称为哈罗德-多马模型。该模型假设了一些条件：(1) 经济体只生产某一种产品；(2) 储蓄可以全部转化为投资；(3) 只有劳动和资本两种生产要素；(4) 资本产出率和人口增长率均保持不变；(5) 不存在技术进步和资本折旧。设定 Y 为经济增长率、s 为储蓄率、k 为资本产出率，这样就构建了一个经济增长的简单模型，其表达式为 $Y=s/k$。该模型简要地表达了国民经济增长率与储蓄率、资本产出率之间的关系。根据模型及其假设条件，经济增长率与储蓄率成正比，与资本产出率成反比。然而，由于资本产出率是假定保持不变的，因而储蓄率就成了决定经济增长率的唯一因素。该模型还假定储蓄可以全部转化为投资，这样，储蓄率实际上就是投资率或资本积累率。由此可见，在哈罗德-多马模型中，资本积累的作用被提高到了极为显著的地位，甚至成为经济增长唯一的决定性因素。

主张资本积累是经济增长决定性因素的经济学家还有许多，如美国经济学家罗斯托、纳克斯、麦迪逊等。其中麦迪逊在 1970 年出版的《发展中国家的经济进步和政策》一书中，考察了 1950—1965 年间 22 个发展中国家和地区的经济增长情况。麦迪逊使用的传统分析方法，将影响经济增长的因素分为人力资源、资源配置效率和资本三大类，并分别考察它们各自的增长及其对经济增长的贡献。结果发现，在 1950—1965 年间，这 22 个发展中国家和地区的经济增长率平均为 5.55%。其中：人力资源（劳动力）平均增长率为 1.94%，对经济增长的贡献为 35%；资源配置效率的平均增长率为 0.55%，对经济增长的贡献为 10%；而资本投入的平均增长率为 3.06%，对经济增长的贡献为 55%。也就是说，资本投入增长对经济增长的贡献率最大。

3. 技术进步决定论

虽然哈罗德-多马模型是经济史上得到最广泛应用的经济增长模型之一，但在许多经济学家的眼里该模型的解释力仍存在明显缺陷。他们认为，哈罗德-多马模型关于资本产出率不变、不存在技术进步等假定与现实有很大差异，因此必须用新的增长理论来替代它。20 世纪 50 年代开始，美国经济学家索洛等人对哈罗德-多马模型进行了修正和补充，将其发展为一个新古典经济增长模型——索洛模型。该模型假设了一些条件：(1) 只生产一种产品，该产品可用于消费和投资；(2) 劳动力充分就业；(3) 规模报酬不变；(4) 劳动力和资本可相互替代；(5) 存在技术进步和资本折旧；(6) 价格和工资是可变的。

索洛增长模型的核心是其新古典生产函数：$Y=F(K, L)$，其中，Y 是产出，K 和 L 分别为资本和劳动。通过条件假设可以进一步解得索洛增长模型的基本方程式为：$\dot{k}=sf(k)-(n+\delta)k$，其中 k 代表有效劳动投入之上的资本密度，s 是储蓄率，$f(k)$ 是人均产出，n 是人口（劳动力）增长率，δ 是固定的资本折旧率。当个人储蓄恰好和增长着的资本存量保持一致时，资本—劳动比的变化率 $\dot{k}$ 等于零，资本—劳动比将保持在不变的水平 k^*，此时，经济处于稳定状态之中，满足如下的均衡增长条件：$sf(k^*)=(n+\delta)k^*$。此时处于人均资本保持不变的状态，即劳动力与资本的增长率相同。在索洛模型中，通过储蓄率调节资本存量和投资水平，使其在黄金律水平上下波动。因此，资本积累本身并不能解释经济的持续增长，较高的储蓄导致经济较快增长是暂时的，经济最终要到达资本与产出不变的稳定状态。虽然在索洛模型里技术进步是外生的，但索洛明确指出，从长远的角度看技术进步才是经济增长最根本的决定因素，并且在相同技术条件下各国经济增长速度将趋于一致。总之，“在索洛模型中，只有技术进步增长率的变化具有增长效应，所有其他变化只会产生水平效应。”①

索洛模型关于各国在相同技术条件下增长速度趋于一致的判断，在现实情形尤其是在发展中国家的现实情形中并未得到体现。罗默等人提出的新经济增长理论，将技术进步完全的内生化。1990 年，罗默在理论上第一次提出了技术进步内生增长模型，认为增长的原动力是知识积累，资本的积累不是增长的关键。新增长理论将知识和专业化的人力资本引入增长模型，并放弃了技术外生化的假定，突出技术的内生性。新增长理论指出了“干中学”以及知识外溢在经济发展中的重要作用，并强调发展中国家在经济发展过程中对外开放的重要性，对外贸易可以加速世界先进知识、技术和人力资本在世界范围内的传递。这种以知识为基础的新的经济增长理论鼓励新知识的积累以及知识在经济中的广泛运用，促进了高新技术革命的发展和知识经济时代的到来。在这一过程中资本对于经济增长的关键性作用已让位于知识和技术进步。

4. *人力资本决定论*

20 世纪 60 年代，经济学家开始对资本积累、技术进步推动经济增长的理论进行反思和批判。美国经济学家舒尔茨认为以往经济学家对资本概念的理解是片面的，资本既包括物质形态的资本，又包括凝结在人体内的人力资本，而且人力资本对经济增长起决定性的作用。舒尔茨认为，虽然通过增加常规资本也能够获取一定的经济增长，但如果离开大量的人力投资，经济增长率肯定是十分有限的。② 据舒尔茨估计，美国 1929—1959 年的余值增长率大约是 3/5，其中教育的收益可能占这个余值的 3/10 到 1/2。英国经济学家哈比森也指出：“人是积累资本，开发自然资源，建立社会、经济和政治组织并推动国家向前发展的主动力量。显而易见，一个国家如果不能发展人民的技能和知识，并在本国经济中加以有效运用，就不能发展任何别的东西。”③ 诺贝尔经济学奖得主贝克尔也认为：“人力资本对现代经济增长至关重要，因为现代世界的进步依赖于技术进步和知识的力量，但不是依赖于人的数量，而是依赖于人的知识水平，依赖于高度专业化的人才。在当代世界，你必须努力开发人力资本，不掌握大量的知识，没有一个国家会成功。”④

日本经济学家宇泽弘文在 1965 年提出了宇泽模型，认为产出是有形要素与教育部门带来的技术（人力资本）共同决定的函数。20 世纪 80 年代中期，卢卡斯在宇泽模型的基础上创建了卢卡斯模型，因其将人力资本内生于经济增长之中而成为新增长理论的重要内生增长模型之一。卢卡斯模型的重要内容之一是把新古典增长模型中的“劳动力”的定义扩大为“人力资本”，即体现在劳动者身上的可用于生产产品或提供各种服

---

① 罗默. 高级宏观经济学. 上海：上海财经大学出版社，2009：14.

② Schultz，T. W.，*Investing in People*：*The Economics of Population Quality*，Berkeley：University of California Press，1981：4.

③ Harbison，F. H.，*Human Resources as the Wealth of Nations*，London：Oxford University Press，1973：3.

④ 经济学消息报社. 追踪诺贝尔. 北京：中国计划出版社，1998：176.

务的智力、技能以及知识。卢卡斯模型的贡献在于承认人力资本积累是经济得以持续增长的决定性因素和产业发展的真正源泉。人力资本克服了劳动和物质资本的边际产出递减的限制，并通过推动技术进步使资本的收益率提高，使经济得以持续增长。卢卡斯把人力资本分为社会一般人力资本和专业化人力资本，社会一般人力资本通过学校教育获得，专业化人力资本通过在实践中学习获得。

从以上分析可以看出，无论古典增长理论、新古典增长理论，还是新增长理论，都对经济增长的源泉进行了探索，并从劳动分工、物质资本、技术进步、人力资本等方面追问经济增长的决定性因素。这些理论研究往往具有深厚的社会基础，并从当时的角度深入阐释了经济增长的动力，产生了广泛而深远的影响。除此之外，有些经济学家还强调自然资源、产业结构变迁、企业家创新、人口增长率等因素对经济增长的推动作用，但这些主张在学术界造成影响的深度和广度都非常有限。

10.1.2 制度绩效理论的提出

传统的经济增长理论是伴随着经济发展的历程而不断演变发展的，它们的许多真知灼见对经济学理论和经济建设实践发挥了积极的作用，并在特定的历史时期产生了巨大的影响。然而，传统增长模型却没有将具有关键性意义的“制度”纳入其中，从而使其不可能对经济增长绩效作出最令人信服的解释。

1. *新制度经济学对传统增长理论的批判*

新制度主义的经济学家们对传统的增长理论尤其是对新古典增长理论进行了梳理、反思和批判，并在此基础上提出自己的制度绩效的理论构架。

传统增长理论既没有完全舍弃制度分析，也没有完全认同制度对促进经济增长的意义，只是对制度在经济增长中的重要作用重视不够。古典经济学鼻祖亚当·斯密就很关注制度、法律和政策在促进经济增长中的作用，认为“好制度”是英属殖民地经济发达的原因。新增长理论也确立了政府政策在经济发展中的作用，并研究总结出一套维持并促进长期增长的经济政策。罗默在其《高级宏观经济学》一书中就运用霍尔和琼斯关于社会基础结构的概念，阐述过对制度和政策的认识及其对经济增长的意义。他将社会基础结构分为政府财政政策的各种特征、制度和政策（包括私人决策环境的决定因素）、政府自身影响寻租行为的程度三个方面，并且指出：“影响私人报酬与社会报酬之间关系的制度和政策对于经济运行至关重要”①。然而，相对传统经济增长理论的诸多核心思想而言，关于制度影响经济增长绩效的认识仅仅是部分经济学家思想中迸发的小火花。这正如罗默所说：“如果可能，我们希望更加深入地研究社会结构的决定因素。遗憾的是，对这个问题的研究很少。我们的认识只包括一些推测和零星的证据。”②

整体来说，传统增长理论将制度作为经济体系和经济发展过程之外的外生变量，忽视了制度及制度变迁在经济增长中的作用。新制度经济学家埃瑞克·G. 菲吕博顿和鲁道夫·瑞切特在评论这种状况时说：“传统微观经济学在交易成本大于零、资源的产权安排

---

① 罗默. 高级宏观经济学. 上海：上海财经大学出版社，2009：104－105.

② 同①106.

与理想的古典资本主义模式不同的（日常）环境中显得乏力。”① 也就是说，传统增长理论对制度的忽视至少表现在两个方面：其一表现为对交易成本的忽视，他们的模型中总是假定交易成本为零；其二表现为对产权安排的忽视，他们的模型中基本上看不到产权制度的影子。

对此，诺思也进行了诸多思考。他说：“如果经济增长所需要的就是投资和创新，可是为什么有些社会具备了这种条件却没有如意的结局呢?”② 诺思进一步指出：“自亚当·斯密以来，经济学家都把他们的模型建立在收益来自贸易的坚实基石之上，专业化和分工是《国富论》的关键。不过，经济学家在构建他们的模型时，对于这种专业化和分工所需要的成本一起忽略不计。这些交易成本支撑着决定政治—经济体制结构的那些制度。”③ 秘鲁著名经济学家赫尔南多·德·索托在其《资本的秘密》中也认为，发展中国家的经济效率低下，在很大程度上是因为产权制度没有得以确立、相关的法律缺失所致。④

新制度经济学家们认为，新古典经济增长理论最大的不足就在于它对制度和制度变迁的视而不见。舒尔茨对此批评指出，新古典经济学“现有的大量增长模型是将制度视为‘自然状态’的一部分，因而制度被剔除了。在他们看来，这些制度不会发生变迁，它们或者是外生的，或者是一个适应于增长动态的变量”⑤。诺思的批评则更加尖锐，他说：新古典增长理论暗含的假设前提是“它所涉及的社会是一个无摩擦的社会，在这种社会中，制度并不存在，一切变化都通过完善运转的市场发生。总之，获得信息的成本、不确定性和交易成本都不存在”⑥。

正是由于忽略了制度的存在性，新古典理论及其模型才得以建立在一系列基本假设之上。诺思对这些假设的合理性、科学性提出了质疑，认为有必要对其进行探讨。新古典模型提出了五个假设：一是存在使得私人收益与社会收益相等的激励结构；二是由于可以在成本固定下增加自然资源的存量，故而新知识的获取和利用的收益不递减；三是储蓄可以产生实际收益；四是生育后代的个人费用和社会费用相等；五是人们的选择和预期的结果是一致的。诺思对以上五个假设逐一进行了考察和批判：对于第一个假设，要使它成立意味着产权被充分地界定且交易费用为零。诺思认为，事实并非如此，不仅许多产权不具有完全的排他性，而且清晰界定产权的费用是昂贵的。确切地说，历史上有效率的产权制度并不多见。因此，最好的状态也只能是尽可能地提高私人收益使之接近社会收益以提高私人从事生产性活动的积极性，但私人收益不可能与社会收益完全相等。对于第二个假设，自然资源存量收益率递减是人类最重要的经济难题，仅仅到了现代科技进步才克服了收益递减。而对于第三个假设，他认为储蓄收益的存在取决于产权结构的制度安排，历史上储蓄的实际收益率通常是极低的，有时甚至为零或负数。在他看来，第四个假设意味着要控

① 菲吕博顿，瑞切特. 新制度经济学. 上海：上海财经大学出版社，1998：1.

② 诺思，托马斯. 西方世界的兴起. 北京：华夏出版社，2009：6.

③ 诺思. 经济史上的结构和变革. 北京：商务印书馆，1992：1.

④ 索托. 资本的秘密. 北京：华夏出版社，2007：9.

⑤ 科斯，等. 财产权利与制度变迁——产权学派与新制度学派译文集. 上海：上海三联书店，上海人民出版社，1994：255.

⑥ 同③9.

制人口的出生率并调整人们的生育政策，改变增加人口的社会成本，才能使抚养儿童的私人成本与社会成本一致，而事实上这一条件是不可能达到的。对于最后一个假设，他认为无效率的政治结构和经济结构，还有世界观的差异和政策的冲突，必然会导致多样的、矛盾的和无效率的情形，使得选择与预期的结果往往是不一致的。通过揭示新古典模型的这些假设在合理性和科学性上存在明显的问题，指出其关键原因在于摒弃了制度变量，忽视了制度激励结构的意义。诺思进而指出，解释历史上的经济绩效需要制度理论，以便弥补新古典模型的缺陷。①

2. *在经济史研究中发现制度对增长绩效的意义*

既然存在诸多缺陷的新古典增长理论对经济增长的解释是难以令人信服的，那么，就有必要对经济增长决定理论做进一步的探讨，而且这个探讨必须在修补新古典增长理论缺陷的基础上展开。在新古典理论看来，在信息完备、产权明确、交易零成本的条件下，只需要依靠“看不见的手”，经济便可自动运行于最优状态，而各种制度和组织作为“看得见的手”往往无用武之地。然而，诺思的研究发现：“用传统理论去研究某一历史时期的经济增长和经济绩效，并不能取得令人满意的结果，尤其是它无法解释历史上的经济增长和西方世界兴起的原因”②。

从 20 世纪 60 年代开始，以道格拉斯·诺思、罗伯特·福格尔等为代表的经济学家基于对传统经济增长决定理论的不满而开始了全新的探索。这个探索，实际上就是经济学家们去“重读历史”、“重新发现历史”和“到历史中找寻答案”。这场探索的深入，终于引发了一场经济学的革命——新经济史学革命，而这场革命的最大成果就是他们提出了“制度是影响经济增长最重要因素”的制度决定经济绩效的理论。“经济史学对于研究制度问题的特殊重要性，是在西方新制度经济学产生和发展的过程中被逐渐认识到的。新制度经济学所关注的核心问题可以概括为两个方面：一是制度如何影响经济绩效；二是制度是怎样产生和演变的”③。既然新制度经济学家意识到经济史学对于制度研究的重要意义，他们必然要从经济发展史中探寻制度的轨迹。于是，在他们看来，“经济史与经济发展的核心问题即是说明那些创造出能诱致递增生产力的经济环境的政治与经济制度的变迁过程”④。阿夫纳·格雷夫也在他的历史制度分析中提道：“在对中世纪进行研究的过程中，我认识到有必要超越古典经济学运用的技术、资源禀赋、偏好等概念。为了能够理解我们感兴趣的发展结果和发展过程，我不得不在分析中考虑制度的影响”⑤。在西方经济学界，以科斯和威廉姆森为代表的新古典制度经济学派、以戴维斯和诺思为代表的新制度经济史学派、以格雷夫为代表的历史制度分析学派等制度主义三个大派别对经济增长绩效问题都进行了卓有成效的研究，并取得丰富的成果。⑥

新制度经济学家们大量研究成果的取得以及其成果影响的不断扩大，使“制度影响经

① 诺思. 经济史上的结构和变革. 北京：商务印书馆，1992：11.

② 韩毅. 西方制度经济史学的历史演进：评价与思考. 中国经济史研究，2002（3).

③ 韩毅. 历史的制度分析. 沈阳：辽宁大学出版社，2002：2.

④ North, D., Institution, *Journal of Economic Perspectives*, Winter, 1991 (97).

⑤ 格雷夫. 大裂变：中世纪贸易制度比较和西方的兴起. 北京：中信出版社，2008：221.

⑥ 秦海. 制度的历史分析//吴敬琏. 比较：第 4 辑. 北京：中信出版社，2002.

济增长绩效”的观点越来越为人们所认同。需要说明的是，新制度经济学家虽然强调制度对经济增长的决定性作用，但他们并不否认其他因素对经济增长的重要意义。

10.2　诺思的制度绩效理论

10.2.1　诺思制度绩效理论的学术演进

道格拉斯·诺思1920年出生于美国马萨诸塞州，曾任华盛顿大学经济系卢斯讲座教授、《经济史杂志》副主编、美国经济史学协会会长、国家经济研究局董事会董事、东方经济协会会长、西方经济协会会长等职务，并与罗伯特·福格尔一起分享了1993年诺贝尔经济学奖。诺思的研究致力于探寻“是什么使经济增长或衰退”的答案，并在这一宏大的经济学问题的探索中提出了其著名的制度绩效理论，揭示了制度是影响经济增长的根本因素。“他是继马克思和韦伯之后又一个试图构造一个长时段的制度—经济互动历史模型的学者。”① 诺思经济绩效理论的构建，经历了一个由偶然发现到系统阐述的过程，并实现了由正式制度绩效研究向非正式制度绩效研究的延伸和拓展。

1. 正式制度对经济绩效的影响研究

诺思关于制度尤其是正式制度决定经济绩效的思想，体现在其一系列的研究著述及大量的论文当中。他在这方面的著作主要有：《制度变迁与美国经济增长》（1971年，与兰斯·戴维斯合著）、《西方世界的兴起》（1973年，与罗伯特·托马斯合著）、《经济史中的结构与变迁》（1981年）等。

在《制度变迁与美国经济增长》《西方世界的兴起》中，诺思及其合著者力图运用标准的新古典经济学方法阐释制度对经济增长绩效的决定性意义，这种探索引起学术界的普遍关注并产生了巨大的影响。然而，这些研究既为他们赢得了学术声誉，也招致了经济学界尤其是传统经济史学家的许多批评和质疑。而这些批评和质疑却促使诺思必须进一步思考和完善自己的研究。在经济绩效方面一个困扰他的问题是：如果《西方世界的兴起》一书中所说的“制度朝着有利于经济效率的方向演进”的论断是正确的，那么，为什么多数国家没有如同欧洲国家那样供给出有效的制度安排呢?② 为了回答这个根植于现实的问题，诺思开始寻找新的解释工具，他把思路转向科斯的交易成本理论。但他与科斯对交易成本的关注点不同，科斯主要关注交易成本是如何促成企业和所有权的形成的，诺思则关注交易成本对广义宏观制度的意义及其是如何发生作用的。在这方面，诺思承认他受到张五常、巴泽尔等人的诸多启发。通过20世纪70年代的思考与研究，诺思在1981年出版了其经济史代表性著作《经济史中的结构与变迁》，完成了其学术取向的一次重大转变，由此他逐步走上了偏离甚至是批评新古典主义的道路。随后，他不断深化这一研究，并在1990年出版《制度、制度变迁与经济绩效》一书，进一步放弃了新古典的标准理性人假设，而以有限理性取而代之。

---

① 姚洋. 制度与效率——与诺思对话. 成都：四川人民出版社，2002：2.

② 同①6.

这一时期的研究，诺思更多强调正式规则（制度）对经济增长绩效的影响，他甚至认为经济史或新制度经济学研究的中心问题就应该是正式制度及其影响问题。他说："知识存量和技术存量扩大人类福利的范围，但它们不决定人类在那些范围内怎样达到成功。决定经济绩效和知识技术增长率的是政治经济组织的结构。人类发展的各种合作和竞争的形式及实施将人类活动组织起来的规章的那些制度，正是经济史的中心。这些规章不仅阐明了指导和决定经济活动的激励制度和抑制制度，而且决定着一个社会基本的福利和收入分配。理解结构有两个必不可少的工具，那就是国家理论和所有权理论。"① 诺思这里所说的"国家理论和所有权理论"都属于正式规则，而"这正是我们的研究中心"②。

2. 非正式制度对经济绩效的影响研究

虽然对正式制度的研究是诺思制度绩效理论关注的重点和核心内容，但自 20 世纪 90 年代以后，诺思还是开始把目光转向了非正式制度的形成、演化及其对经济绩效影响的研究，并将其思想体现在《制度、制度变迁与经济绩效》、《理解经济变迁过程》及其他相关论著之中。诺思在非正式制度绩效的研究过程中，进一步阐述了意识、文化、习惯、传统、道德、认知等对制度变迁的制约作用，并试图以此来拓展其制度绩效理论。诺思在其 1994 年发表的一篇论文中分析了苏联、东欧经济社会转型失败的原因，指出文化积淀对正式制度及其绩效的重要影响。他说：在那里，私有产权的建立仅仅完成了法律文本的转换，而其数十年社会主义体制所积淀的文化根基很有可能与法律文本意义的私有产权制度并不相容，从而使这种私有产权的制度安排的实际效率大打折扣。③

在《制度、制度变迁与经济绩效》一书中，虽然仍以正式制度作为其研究的主体内容，但诺思在其中也专门研究了"非正式约束"，认为尽管非正式约束难以被详尽地描述出来，也不便于精确地进行检验，但它的重要性是毋庸置疑的。诺思认为，就非正式制度与正式制度的关系而言，"非正式约束的主要作用是修改、补充或扩展正式规则"④。此后，诺思又通过十年的酝酿和研究，于 2005 年在普林斯顿大学出版社正式出版了他的新著《理解经济变迁过程》。在该书中，诺思虽然坚持了早期对制度内涵的界定，但拓展了先前的学术视野，尤其是运用了心理学研究的最新成果，将意识作为关键变量，来研究其对经济绩效的影响。诺思对制度绩效研究的转向，正如格雷夫在评价这部著作时所说："在这部著作中，诺思再一次开创了经济研究的新前沿。他提倡探究人类意识，以寻求关于个体和社会获取的知识如何在文化上和制度上影响变迁过程的理解。他勇敢地闯入了大多数经济学家比较陌生的领域，如社会心理学和认知科学。"在这部著作中，诺思对正式制度与非正式制度对经济绩效的作用做了区分。他说，"正式制度、非正式制度和它们的实施特征的混合决定了经济绩效；虽然正式制度可以被法令所改变，但是，非正式制度在短期之内却难以改变，实施特征也仅能加以不完全的控制"⑤。他更进一步指出："主导信念——那些处在做决策位置的政治和经济企业家的信念——随着时间的推移促成了决定经

① 诺思. 经济史上的结构和变革. 北京：商务印书馆，1992：18.

② 同①18.

③ North，D.，"Economic Performance through Time，" *American Economic Review*，1994，84（3）：359 - 368.

④ 诺思. 制度、制度变迁与经济绩效. 上海：格致出版社，上海三联书店，上海人民出版社，2008：120.

⑤ 诺思. 理解经济变迁过程. 北京：中国人民大学出版社，2008：141.

济和政治绩效的精致制度结构的共生……理解经济变迁过程的关键在于促使制度发生变迁的参与者的意向性以及他们对问题的理解”①。

10.2.2 诺思制度绩效理论的主要内容

1. *诺思制度绩效理论的核心观点*

针对许多经济史学家将技术进步看作经济增长源泉的观点，诺思认为：“制度安排的发展才是主要的改善生产效率和要素市场的历史原因。更为有效的经济组织的发展，其作用如同技术发展对于西方世界增长所起的作用那样同等重要，大大吸引了人们的注意力。”② 反过来说，对经济绩效或潜在利润的预期也会刺激新的制度设计的产生。虽然诺思关于制度影响绩效的论述颇多，但归纳起来，其最核心的观点有以下两点：

（1）制度决定经济增长绩效并发挥基础性的作用。

诺思制度绩效理论的核心结论是：“制度在社会中具有更为基础性的作用，它们是决定长期经济绩效的根本因素。”③ 他认为，如果一个行动集团预期新的制度安排能够带来很大的利益，并使得革新制度的成本得以补偿，那么他们便会倾向于通过制度变革推动经济绩效的改进。这些新的制度安排，又是从哪些方面、通过什么方式来影响经济绩效呢？一般情形是，“这些新的安排特别有益于实现潜在的规模经济，降低信息成本，分散风险以及把外部效果内部化”④。制度安排对经济绩效的影响是通过构造激励结构改变交易费用的方式来实现的，这种改变既可以是正向的，也可以是反向的。与此相对应，制度既可能是有效率的，也可能是无效率的。而历史上无效率的制度居多。那么，制度是如何推动经济增长的呢？为何无效率的制度不仅会出现而且可能会长期存在呢？⑤

按照诺思的观点，有效率的制度至少在激励生产性活动和降低交易成本两个方面发挥作用：①有效率的制度能够激励生产性活动。通过制度的实施使每个社会成员从事生产性活动的成果得到有效的保护，从而激励人们努力从事合乎社会需要的经济活动，使得生产投入的私人收益率尽可能地等于其社会收益率，同时最大限度地消除“搭便车”现象。②有效率的制度能够降低交易成本。有效率的制度给每个社会成员以发挥自己才能的最充分的自由，降低交易成本，从而使整个社会的生产潜力得到最充分的发挥。当一项制度在不减少社会收益的同时，使得私人收益超过了私人成本，则个人通常愿意从事能引起经济增长的活动。

而无效率的制度与上述情形正好相反，它不仅导致大量的“搭便车”现象，降低人们对生产性活动的积极性，而且从事生产活动的自由受到了不合理的限制，同时导致寻租行为把大量的资源引入寻租领域，从而降低整个社会的生产效率。那么，人们为什么会选择无效率的制度呢？诺思提出有两个普遍的原因：一是缺乏技术来阻止“搭便车”现象及负的外部性的产生；二是对任何团体和个人来说，创造和实施所有权的费用可能超过收益。

---

① 诺思. 理解经济变迁过程. 北京：中国人民大学出版社，2008：3.

② 同①290.

③ 诺思. 制度、制度变迁与经济绩效. 上海：格致出版社，上海三联书店，上海人民出版社，2008：147.

④ 诺思. 制度变迁与经济增长//盛洪. 现代制度经济学：上卷. 北京：北京大学出版社，2003：290.

⑤ 卢现祥. 新制度经济学. 武汉：武汉大学出版社，2004：241－243.

随着新制度经济学及其他学科的发展，诺思进一步的研究对这个问题作出了解释：其一，专制制度的存在。统治者的利益高于社会大多数人的利益，某种制度虽然从社会大多数人利益的角度来看是无效率的，但它却非常符合统治阶级的利益，因此只要统治者仍然掌握着制定政策的权力，那么这种制度就会成为该社会的选择。其二，不完全信息和主观主义。信息不仅常常是有成本的，而且往往不可能完全获得，因此，制度常常源于不完全的信息和主观主义的想象，这样就可能导致无效的路径。其三，相对价格的变化。随着社会的发展和相对价格的变化，一种初期有效的制度可能会逐渐变成无效率或低效率的。

此外，诺思认为制度影响经济绩效还具有整体性的特征，必须注重制度之间的匹配性。决定经济绩效关键所在的各种制度之间是相互依赖的，"为了得到理想的绩效而去改变其中一种制度，结果有时却产生不完全的、对生产不利的活动"①。

(2) 有效率的经济组织是经济增长绩效的关键。

制度的正常运行离不开一定组织的支撑，由此在制度的约束下就会形成一系列的组织机构，如各类政治团体、经济团体、社会团体和教育团体等。诺思认为："经济活动都是依托于形形色色的组织形式开展的"②，而且"组织是一种有目的的实体，创新者用它来使由社会制度结构赋予的机会所确定的财富、收入或其他目标最大化"③。由此，诺思十分重视经济组织效率对增长绩效的关键作用，他提出了一个重要的推论："除非现行的经济组织是有效率的，否则经济增长不会简单地发生。"④ 这说明，经济增长的关键要看是否存在有效率的经济组织，这也正是近代以来以西欧为代表的西方世界快速兴起的原因所在。当然，"有效率的组织需要在制度上作出安排和确立所有权以便造成一种刺激，将个人的经济努力变成私人收益率接近社会收益率。如果一个社会没有经济增长，那是因为没有为经济创新提供刺激"⑤。也就是说，要想实现较好的经济绩效，则至少要从制度方面去保证创新活动的行为主体应该得到其认为的最低限度的报偿或收益。

那么，经济组织效率的发挥与其他的经济相关要素是怎样的关系呢？长期以来，技术创新、规模经济、教育发展、资本积累等往往被看作是经济增长的动力和源泉，而诺思却认为这些仅仅是经济增长的若干表现而已。与此相应，发端于英国的工业革命并非现代经济增长的动力或原因，而恰恰是经济增长的本身或结果。以知识增进和技术创新为例，虽然知识增进和技术创新对一个社会发展来说是不可或缺的，但在诺思看来知识和技术作为人类进步的"关键力量"，只有有效融入各种"组织形态"才能发挥其应有的作用，因此，经济组织是知识和技术约束的函数。

一个经济组织能产生高经济绩效的原因在于其有强大的学习和创新能力并适时进行组织变迁。经济组织的学习和创新能力促使其不断地适应经济环境的变化而演进，相对效率低的组织形态会被相对效率高的组织形态替代，从而引起经济组织基于经济绩效的不断演进。经济组织也可能被锁定在一种相对无效的组织形态之中，这种锁定往往源于意识形态

---

① 诺思. 理解经济变迁过程. 北京：中国人民大学出版社，2008：141.

② 盛洪. 现代制度经济学：上卷. 北京：北京大学出版社，2003：294.

③ 诺思. 制度、制度变迁与经济绩效. 上海：格致出版社，上海三联书店，上海人民出版社，2008：100.

④ 诺思，托马斯. 西方世界的兴起. 北京：华夏出版社，2009：6.

⑤ 同④3.

的约束使其难以突破。一旦出现这种状况，实际上意味着经济增长也陷入到“危机”之中了。

2. 诺思制度绩效理论的具体构架

诺思将国家、产权、意识形态等理论应用到经济史的研究之中，得出了许多极富有启发性的结论。从他对制度绩效等方面的具体研究来看，其制度绩效理论的构架主要由三部分构成：

（1）国家通过规定和实施产权制度影响经济绩效。

国家对于经济增长绩效的影响具有自相矛盾的双重作用：“国家的存在对于经济增长来说是必不可少的，但国家又是人为的经济衰退的根源。”① 虽然政治学家和历史学家更注重研究国家的理论，相比而言经济学家却很少关注这个话题，但无论如何国家对经济绩效的影响是显而易见的。正因如此，国家模式应当成为经济增长绩效分析的重要组成部分，尤其是对经济绩效长期变化的分析更是如此。

诺思认为，对于国家的理解，“产权”是关键，“离开了产权便不能提出一种有用的国家分析”②。国家影响经济增长绩效是通过产权结构等一系列的制度安排来实现的。诺思认为，产权就其本质而言是具有排他性特征的一种权利安排，只有在暴力方面具有比较优势的组织才能承担起界定和行使产权的职责，而国家的最显著特征就是通过暴力手段来实现资源控制。要了解国家是如何进行制度安排的，必须分析国家期望达到的目标，这不外乎两个方面：“一个目标是规定竞争和合作的基本规则，以便为统治者的所得租金最大化提供一个产权结构（即规定要素和产品市场的所有权结构）；另一个目标是，在第一个目标的框架内，减少交易费用，以便促进社会产出的最大化，从而增加国家的税收。”③ 而这两个目标是不完全一致的，“在统治者（及其团体）最大限度增加其租金的所有制结构同减少交易费用和鼓励经济的有效率的制度之间一直存在着紧张关系”④。这是导致经济难以持久增长的根本原因。可见，国家对产权乃至经济增长具有双重作用，它既可以提高产权的运作效率，也可以导致无效的产权。

（2）意识形态通过制度运行和变迁的成本变化影响经济绩效。

意识形态是非正式制度的核心组成部分，它的变化和创新是经济增长的重要制度因素。诺思不仅把意识形态理论引入经济学和经济史学的分析中来，而且认为意识形态是诱致制度变迁的内生变量之一，通过对制度运行和制度变迁成本发生作用进而影响经济增长绩效。诺思认为，“观念、有组织的意识形态，甚至是宗教狂热，都在型塑社会与经济体系中发挥着重要的作用。”⑤“一个社会的健全的伦理道德准则是使社会稳定、经济制度富有活力的黏合剂。”⑥“长期的经济变革之所以发生，不仅因为新古典模型所强调的相对价格变化，而且由于意识形态观点的演进，使个人和集团关于其地位公平合理的看法大相径

---

① 诺思. 经济史上的结构和变革. 北京：商务印书馆，1992：25.
② 同①26－27.
③ 同①29.
④ 同①30.
⑤ 诺思. 制度、制度变迁与经济绩效. 上海：格致出版社，上海三联书店，上海人民出版社，2008：61.
⑥ 同①55.

庭，结果他们各行其是。”① 在诺思看来，对于制度公平性的判断是每个人的意识形态固有的组成部分，“如果没有一种关于意识形态的清晰理论，或更广泛意义上的关于知识社会学的理论，那么，我们解释现行资源配置或历史变革的能力便会有很大的缺口”②。实际上，对社会意识形态即社会合理性的投资是一种节约机制，是支持社会制度运行的必要基础，因为意识形态不可避免地与个人在观察世界时对公正所持的道德、伦理评价相互交织在一起，使人产生一种关于可能的非此即彼的选择观念。但正是意识形态与公正观念的这一关系，使得“当个人的经验与他们的意识形态不一致时，他们便改变自己的思想观念”。也就是，“他们试图提出一套更‘适合’他们经验的新的合乎理义的准则”③。

有的学者在研究诺思的意识形态影响经济绩效的思想时指出：“相同或相似的环境更易于形成相同的心智模式，一组共享的心智模式框架就是一种意识形态和信念，它形成人们对背景的概念和认识。”④ 为了探寻经济绩效的根源，诺思后期逐步转向对认知科学的研究，并考察心智模式对经济绩效的影响。诺思在知识分工论的基础上，通过引入共享心智模式将认知、制度与经济绩效联系起来，共享心智模式不仅影响正式和非正式的规则，而且也影响知识和技术的积累、传播和有效使用，影响知识协调中的交易费用，进而影响经济绩效。

（3）路径依赖助推制度绩效的自我强化。

诺思说，“我们现在已经充分理解了制度，以至于能够查明差的绩效的来源。它们源自路径依赖。”⑤可见，诺思是将路径依赖作为制度绩效的来源加以考察的。在《理解经济变迁过程》一书中，诺思把路径依赖简单解释为“从过去衍生而来的制度和信念影响目前的选择”⑥。诺思认为，路径依赖因素的存在及其影响，既是揭示当今世界不同国家和地区政治经济形态千差万别的重要根源，又是低效率的制度得以长期存在的重要原因。

1995年诺思在北京大学演讲时说：路径依赖仍然起着作用……社会演化到今天，我们的文化传统，我们的信仰体系，这一切都是根本性的制约因素，我们必须仍然考虑这些制约因素。也就是说，我们必须非常敏感地注意到这样一点：你过去是怎样走过来的，你的过渡是怎么进行的。我们必须非常了解这一切。这样，才能很清楚未来面对的制约因素，选择我们有的那些机会。⑦ 路径依赖因素对制度变迁的影响是十分巨大的，沿着既有的路径，制度的变迁可能进入良性循环的轨道而绩效优异；也可能顺着原来的错误路径下滑，甚至被锁定在某种无效率的状态之下。一旦进入锁定状态，要脱身而出就会变得十分困难；还有可能既有的制度变迁初期取得了良好绩效，而当初期制度变迁的效用逐步递减后，后期的制度变迁却只是对既有制度的修补，从而影响了制度创新和制度供给。

---

① 诺思．经济史上的结构和变革．北京：商务印书馆，1992：68.

② 同①55.

③ 同①58.

④ 邓宏图．组织与制度：基于历史主义经济学的逻辑解释．北京：经济科学出版社，2011：141.

⑤ 诺思．理解经济变迁过程．北京：中国人民大学出版社，2008：141.

⑥ 同⑤20.

⑦ 陈敬山．经济学与中国经济改革．上海：上海人民出版社，1995：8.

案例 10-1

制度重于技术

自从阿罗在1963年将信息引入经济学以后，对于信息的研究改变了主流经济学的研究范式，而非主流经济学也将其作为新发现的敲门砖，使信息变成了经济学的研究基点。

在信息不对称的研究中，人们发现有两种不确定性。一种是客观环境变化引起的不确定性。它既不是由交易行为引起的，也不是由人与人之间的关系引起的。这种不确定性来源于人的认知的局限，那么如何认识这种局限？如果有明确的激励，如历史上曾经存在过的以足够高的价格悬赏某种发明，激励当事人行为，就会减少不确定性。我想这也是一种交易费用。另外一种交易费用，纯粹是由人与人之间的行为引起的，是由人们之间存在利益分歧，人们各自有自己的小算计，互相扯皮造成的交易费用，这部分费用是必须承担的。由于这两种交易费用都与人们的行为、动机有关，因此，协调人们之间的行为就需要指挥、调度，这就需要监督成本。

在这两种费用中，哪一种更为基本呢？或者说哪一种更为重要？

制度高于技术，是从终极意义上讲的。马克思曾经讲过，科学是最高意义上的革命力量。这是从人类的长河来讲的。对于一个具体而确定的时代来说，制度却是最高意义上的创新力量。这是从制度作为激励人们行为的最高规范意义上讲的。制度决定了人们的行为预期，是终极意义上的行为规范。对个体、组织和利益集团来说莫不如此。制度所节省的是交易费用，而技术节约的是生产费用。为什么生产费用不如交易费用重要呢？这源于对市场制度认识的深化。知识深藏于个体当中，而且人的认知又与当时的环境、时空条件联系在一起。市场的分工可以将一部分具有专门知识的人分离出来，将其知识转化成一种商业化的知识，在利益动机的驱使下，又进一步扩展分工，成为一个新的部门，使社会不断向专业化方向发展。而协调这种分工最有效的是市场，这样会节省交易费用。

那么，哪些制度对于技术创造最为基本呢？制度可分为三个层面：第一层面是人的基本权利；第二层面是市场制度；第三层面是国家。制度可以替代技术。这种替代是最高意义上的替代。制度在什么层面上可以替代技术呢？首先是从激励、从消除不确定性、从消除信息不对称、从利益分配上来激励人们创新。制度的根本目的在于给人以动力、激励和引力。这种动力可以是物质的，又可以是“立功、立言、立德”。

张五常曾认为，权利与交易成本是一枚硬币的两面。有什么样的权利结构就会有什么样的交易成本。权利的结构决定着交易成本的结构。正是从这种意义上说，制度高于技术。没有一个产权界定明晰的产权结构，要使高科技企业得到迅速的发展是不可能的。这也是现在一些地方政府投资高科技企业为什么难以取得像硅谷那样的效果的缘由了。中创的失败已经做了很好的注解。

实际上，企业是在市场中运行的，也存在于社会之中。为说明问题起见，将这种在市场中运行的产权称为动态产权。企业在一个竞争的市场中运行，无时无刻不存在着产权的有效保护问题。实际上这种动态产权存在一个巴泽尔所说的公共区域问题，社会的各个方面都在蚕食这个公共区域。如政府要多收点税，有些人想多要点地租，企业内部的人想多分点利润，市场销售人员想多捞点油水，消费者也想多得一点消费者剩余，等等。总之，存在一个产权界定以外的公共区域，需要进一步界定，在这样一个动态界定的过程中，企业才可能真正发展起来。

认识动态产权对企业是至关重要的。就我们的认知来看，从过去不知道是谁的公司，到现在认识到产权的重要性，再到MBO收购，这是一种进步。但是产权保护的成本很高，却成了一个越来越严重的问题。因此，最重要的是为创业者设立最为基本的产权，这当然包括罗尔斯和诺齐克都承认的基本自由和基本权利在内。这里最需要强调的是企业基本产权，其实质是界定产权的成本最小。比如，一个高科技企业扎在了开发区，原来许诺的政策不兑现，停电、断水，生产的产品经常不翼而飞，卖出去的东西成了肉包子打狗，或者打赢了官司回不来钱，或者销售款如泥牛入海，等等，这一切实际上都会提高界定产权边界的成本，一般企业都很难发展，更不用说发展高科技企业了。

现在人们终于认识到产权对现代经济所起的核心作用了。但是问题在于，如果一个人对企业负不了财产责任，或者说自己没有财产能够负得起这种责任，产权责任如何划分。这就要求创造经理市场、并购市场、资本市场、产品市场、舆论市场等等，通过外部力量来解决。这些外部的压力，尤其是声誉市场对经理人的筛选是一种过滤机制，这是著名经济学家法马在20世纪70年代末提出的将经理市场竞争作为激励机制的开创性研究中早就证明了的。经理市场对产权来说是强有力的约束。

除了产权以外，有效的企业组织也是高科技发展的必要条件。托马斯与诺思的《西方世界的兴起》一书，其核心观点是，西方世界兴起的根本原因在于有效率的组织是经济增长的关键。也就是说，如果技术创新仅仅是个别组织的行为，不可能使技术创新成为普遍的动力，只有当有效的组织成为社会的普适规则时，才有可能。有效的组织是技术创新的必要条件，但不是充分条件。要想使其成为充分条件，必须有一个重要内容：有效的组织之间必须是充分竞争且是有效竞争。有效竞争是经济组织互相学习和变革的必要动力，也是优胜劣汰的外在压力。

对于一个高科技企业来说，创新的市场往往比创新的技术更为重要；创新的机制往往比创新的能力更重要；创新的思路往往比技术本身更重要；创新的制度设计往往比创新的思路更重要。

制度高于技术，其原因就在于，市场制度可以扩展分工、细化分工。斯密早就讲过市场广度的概念。20世纪20年代，杨格认为"分工一般地取决于分工"，即分工取决于市场的广度与深度。我认为可以指内涵的市场与外延的市场。市场的分工高于自然的分工。由市场所引导的分工是一种产权明晰、激励机制最完全的分工，而由自然所引导的分工仅仅是技术意义上的分工。哈耶克在吸收古典思想精华的基础上，又提出了建立在市场基础上的扩展秩序概念。而市场扩展秩序的概念是哈耶克思想的核心，也是调拨制度演化的真正内核，同时，也是自发秩序的必然结果。法国的布罗代尔又在这些分析的基础上提出了市场上层和市场下层的概念。正是在这些分析的基础上，人们对市场制度的认识不断深化，在高科技这个风险市场上，人们的认识又前进了一步。

高技术企业要在一个地区，比如硅谷成长，而不是在别的地方发展起来，还有一个局部的制度环境。这近似于发展经济学所说的"飞地"或"发展极"的概念。

在这样一个局部的制度环境中，什么是最主要的制度安排呢？显然是市场分工的制度安排。这实际上是对哈耶克市场秩序概念的扩展。市场是一种最不坏的制度安排。哈耶克所说的市场经济是一种扩展秩序。实际上，它指的是一种经济人之间相互合作的秩序，这种秩序是建立在自发合作基础上的，同时又是一种理性秩序。这种理性秩序是建立在规则框架基础上的。如果这种合作，没有一种法治的精神做基础，没有相互制约、相互制衡，就不可能有高技术产业的发展。

同时，如果没有一种有利可图的技术市场价格，没有让投机家获得超额利润，就不会吸引投机家投资。如果没有有效的市场中介为企业定价，进而为风险技术定价，仅仅由一般市场来评判，风险投资企业也就不可能兴盛起来。

市场制度还是一种筛选器。它不是一种免费制度。它只将那些在某一领域（专业）、市场上最有需求欲望的人，而且是有能力（有信誉）的人，放在市场上比较。信誉，实际上是创造财产的能力。市场只承认你真实的市场能力，而不会轻信你的许诺。所以，在这种意义上，市场又是信誉的交换。

市场是一块试金石。市场制度的分工可以细化技术的分工。技术的分工又可以促进市场的分工。在风险投资市场上，市场分工制度与技术是可以相互替代的。这种替代，并不是说制度可以直接替代技术创新本身，而是说由于市场的细化使技术创新的环节分化了，原来由一个企业所做的事情而由大家合成了。合力是现代技术创新的必要条件。在信息化时代，由一个人去创造更多的技术已不可能，现在再也不可能出现像牛顿、爱迪生那样的全才了。由市场引导的技术分工，比一个企业组织的技术创新更有效。原因就在于它可以降低风险，使收敛性的生产变成发散式的，使单一的生产技术成为多元的生产技术，这样就有可能降低由资源独家经营带来的风险，使试错的过程缩短，使技术创新成功的概率增加，使技术创新的产业化速度加快。从全社会来看，就会降低企业生产成本，尤其会降低企业组织的管理费用。而在一个企业里搞技术创新，就会增加试错的机会，资金投入量巨大，会使其破产。当然，也会产生梁小民教授所说的"官窑文化"，它毕竟不是常态。从这种意义上来说，市场也可以替代企业，替代创新。

再看一些成功发展高新技术产业的例子，更能说明这一点。美国硅谷与128公路地区有很大不同的原因就在于128公路周围地区的公司大而全、自成体系、配件相互不通用，是一种封闭的生产方式。说到底是一种没有高度细化分工的公司生产。而硅谷地区则相反，大家专业化协作，生产部件彼此相容。这种协作的生产方式促进了创新，而且产生了更加多样化的经济组合。这种松散的联盟，使企业家与工程师建立了一种灵活的行业协作关系。正如萨克森宁所指出的，硅谷地区不是围绕单个企业，而是围绕这一地区及其专业网络建立的。① 开放的协作的生产方式，为硅谷创造了远比底特律或是128公路周围更为多样化和复杂的经济组合。

二者的不同点在于，在硅谷地区是一种高度分工的市场协作方式，是一种以市场激励作为制度安排的行为方式。高科技的高风险，使传统的公司制度安排不适应新经济的需要，而由高度分工的专业市场制度安排来分散高科技带来的高风险，反而降低了风险，减

① 萨克森宁. 地区优势：硅谷和128公路地区的文化与竞争. 上海：上海远东出版社，1999.

少了生产成本，因而具有很大的优势。这就再一次证明，由市场自发创造的秩序是最有效的。

我们也不能否认有些成功的高科技园区是由政府扶持发展起来的。比如中国台湾地区的新竹就是如此。但是，仔细考察一下世界各国、各地区成功的高科技园区的历史，就会发现，政府扶持新竹，仅仅是在“园区十年三期发展计划”上。从最一般的意义上讲，也只提供了基础设施等硬件，而发展的“软件”只能由企业主体来完成。

制度之所以重于技术，原因就在于风险市场本身就是一种制度，一种精巧的制度。通过市场筛选，风险市场只剩下强者，且强中更强。如果市场这个超级裁判要偏袒谁，那么，用不了多久，裁判本身就要歇业。而这是一个市场所有主体想干也不可能干成的事。

制度高于技术的含义，不仅是指企业制度和市场制度层面，还指国家制度层面。国家作为一种制度，最重要的莫过于为所有的公民创造一种自由发展的空间，创造一种相互信任的预期，规定一种人们行为的规范。从这种意义上说，国家制度不过是为了满足人自由发展的需要，也就是马克思所说的为了实现自由人的联合。

按照心理学家巴甫洛夫的说法，人的需要分为几个层次。作为从事高科技创新的人们来说，他们的最大需求是事业成功，而不仅仅是物质需求。事业的成功需要环境，需要一种对未知探求的精神。这种精神也就是最高意义上的人与人之间的宽容空间，是一种扩展与合作的秩序。这种秩序是自由、自发的，是哈耶克意义上的理性秩序，是一种对自由人的尊重，是最高意义上的自由发展。

而对于形成一种制度氛围的创新环境来说，整个民族形成一种创新的制度环境是最重要的，而这种环境就是宽容、仁和。这样的文化氛围，不仅是指制度上的宽容精神，而且也包括冒险精神。宽容与冒险是这种氛围的两极，对于形成创新环境来说，都是必不可少的。

在谈到世界上所有成功的高科技园区时，人们都几乎认为宽容的文化氛围是成功的必备条件，其原因就在此。不能忽视的是，人类智慧的结晶——大学，在一千多年前人类创造的这种有效的组织制度，是培养和造就人才的最重要的制度设计之一。大学所孕育的宽容、宽厚、宽恕的成长空间，最符合新生事物的成长，也最适合高科技产业的发展。

高科技产业的发展尤其需要这种氛围。一个重要的原因在于，技术本身发展的发散性和无规则性，使任何先验的制度设计都难免失效，任何成功的经验都难免失灵。因此，有关技术创新的现成的规则、制度设计一般是难以照搬照用的。这就决定了只能给创新者主体以激励。将这种激励规则化、法治化，就成了国家法治的重要内容。高科技的发展具有极大的外部性，也是一个国家、一个民族兴盛的关键。

再具体一点讲，我们说国家制度对于技术的重要性在于国家创造一种制度环境。这里所说的制度环境，也就是诺贝尔经济学奖获得者诺思所说的制度环境。诺思认为，制度环境就是一系列用来建立生产、交换与分配基础的基本的政治、社会和法律的规则。① 在诺

---

① 戴维斯，诺思. 制度变迁与美国经济增长//科斯，等. 财产权利与制度变迁——产权学派与新制度学派译文集. 上海：上海三联书店，上海人民出版社，1994.

思看来，支配选举、产权和契约权利的规则是构成经济制度环境的核心内容。诺思之所以将制度环境作为其制度变迁模型的外生变量，就在于制度环境一旦形成，在短时期内就很难改变。而诺思认为，一项制度安排，即支配各经济单位之间可能使用与竞争方式的安排，更接近于他所使用的制度一词的意义。我们从国家制度的角度来看诺思的观点，就会感觉到制度环境对于制度边界和制度空间规定下的创新主体来说，具有何等重要的价值。仅从经济发展与国家制度变革的关系来看，一些成例已经充分证明了这个道理。从明治维新、彼得一世改革到普鲁士改革，无一不是体制改革先于技术的革命、经济的发展。

制度高于技术，是说制度是解决技术的动力问题，解决技术创造者主体的能动性问题。这样，给技术创造者以多方面的激励就成了制度设计者的主要使命。

技术本身的创造和发明，并不需要人们去设计什么制度。技术产业的客观性所要求的制度设计，是在市场中自己解决的。适合不同类型的技术产业而创造不同的制度，是大浪淘沙，不是设计师的一厢情愿。比如，在日本的筑波，尽管设计者可以单方面设计制度框架，也拿出很多钱来解决人员的供养问题，但是，在设计好的鸟巢里，其最终会被抛弃。这是一个血的教训。

联想到我们的现状，为什么那么多人特别关心高技术产业呢？高技术开发区之多，可以载入吉尼斯世界纪录；开发区所创造的高新技术之少，也可以载入吉尼斯世界纪录。其中的根源的确令人寻味。政府的作用应该是有限的，这种限度在于其创造一种自然环境，在基础设施、资金支持等方面有所作为，在人才的衣食住行上下功夫。

总之，法治的环境无非是要真正保护那些创造者的利益，并使其惠及国家、民族甚至每一个人，让其相应的阶层来保护自己的利益，并使之上升为国家利益、民族利益。这样就会使人尽其才，各得其所，使法治的环境成为创新的保险箱，那么，这种制度更会高于技术本身的力量。

资料来源：李风圣．制度重于技术．读书，2005（4）．

10.3 格雷夫的制度绩效理论

阿夫纳·格雷夫，1956年出生于以色列，现为美国斯坦福大学经济学教授。为了与以往的新制度经济学和新经济史学研究相区别，格雷夫把自己的研究称为历史制度分析（historical institutional analysis）。《大裂变：中世纪贸易制度比较和西方的兴起》一书是格雷夫运用历史制度分析的经典之作[①]，而其制度绩效理论也主要反映在该著作之中。此外，《历史的比较制度分析》、《文化信仰与社会组织：对集体主义和个人主义社会的一个历史的理论考察》等论著也体现了他关于制度绩效研究的思想。

---

① 该书由剑桥大学出版社在2006年出版，英文原名为“*Institutions and the Path to Modern Economy*: *Lessons from Medieval Trade*”，对照英文中译名应为《制度与经济现代化之路：中世纪贸易的经验》，但中文译者根据著作内容对中文书名进行了适当调整。

10.3.1 格雷夫制度绩效理论的主要特征

格雷夫的制度绩效理论既有对以往研究的批判继承，也有自己研究的拓展创新，在研究视角及研究方法上更是做了大量开创性的工作，因而具有显著的自身特色。

1. 基于“自我实施制度”的经济绩效分析视角

格雷夫认为，“传统经济史的制度分析不能解决有关制度与经济产出之间关系的一系列问题”。为此，他提出为更好地开展制度及其与经济产出之间关系的研究，首先有必要给制度下一个更为宽泛的定义，即“制度被定义为自我对行为实施的非技术决定的约束”。这一定义的核心是强调制度具有自发产生和自我实施的性质，将其与那些由国家和法律强制实施的制度区别开来，可见格雷夫是将“自我实施制度”作为其历史制度分析的主要对象并由此展开制度绩效研究的。格雷夫在进行历史制度分析时，是通过两条线索展现其研究的：“第一条线索是关于在缺少法律制度的条件下促进交换从而导致斯密增长（由贸易带来的增长）的那些制度。第二条线索是有关国家的制度基础和这些制度如何通过影响高压权力的使用来影响经济效率。”①

关于第一条线索，格雷夫认为以诺思为代表的新制度经济史学派无法解释缺少国家正式制度的情形下的契约实施与交换问题，为此有必要摒弃国家是制度唯一来源的观点，同时应该探究那些维系契约关系并推动斯密增长的“自我实施制度”是如何产生、运行并提高效率的。他通过考察欧洲中世纪地中海地区马格里布远距离贸易代理商制度的“自我实施”，来验证其第一条线索。在这种远距离贸易代理制度运行中，“由于代理关系中的信息不对称以及海外诉讼的成本和障碍，国家无法让代理人承诺去尊重商人的产权”，从而使得国家正式制度在这一契约关系中缺失或无法得以实施，而不得不求助于一种自我实施的集体惩罚机制来保护商人的产权。

关于第二条线索，格雷夫认为大多数有关国家的制度基础与经济绩效之间关系的研究，都把注意力集中在欧洲国家可能已经形成实质上高压权力的那个时期。虽然说国家可以运用其高压权力强制个人尊重他人财产权而有利于提高经济绩效，但是有什么能促使国家保证其自身不会侵害个人的财产权呢？格雷夫认为这自然也离不开“自我实施制度”作用的发挥。格雷夫运用无限重复完全信息博弈，考察了欧洲商业革命时期的热那亚统治者是如何担保外国商人的财产权的。由于当时作为“自我实施制度”的商人协会具有强大的联合抵御力量，有能力组织商人进行集体性的贸易禁运，统治者顾及贸易禁运带来的巨大损失而收敛其对商人产权侵害的冲动，从而有效地保证了远程贸易的正常进行和商人产权免受统治者的侵害。②

2. 博弈论与历史经验归纳分析相结合的方法论特征

格雷夫有关制度及其绩效分析在方法论上有诸多创新之处，而其最显著的特征即是博弈论与历史经验的归纳分析方法的完美结合。格雷夫将博弈论引入历史制度分析之中，从而为制度绩效研究提供了一种新的方法和工具。他认为，博弈论的运用不仅可以扩展研究领域，突破新古典理论的局限，避免其单纯依赖计量经济学分析来验证理论假说，而且还

①② 格雷夫. 历史制度分析：从经济史视角研究制度问题的新进展. 经济社会体制比较，2003（5）.

提供了一个适合分析策略环境的理论框架，以便探究制度及其绩效演进的过程。① 那么，博弈论又是如何嵌入制度及其绩效分析之中的呢？如上文所述，格雷夫将“自我实施制度”作为其制度绩效研究的基本对象，而该制度类型本身就有着与那些国家界定并强制实施的制度不同的运行方式和演进逻辑。具体而言，“自我实施制度”必然是各方参与者不断博弈的结果，是经历自愿的谈判协商与讨价还价的过程而达成的一种均衡状态。各方选择自身绩效最优策略与其他参与者进行博弈，最后得到一个均衡的制度。在实践中，格雷夫制度绩效理论的历史制度分析主要采用了重复博弈和子博弈精炼均衡的方法。

然而，由于规范行为主体的规则不同使得博弈论分析结果具有非确切性和非结论性的特征，从而导致这种博弈均衡结果可能的多重性与历史演进事实的唯一性存在着矛盾，这也正是博弈论在以往制度分析中受到局限的原因所在。鉴于此，格雷夫引入了历史经验的归纳分析的研究方法来解决这一矛盾，并运用“特殊历史相关性模型”（context-specific model）开展实践研究。历史经验的归纳分析由两个阶段构成：一是从史实出发，经过归纳推理形成假说。它摒弃了以往制度分析直接从某种制度着手或者假定制度存在某种特别属性的做法，而是从历史证据中推导出制度是内生的还是外生的，进而形成特定制度的相关性和非相关性假说。二是运用历史经验，对所形成的相关性假说进行检验。这种检验是建立在微观事实基础之上的，将博弈论推导的理论预言与历史所提供的资料进行观察、比较和具体化验证。尽管大多数的检验还没有建立起量化的模型，但仍可以提高假说的可信度。②

10.3.2 格雷夫制度绩效理论的具体内容

格雷夫的制度绩效理论尤其强调文化传统对经济增长的重要意义。他说：“这里的分析凸显了文化传统的重要性，尤其是文化信念和组织（社会结构）在导致特定的制度要素、形成制度路径从而实现经济增长这一历史过程中所发挥的重要作用。”③ 格雷夫认为制度是内生演化而来的，并具有自我复制演进的功能，而制度内生演化的基础则是文化信念以及由此形成的社会组织，它们共同影响着制度的产生、运行及其绩效的发挥。下面我们就结合格雷夫在《大裂变：中世纪贸易制度比较和西方的兴起》一书中对马格里布和热那亚两个城市商人历史的分析，来总结格雷夫的制度绩效理论。

1. 文化信念：制度选择的内在逻辑及其经济绩效

经过长期的社会发展与历史演化，欧洲商业革命时期地中海南北两岸的马格里布和热那亚分别形成了集体主义和个人主义的不同文化信念。在格雷夫看来，“每一集团的制度框架都是相关文化信念的一部分，它们决定了不同行为的成本与收益，因此决定了效率”④。通过对两座城市的比较研究格雷夫发现，初始文化信念的差异导致了经济政治制度选择和变迁的截然不同，并对各自经济增长绩效产生了显著而深远的影响。

首先，文化信念对市场制度建立及其运行绩效的影响。文化信念的不同会导致在市场风险处理、市场贸易运行、市场主体组织等方面的巨大差异，而这些差异直接影响了经济

---

① 格雷夫. 经济历史和博弈论概览//吴敬琏. 比较：第 2 辑. 北京：中信出版社，2002.

② 韩毅. 历史的制度分析. 沈阳：辽宁大学出版社，2002：43－45.

③ 格雷夫. 大裂变：中世纪贸易制度比较和西方的兴起. 北京：中信出版社，2008：221.

④ 同③206.

运行的绩效。在市场风险处理方面，马格里布的集体主义文化提倡社会互助精神，而热那亚的个人主义社会则用保险制度替代了成员互助。在市场贸易运行方面，热那亚和马格里布的商人都面临着如何解决远距离海上货物运输的相关问题，为此，前者设计了提货单、通知单及其法律责任等一整套的正式制度，而后者却认为集体主义实施机制这种非正式的制度安排更为有效。在市场主体组织方面，热那亚商人迫切希望提高雇佣代理商的安全性，不断完善家族企业的组织形式，并逐步向社会开放出让家族企业的股份，孕育了股票市场、股份制及现代公司制的雏形，而马格里布商人长期的商贸活动也未促使其形成相似的制度安排与组织形式。

其次，文化信念对代理制度建立及其运行绩效的影响。文化信念的不同造成了热那亚人和马格里布人在代理关系及其惩罚机制上选择了不同的模式，进而形成了不同的经济绩效。远程的海外贸易需要通过代理人扩展业务，热那亚商人采取"开放"式代理模式，代理人的选择不局限于"人格化"的社区，并对代理人的不当行为执行基于"个人主义"惩罚机制的第二方实施制度；而马格里布商人则采取了仅限社区内的"封闭"式代理关系，并对代理人的不当行为执行基于"集体主义"的惩罚机制的第三方实施制度。在社会内部代理关系模式的选择上，热那亚商人偏向于产权人与代理人身份的分离的"纵向"代理模式；而马格里布人则采用了社会内部"横向"的代理模式（即商人兼有产权人和代理人两种职能）。经过论证，格雷夫进一步指出，热那亚的代理模式对长期经济增长是十分有利的，马格里布的代理模式对经济的长期增长则是不利的。

最后，文化信念对法律制度建立及其运行绩效的影响。国家及其正式法律制度的产生和变迁深受其社会群体文化信念的影响。在热那亚人所处的以个人主义为特色的社会里，由于自我实施的集体主义惩罚机制和传递通畅的信息网络的缺失，导致非正式的经济强制水平相对较低。为了推动交易活动、支持集体主义行为和抑制"搭便车"现象，创建基于国家权威的法律体系显得尤为必要和迫切。而与此相反，在马格里布人集体主义的社会中，集体主义惩罚机制的有效运行不仅对潜在的违约者造成强大的约束力，而且能够对现实的违约者施以有效的惩罚，因此由国家界定的正式的法律制度在这里就显得无足轻重了。①

2. 社会组织：影响经济增长绩效的重要力量

格雷夫的研究表明，以个人主义为中心的、非血缘关系的和自治的社会组织，是推动欧洲经济增长和西方世界兴起的重要力量。在他看来，"以利益为基础的、自治的、不以血缘关系为基础的社会组织"在西方社会"有目的地创建的制度中居于中心地位"，它构成了近代以来东西方社会政治经济分流的制度基础。格雷夫对社会组织中的商人行会和社群组织在经济发展中的作用进行了深入的探究。

首先，商人行会对商品交易和市场经济发展的促进作用。作为受封建领主鼓励和支持的商人组织形式，行会在中世纪的欧洲各国得以普遍发展，并在"产权保护、交易治理、扩展贸易、提供信息"等方面发挥着重要作用，推动了商品交易和市场经济的发展。商人行会通过实施带有强制力的正式的"多边惩罚机制"，使得商人之间的信息共享与强制性交易关联起来。"这些组织采取使集体报复得以执行所必需的监督、协调以及内部强制措

---

① 韩毅. 西方制度经济史学的历史演进：评价与思考. 中国经济史研究，2002（3）.

施……通过协调以及激励每个商人参与集体报复，商人行会组织改变了商人与统治者进行交易时存在的那套自我实施的行为信念，增强了在贸易扩大时统治者将会尊重商人权利的信念。”[①]此外，格雷夫还运用了重复博弈理论，推导出正式的“有协调能力的行会组织”的运行效率应更高。文化传统对于社会组织的演化是非常关键的内生变量，不同的文化传统会导致各个国家和地区不同的行会形态，如意大利强大的家族企业传统导致了行会作用的弱化，德国由于其行会势力强大致使基于国家权威的正式治理机制长期难以形成，而在英国商人行会与国家政权联系密切催生了正式的法律和制度。[②]

其次，社群组织对“非人格化交易”的促进作用。在正式交易治理制度缺失或尚不健全条件下，作为“私序”的社群制度可以对“非人格化交易”实施有效的治理[③]，从而推动交易的扩张和经济的增长。在格雷夫看来，社群是包括共同体、商人组织、各类行会等在内的比较宽泛的组织形态，其主要特征有[④]：一是社群是以交易为目的的自治性的组织；二是社群成员相互熟识，并通过共同承担本社群商人与其他社群商人之间的交易责任，为本社群其他成员的未来交易提供担保；三是社群有自己的法院和法律，具有对本社群和其他社群商人进行惩罚的强制力。格雷夫认为，不一定必须通过正式的、公开的、公正的第三方政府、法庭和法律才能对非人格化交易进行治理，自治社群、社群内法院、集体声誉等带有人格化的组织和制度就完全能够达到治理的良好效果。

此外，格雷夫还指出，“令人惊奇的是，马格里布人的制度与当代欠发达国家的制度十分相像，而热那亚人的制度与西方发达国家的制度十分相像，这说明个人主义可能在长期更有效率”。他还进一步认识到：“尽管还需要进一步的历史研究来证实个人主义的重要性，但这里的分析凸显了文化传统的重要性，尤其是文化信念与组织（社会结构）在导致特定的制度要素、形成制度路径，从而实现经济增长这一历史过程中所发挥的重要作用。”[⑤]

10.4　制度绩效：历史与现实的考察[⑥]

按照新制度经济学派的制度绩效理论，有什么样的制度安排就有什么样的制度绩效。一个社会在历史的某个阶段之所以表现为衰落或进步，根本原因是由其前的制度安排决定的，因此，历史是经济学家获取新思想的一个重要来源。这里不妨以经济学家和历史学家都有兴趣的“李约瑟之谜”与“中国改革”为例，对制度、制度变迁如何影响经济增长绩

---

① 雷鸣，邓宏图. 理论和实证之间：传统社会私人交易治理机制演进的比较经济史考察——以格雷夫经济史理论评析为中心. 天津社会科学，2011（6）.

② 格雷夫. 大裂变：中世纪贸易制度比较和西方的兴起. 北京：中信出版社，2008：253－255.

③ “非人格化交易”是指在第三方执行机制下进行的非熟人之间的契约化交易。

④ Greif，A.，“Impersonal Exchange without Impartial Law：The Community Responsibility System，” *Chicago Journal of International Law*，2004（5）.

⑤ 同②221.

⑥ 本节内容以《经济增长绩效的阻滞与超越》（作者：杨林生、杨德才）为题发表于《云南财经大学学报》2014年第1期。

效进行历史与现实的考察。

10.4.1 李约瑟之谜：揭开历史的面纱

中国“在公元3世纪到13世纪保持一个西方所望尘莫及的科学知识水平”，而且富庶程度也是西方世界无法企及的。然而，工业革命为什么没有发生在中国？现代科学为什么也无缘诞生于中国？近代中国为什么又会急剧衰落？这些是英国著名的科技史学家李约瑟在其《中国科学技术史》《东西方的科学与社会》等论著中提出的一系列疑惑，被学界称为“李约瑟之谜”或“李约瑟难题”。谜底是什么？长期以来包括李约瑟本人在内的众多学者都试图揭开历史的面纱，许多学者想从不同角度去破解这个谜。有人认为是中国小农经济阻碍劳动分工引起的，也有人认为是中国传统文化规避风险的思想导致的，还有人认为是中国鼓励生育的人口政策造成的。对于“李约瑟之谜”可能的解有许许多多，各种观点交汇纷呈又莫衷一是，制度经济学家也给出了自己的解：都是制度惹的祸。

1. 以“官僚体制”为特征的政治制度的阻碍

对于“李约瑟之谜”的解，李约瑟本人也进行了探究与求证，认为中西方封建政治体制的差异才是其根本所在。中国“官僚体制”的起源与中国灌溉体系的维护有关，并因之形成了自上而下的维护体系。与此不同的是，欧洲的“贵族式封建体制”则十分有利于商人阶层的产生和发展，因此，当贵族势力没落之后资本主义制度和现代科学技术便应运而生。虽然在早期的中国“官僚体制”较好地推动了科技的发展，但它却阻滞了重商主义价值观的形成，故而终究未能把工匠的技能与学者的数学及逻辑推理方法很好地结合起来，并最终导致了中国科技发展及其与工商业活动结合落伍于欧洲。① 概括李约瑟的分析，我们不难得出这样的结论：正是中国的“官僚体制”阻碍了科学技术及商品经济的进一步发展，从而使经济发展失去了应有的动力和活力。

英国著名经济学家安格斯·麦迪森在《中国经济的长远未来》一书中也分析了官僚体制对中国经济发展的阻碍作用。他说：“官僚体制对经济的影响，尤其对农业的影响是非常积极的……在农业之外，官僚体制的影响却是负面的。官僚和豪绅都是一些主要追求地租的人。他们法定的、惯例的特权决定了他们的社会地位、生活方式和生活态度。他们控制着城市生活。他们阻止着那种欧洲模式的独立的工商业资产阶级的出现……（在官僚体制下）企业活动是没有安全保障的。任何有可能谋利的活动都受制于官僚的盘剥。稍大规模的企业活动仅限于国家或公开许可的某些垄断机构。任何利用中国精湛的造船技术和航海知识来进行有利可图的海外贸易活动的企图，都是被根本禁止的。”② 此外，官僚体制还导致了“一种民族自我中心论”的观点的形成，而“对中国以外的发展采取冷漠的态度”③。

2. 以“产权体系”为核心的经济制度安排的缺失

探寻中国没有发生工业革命的缘由，我们不妨分析一下工业革命首先在英国出现的根

---

① Needham, J., *The Grand Titration: Science and Society in East and West*, London: George Allen & Unwin, 1969: 211.

② 麦迪森. 中国经济的长远未来. 北京：新华出版社，1999：30.

③ 同①31.

源。诺思首先否认了工业革命是英国经济增长的原因，而认为它只是当时经济增长的一种表现形式或迹象而已。在他看来，英国能够爆发工业革命是与它漫长的制度变迁和有效的产权制度的建立密不可分的。英国持久的经济增长实际上“起因于一种适宜所有权演进的环境，这种环境促进了从继承权完全无限制的土地所有制、自由劳动力、保护私有财产、专利法和其他对知识财产所有制的鼓励措施，直到一套旨在减少产品和资本市场缺陷的制度安排”①。英国在进行工业革命以前已建立了包括专利制度在内的有效的所有权体系（如1624年英国颁布的专利法性质的《独占法》），随后不断完善和推进这种保护私人所有权的产权制度安排，进而实现了经济的持续增长。

对照英国产生工业革命的原因分析将不难发现，中国传统社会不仅没有建立边界清晰的私有产权，而且整个社会政治经济制度变迁也基本上处于停滞状态。中国著名经济学家林毅夫认为，在科技尚不发达的古代社会，能工巧匠及技术发明的贡献与人口的数量正相关，此时除了父子、师徒技艺密授之外并无知识产权的制度设计，因缺乏制度的保护和激励，大多数科技活动和技术发明也还处于自发的、零星的、非盈利的状态。进入近代社会以后，技术发明和科学发展的进程发生了巨大变化：一是试验室制度这一科技史上重大制度和组织形式的变迁，使得科学研究与技术发明实现由经验型到试验型的方式转变；二是从事发明创造活动已成为一种社会职业，它往往不仅要考虑市场、盈利、成本等一系列影响因素，而且开始走上了技术产业化发展之路。随着科技活动方式的变化和发明创造社会职业的出现，要求供给包括知识产权在内的产权制度，使科技从业人员的私人收益率不断提升并趋近于社会收益率。由此可见，中国之所以没有出现类似于英国的工业革命，其关键原因就在于没有构建一整套行之有效的产权保护体系。②

3. *以意识形态为价值判断的人才选拔制度的延滞*

在制度经济学家看来，意识形态是非正式制度的重要组成部分。钱文源等学者的研究发现，意识形态和国家疆域的统一阻碍了现代科学在中国的发展。无论东方还是西方，虽然所有的前现代社会都是排斥异说的，但作为西方文明代表的欧洲却与东方中国的情形存在着差异。一方面，在意识形态上欧洲的教会与教会、政府与政府、教会与政府之间存在着不同的诉求和竞争，因此对新思想的排斥往往并非总是那么有效；另一方面，在国家疆域上欧洲许多封建的独立政权的存在，也使科学的发展留有空间。而中国的传统社会，却被一种基于绝对政治权威的主导意识形态体制所统治，任何有关不同体制问题的公开讨论都被严厉禁止，而且国家疆域的辽阔与统一也使有利于科学发展的异端意识形态难以有回旋的余地。因此，中国人虽然在机械技艺方面具有非凡的创造力，但传统的政治和意识形态的障碍仍然使得他们难以为现代科学的理论方法作出直接的贡献。③

中国传统社会在意识形态方面的统一是通过统治者推崇主导的意识形态来实现的，尤其是儒家学说的传播和科举制度的实施。根据林毅夫的分析，抑制了中国科学革命的因素并非科举制度本身，而是科举考试的课程设置和其激励结构。在激励结构方面，中国传统

---

① 诺思，托马斯. 西方世界的兴起. 北京：华夏出版社，1999：23-25.

② 卢现祥. 西方新制度经济学. 北京：中国发展出版社，2003：241-242.

③ 林毅夫. 制度、技术与中国农业发展. 上海：上海三联书店，上海人民出版社，1994：266-270.

社会鼓励有才华的人进入官僚体制。与西方的世袭封建贵族统治不同，中国在公元前221年秦实现统一之后，构建了强大的官僚体制以掌控政权，隋朝更是创立了科举制度用来选拔官员，国家也对应试及第的人给予政治上和经济上的优厚待遇，这样的人才选拔制度使读书人根深蒂固地产生了“学而优则仕”的思想，在政府任职成为最荣耀、最有利的职业，这种强大的激励效应使有才华的人不屑于投身科技活动，并常常将科技的进步斥为雕虫小技或奇技淫巧。在科举考试的课程设置方面，以儒家学说的“四书”“五经”为核心内容。参加科考的人必须将多达431 286个字的“四书”“五经”烂记于胸，还必须谙熟篇幅数倍于原文的各种经典注解，不仅如此，他们还要遍览经史子集的经典文献以提高其巧做诗文的应试能力。如此繁浩的诵读典籍使读书人皓首穷经而无暇他顾，泯灭了他们对科学技术的兴致和创造才能，终致中国传统社会致力于科学研究的人才缺乏。由此可见，在获得现代科学研究所需的人力资本方面，与他们西方的同代人比起来，近现代之前的中国天才们受到的激励要少一些，这与意识形态的价值判断禁锢了人们的思想和追求不无关系。

10.4.2 中国改革：制度的收益与绩效

林毅夫指出：“生产增长的潜力是否能够被挖掘，除了是否发生技术变迁以外，还在于是否有配套的制度作保障。”① 从某种意义来说，中国1978年开始的改革开放，正是一个通过制度不断创新、供给和变迁来挖掘增长潜力进而解放生产力的过程。因此，无论是经济体制改革还是政治体制改革，都是预期通过制度的安排与变迁来推动经济增长绩效的。自中华人民共和国成立后，经过30多年的建设发展，虽然原有的高度集中的计划经济体制维持了低绩效状态下的稳定，但其固有的弊端和缺陷日益显现，中国改革已经成为当时经济社会发展的一种内生需求。正是由于对经济落后状态的强烈感受，中国的改革一开始就非常强调经济增长的绩效，邓小平的“猫论”就是最好的印证，不管黑猫白猫能抓到老鼠就是好猫。事实上，中国改革带来的制度绩效也是毋庸置疑的，正如美国经济学者蒂莫西·耶格尔所说：“近年来，中国已经取得了惊人的发展。正式经济体制上的变革是其发展的最大原因。中国现今的历史是说明国家体制框架对经济表现拥有巨大影响力的一个出色的例子。”② 然而，中国改革又是如何通过制度变迁产生绩效的呢？

1. 路径依赖：渐进式变迁与经济增长绩效

中国改革走什么样的路径，将对改革的顺利推进和改革的绩效产生重要影响。那么，中国的改革是走突变式之路，还是走渐进式之路呢？诺思的路径依赖理论认为，渐进式的制度变迁有利于增进绩效。他指出：“路径依赖意味着历史是重要的。不去追溯制度的渐进性深化过程，我们就无法理解今日的选择。”③ 这就是说，今天的制度选择应该是在过去历史的基础上谋求创新与发展，改革不可能完全割裂历史。而社会主义基本制度的确立及新中国成立后30多年的建设发展，已经为中国开启改革之路奠定了政治制度基础和经济必要条件，此时，需要寻找历史的一个新的起点。

---

① 林毅夫. 中国经济专题. 北京：北京大学出版社，2012：239.

② 耶格尔. 制度、转型与经济发展. 北京：华夏出版社，2010：193.

③ 诺思. 制度、制度变迁与经济绩效. 上海：格致出版社，上海三联书店，上海人民出版社，2008：138.

1978年开始的中国改革正是契合了制度主义的路径依赖理论，中国放弃了“大跃进”式的发展模式而选择渐进式变迁之路，才有幸成为世界范围内制度革新的成功典范。改革开放推行之初，邓小平就提出了“摸着石头过河”这一后来在中国家喻户晓的名言，表明中国改革一开始就遵循了渐进式演变的道路。在政府主导下，中国改革通过在实践中不断总结经验，由易到难地稳步推进，坚持先农村后城市、先沿海后内地、先经济后政治、先试点后推广的渐进式路径，使改革的绩效得以不断增进和扩大。渐进式演进使改革的领域、地域、范围稳步地推进和深入，通过带动效应、稳定效应、实验效应的传递，有效地降低了风险成本。这种“渐进式改革较好地协调和平衡了各种利益关系和经济关系，避免了社会矛盾和经济运行中矛盾的激化，维持了稳定的社会政治秩序和经济秩序，从而降低了改革成本，提高了改革收益”①。

2. 交易成本：市场化取向与经济增长绩效

交易是经济运行的重要环节，分工和专业化的发展促进了交易的繁荣。交易成本是新制度经济学体系的核心范畴和重要分析工具。无论是科斯的搜寻成本、谈判成本、签约成本、履约成本的划分，还是威廉姆森的事前交易成本、事后交易成本的划分，新制度经济学家都认识到交易成本的存在及其对经济运行的重要性。科斯定理认为，只有零交易成本才可能带来最好的绩效，所以每个经济体的基本目标就是创造一个尽可能低的交易成本的环境。人类社会经济发展史表明，计划体制和市场体制是资源配置的两种基本方式。那么，哪种体制更有利于降低交易成本、提高经济绩效呢？耶格尔认为，中国在改革开放之前“没有激励因素来对经济组织体制进行创造性的破坏改进”，但是“市场经济改革改变了这点”②。正是由于对经济组织的激励作用并能够减少交易成本，市场经济体制成为中国改革的最佳体制选择。

中国改革实质上是一个不断走向市场化的过程，这个过程不是一蹴而就的，而是经过不断的摸索才最后确定下来的。中国改革在经济体制的选择方面先后经历了计划经济、有计划的商品经济、商品经济、市场经济这样一个历程。直到1992年中国才确立了建设社会主义市场经济的改革目标，这在当时无论理论还是实践层面都是一个重大的突破。当然，中国的市场经济是社会主义的市场经济，有其自身的特色和要求。根据威廉姆森的观点，交易成本来源于不确定性、信息的不完全性以及交易主体的有限理性。那么，中国市场化取向的改革就是要通过各种制度设计减少交易的不确定性和信息的不完全性，从而提高交易主体的理性判断，降低交易成本。当前，中国的市场化改革已经取得了一系列的成果：首先，通过价格机制、供求机制、竞争机制的作用，市场机制已经在资源配置中发挥着基础性的作用，使计划经济体制下价格被扭曲的情形已经发生很大的改观；其次，已经建立和发展了相对完善的市场体系，不仅包括消费品市场、生产资料市场在内的商品市场日益丰富和专业化，而且金融市场、技术和信息市场、劳动力市场、房地产市场、产权市场等生产要素市场也日趋规范和有序；最后，通过完善法律体制、建立市场秩序、提高交易公开度，较为有效地规范了市场主体的行为，维护了良好的市场规则和市场秩序。

---

① 苑德军. 别让改革患上疲劳症. 人民日报（海外版），2013-03-02.

② 耶格尔. 制度、转型与经济发展. 北京：华夏出版社，2010：193.

虽然交易成本理论的核心是如何降低交易成本，然而由于“经济人”利己性的存在，中国市场化改革也必然伴随着管理失范（如随意罚款）、寻租、腐败等增加交易成本的现象。根据耶格尔的观点，高额交易成本已经阻碍中国的发展，腐败和“关系”这两个因素从不同程度推高了交易成本。在中国，“关系”是一种非正式体制，是一种人们偏好的政商沟通方式，人们期望通过与个人发展私人朋友关系谋求规则和法律体制之外的利益。“关系”对交易成本产生复杂的影响：一方面在某种情形下“关系”可以减少交易成本；另一方面“关系”容易滋生腐败、歧视和秘密交易，进而导致低效率和高成本。在经济全球化的今天，“关系”日益成为中国融入世界经济体系的障碍，对以契约为基础的西方社会来说，“关系”是一种令人沮丧、导致交易成本高昂的体制。因此，必须通过规范市场秩序化解这种推高交易成本的不公平现象，尤其要注重程序上的公平。因为“内含程序公平的社会制度可以降低社会交易成本，增加社会公众的剩余，鼓励社会的生产性努力倾向”①。

3. 产权激励：产权结构变迁与经济增长绩效

根据诺思的观点，产权制度安排是影响经济绩效的关键因素。中国改革使产权结构安排从中央到地方、从农村到城镇都发生了深刻的变化。一方面，宏观产权结构变迁激励了地方政府发展经济的积极性。许多国有企业由地方政府而不是中央政府控制，经济权的分散和利润分摊有利于激励地方政府发展当地经济。另一方面，微观层面的产权制度变革激励了经营主体从事生产性活动的积极性。国有企业的改制、个体和私营企业及公民的产权保护、农地产权制度的变革，都极大地活跃了生产经营活动。

农地产权结构变迁对经济增长绩效的意义具有代表性，下面就此进行简要阐述。改革开放后中国农地产权结构发展的轨迹，为我们提供了制度变迁影响经济增长绩效的一个成功案例。自从 1956 年底基本完成农业社会主义改造以来，集体生产便成为中国农业唯一的生产组织方式，但长期以来这种集体生产因缺乏产权激励而导致经济绩效低下，甚至威胁到人民的温饱。在没有正规的制度变革的情况下，一些贫瘠地区的农民私下开始了自发的行动，以安徽凤阳小岗村土地承包为代表的变革开始在中国农村蔓延，引发中国经历了一场刘易斯式的“农业革命”。农地产权制度这种自发性变迁减少了因抵制带来的绩效损失，家庭联产承包责任制确立了农民作为农业生产经营主体的地位和对农地的部分产权，极大地激发了农民经营的积极性和创造力。我们不排除长期的农村基本水利建设等因素对农村经济增长绩效的贡献，但农地产权改革所带来的制度绩效对农业发展的推动作用也是毫无疑问的。根据有关经济学家的粗略估算，中国由家庭联产承包责任制取代原来的集体农作制度这一变迁对中国农业生产力的贡献份额在20%～50%之间，甚至有的学者估计高达 70%，这说明由私人土地制度和公共土地制度的差异而导致的生产率差异存在巨大差别。② 家庭联产承包责任制之后我国农村土地产权制度仍在不断调整与完善，并在整体上不断推进农村、农业、农民“三农”问题的解决。总之，1978 年以来的农地制度安排引起了农业耕作、制度经营方式和土地关系等许多方面的变革，促使农村自给自足的经济向

① 汪洪涛. 制度经济学：制度及制度变迁性质解释. 上海：复旦大学出版社，2009：3.

② 卢现祥. 论经济发展中的制度因素、制度绩效量度及制度竞争问题. 福建论坛（经济社会版），2003 (9).

商品经济转化，最终走上了市场经济的道路。

4. 制度红利：在改革中前行的中国经济与社会

1978 年改革开放以来，中国的经济发展取得了非凡的成就，经济实力和综合国力显著增强，全球影响力稳步提升。从内部纵向比较来看，中国的 GDP 总量从 1978 年的 3 645亿元增长到 2012 年的 519 322 亿元，人均 GDP 从 1978 年的 381 元增长到 2012 年的 38 354 元；从外部纵向比较来看，中国不仅在 2010 年成为世界第二大经济体，而且当前已取代美国成为对世界经济贡献率最高的国家，尤其是 2008 年金融危机以来中国更是成为拉动全球经济复苏的最大引擎。从表 10 - 1 中我们可以看出，与改革前相比中国经济发展绩效实现了显著的提高，其中必定包含了制度变革带来的红利。可以说，中国的改革是一个不断通过制度变革推动经济绩效的帕累托改进的过程。

表 10 - 1　　改革前后中国经济绩效比较（%）

项目	1952—1977 年	1978—2009 年	前后差异
国民收入年均增长率	5.74	9.4	64
人均国民收入年均增长率	2.3	6.9	200
城镇居民人均可支配收入年增长率	2.5	8.7	248
农民人均纯收入年增长率	1.1	6.4	482
居民消费水平年均增长率	2.2	8.1	268

资料来源：温辉. 改革前后期中国经济绩效差异的制度阐释. 湘潭大学学报，2011（3）.

那么，中国经济的高速增长还能持续吗？还能持续多久？林毅夫为我们勾画出了美好的蓝图，他认为中国仍有维持 20 年高速经济增长的潜力，并有望在 20 年后超越美国成为世界第一大经济体。同时他指出要实现这一目标，“还需要发挥两方面的条件：第一，政策应该是真正挖掘潜力的政策，而不是赶超的政策。第二，作为发展中国家，确实有各种社会经济问题和矛盾，应该不断深化改革来解决”①。可见，我们对中国经济增长抱着乐观态度的同时，也要正视当前中国经济发展存在的各种问题，并通过不断改进制度安排使其得以解决或缓解。在通常情况下，“一种制度安排在一段时期内很可能是较优的、有效率的，但这并不意味着该制度安排就是不可改变的、一劳永逸的，经常的情况应是，制度要在经济发展过程中不断地进行修补，不断地量变着，只有这样，才能保持制度的边际效用不至于下降”②。因此，我们必须避免制度僵化并不断从制度变迁中获取红利，实现经济的持续发展。

中国改革走到历史的今天，已经到了关键的转折点。当前中国正处于产业转型升级和经济增长方式转变的关键时期，我们必须加快改革以提高“制度红利”对经济增长的贡献。然而，改革是一个试错的过程，改革也会遇到既得利益者的阻挠，改革还会受到各种因素的掣肘，因此，与改革之初相比当前面临的形势更为复杂。我们必须谨防“改革疲劳症”，防止因激化经济运行中的结构性矛盾和社会矛盾降低改革的绩效，在制度变革中继

① 林毅夫. 分配关乎中国未来 20 年. 商周刊，2012（16）.

② 杨德才. 我国农地制度变迁的历史考察及绩效分析. 南京大学学报，2002（4）.

续前行。当然，随着改革的不断推进和深化，渐进式改革也必然要触及“深水区”，也必须面临对某些原有的长期利益格局进行“破题”。因此，改革不能在深层次的领域之外裹足不前，应该突破利益集团的阻挠，加快改革的步伐。我们必须寻找制度的薄弱环节，发现改革的着力点。虽然户籍人口、收入分配、农地产权、企业经营、税收金融等许多经济领域亟待制度创新，但当前政治体制的改革比经济体制改革更为根本和艰巨，面临着更多的变量困扰。制度的运行有一个整体效应，在继续深化经济领域的各项改革的同时，大力推进政治体制改革已势在必行。国家领导人多次在多种场合强调政治改革的重要性，指出：“没有政治体制改革的保障，经济体制改革的成果就会得而复失。”① 与经济体制改革增强生产性活动的激励机制相比，政治体制改革则更多地偏向于对公共权利的约束。一方面，要加快行政管理体制改革，推进政府职能转变，服务于经济社会建设；另一方面，也要消除腐败，降低腐败给经济增长绩效带来的负面影响。

当然，制度并非是万能的，经济增长从生产函数的角度来看，是生产要素、产业结构、技术水平和制度变迁共同作用的结果。利用生产要素、产业结构、技术水平可以计算出一条生产可能性边界，但能否达到最大产出取决于制度的安排。② 可见，制度对于经济增长绩效的重要性是显而易见的，对于当前仍处于不断改革之中的中国更是如此。然而，正如诺思所言：“出现在西方世界的制度，如产权和司法体系，是不能够原封不动地复制到发展中国家的。关键在于创造激励结构，而不是对西方制度的盲目模仿。”③ 这一点，尤其要引起中国改革者的注意。

本章小结

本章主要分析制度绩效理论，从理论和实践层面对制度绩效进行了深入考察。10.1 节分析传统经济增长理论的发展演变过程，提出传统理论由于对制度的忽视而无法对经济增长作出有说服力的解释，并由此引出制度绩效理论。10.2 节系统地解析了诺思制度绩效理论，展现了他由正式制度绩效研究转向非正式制度绩效研究的学术历程，介绍了制度决定经济增长绩效及经济组织对于经济绩效起关键作用的基本观点。10.3 节从主要特征、具体内容两个方面解析了格雷夫的制度绩效理论，彰显了其在研究视角及研究方法上的显著特征，并从文化信念、社会组织两个方面考察了“自我实施制度”绩效。10.4 节通过对“李约瑟之谜”的历史考察和对中国改革的现实剖析，解读了制度、制度变迁对经济绩效的重要影响。

关键术语

经济增长　　制度绩效　　新经济史学　　历史制度分析　　自我实施制度

---

① 卢现祥，李小平. 中国模式：问题与反思. 福建论坛（人文社会科学版），2011（1）.

② 林毅夫. 中国经济专题. 北京：北京大学出版社，2012：8.

③ 诺思. 理解经济变迁过程. 北京：中国人民大学出版社，2008：143.

“李约瑟之谜”　　制度红利

复习思考题

1. 评述传统经济增长理论的主要观点。
2. 试述诺思制度绩效理论的主要内容。
3. 制度是怎样推动经济增长的？无效率的制度为什么会出现并长期存在？
4. 试述格雷夫制度绩效理论的主要内容。
5. 运用制度绩效理论分析“李约瑟之谜”的原因。
6. 分析中国改革的制度绩效是如何产生的，并对未来中国改革之路进行理论性展望。

参考文献

1. Acemoglu, D., Johnson, S., Robinson, J. A., "The Colonial Origins of Comparative Development: An Empirical Investigation," *American Economic Review*, 2001 (91): 1369 - 1401.

2. Acemoglu, D., Robinson, J., *Why Nations Fail: The Origins of Power, Prosperity, and Poverty*, New York: Crown Publisher, March 2012.

3. Acemoglu, D., "Oligarchic Versus Democratic Societies," *Journal of the European Economic Association*, 2008, 6 (1): 1 - 44.

4. Acemoglu, D., "The Rise of Europe: Atlantic Trade, Institutional Change and Economic Growth," *American Economic Review*, 2005, 95 (3): 546 - 579.

5. Akerlof, G., The Market for Lemons, *Quarterly Journal of Economics*, 1970, 84 (3), August: 488 - 500.

6. Arther, Brian, "Competing Technologies, Increasing Returns, and Lock-in by Historical Events," *The Economic Journal*, 1989 (99): 116 - 131.

7. Barry, Norman, *The Tradition of Spontaneous Order*, Literature of Liberty, 1982, 5 (2): 7 - 58.

8. Cheung, Steven, "Rent Control and Housing Reconstruction: The Postwar Experience of Prewar Premises in Hong Kong," *Journal of Law and Economics*, 1976, 19 (1).

9. Cheung, Steven, "The Contractual Nature of the Firm," *Journal of Law Economics*, 1983, 26 (April).

10. Coase, Ronald H., "The Problem of Social Cost," *Journal of Law and Economics*, 1960, 3 (October).

11. David, P. A. "The Economics of QWERTY," *The American Economic Reviews*, 1985, 75 (2): 332 - 337.

12. Fenoaltea, S., "Slavery and Supervision in Comparative Perspective: A Model," *Journal of Economic History*, 1984 (44).

13. Greif, A., Cultural Beliefs and Organizations of Society: A Historical and Theoretical Reflection on Collectivist and Individual Societies, *Journal of Political Economy*, 1994, 102 (5): 912 - 950.

14. Greif, A., Impersonal Exchange without Impartial Law: The Community Responsibility System. *Chicago Journal of International Law*, 2004 (5).

15. Greif, A., Institutions and International Trade: Lessons from Commercial Revolution, *American Economic Review* (Papers and Proceedings), 1992 (82): 128 - 133.

16. Harbison, F. H., *Human Resources as the Wealth of Nations*. London: Oxford University Press, 1973.

17. Hardin, G., "The Tragedy of the Commons," *Science*, 1968 (162): 1243 - 1248.

18. Langlois, R. N., *The Vanishing Hand: The Changing Dynamics of Industrial Capitalism*, University of Connecticut, Department of Economics Working Paper Series, 2002, 21.

19. Needham, J., *The Grand Titration: Science and Society in East and West*, London: George Allen & Unwin, 1969.

20. Rodrik, D., Arvind Subramanian, Francesco Trebbi, "Institutions Rule: The Primacy of Institutions over Geography and Integration in Economic Development," *Journal of Economic Growth*, 2004, 9 (2): 13 - 165.

21. Schultz, T. W., *Investing in People: The Economics of Population Quality*, Berkeley: University of California Press, 1981.

22. Stiglitz, J. and Weiss, A., "Credit Rationing in Markets with Imperfect Information," *American Economic Review*, 1981 (71): 393 - 410.

23. Veblen, T., "The Beginning of Ownership," *The American Journal of Sociology*, 4 (3) (Nov., 1898): 352 - 365.

24. Vira, B., "The Political Coase Theorem: Identifying Differences between Neoclassical and Critical Institutionalism," *Journal of Economic Issues*, 1997 (16).

25. Williamson, *Markets and Hierarchies: Analysis and Antitrust Implications*, New York: Free Press, 1975: 13 - 15.

26. 埃格特森. 经济行为与制度. 北京：商务印书馆，2004.

27. 埃格特森. 新制度经济学. 北京：商务印书馆，1996.

28. 艾伯斯坦. 哈耶克传. 北京：中国社会科学出版社，2003.

29. 奥尔森. 国家兴衰探源. 北京：商务印书馆，1999.

30. 奥尔森. 集体行动的逻辑. 上海：上海三联书店，上海人民出版社，1995.

31. 奥尔森. 独裁、民主与发展//盛洪. 现代制度经济学：上卷. 北京：北京大学出版社，2003.

32. 奥尔森. 权力与繁荣. 上海：上海世纪出版集团，2005.

33. 奥尔森. 通往经济成功的一条暗道//吴敬琏. 比较：第 11 辑. 北京：中信出版社，2004.

34. 奥斯特罗姆. 公共事物的治理之道：集体行动制度的演进. 上海：上海译文出版社，2012.

35. 巴泽尔. 产权的经济分析. 上海：上海三联书店，上海人民出版社，2006.

36. 贝克尔. 人类行为的经济分析. 上海：上海三联书店，上海人民出版社，1995.

37. 波兰尼. 大转型：我们时代的政治与经济起源. 杭州：浙江人民出版社，2007.

38. 程恩富，胡乐明. 新制度经济学. 北京：经济日报出版社，2005.

39. 道. 发展经济学的革命. 上海：上海三联书店，上海人民出版社，2000.

40. 德勒巴克，等. 新制度经济学前沿. 北京：经济科学出版社，2003.

41. 德鲁克. 社会的管理. 上海：上海财经大学出版社，2003.

42. 董直庆，王林辉. 政治制度对经济增长贡献的文献述评. 南方经济，2009 (7).

43. 凡勃伦. 有闲阶级论. 北京：商务印书馆，1964.

44. 菲吕博顿，瑞切特. 新制度经济学. 上海：上海财经大学出版社，1998.

45. 菲尼. 制度安排的需求和供给//奥斯特罗姆，等. 制度分析与发展的反思. 北京：商务印书馆，1998.

46. 费方域，等. 不完全合同、产权和企业理论. 上海：格致出版社，上海三联书店、上海人民出版社，2011.

47. 弗鲁博顿，芮切特. 新制度经济学：一个交易费用分析范式. 上海：上海三联书店，上海人民出版社，2006.

48. 福山. 信任——社会道德与繁荣的创造. 呼和浩特：远方出版社，1998.

49. 付泳，郭龙，李珂. 新制度经济学. 兰州：兰州大学出版社，2008.

50. 格雷夫. 大裂变：中世纪贸易制度比较和西方的兴起. 北京：中信出版社，2008.

51. 格雷夫. 经济历史和博弈论概览//吴敬琏. 比较：第 2 辑. 北京：中信出版社，2002.

52. 格雷夫. 历史制度分析：从经济史视角研究制度问题的新进展. 经济社会体制比较，2003 (5).

53. 韩毅. 历史的制度分析. 沈阳：辽宁大学出版社，2002.

54. 韩毅. 西方制度经济史学的历史演进：评价与思考. 中国经济史研究，2002 (3).

55. 胡乐明，刘刚. 新制度经济学. 北京：中国经济出版社，2009.

56. 黄少安. 产权经济学导论. 济南：山东人民出版社，1995.

57. 季德，李斯特. 经济学说史：上册. 北京：商务印书馆，1986.

58. 经济学消息报社. 追踪诺贝尔. 北京：中国计划出版社，1998.

59. 康芒斯. 制度经济学. 北京：商务印书馆，1962.

60. 柯武刚，史漫飞. 制度经济学. 北京：商务印书馆，2004.

61. 科斯，等. 变革中国：市场经济的中国之路. 北京：中信出版社，2013.

62. 科斯，等. 财产权利与制度变迁——产权学派与新制度学派译文集. 上海：上海三联书店，上海人民出版社，2005.

63. 科斯，等. 制度、契约与组织. 北京：经济科学出版社，2003.

64. 科斯. 论经济学和经济学家. 上海：格致出版社，上海三联书店，上海人民出版社，2010.

65. 勒帕日. 美国新自由主义经济学. 北京：北京大学出版社，1985.

66. 雷鸣，邓宏图. 理论和实证之间：传统社会私人交易治理机制演进的比较经济史考察——以格雷夫经济史理论评析为中心. 天津社会科学，2011 (6).

67. 李勇坚. 内生增长理论的最新进展. 经济学动态，2002 (10).

68. 李约瑟. 中国科学技术史. 北京：科学出版社，1975.

69. 廖运凤. 新制度经济学. 北京：知识产权出版社，2011.

70. 列维特，都伯纳. 魔鬼经济学. 广州：广东经济出版社，2006.

71. 林毅夫，蔡昉，李周. 中国的奇迹：发展战略与经济改革. 上海：上海三联书店，上海人民出版社，1994.

72. 林毅夫. 制度、技术与中国农业发展. 上海：上海三联书店，上海人民出版社，1994.

73. 林毅夫. 中国经济专题. 北京：北京大学出版社，2012.

74. 刘东. 微观经济学新论. 南京：南京大学出版社，1998.

75. 刘汉民，谷志文，康丽群. 国外路径依赖理论研究新进展. 经济学动态，2012 (4).

76. 刘和旺，单颖. 可信承诺与国家理论——诺思国家理论的新进展. 统计与决策，2008 (20).

77. 刘和旺. 诺思的制度与经济绩效理论研究——兼与马克思制度分析比较. 北京：中国经济出版社，2010.

78. 卢现祥，朱巧玲. 新制度经济学. 北京：北京大学出版社，2007.

79. 卢现祥. 论经济发展中的制度因素、制度绩效量度及制度竞争问题. 福建论坛，2003 (9).

80. 卢现祥. 新制度经济学. 武汉：武汉大学出版社，2004.

81. 卢现祥. 寻租经济学导论. 北京：中国财政经济出版社，2000.

82. 吕中楼. 新制度经济学研究. 北京：中国经济出版社，2005.

83. 罗必良. 新制度经济学. 太原：山西经济出版社，2005.

84. 罗兰. 转型与经济学. 北京：北京大学出版社，2002.

85. 罗默. 高级宏观经济学. 上海：上海财经大学出版社，2009.

86. 麦迪森. 中国经济的长远未来. 北京：新华出版社，1999.

87. 麦里克兰. 意识形态. 长春：吉林人民出版社，2005.

88. 奈特. 制度与社会冲突. 上海：上海人民出版社，2009.

89. 尼科尔森. 制度分析与发展的现状//奥斯特罗姆，等. 制度分析与发展的反思. 北京：商务印书馆，1998.

90. 诺思. 交易费用政治学. 北京：中国人民大学出版社，2011.

91. 诺思. 经济史上的结构和变革. 北京：商务印书馆，1992.

92. 诺思. 经济史中的结构与变迁. 上海：上海三联书店，上海人民出版社，1995.

93. 诺思. 理解经济变迁过程. 北京：中国人民大学出版社，2008.

94. 诺思. 托马斯. 西方世界的兴起. 北京：华夏出版社，1999.

95. 诺思. 制度、制度变迁与经济绩效. 上海：格致出版社，上海三联书店，上海人民出版社，2008.

96. 诺思. 制度变迁理论纲要//北京大学中国经济研究中心. 经济学与中国经济改革. 上海：上海人民出版社，1995.

97. 达斯古普特. 经济发展与社会资本观//达斯古普特，撒拉格尔丁. 社会资本：一个多角度的观点. 北京：中国人民大学出版社，2005.

98. 普特曼. 企业的经济性质. 上海：上海财经大学出版社，2000.

99. 钱德勒. 看得见的手. 北京：商务印书馆，1987.

100. 秦海. 制度的历史分析//吴敬琏. 比较：第 4 辑. 北京：中信出版社，2002.

101. 青木昌彦，等. 市场的作用国家的作用. 北京：中国发展出版社，2002.

102. 青木昌彦. 比较制度分析. 上海：上海远东出版社，2001.

103. 任保平，王蓉. 经济增长质量道德基础构建. 当代经济研究，2013（1）.

104. 森. 以自由看待发展. 北京：中国人民大学出版社，2002.

105. 沈满洪，张兵兵. 交易费用理论综述. 浙江大学学报，2003（1）.

106. 盛洪. 现代制度经济学. 上册. 北京：北京大学出版社，2003.

107. 施莱弗，等. 掠夺之手：政府病及其治疗. 北京：中信出版社，2004.

108. 舒尔茨. 制度与人的经济价值的不断提高//科斯，等. 财产权利与制度变迁——产权学派与新制度学派译文集. 上海：上海三联书店，上海人民出版社，1994.

109. 斯蒂格利茨. 正式和非正式的制度//曹荣湘. 走出囚徒困境：社会资本与制度分析. 上海：上海三联书店，2003.

110. 斯密. 国富论：上册. 北京：商务印书馆，1998.

111. 唐绍欣. 非正式制度经济学. 济南：山东大学出版社，2010.

112. 图洛克. 特权和寻租的经济学. 上海：上海人民出版社，2008.

113. 汪洪涛. 制度经济学：制度及制度变迁性质解释. 上海：复旦大学出版社，2009.

114. 王文贵. 互动与耦合：非正式制度与经济发展. 北京：中国社会科学出版社，2007.

115. 王小卫. 宪政经济学——探索市场经济的游戏规则. 上海：立信会计出版社，2006.

116. 威廉姆森. 市场与层级制. 上海：上海财经大学出版社，2011.

117. 威廉姆森. 资本主义经济制度. 北京：商务印书馆，2004.

118. 威廉姆森，等. 企业的性质. 北京：商务印书馆，2007.

119. 韦伯. 新教伦理与资本主义精神. 西安：陕西师范大学出版社，2007.

120. 韦森. 从文化传统反思东西方市场经济的近代形成路径. 世界经济，2002（10）.

121. 西蒙. 现代决策理论的基石. 北京：北京经济学院出版社，1989.

122. 夏旺斯. 制度经济学. 广州：暨南大学出版社，2013.

123. 肖. 社会制度的经济理论. 上海：上海财经大学出版社，2003.

124. 谢来辉. 不完全契约与企业理论：我们在过去 25 年里学到了什么. 经济社会体制比较，2012（3）.

125. 燕继荣. 投资社会资本. 北京：北京大学出版社，2006.

126. 杨德才，等. 新制度经济学. 南京：南京大学出版社，2007.
127. 杨德才. 我国农地制度变迁的历史考察及绩效分析. 南京大学学报，2002（4）.
128. 杨德才. 正式制度、非正式制度与商业资本转化. 福建师范大学学报，2006（6）.
129. 杨德才. 制度变迁与制度绩效. 北京：经济科学出版社，2011.
130. 杨德才. 中国经济史新论（1840—1949）. 北京：经济科学出版社，2004.
131. 杨德才. 中国经济史新论（1949—2009）. 北京：经济科学出版社，2009.
132. 杨帆，张弛. 利益集团理论研究：一个跨学科的综述. 管理世界，2008（3）.
133. 杨小凯. 发展经济学——超边际与边际分析. 北京：社会科学文献出版社，2003.
134. 杨小凯. 贸易理论与增长理论的重新思考及产权经济学//汤敏，茅于轼. 现代经济学前沿专题（第1集）. 北京：商务印书馆，1989.
135. 姚洋. 制度与效率——与诺思对话. 成都：四川人民出版社，2002.
136. 姚洋. 作为制度创新过程的经济改革. 上海：格致出版社，2008.
137. 姚洋. 发展经济学. 北京：北京大学出版社，2013.
138. 耶格尔. 制度、转型与经济发展. 北京：华夏出版社，2010.
139. 张曙光. 论制度均衡与制度变革//盛洪. 现代制度经济学：下卷. 北京：北京大学出版社，2003.
140. 张维迎. 博弈论与信息经济学. 上海：上海三联书店，上海人民出版社，1996.
141. 章奇，刘明兴. 意识形态与政府干预，经济学季刊，2005（2）.
142. 朱富强. 三位一体的人类合作之扩展秩序——哈耶克的自生自发秩序原理之述评. 北方法学，2008（3）.
143. 朱巧玲. 从“关系经济”向“契约经济”跃进的必要性和路径研究：基于新制度经济学的视角. 宏观经济研究，2012（10）.

图书在版编目（CIP）数据

新制度经济学/杨德才主编．—2版．—北京：中国人民大学出版社，2019.8
21世纪经济学系列教材
ISBN 978-7-300-27050-0

Ⅰ.①新… Ⅱ.①杨… Ⅲ.①新制度经济学-高等学校-教材 Ⅳ.①F019.8

中国版本图书馆CIP数据核字（2019）第131386号

21世纪经济学系列教材
新制度经济学（第二版）
杨德才　主编
Xinzhidu Jingjixue

出版发行	中国人民大学出版社		
社　　址	北京中关村大街31号	**邮政编码**	100080
电　　话	010－62511242（总编室）		010－62511770（质管部）
	010－82501766（邮购部）		010－62514148（门市部）
	010－62515195（发行公司）		010－62515275（盗版举报）
网　　址	http://www.crup.com.cn		
经　　销	新华书店		
印　　刷	固安县铭成印刷有限公司	**版　　次**	2015年11月第1版
开　　本	787 mm×1092 mm　1/16		2019年8月第2版
印　　张	19.25　插页1	**印　　次**	2024年6月第4次印刷
字　　数	438 000	**定　　价**	42.00元